LISHIXUEJIA DE RENWEN QINGHUAI

历史学家的人文情怀

——近现代西方史家散文选

张广智 ◎ 编

北京师范大学出版集团
BEIJING NORMAL UNIVERSITY PUBLISHING GROUP
北京师范大学出版社

图书在版编目 (CIP) 数据

历史学家的人文情怀／张广智编.—北京：北京师范大学出版社，2011.12
ISBN 978-7-303-12042-0

Ⅰ．①历… Ⅱ．①张… Ⅲ．①历史学家-思想评论-西方国家②史学-研究-西方国家 Ⅳ．① K835.058.1 ② K095

中国版本图书馆 CIP 数据核字（2011）第 007511 号

营销中心电话 010-58802181 58808006
北师大出版社高等教育分社网 http://gaojiao.bnup.com.cn
电子信箱 beishida168@126.com

出版发行：北京师范大学出版社 www.bnup.com.cn
北京新街口外大街 19 号
邮政编码：100875
印　　刷：北京京师印务有限公司
经　　销：全国新华书店
开　　本：155 mm × 235 mm
印　　张：28.5
字　　数：430 千字
版　　次：2011 年 12 月第 1 版
印　　次：2011 年 12 月第 1 次印刷
定　　价：52.00 元

策划编辑：刘东明　　　　责任编辑：刘东明　于　乐
美术编辑：毛　佳　　　　装帧设计：李尘工作室
责任校对：李　菡　　　　责任印制：李　啸

目　录

历史学家与人文情怀（代前言）

——由汤因比说开去

张广智

1921 年，秋天。落日的余晖给群山抹上了一层阴翳，巴尔干半岛上起伏的山峦平原，若隐若现，虚无缥缈，悠远而神秘。

从土耳其伊斯坦布尔开出的东方列车①上，一位年轻人正伫立在窗畔，出神的向远处凝望：眼下，战乱不息；窗外，满目疮痍。夜幕渐渐降临，他纵览当下，回溯历史，陷入了深沉的思索之中：人类的命运如何？人类历史发展的奥秘何在？人类文明向何处去？借着车廊内昏暗的灯光，这位年轻人奋笔疾书，写下了这样的一份大纲：

1. 序论
2. 文明的起源
3. 文明的生长
4. 文明的衰落
5. 文明的解体
6. 统一国家

---

① 东方列车最早于 1883 年 10 月 4 日开始运行，首创者为比利时人。该列车陈设豪华，其路线由西向东横贯欧洲大陆，运行于土耳其伊斯坦布尔和法国巴黎之间，全程需五天。20 世纪 20 年代，是它历史上的"黄金时代"，1977 年停运。后由意大利威尼斯人复办，则往返于威尼斯与伦敦之间。小说与电影《东方列车上的谋杀案》即以此车为背景。

7. 统一教会

8. 英雄时代

9. 文明在空间的接触

10. 文明在时间上的接触

11. 文明历史的节奏

12. 西方文明的前景

13. 历史学家的灵感

他是何人？他就是英国人阿诺德·汤因比（Arnold Joseph Toynbee，1889—1975），享誉20世纪的历史学家。时值希土战争（1921—1922）鏖战方酣之际，汤因比正以英国《曼彻斯特导报》记者的身份，在巴尔干各地采访。

的确，汤因比不无史才。上述大纲，就是他日后为之耗尽四十年心血的十二卷本《历史研究》的雏形。当其皇皇之作全部出版时，其构架竟然只更动了个别标题，其余一仍如初。

我们当然惊叹于汤因比那非凡的史才，但更惊叹于他那浓烈的人文主义情怀。本文正是由他说开去，琐议西方历史学家的人文情怀：它的历史传统、特征及其现实意义。

一、难以割舍 一以贯之

汤因比早年曾受过良好的西方古典教育，后在英国伦敦大学执教多年，又数次在英国外交部任职，一生经历丰富。由于这样，也由于他的长寿，使他成为一个学识渊博的学者，著述宏富的历史学家。在20世纪的西方史家中，既用哲人的眼光，从宏观的角度对人类历史与文明进行广泛的探讨，又用叙史的才能，以历史学家的视野对人类历史与文明进行细致的描述，无疑要首推汤因比了。至于前者，当是指他的十二卷本的巨著《历史研究》。在这鸿篇巨制中，汤因比继承并发展了德国人斯宾格勒的文化形态学说①，成为"新斯宾格勒派"的"代言人"。至于后者，说的是

---

① 所谓"文化形态学"，实际上是把文化（或文明）视为一种具有高度自律性的，同时具有生、长、盛、衰等发展阶段的有机体，并试图通过比较各个文化的兴衰过程，揭示其不同的特点，以分析、解释人类历史的发展进程。

他那部以抒情诗般的文笔，向读者展现人类文明历史进程的大作：《人类与大地母亲》。

汤因比著作等身，上面之所以只提及《历史研究》和《人类与大地母亲》两书，其因在于两书是其代表作，一前一后。《历史研究》之要旨，成于 20 世纪 20 年代；《人类与大地母亲》写作于 1973 年，则在汤氏谢世之前的两年。一为思辨，一为叙事，风格迥异，但却充分显示了作为优秀史家的互为补充的两种之长，汤因比因此奠定了他在西方史家中"大师级"的历史地位。

《历史研究》从酝酿、写作与成书，历四十年矣，从《历史研究》至《人类与大地母亲》，汤因比走完了他作为史家的漫长的学术生涯，其人其作不可能没有变化，但不变的始终是他在书中所透析与发散出来的那难以割舍的和一以贯之的人文情怀，催人思考，亦感人至深。

对此，试作一点论证。

"文化形态学说"的始作俑者斯宾格勒认为，人类历史上的各种文化，都有它的"生命周期"和"最后一幕"，而西方文化亦然，也必然合乎命运地走向自己的归宿。他指出："有生就有死，有青春就有老境，有生活一般地就有生活的形式和给予它的时限。"①

作为"新斯宾格勒派"的汤因比也对比作了回应，他在《历史研究》中答曰：

> 我们虽然在文明过程的分析中发现周期的重复运动，但是这并不意味着这个过程的本身是具有循环性的。相反地，如果我们能够得出任何合理的结论，认为那些次要的运动是有周期性的，那么我们毋宁认为由这些次要运动所体现的主要运动却不是重复的而是发展的。人类并不是永远缚在轮子上的伊克西翁，也不是永远推着巨石上山的西西发士，永远往上推，而又无能为力地看着它滚下来。

> 对于我们西方文明的子女来说，这正是对于我们的鼓励之

---

① 斯宾格勒：《西方的没落》，齐世荣等译，66 页，北京，商务印书馆，1963。

音，我们今天独自挣扎向前，在我们的周围全是一些垂死的文明了。说不定死神把我们的文明也会置之于绝路。但是我们并没有面对任何凶恶的必然。死去的那些文明并不是命中注定必死的，也不是"天生要死的"，所以我们的文明也不是必须同其他多数文明共命运的。虽然据我们所知，有十六个文明已经死了，另有九个已经在死亡的边缘，我们的这个第二十六个文明却不一定非服从命运的安排和统计数字的盲目计算不可。创造性的神火还在我们的身上暗暗地燃烧，如果我们托天之福能够把它点燃起来，那么天上的所有星宿也不能阻挠我们实现我们人类努力的目标。①

且不去深论斯宾格勒与汤因比史学思想之异同，这是仅就上引的这些文字而言，以文明（或文化）作为研究对象，并都把它视作有机体的观点，或者是各个文明"价值相等"且可进行比较研究的观点，两者是如出一辙的。但在说到文明发展的进程，尤其是西方文明前景时，两者就分道扬镳了。他们两人都深切关心西方文明的前途，然而，与斯宾格勒的悲观论不同，在汤因比看来，西方文明还有生路，因为"创造性的神火还在我们的身上暗暗地燃烧，如果我们托天之福能够把它点燃起来，那么天上的所有星宿也不能阻挠我们实现我们人类努力的目标"。

汤因比目睹了被第一次世界大战弄得满目疮痍的西方社会，他的"使命感"矢志要为西方文明寻求一条"得救之路"，但通观全书，汤因比还是拿不出一套为拯救西方文明而开出的"济世良方"。

不管怎么说，我们从西方这两位史家身上，分明可以看到他们那共同的人文情怀，对世界各个文明进程的求索，对人类社会前途的关注。他们不是从国家、民族，而是以人类整体去思考人类，思考世界。无论是斯宾格勒，还是汤因比，都有着淋漓尽致地表露着这种情怀，后者尤甚。

汤因比的人文情怀是一以贯之的，从《新欧洲》（1915）到《文明经受着考验》（1948），从《一个历史学家的宗教观》（1954）到《拯救人类

_____

① 汤因比：《历史研究》，中册，曹未风等译，14～15页，上海，上海人民出版社，1986。

的未来》（1971），莫不如此。在汤因比晚年的代表作《人类与大地母亲》那里更是如此。这是一部叙事史的长篇，汤氏自称此书"对人类历史作一宏观鸟瞰"①。他在对人类各个类型的文明逐一描述，以展示人类与其生存环境（即"大地母亲"）的相互关系之后，汤因比用凝重的笔调，写下了最后几行文字：

> 人类将会杀害大地母亲，抑或将使她得到拯救？如果滥用日益增长的技术力量，人类将置大地母亲于死地；如果克服了那导致自我毁灭的放肆的贪欲，人类则能够使她重返青春，而人类的贪欲正在使伟大母亲的生命之果——包括人类在内的一切生命造物付出代价。何去何从，这就是今天人类所面临的斯芬克斯之谜。②

由此可见，重视人，关心人类的未来，一直是这位历史学家难以抹去的心头之忧。何去何从，这就是今天人类所面临的"世界性难题"。先贤在 20 世纪 70 年代的这一诘问，我以为在当今依然有着振聋发聩的时代意义。

越到晚年，作为史家的汤因比，其人文情怀就越加浓烈，越加深沉。这里不说别的，仅从他在迟暮之年与池田大作的对话中③摘录一二，就可见一斑。

汤因比在对话中，首先在回应池田大作说的"人类也是一种动物，并具有种种本能的欲望"这个事实时，说道：

> 人类是处于这样一种麻烦困惑的境地，他们是动物，同时又

---

① 汤因比：《人类与大地母亲》，序言，上海，上海人民出版社，1992。

② 同上书，735 页。

③ 1972 年 5 月和 1973 年 5 月，汤因比与日本宗教家、社会活动家池田大作在伦敦作了两次长谈，后由专人据录音整理成书，分别用英文和日文出版，后又译成法文、德文、西班牙文，发行于世界各地。中译本据日文版翻译而成，译者为荀春生等。中文书名为《展望二十一世纪——汤因比与池田大作对话录》，国际文化出版公司 1985 年出版。

是具有自我意识的精神存在。这就是，人类因为在其本性中具有精神性的一面，所以他们知道自己被赋予了其他动物所不具备的尊严性，并感觉到必须维护它。①

汤氏之言甚是。人与动物的根本区别之一就在于人具有尊严，而后者没有。当然，人有贫富之分，或者贵贱之别，但他们在人格上是平等的，换言之，人的尊严不因富贵而高傲，也不因贫贱而低微。换言之，维护人的尊严，让人能更有尊严地生活着，这应当是人文情怀之要旨。汤因比与池田大作的对话，尽管纵览古今，横贯东西，从宇宙天体到世界大同，从伦理道德到气候变化，天马行空，无不涉及，但其核心内容是对人类自身及其地位的关切。为此，诸如教育、福利、医疗、人口、节育、死亡、天灾等种种有关人类的话题，无不引起他强烈的兴趣与高度的重视。

前面说到，在汤因比那宏富的著作中充满着从人类整体去思考人类与思考世界的篇章，这种人文情怀也明显地反映在他与池田大作的这次对话中。比如，汤因比确如巴勒克拉夫所说的那样，"跳出欧洲，跳出西方，将视线投射到所有的地区与所有的时代"②，特别对中国历史及其在未来世界的作用，作出了超越"欧洲中心论"的评价。③

汤氏之高论，不再赘引，读者可以翻阅本书的汤因比篇，倘由此再去通览《展望二十一世纪——汤因比与池田大作对话录》一书，那真是东西方这两位学者的幸运了。个人以为，《对话录》当是一本"智者之书"，汤因比也好，池田大作也好，他们的"智者之言"远见卓识而又畅达明快，应当得到人们的重视，尤其是书中所显现的那深厚的人文情怀。

二、古典教育 史学传统

文化传统具有深厚的力量，尤其当它遇到教育，这种相结合的力量对受教者就更是根深蒂固的了。汤因比正是这样，且看他下述的这段自白：

---

① 《展望二十一世纪——汤因比与池田大作对话录》，荀春生等译，3～4页，北京，国际文化出版公司，1985。

② 杰弗里·巴勒克拉夫：《处于变动世界中的历史学》，27页，1955年英文版。

③ 参见《展望二十一世纪——汤因比与池田大作对话录》，287～289、291～295页。

在我看来，对于任何一个将成为历史学家的人来说，尤其是对出生于那些时代的人来说，古典教育是一种无价的恩惠。作为一种基本训练，古希腊、罗马的历史有其明显的优点。

我记得，当有一天（那是1913年的一天），我正沿着灰蒙蒙而又不寻常的北海萨弗尔克海滨漫步时，作为一个历史上的地中海人，我突然意识到自己带着严重的思乡病。1914年的战争正赶上了我向攻读罗马、希腊古典语文的贝利尔学院的大学生讲述修昔底德。当时我的理解上忽然有了一种领悟，我们在这个世界上的经历早已为修昔底德在他那个世界中经历过了。①

由此可知，汤因比自幼就受到西方古典教育的熏陶，潜伏在他的记忆深处，这种深层的记忆"包含从祖先遗传下来的生命和作为的全部模式"②，自然成了他日后的历史观（文化形态史观）生成的内在基础。

的确，汤因比的历史观，特别是他的人文情怀，受到了西方史学传统的深刻影响。在这里，有必要先说一下关于"人文主义"或"人文情怀"的词义，以引下文。

何谓人文主义③？给它下定义不是本文的任务，更何况给人文社会科学中的词语下定义，真是一件伤透脑筋的事，决不可能像数学上画出一条切线那么容易、那么清晰。但为了行文，我们还需设置"工作定义"，作些宽泛的理解。④ 在此，阿伦·布洛克的《西方人文主义传统》一书应当提及。在谈到西方的人文主义传统的看法时，阿伦·布洛克总是持十分谨

① 汤因比：《文明经受着考验》，沈辉等译，6、9页，杭州，浙江人民出版社，1988。

② 这是弗洛伊德的学生、瑞士心理学家荣格关于人的"集体无意识"之论见，参见弗雷·罗恩：《从弗洛伊德到荣格》，陈恢钦译，118页，北京，中国国际广播出版社，1989。

③ 西文 Humanism，中译为"人文主义"，亦可译为"人道主义"或"人本主义"。

④ 我国学者启良对此作过一些梳理，很可参考。见《西方文化概论》，348～356页，广州，花城出版社，2000。

慎的态度,不敢贸然给它下定义,他之论见总说是"个人之见",语气又说是"似乎",这从一个方面说明了为"人文主义"确立"边界",实属不易。这正如论者 F. 席勒在《人本主义研究》一书中所言:"一个真正的定义要恰如其分,确乎牵涉到被定义事物的性质的全面认识。在科学感兴趣的题材之中,有哪一个我们能自诩具有全面的认识呢?"①

阿伦·布洛克最终还是没有给"人文主义"这模糊不定的概念一个确切的含义,只是从宽泛的意义上对它"最重要和始终不变的特点"作了一点归纳(或者如席勒所说的"临时性的定义"):

1. 关于人的地位。阿伦·布洛克写道:"人文主义集中焦点在人的身上,从人的经验开始。"又说,"但是,这并不排除对神的秩序的宗教信仰,也不排除把人作为自然秩序的一部分而做科学研究。"②

2. 关于人的尊严。他认为:"每个人在他或她自己的身上都是有价值——我们仍用文艺复兴时期的话,叫做人的尊严——其他一切价值的根源和人权的根源就是对此的尊重。"③

3. 关于思想。他明确指出人文主义传统"始终对思想十分重视,它一方面认为,思想不能孤立于它们的社会和历史背景来形成和加以理解;另一方面也不能把它们简单地归结为替个人经济利益或阶级利益或者性的方面或其他方面的本能冲动作辩解"④。

不管阿伦·布洛克对"人文主义"的上述说法尚有多少缺陷,个人以为,他把"人文主义"聚焦在人、人的尊严和思想这几个层面,对我们理解"人文情怀"还是有启发的。把握阿伦·布洛克的"人文主义"说,又联系与借助上述汤因比书中之论见,我们大体上对"人文情怀"的词义可以略说一二。

关注人,关注人类自身的历史及其未来,这应当是人文情怀的基本出发点。当今中国,正在寻求人文精神的复归,人文素养的提升,人文创造

① F. C. S. 席勒:《人本主义研究》,麻乔志等译,2 页,上海,上海人民出版社,1986。

② 阿伦·布洛克:《西方人文主义传统》,董乐山译,233 页,北京,生活·读书·新知三联书店,1997。

③ 同上书,234 页。

④ 同上书,235 页。

的实现。然而，凡此种种，只有把对人类生存价值和生命的关注，始终放在首位，作为世事的"第一主题"，惟其如此，这种人文情怀才会穿越时空，对接古今，在现时代放射出夺目的光彩。为此，需要迫切召唤人文情怀。

尊重人，维护人的尊严，敬畏生命，这是人文情怀的本质特征。因为，维护人的尊严，正如汤因比所言，那是"至高无上"的事情，人与动物的一个根本区别也就在这里。否则，人的生命及其意义还从何谈起。事实上，人类文明的发展，其最终的目的也在于寻求人的尊严和生命的意义。汤因比的研究成果亦可作如是观。

世界感情，爱的奉献，这是人文情怀的最终归宿。一首流行歌曲这样唱道："只要人人都献出一点爱，世界将变成美好的人间。"倘如是，那么这种基于人类的普遍之爱，就演化为一种超越国界、超越民族的"世界感情"，对此，汤因比曾寄托于"世界宗教"① 的助力。不知能否如他所言，由此就能触摸到历史深处的温暖、感悟到天下一家与世界大同的境界，且拭目以待吧。

还是回到正题。上面说到汤因比深受影响的史学传统，源于西方古典史学②，尤其是它的希腊史学阶段。西方史学发展史告诉我们，古希腊史学留给后世丰硕的史学遗产，其中尤以"求真"与"人文"（或"人本"）最为典型，这里据题旨只说后者。

古希腊关于人的学说是颇为出色的，有论者说道："全部希腊文明的出发点和对象是人，它从人的需要出发，它注意的是人的利益和进步。为了求得人的利益和进步，它同时既探索世界也探索人，通过一方探索另一方。"③ "认识你自己"德尔菲神庙入口处刻着的这句箴言，再明白不过地向世人昭示，古希腊人对自身问题是何等地重视。从遥远年代的神话传说，从《荷马史诗》，从《田功农时》，从爱奥尼亚哲学家，直至公元前5

---

① 汤因比曾说过："通过宗教方面的革命，使人的思想感情急剧地广泛地发生变化，也不是不可能的。"参见《展望二十一世纪——汤因比与池田大作对话录》，306 页。

② 关于西方古典史学的界定，这里主要指的是古代希腊罗马史学。

③ 安·邦纳：《希腊文明》，第 1 卷，转引自《关于人的本质的哲学》，29 页，北京，生活·读书·新知三联书店，1984。

世纪希罗多德，都可窥见古希腊人关于人的最初思考。

希罗多德撰写成《历史》，标志着西方古典史学的奠立，也正是由于他的贡献，古希腊人把人的地位与思考提升到一个全新的水平。诚然，希罗多德书中还不时显现神示、征兆、应验等，但揭开其纱幕，我们分明看到的是人和人的力量：希波战争。古希腊的一些弹丸之邦结为一体，终于击败了波斯帝国的倾国之师，它告诉人们，拯救希腊的是人而非神，这也正是希罗多德《历史》所要表述的主题。

至修昔底德，不仅古希腊史学大踏步向前，而且关于人的观念，即重视人、重视人在历史中的作用，也更为史家所注目。"人是第一重要的"①这正是修昔底德在传世之作《伯罗奔尼撒战争史》一书中所要表述的主要理念。他常以悲天悯人的笔调记叙战争所带给人们的巨大苦难，对人类处境给予了高度的关注，无不充溢着强烈的人文情怀。

古罗马史学继承与发扬了古希腊史学，其人文传统亦然，正如柯林武德所言，希腊罗马史学作为一个整体，它的特征之一是人文主义的，"它是人类历史的叙述，是人的事迹、人的目标、人的成功与失败的历史"②。公元5世纪，由圣·奥古斯丁的基督教神学史观颠覆与改造了古典史学，古典史学中的人的观念被神的观念所取代。14世纪以降，西方发生了文艺复兴，开始走出中世纪史学，又一次"重新定向"，那时的历史学家一方面日渐摆脱基督教的神学体系；另一方面又复兴了古典史学的"人文观念"，史学"又一次把人放在它的画面上的中心地位"③。总之，在经过了改铸之后，便以近代意义上的人文主义史学而高扬在西方史学发展的舞台上。

自此开始，历史学家的人文情怀，因时代与社会的嬗变，而提升到一个新的高度，即重视人、重视人的命运和人类社会的前途，一直在近现代西方历史学家的文脉中流动，从马基雅维里到伏尔泰，从兰克到布罗代

---

① 修昔底德：《伯罗奔尼撒战争史》，谢德风译，103页，北京，商务印书馆，1960。

② 柯林武德：《历史的观念》，何兆武、张文杰译，78页，北京，商务印书馆，1997。

③ 同上书，99页。

尔，迄未中断，也不可能泯灭。

由此可知，汤因比的人文情怀，渊源于他的教育背景、追溯于西方史学的人文主义传统，倘由此寻踪，近现代西方历史学家们的人文情怀，也莫不如此。当然，这种人文情怀在不同时代和不同国家的历史学家那里，其表露程度与形式不尽相同，或如巨川入海，汹涌澎湃，或如冰下溪流，淙淙汩汩，总之，或直接或间接，或彰或隐，但那散发出来的人文情怀，我们还是能深切感受得到的。即便是他们著作中所表现出来的"河山之恋"或"民族情结"什么的，也不难从中发现蕴藏在他们心灵深处的人文情怀。不是吗？读者诸君不妨读一下本书所选诸家散文后，便不难找到这个答案。

三、历史思维　现实意义

读着近现代西方历史学家的散文，感受他们直逼你心底的人文情怀，浑金璞玉，文情并茂，美不胜收。不过，我们首先还是应该感谢汤因比，感谢这位被世人称之为具有"最伟大的人道主义精神"的历史学家。

因为汤因比，他让我们重温过去。沿着历史的轨迹，我们就蓦然发现，世界历史，古今上下，绵延不绝，从愚昧走向知性，从野蛮走向文明，不畏艰难，百折不挠，铸就了璀璨的现代文明。我们由此，领悟了历史，人类总是不断地向着光明、向着幸福的道路前进，谁也阻挡不了历史发展的这一客观进程。

因为汤因比，他让我们面对现实。环顾全球，展望当下，气候变化、环境污染、人口膨胀、贫富分化、恐怖活动等词语，也许可以缀合成为当今世界的一个缩影，不觉让人徒增忧虑，试问：今日之世界，究竟何处去？奔走在喧嚣的现代社会中的人们啊，是不是也应该放慢脚步，回看一下自己的足印，去抚慰那躁动不安的心灵。

因为汤因比，他让我们思考未来。人类历史，世代相继，生生不息，但总是在过去、现在和未来这三个世界里度过的，我们与记忆相伴，与反思为伍，从而无所畏惧地迎接来自现实的挑战，憧憬着美好的未来。这种愿景，鼓舞着我们一代又一代人的前行。

当然，我们不仅只感谢汤因比，还应该对入选本书的（还有大量未入选的）西方历史学家行注目礼，读着他们的华文，是一种愉悦和审美享受，是一种心灵感应和精神洗礼，不啻在进行一场超越时空的"对话"，从与他们的对话里，我们感悟历史，解读文化，从而寻求到了人生的真谛。这当然是一种理想主义的追求，或者是读书所能达到的最高境界。不管怎么说，他们所言，事实上是对世人发出的一次又一次的共同的人文召唤。

感谢历史学家，感谢历史学家的人文情怀，倘以近现代西方历史学家，尤以汤因比为个案，由此说开去，我以为历史学家的人文情怀具有一般人所不能言及的显著特征，其"情"浓郁，其"怀"深沉，凸显"人文"之光芒，这是为什么？因为他们是历史学家，在他们思想中含有强烈的历史思维，而不同于一般人所有的历史意识。

一般来说，历史意识是伴随着人类社会的出现而萌生的。在西方，在前希罗多德时代，无论是神话还是史诗，还是"史话家"的记录，其实就含有"历史的"因素，包含有人类（古人）最初的历史意识，但它毕竟是朴素的和稚拙的。那么现代人如何呢？且举现代美国史家卡尔·贝克"人人都是他自己的历史学家"这一"名篇"，在这篇流传很广的文章①中，他明确地指出了专业历史学家与其文中所举例的那位"普通先生"的区别，后者不过是"他自己的历史学家"，他的历史意识依然是稚拙的，尽管他是现代人，然而这位现代的"普通先生"也只限于个人的实际生活的经验，但历史学家的历史思维就要深刻得多，则要超出个人的生活经验本身，致力于史实真伪之考辨，并进而写出真实可靠的历史。换言之，在贝克看来，历史学家"不是去重复过去，而是利用过去，去把普通人对于过去实在发生的事件所加上的那种神话式的改作，予以纠正和合理化"②。因此，一般人所具有的历史意识与历史学家的历史思维是不尽相同的。③事实上，近现代以来西方历史学家所呈现出来的历史思维，不仅包含有合

---

① 卡尔·贝克：《人人都是他自己的历史学家》，载田汝康、金重远选编：《现代西方史学流派文选》，258～277页，上海，上海人民出版社，1982。

② 同上书，276页。

③ 关于一般人的历史意识与史家的历史思维之区别，参见朱本源：《历史学理论与方法》，154～160页，北京，人民出版社，2006。

乎科学与理性的诉求，而且其主要取向是人文主义的，因为反思人及人的生成运动，当是历史学家历史思维的题中之义。可以这样说，历史思维的人文主义取向，这应是历史学家人文情怀之浓郁与深沉的理论依据。

在当今中国，倡导与培养人文情怀，具有重大的现实意义和时代意义。在全球化的浪潮下，当代中国历史晚近三十年来发生了巨大的变化，最令人瞩目的变化是：既解放了生产力，又解放了人，因此以人为本的理念，已愈来愈深入人心，正成为现代化进程中的核心价值取向，在改革开放的大环境下，人的主体性得到了最大限度的释放。人文情怀的孕育伴随着 21 世纪的到来，更成了集体的呼唤和时代的强音：

让关注人、人的命运和人的尊严，成为全社会的基本准则和共同诉求；

让维护公平、正义和道德的阳光普照神州大地；

让学习知识、科学和文化之风吹拂到每个个体生命的心田。

因此，在大力推进现代化事业、奔向小康社会的华夏儿女们，是多么迫切需要和培养每个国民的人文情怀。须知，一个民族不能遗忘历史，不能冷漠人文，但在一个信仰缺失的年代，现代社会中世人所表现出来的精神状态，在解构与质疑声中令人担忧。人们不禁要问：路在何方？"路在何方"，这是现代文明摆在世人面前的一个"斯芬克斯之谜"。在这里，历史学家不是万能的，但也不是无所作为的。我以为，恰恰相反，在遗忘与冷漠的隐痛与失望中，现时代历史学家将大有"用武之地"，倘充分发挥历史学自身所蕴涵的人文特性①，借助历史学家的历史智慧，虽说不上可以据此指点江山，但至少在它们遇到"遗忘"、邂逅"冷漠"时，也许会撞击出闪亮而明澈的思想火花，昭示世人，启人心智，从而有助于解开"斯芬克斯之谜"。不信吗？倘以本文的汤因比之论见证之，然也；以本书所选的西方历史学家散文证之，亦然也。

---

① 有论者认为，"历史学的根本特性是人文的特征，主要表现为对人自身的关注，包括关注人的物质生活、人际关系、思想境界和感情因素等，因而其方法主要便于表现其人文特性。"参见李勇：《保卫历史学》，46 页，北京，世界知识出版社，2009。

共 和 遗 梦

马基雅维里

尼科洛·马基雅维里（Niccolo Machiavelli, 1469—1527），近代意大利历史学家。马基雅维里有一个梦，一个共和之梦。从这里摘录的《论李维》一书中的几个片断，分明可以察觉出他在探讨罗马共和国兴盛之道的背后，隐藏着他那梦寐以求的共和政治的理想。虽则他的《君主论》为君主出谋划策，给后世留下了"马基雅维里主义"的恶名，但作为文艺复兴时代的一流史家，他却以《佛罗伦萨史》彪炳在西方史学史的史册上。在他上述三本作品中，《论李维》笔调灵活，挥洒自如，被研究者推荐为一本"魅力四射"的令读者难以忘怀的书，其中译本亦流畅、易读。本篇题名为编者所拟，文内小标题除四与五外，亦为编者所加。

　　　是的，日出不是由于黎明，而黎明却是提醒人们注意日出！①

题　记

一、完美的共和国

　　让我们来说说罗马吧。建城之初，它没有一个利库尔戈斯为它建立使其长期得享自由的秩序，但平民和元老院的不和却触发了种种事变，使得统治者未做之事，竟因机缘而产生。就算第一次好运未光顾罗马，却有第二次在等着它。它最早的统治者虽然不尽如人意，却未偏离把他们引向完美的正道。罗慕路斯诸先王制定了不少良法，事后证明它们均有益于自由的生活方式。他们的目的是建立王国而非共和国，所以当城市获得自由时，仍缺少自由秩序所必需的许多要素，因为先王未把这些要素赋予罗马。由于前面说过的原因，它的先王失去了帝国，但驱逐他们的人却仅黜其名而未废其权，他们立刻任命了两个执政官取代国王，这样共和国便有了执政官和元老院。它只综合了上述三种体制中的两种，即君主制和贵族制的品质，故仍需为民治留出一席之地。因此，当罗马贵族由于下面谈到的原因而变得傲慢自大时，平民起而反抗他们。这种反抗并未全盘推倒重来，仅限于给平民留出他们应得的地盘，执政官和元老院仍握有相当大的权力，在共和国里依然保持着自己的地位。护民官的创设即由此而来，由于三种统治形态各得其所，此后共和国的国体更加稳固。命运对它如此眷顾，虽然经历了从君主统治到贵族统治再到平民的统治，其过程和原因一如上述，但它在授权于贵族时，未全然放弃君主制的品质；在授权于平民时，亦未攫尽贵族的权力。在这一混合体制下，它创建了一个完美的共和国。

二、护民官

　　探究文明生活之道的人皆已证实，史书亦充满这类事例，即驾驭共和国并为其制定法律者，必把人人设想为恶棍，他们会不失时机地利用自己

---

　　① 参见耿淡如：《拿破仑对历史研究的见解——世界史谈片》，载《文汇报》，1962-10-14。

灵魂中的邪念。当邪念隐而不彰时，此一假设是从隐蔽的原因得出，因为人们既看不到相反的经验，又难以识别这种原因。但是被他们称为真理导师的时间，迟早会让真相大白于天下。

塔尔昆一家遭放逐后，平民和贵族之间似乎十分和睦，贵族放弃了自己的傲慢，采纳一种平民精神，待人以宽容，无论他多么平庸。塔尔昆在世时，这种骗局一直未被识破，亦无人窥明其缘由。贵族畏惧平民，且担心若不善待平民，他们不会站在自己一边，故对他们恭俭礼让。然而塔尔昆一死，贵族的担忧也随之消散，他们开始向平民射出腹中的毒液，肆无忌惮地予以侵害。此事证实了以上所言：不出于万不得已，人无行善之理，若能左右逢源，人必放浪形骸，世道遂倏然大乱。故有云，人因饥馑困顿而勤劳，因有法纪而良善。无法纪而事务井然的地方，无须法纪；然而无良好风俗之地，则法纪须臾不可离也。塔尔昆在世时，他犹可使贵族自我警悚，在他死之后，则宜设想新的体制，以收塔尔昆在世之功效。因此，在贵族和平民之间经历了种种的纷乱、争吵和相互中伤后，他们终于设立护民官以保障平民的安宁。他们赋予这些人显赫的地位和威望，使其今后充当平民和元老院的仲裁，阻止贵族的傲慢。

三、把权柄交给平民

精明的人创立共和国，必做的事情之一，就是为自由构筑一道屏障。自由生活方式存续之长短，端赖此一屏障之优劣。共和国皆有权贵和平民，于是存在着应把自由的屏障置于何人之手的困惑。古代之拉塞德芒人，今日之威尼斯人，把这权柄交予贵族，罗马人则把它交给了平民。

故应审视这些共和国的选择何者较佳。若溯及根由，可以说它们各有道理；若以结果计，则论者会站在贵族一边，因为斯巴达和威尼斯的自由，有着较罗马更长久的寿命。考虑到各种缘由，站在罗马人一方，我要说的是，护卫某物之权力，当授予对此物无侵夺欲的人。揆之贵族的目的与平民的目的，可知前者支配欲甚强，而后者只有不受人支配的欲望，故较之权贵，他们也有更强烈的意愿过自由的生活，更不愿意伤害这种自由。所以，让平民担当自由的卫士，他们会为它付出更多的关切，既然他们无力侵夺它，他们也不会允许别人侵夺它。为斯巴达和威尼斯的体制辩护的人则说，把守护的职责交给权贵，成全了两件好事，一是这更好地满足了他们的抱负，有此权柄在手，他们便有了更多心满意足的理由；二是他们消除了平民骚动不安精神中的强权性质，它既是共和国无休止的纠纷与攻讦之源，也易于让贵族陷入不时造成恶果的绝望。然而，在这同一个罗马城里，他们还提供了一个范例，护民官握有此种权力，但这犹不足以使他成为平民的执政官，而他们却想把两种权力集于一身。于是他们希望得到监察官、军事执政官等城邦的全部主宰权；他们仍不安于此，性情狂暴一如既往，后来居然开始羡慕他们认为可以打垮贵族的人，由此导致了马略的强权和罗马的覆灭。确实，擅长就事论事者仍然能够抱有疑虑，他应当选择何人来担当这种自由的守护者呢？因为他不清楚共和国里哪一种人的性情更有害，是那些只想维持已经到手的荣誉的人，还是那些希望获取尚未到手的东西者？

人们经过缜密的通盘考虑，终将得出如下结论：你要么是在思考一个希望成为帝国的共和国，如罗马；要么是在思考一个只想维持自身的共和国。对于前者，它务必如罗马一样行事；对于后者，则可仿效法威尼斯和斯巴达。其理由一如下章所述。

四、平民合则强，分则弱

罗马人的家园因为法兰克人的光顾而败落后，许多人罔顾元老院的规定和命令，迁至韦伊居住。为整饬法纪，它发布政令，要求每个人在某个时刻之前回罗马定居，并要受到某种处罚。最初，这些政令所针对的人，只拿它们当儿戏；后来，服从的时限将至，却无人不从。故提图斯·李维说："群体固然桀骜不驯，一旦变得孤零零，便各自心怀恐惧，都成了顺民。"确实，这段话再好不过地证明了民众这方面的天性。民众对于君主的决定，经常敢于放言无忌；可是，当他们面临惩罚而又互不信任时，他们就会乖乖服从。由此可见，所谓人民的性情好与坏，也不必太拿它当回事儿；只要治理得当，你既可以维持他们的好性情，也能保证不被他们的坏脾气所伤。对于这种坏脾气，应当理解，不是指他们失去自由或失去受他们爱戴、依然在世的君主时，产生的坏脾气。这种原因所导致的坏脾气之可怕，是无以复加的，非要花大力气才能制服。如果［人民］没有首领的庇护，消除他们的另一些坏脾气便易如反掌。既无首领又桀骜不驯的民众固然可怕，但他们也有着不堪一击的弱点，只要你驻守于要塞，能够躲过他们的第一次打击，那么即使他们兵戈在手，也可轻易让他们缴械。当人们的头脑有了片刻的冷静，每个人都意识到还得回家谋生时，他们就会怀疑自己，思量着如何保住性命，要么逃跑，要么俯首称臣。因此，群情激昂的民众，为避免这种危险，会立刻在自己中间拥立一名首领，为他们纠正错误，维持他们的团结，筹划自卫的计策，罗马平民在弗吉尼娅死后离开罗马时，就是这样做的，他们在自己人中间任命了二十名护民官。假如他们不这样做，便难逃上面提图斯·李维提到的结局：群体固然强大，但当人人思忖个人的安危时，他便成了软弱可欺的胆小鬼。

五、民众比君主更聪明、更忠诚

民众的虚妄和前后不一可谓举世无双，我们的提图斯·李维像所有的史家一样，也证明了这一点。谈及人们的行为，经常可以看到，民众先是骂某人该死，然后又对他痛哭流涕，说简直离不了他。罗马的平民就是这样对待曼利乌斯·卡皮托利努斯的，先是骂他该死，后又把他说成众望所归。作者的原话如下："当他不再构成危险时，人民很快便觉得离不开他。"此外，在讲述锡耶罗的孙子锡耶罗尼姆斯死后叙拉古发生的事情时，他又说："要么低三下四，要么飞扬跋扈，此乃民众的天性。"我不知道自己能否涉足于一片充满艰难险阻的领域，它也许会让我自讨没趣，或为坚持己见而备受非难，因为我要捍卫的事情，受到作家众口一词的谴责。不过，我不认为，并且永远不会认为，在个人见解上据理力争，不借助于权力或暴力，这样做有什么不对。

依我之见，那些作家责之于民众的缺点，应当针对一切个人、尤其是君主才对。不受法律管束的个人，能够犯下和肆意妄为的民众一样的错误。古往今来，君主之多不知凡几，仁慈而睿智者却凤毛麟角。我这里所说的君主，是指那些能够打破使其不离正道的约束的人，但不包括远古之时实行法治的埃及的君主，也不包括斯巴达君主；当今法国的君主也不能算在内，较之我们所知道的当代的其他王国，这个王国更多地受到法律的节制。不应当把这种建立在宪政基础上的王国，列入那些个人，即需要审视其天性是否与民众类似的个人的行列。还应当比较一下那些受法律管束的民众，我们在那些王国看到的美德，也能从他们身上看到，他们既不专横跋扈，也不低三下四。罗马人民就是如此，在共和国仍然保持廉洁的时代，他们就是既不专横跋扈也不低三下四的；他们借助于自己的官员和制度，一直保持着高贵的品质。必须惩治强人时，他们绝不手软，例如对付打算镇压人民的曼利乌斯和十人团等人；为了公共安全而必须服从独裁官和执政官的命令时，他们也毫不含糊。在曼利乌斯·卡皮托利努斯死后，罗马人民又想让他回来，这并非异想天开，他们要的是他的德行；他们的怀念将感染每一个人，且能对君主产生同样的效果，因为所有的作家都曾确证，敌人也会赞赏对手的德行。假如曼利乌斯因众人的强烈要求而复活，罗马人民对他作出的判断，仍会像他们把他从牢房拖出来不久就骂他该死一样。有些被称为明君的人，杀了某人，继而追悔不已，例如亚历山大对克利图斯及其友人的态度，和希律对待马丽安妮的态度。然而，我们的史家在谈到群体的本性时所指的群体，并不是像罗马人那样受法律管束的群体，而是像叙拉古人那样目无法纪的群体，是这种群体犯下了狂放不羁的个人犯下的错误，譬如以上事例中的亚历山大大帝和希律。所以说，民众的天性并不比君主更差，当人人都能肆无忌惮地作恶时，他们也会犯同样的错误。除了以上所说，这类事例在罗马的专制皇帝和君主中间还有很多，从中看到的出尔反尔和多变的人生，丝毫也不亚于任何民众。

流行的看法是，当人民成为统治者时，他们出尔反尔，忘恩负义。与此相反，我的结论是，他们这种恶行，并不比哪个君主更多。有人对人民和君主皆予以谴责，这也许能够道出真理，假如他把君主排除在外，他便是自欺欺人了。当人民做主时，如果法纪健全，他们的持之有恒、精明和感恩，便不亚于君主，甚至胜过一个公认的明君。倘若君主不受法律的管束，他会比人民更加多变，更加轻率鲁莽，更加忘恩负义。他们这种处事方式的差别，并非因为他们天性多变——天性本是一个模子所铸；就算能够分出高下，也是人民占优——而是因为他们都对自己生活中的法律多少怀有一份敬重。凡是考察过罗马人民的人都能看到，四百年来，他们一直痛恨君王的称号，爱护自己祖国的荣誉和公益；他能从中看到无数事例，用来证明其一或其二。假如有人给我提到罗马人民对西庇阿的忘恩负义，我会回答说，对于此事，我在前面已用不少篇幅作过说明，证明了他们并不比君主更加忘恩负义。说到做事的精明和持之有恒，我以为人民比君主更精明、更稳健，判断力更出色。人民的声音能被比作上帝的声音，是事出有因的。可以看到，普遍的意见有着神奇的预见力，那么它似乎也含有某种隐蔽的德行，能够预知善恶。人民对事情作出判断时，如果听到两个辩论家各执一词，他们的德行又不相上下，则人民鲜有不接受更好的意见、不相信他们听到的真理的时候。人民也许在大事上，或在有益的事情上出错，就像前面说过的那样；但是，君主不是也经常因为自己的欲望而栽跟头，并且其次数大大多于人民么？还可以看到，在推选官员上，他们的选择远胜过君主，人民也从来不会惑于言辞，把荣誉授予声名狼藉、腐化堕落之徒，而说动君主不但容易，手法又何止千万。人民一旦持有某种荣誉观，就会数百年保持不变；何曾见过君主有这般表现？在这两件事上，罗马人民的记录颇令我满足：在数百年里，他们选出的执政官和护民官不计其数，令他们后悔的却不超过四次。如我所言，他们对君王的头衔恨之入骨，凡是图谋这种头衔的公民，没有任何权利可以使他逃脱应有的惩罚。此外还可以看到，在人民担任统治者的城邦，能在极短的时间内取得超乎寻常的扩张，比一直受君主统治的城邦大得多，例如驱逐了国王后的罗马，以及摆脱了皮西斯特拉图斯后的雅典。这是民治优于君主的统治使然，除此而外，再无其他原因。在前述文献中或别处评论过此事的史学家，我不希望他们反对我本人的见解。对人民的骚乱、君主的胡作非为、人民和君主的荣耀进行全面的考察，就会看到，人民在美德与荣耀方面是大大胜出的。如果说，君主在制定法律、构建文明生活、颁布新的法规政令方面优于人民，人民则在维护事务之良序上优点突出，故制度创建者所取得的荣耀，无疑应归功于他们。

总之，在结束这一讨论时，我要说，既有长治久安的君主国，也有长治久安的共和国，它们都需要受到法律的管束。能够为所欲为的君主，无异于疯子，能够为所欲为的人民，必属不智。考之于俯就法律的君主、受法律管束的人民可知，见于人民的德行，总是多于君主；考之于两者都不受约束的情况可知，见于人民的过失，较君主为少——何止过失少，救济的办法亦多。肆意妄为的人民，若有贤达相劝，不难迷途知返，但何人能够劝服一个邪恶的君主？兵刃之外，还有何救济之策？据此，即可推知双方的病情之轻重了：疗救人民之病，谠言足堪胜任；疗救君主之病，却离不了屠刀；去沉疴须下猛药，此乃无人不晓的道理。人民桀骜不驯时，其疯狂并不可怕，时弊亦不足惧，可惧而又可怕者，是它的结局，即乱世中崛起的暴君。而邪恶的君主造成的局面，适与其反：人们惧怕时弊，憧憬于未来，他们会自我安慰，他邪恶的一生一终结，自由即可重现。各位由此便能认清两者的差别了，亦即实然与应然的差别。民众残暴的矛头所向，是他们担心侵夺公共财物者；而君主的残暴所针对的，却是他害怕其侵夺他个人财物的人。反对人民的意见之所以出现，是因为人人都可随意诟病人民，即使他们当政，亦不必有所忌惮，而议论君主，却要千思万虑而后行。

六、公民的德行

我们的史家李维为说明杰出的人应当有何表现，着重讲述了卡米卢斯的一些言行，他借卡米卢斯之口说："无论独裁官的掌权还是流放，于我的精神皆无所损益。"由此可知，伟人有着处变不惊的胸怀。命运纵有千变——让他们飞黄腾达，或让他们一败涂地——他们也不会改变，他们心如磐石，生活一如既往，使每个人很容易看到，命运的力量奈何他们不得。弱者的自处之道则不然，一遇到好运，他们便有虚骄之气，变得飘飘然，把他们得到的好处，归因于不为他们所知的德行。他们身边的人，就会认为他们令人不堪忍受，面目可憎。这取决于运气的变化莫测，一看到厄运临头，他们立刻就会暴露出另一种缺点，变得卑躬屈节。禀性如此的君主，在身处逆境时宁肯逃跑也不想自卫，是因为他们在利用好运上一塌糊涂，不懂得未雨绸缪。

上述优劣表现，既可见之于一人，也可见之于一个共和国。这可以拿罗马人和威尼斯人为例。就前者而言，厄运从未让他们变得低三下四，好运也从未使他们虚骄轻狂。从他们输掉坎尼一役和战胜安提奥库斯以后的表现，可以清楚地看出这种品质。尽管遭受如此严重的挫败——这是他们第三次战败了——他们也绝对没有因为失败而气馁，而是仍然派出军队；他们不想违反自己的制度赎回俘虏，他们也不想派人到汉尼拔或迦太基那儿求和。他们不干这种卑躬屈膝的事情，他们只想如何作战，人手不足，他们就把老人和奴隶武装起来。就像前面讲过的，迦太基人汉诺听到这事后，他向元老院表示，从罗马人在坎尼的失败中，他们几乎一无所获。由此可见，危难时刻并不能吓倒他们或让他们自暴自弃。另一方面，好运当头也不会让他们变得轻狂，当安提奥库斯派使者来见西庇阿，想在自己战败之前达成一项条约时，西庇阿给他提出了讲和的条件，即他撤回叙利亚，把其他所有地方留给罗马人。安提奥库斯拒绝了这一和约，同罗马开战并被打败。他又派使者去见西庇阿，表示他们接受胜利者提出的全部条件，西庇阿并不想另立和约，他仅仅在自己获胜之前提出的和约中，加上了这样一句话："罗马人若被征服，他们不会气馁；假如获胜，他们也不会蛮不讲理。"

威尼斯人的表现与此截然相反。一遇到好运，他们认为这是由于他们并不具备的德行所致，于是他们变得十分轻狂，把法国国王称为圣马可的徒子徒孙；他们也不把教会放在眼里；他们在意大利不想接受任何管束；他们胆大妄为，竟然要创建一个像罗马那样的王国。后来，当好运抛弃了他们，法国国王在维拉只是部分地打败他们时，他们不但因内乱而失去了整个国家，还卑躬屈节地把一大块领土割让给教皇和西班牙国王。他们变得胆小如鼠，派遣特使去见西班牙国王，表明愿意向他称臣；他们奴颜婢膝地给教皇写信，以便博得他的同情。他们在四天之内，在只是部分地战败以后，就变成了这么一副可怜相。他们的军队在作战后撤退，大约有一半兵力又投入战斗并被打垮。一个逃出来的军官率领两万五千名步兵和骑兵到了维罗纳。假如威尼斯多少具备一些优秀的品质，制度亦称健全，那么他们不难重整旗鼓，再次直面自己的命运。他们既可以获胜，也可以体面地失败，或是争取到不失尊严的和约。然而他们的制度品质太差，在战时一无是处，从而导致了他们性情懦弱，使他们经受一次打击，便丢掉了国家和勇气。凡是像他们那样自我治理的人，只会有这种下场。交上好运便轻狂，遇到厄运就发怵，这种表现来自你的处事方式、你所受到的教育，它既软弱又虚妄，那么你也只能如此。假如它不是这样，你也会有不同的命运。它若能让你更加通明世事，你就不会因为得意而如此忘乎所以，因为失意而痛不欲生。就一人而言正确的事，也适用于生活在同一个共和国里的众人：假如共和国有完美的生活方式，则他们也会有完美的表现。

我在别处说过，精兵强将乃一切国家的基础；缺了它，良好的法律或任何好事都无从谈起。在我看来，重申这个观点并非多余。因为在阅读这部史书时，我每时每刻都认识到这种必要性；不练兵，军队难以精良；不以臣民组建军队，则军队也难以训练。人们并非总是征战，也不能总让他征战，所以必须在和平时期训练他们，但是由于开支的原因，对臣民之外的人是无法进行训练的。我们前面说过，卡米卢斯曾经率军攻打托斯卡纳人，他的士兵看到敌人阵容强大，全都吓得要命，他们觉得自己和敌人相差太远，无法抵御他们的进攻。卡米卢斯听到军营中这种低落的情绪后，便来到外面，在军营内一边走，一边同士兵谈话，知道了他们脑子里在想些什么。最后，他没有对军营进行整顿，而是说："不管你们知道什么或习惯于做什么，只管做就是了。"只要细想一下这种办法，以及他为了鼓舞士兵而对他们说的话，就会认识到，对于这样一支没有事先在平时或战争中经受锻炼的军队，是无法解释或做那些事情的。将领不能信任一无所知的士兵，也无法相信他们会有良好的表现。即使再有一个汉尼拔来指挥他们，他也会毁在他们手里。除非他从各个方面训练他们，使士兵也具备他的勇气、掌握他的处事方式，不然他必败无疑。如果一个城市有罗马那样的制度和武装，让公民每天在个人和公共事务中，体验自己的德行和命运的力量，他们便随时都能精神振奋，始终如一地保持自己的威严。假如他们不事武备，坐等命运的光顾而不靠自己的德行，他们就会随命运的变化而变化，总是表现得和威尼斯人一样。

七、长治久安之道

尘世间的一切，皆有其寿限，这一点千真万确。不过一般而言，凡是上天使其得享天年的事物，都不会打乱它的机体的秩序，让它保持秩序不变，即便发生改变，也是为了它的安全，而非加害于它。我要讨论的是混合的机体，比如共和国和教派，所以我认为，为自身安全而作出的改变，是回到它们的源头。秩序井然、有着更长寿命的机体，或是具备经常进行自我更新的能力，或是通过一些秩序之外的事件进行上述更新。不进行自我更新的机体，也不可能持久，此乃再清楚不过的道理。

如前所述，新生之道是使其返回源头。一切教派、共和国和王国的初创时期，必定包含着某些优秀的东西，利用它们可以重新获得最初的名望和生长能力。随着时间的流逝，这些优秀的因素会受到败坏，除非有外力的介入，使其恢复原来的标准，不然的话它必然杀死机体。医师在谈到人体时说，"日日有所增补，有时需要治疗。"说到共和国，这种返回源头的现象，或是因外部事件而发生，或是源于人心的精明。就前者而言，可以说，假如希望罗马死而复生，由此获得新的生命和新的德行，恢复人们对信仰和正义——它们正在受到败坏——的遵从，它就必须被法兰克人占领。借助于李维的史册，便可很好地理解这一点，按他的讲述，他们在派兵抵抗法兰克人，任命拥有执政官权力的护民官时，没有遵守任何宗教仪式。同样，他们不但没有惩罚三位"违反万民法"同法兰克人作战的法比乌斯，反而让这些人当了护民官。不难推测，他们对罗慕路斯和另一些君主建立的其他良好的制度也开始不予尊重，已经超出了维护其自由生活的必要限度。于是发生了外部的打击，罗马城的全部秩序由此而得以恢复，同时也向它的人民表明，不仅要维护信仰和正义，还要尊重它的杰出公民，更加看重他们的德行，而不是那些他们以为虽经努力仍然缺少的优势。这一变化导致了真正的胜利：夺回罗马以后，他们立刻恢复了古代信仰的全部制度，他们惩罚了在战斗中"违反万民法"的法比乌斯，他们对卡米卢斯的德行和仁慈给予极大的敬重，将妒忌心——元老院和另一些人的——抛在一边，把整个共和国都托付给他。因此正如前面所说，共同生活于无论什么制度下的人，要通过外在事件或内在的主动，时时自我检省。就内在的主动而言，它或是来自对该群体中的人的言行进行督查的法律，或是来自在他们中间崛起的贤达，他树立典范，业绩骄人，发挥着和制度相同的作用。

可见，共和国表现出的完美，或是因为某个人的德行，或是因为制度的优越。就后者而言，使罗马共和国回到其源头的制度，是平民护民官、监察官以及防范人们的野心和傲慢的所有法律。这些制度需要一个杰出的公民为其注入活力，他面对那些违法乱纪者的势力，也能果敢地予以处决。这类著名的处决事例，在法兰克人占领罗马之前，有布鲁图斯的儿子之死、十名公民之死和谷物商麦利乌斯之死；在夺回罗马之后，有曼利乌斯·卡皮托利努斯之死和曼利乌斯·托克图斯的儿子之死、帕皮利乌斯·柯尔索因反对其主子骑兵队长法比乌斯而被处决以及西庇阿家族受到控罪。这些事情做得极端而引人瞩目，所以它们一发生，即让人再也不敢越雷池一步；当它们变得稀少时，又会给人的堕落留出更大的空间，使他们的举止更加危险，变得更加骚动不安。从一次处决到另一次处决，相隔的时间最长不应超过十年。因为在这段时间过后，人们的习惯就会发生变化，开始违反法律。除非发生了什么事情，让他们重新记住惩罚，恢复其内心的惧怕，不然的话，行为不端之事就会纷至沓来，而这时再进行惩罚，就会造成危险了。从 1434 年到 1494 年统治着佛罗伦萨的人经常说，必须每隔五年彻底整顿一次国家，不然就难以维持它。他们所说的彻底整顿，是指让人们产生他们在夺取国家时造成的恐惧和忧虑，那时他们对违反其生活方式的行为恶劣者严惩不贷。但是在这种打击的记忆消退后，人们又逐渐有了标新立异、放言无忌的胆量。故必须对此加以防范，把［国家］拖回它的起点。这种把共和国拉回起点的做法，也可以因某人纯洁的德行而发生，不必依靠促使你断然行事的任何法律。他享有极高的威望，树立起典范，使好人乐于效法，恶人羞于违抗。具体说来，在罗马提供这种表率的人，是赫拉提乌斯·科柯卢斯、斯凯沃拉、法伯里希乌斯、两位德希乌斯和雷古路斯·阿提利乌斯等人，他们以自己非凡的表率，在罗马发挥着几乎和法律一样的作用。假如上述处决同这些特定的典范一起，至少每十年发生一次，那么这座城市是肯定不会堕落的。然而，由于这两者都会消失，腐败的现象也就有增无减。在马库斯·雷古路斯之后，那儿再也见不到类似的模范人物，虽然罗马出现了两个加图，然而在雷古路斯和他们之间间隔的时间太长，在他们之间间隔的时间也太久，所以他们形只影单，虽然堪称典范，也无法取得良好的业绩。尤其是后来的那位加图，他看到罗马城已经腐败了一大半，无法以自己的垂范让市民改邪归正。关于共和国，就先说到这里吧。

（选自尼科洛·马基雅维里：《论李维》，冯克利译，上海人民出版社2005 年版）

太子的历史读本

鲍修哀

鲍修哀（Jacques Bénigne Bossuet，1627—1704），17 世纪法国基督教神学历史学家。在西方，基督教神学史观自公元 5 世纪圣·奥古斯丁兴，迄至鲍修哀衰，其思想遗产对后世史学产生了深远的影响。鲍修哀乃法国牟城主教，后曾任法皇路易十四太子太傅，并为皇太子写了一部《通史论》，颇具《资治通鉴》的性质。全书主旨虽然不脱基督教神学体系，但与圣·奥古斯丁不同的是，他以善恶两元论的观点，从精神层面阐释人类历史的发展与进步，并非全是一个"神父的说教"。编者选入鲍修哀《通史论》（节选），其旨在于本书的多元化，以免成为西方近现代世俗历史学家的"一家之天下"。本篇题为编者另拟。

一、各个帝国的变革是由天意所支配的，
并有助于使君主的谦卑

尽管没有任何东西可以和我向您①所展示的真正教会的那种序列相比拟，但是我现在要呈现在您眼前的各个帝国的序列，却并非是更没有教益的东西；我不仅是在向您这样伟大的王子们讲述，而且也是在向思考着神圣的天命的奥秘的那些伟大事物的任何人在讲述。

首先，这些帝国大部分与属于上帝的人民的历史有着必然的联系。上帝役使亚述人和巴比伦人是为了惩罚这种人民；役使波斯人是为了重建他们；役使亚历山大及其最初的继承者们是为了保护他们；役使显赫者安条克及其继承者们是为了锻炼他们；役使罗马人是为了反抗叙利亚的国王们以维护其自由；役使罗马人是为了反抗做梦也在想要毁灭他们的叙利亚各个国王。犹太人就是在这些罗马人的权力之下受苦受难，直到耶稣基督时候。当犹太人误解了耶稣基督，把他钉死在十字架上时，这些罗马人就伸出手来而没有想到天意的报复就根除了这个忘恩负义的民族。上帝决心就在这个时候在所有的民族中间集合起一种新的人民，首先是在这个帝国之中把各个陆地和海洋都连接起来。那么多不同民族（他们往日是彼此陌生的，但后来则在罗马统治之下结合在一起）的交往乃是天意用以传播福音的最有力的方式之一。如果说这同一个罗马帝国迫害这些在它内部各个角落里所诞生的这种新的人民曾达三百年之久，那么这种迫害却坚定了基督的教会，而且使之以其信仰和忍耐发扬了它的荣耀。最后罗马帝国让步了；并且在发现了比自己更不可战胜的某种东西之后，它便在它的胸怀里平安地接受了它曾与之进行过如此漫长而又如此残酷的战争的那个教会。皇帝们运用他们的能力使人服从教会；而且罗马已经是耶稣基督所愿意传遍大地的那个精神帝国的领袖了。

当罗马的力量变得衰落而且这一庞大的帝国（它曾经枉然地许诺了自己的永恒性）也屈服于其他民族的命运的那个时候到来时，罗马便成了蛮族的猎物，并且是凭借着宗教才保存下来了它那古老的尊严。侵入罗马帝

---

① "您"指路易十四的王储（Dauphin），下同；本书是作者为他所编写的一部历史教科书——译者注。

国的各个民族在这里一点一点地学会了基督教的虔诚，它平息他们的野蛮性；而且他们的国王，每一个都在自己的国内把自己放在皇帝的位置上，却发现他们没有任何一个头衔比"教会的保护者"这个头衔更为荣耀。

但是在这里您却不能不发现上帝对罗马帝国和罗马城本身的秘密审判；这一神秘是圣神向圣若望所显示的，并且是这位伟人、使徒、福音作家和先知在《默示录》所阐明了的。罗马的偶像崇拜已经很古老了，要想破除它是极其艰难的，哪怕是在信仰基督教的罗马皇帝之下；而且元老院自己保持着捍卫罗穆路斯的众神的荣誉，它把古老共和国的一切胜利都归功于众神。皇帝们已经厌倦了这一庞大元老院团体的代表们，他们要求重建他们的偶像崇拜，而且他们相信改变古老的罗马迷信会伤害罗马的声望。因而这个团体——由帝国最高层的人士所构成，并且有着罗马几乎所有最有势力的一大批人民群众——就没有能以《福音书》中的预言、以古代预言之如此显然可见的应验、以几乎帝国所有其他地方的皈依、最后也没有能以颁布了那些授权天主教的所有法令的那些君主们的皈依而取消自己的错误。相反地，他们继续使耶稣基督的教会蒙受耻辱，他们仿照着他们父辈的榜样，仍然把帝国的一切不幸都归咎于教会，他们总是重新实行那些古老的迫害，假如他们未受到皇帝的压制的话。教会在 4 世纪以及在君士坦丁之后的一百年的情形仍是如此；这时上帝终于回想起元老院反对天主教徒的那么多的血腥的法令，以及贪饮天主教徒鲜血的全体罗马人经常使圆形剧场回响着的可怕的呼叫声。上帝因而就向蛮族献出了这座"痛饮了殉道者的血"的城市，正如圣若望所说那样。上帝重新开始他对于巴比伦所实行的那些可怕的惩罚：罗马本身就被叫作那个名字。这个新巴比伦是古代的翻版，就像巴比伦一样以自己的胜利自负，以自己的快乐和财富得意洋洋，沉溺于它的偶像崇拜并迫害属于上帝的人民，它也像巴比伦一样在一场巨大的衰颓之中崩溃了；圣若望则为它的毁灭而歌唱着。它那征服的荣耀——它归功于自己的神——被剥夺了："它成了蛮族的猎物，被攻陷了三四次，遭到了掠夺、蹂躏、毁灭。蛮族的利剑只原谅天主教徒。另一个完全是天主教的罗马摆脱了先前罗马的灰烬；而且只是在蛮族的洪流之后，才完全取得耶稣基督对罗马诸神的胜利，人们不只看到他们被摧毁了，而且还被遗忘了。"

　　人世上的各个帝国就这样地服务于宗教并服务于保存那些属于上帝的人：这便是为什么这同一个上帝——他已经使他的先知向他的人民的各个国家预言过——也同样向他们预言了各个帝国的顺序。您已经读到了这些地方，即尼布甲尼撒大王是要来惩罚那些高傲的民族的标志，而尤其是犹太民族，他们对自己的创造者忘恩负义。您已经在他诞生两百年前就听说了居鲁士的名字，他要来重建上帝的人民并惩罚巴比伦的傲慢。尼尼微的毁灭已经预告得同样地清楚。但以理在他可惊叹的视野中已经让巴比伦帝国、米底人和波斯人的帝国、亚历山大和希腊人的帝国一瞬间都从您的眼前走过。显赫者安条克的诽谤和暴戾在那里已经被预言了，正有如上帝的人民对于这个如此残暴的迫害者取得了显示圣迹的胜利一样。人们在那里看到这些著名的帝国相继地一一沦亡；而耶稣基督在那里建立的新帝国则以它本身的特点而如此之明确地被标志了出来，以致于无法会认错它。这是至尊圣者的帝国，这是人子的帝国：这个帝国应当在所有其他帝国的废墟之中继续存在下去，而且唯有它才被赋予永恒性。

　　上帝对于世上一切帝国中最伟大的一个帝国（也就是说对于罗马帝国）的审判，并没有向我们隐蔽起来。您从圣约翰的口中就会明白。罗马感受到了上帝之手，并且也像其他帝国一样已经成为了上帝正义的一个范例。不过它的命运并不比其他城市更为幸运。通过她的灾难而清除了偶像崇拜的残余之后，她就只能以基督教向全世界宣布自己的继续存在。

　　这样，我们在大地上所见到的所有的大帝国，就都通过各种不同的手段汇合成宗教的善和上帝的荣耀，正如上帝自身通过他的先知们所宣告的那样。

　　当您经常在先知们的书中如此之经常地读到，国王们将会大量涌入教会而且成为教会的保卫者和培育者的时候，您就从这些话中认识到了基督教的皇帝们和其他的君主们；而且既然您的祖先国王们要比所有其他的国王们都更具有保护和弘扬上帝的教会的标志，所以我一点也不怕向您保证，在所有国王中正是他们在这些著名的先知中得到了最明确的预告。

　　因而上帝——他有着利用各个不同的帝国来惩罚或考验或扩展或保护他的人民的计划——在愿意使人知道自己乃是如此之可赞美的一项计划的作者时，就向他的先知们透露了这个秘密并向他们预言了他所决心要实施的事情。这就是为什么当各个帝国在步入上帝对自己所选择的人民的各种计划的秩序之中时，人们便会发现这些帝国的命运已经被主宰着虔诚的人民的序列的圣神（圣灵）以同样的神谕宣告了。您越是习惯于跟踪伟大的事物并把它们联系到它们的原则，您就越发会赞美天意的这些主张。重要的是，您应及早掌握这些观念——它们在您的精神中每一天都将会越发得明亮——并且您应学会把人事及其所依赖的这种永恒智慧的秩序联系起来。

关于上帝是扶植还是摧毁的各个国王和各个君主国，他并不是天天都通过他的先知们来宣告自己的意志的。但是他在我们所要谈到的这些大帝国中已经做过了那么多次，他通过这些有名的例子便向我们显示了他在其他一切帝国中所做的事；而且他向国王们教导了这两条基本的真理：首先正是他建立了这些王国以便赋予它们他所喜欢的东西；其次他懂得在各个时代和他所决定的秩序中，让它们服从于他向他的人民所规定的各种计划。

这就是使得所有的君主都处于完全的依赖状态之中的东西，而且使得他们要经常关注着上帝的命令，为的是使他们在他向他们显现的所有场合中都承担起来为了他的荣耀所应思考的东西。

但是各个帝国的这种顺序，即使是更加从人的观点来考虑，也具有极大的用处；这主要是针对着君主们，因为通常是伴随着如此之显赫的条件而来的傲慢，就强而有力地被这一景象所扼制住了。因为假如有那么多人在看到国王们死亡时学会了自我调整，那么他们在看到这些王国本身的死亡时，将会有多少人更加受到震惊；那时候难道人们不会对人类这种巨大的虚荣心接受一场更好的教训吗？

因而，当您看到仿佛在您眼前一瞬间就成了过去时，我说的并不是国王们和皇帝们，而是曾经使得全宇宙都战栗的那些大帝国，当您看到早期的和后期的亚述人、米底人、波斯人、希腊人、罗马人在您面前相继地出现，并且可以说是——地灭亡时，这种可怕的破裂声会使您感到在人世上并没有任何坚固的东西，而无常和动荡则是人间事物所固有的成分。

二、各个帝国的变革都具有特殊的原因，这是君主们所应当研究的

不过，使得这种景象更加有用而且更加惬意的，却是您将要进行的不

仅是对于各个帝国的兴亡的，也还有对于它们的进步的以及它们的没落的原因的思考。因为造成了宇宙的连贯性而且他本身是全能的这同一个上帝，为了建立起秩序，就想要使得如此巨大的整体的一些部分依赖于另一些部分；这同一个上帝也愿意人事的历程有其顺序和比例：我要讲述人和国家都具有与其所注定的高度相适应的品质；而且我要讲述除了是上帝愿意在完全独自显现自己的手的地方保留了某些超凡的行动以外，没有几个世纪之前的原因，就绝不会出现巨大的变化。

而且正如在所有的事件中都存在着为它们做好了准备、决定使它们从事以及使它们得出结果的东西一样，真正的历史科学乃是要在每一个时代里考察为这些巨大变革以及为取得重要转机而做准备的那些秘密的意图。

事实上，仅仅观看自己的眼前还不够，也就是说仅仅考虑突然间决定了各个帝国的命运的那些重大事件还不够。凡是想要理解人事深处的人，就应该重新从更高的一级来掌握它们；而且他必须观察种种倾向和风气，或者只用一个字来说也就是特征，即一般地占统治地位的各个民族和具体的君主以及最后还有所有非凡的人物的特征，他们由于在人间所塑造的人格的重要性好也罢、坏也罢，都对各个国家的变化以及公众的命运作出了贡献。

我力图在这个讨论的第一部分为您准备这些重要的思考；您在这里将可以观察到人民的天才以及引导他们的大人物们的天才。在这种序列中突然引发的各种事件，已经加以说明了；而且为了使您注意到我主要地是想使您理解的世界大事的连贯性，我已经省略了许多具体的事实，它们的序列并不是很重要的。但是在我们联系到这种序列时，为了对许多事情能够进行应有的反思，我们已经很快地谈过它们了；您目前应该以更为特殊的关注联系到这一点，而且使您的精神习惯于在最遥远的原因之中去寻求结果。

由此您将学会您是如此有必要应该懂得的东西：尽管只是在关注那些特殊的机遇，但命运似乎独自在决定着帝国的成败，终究是命运把它们带到那里的，差不多有点像是在比赛中到底是最灵巧的人才会胜利的。

事实上，在这场血腥的游戏中人们是在争帝国和力量，谁预见得最远，谁最善于运用，谁在这些伟大的业绩中最能持久，而且最后谁最懂得机遇，或者是推动它或者是安排它，最后谁占有优势以及谁甚至于能使命运自身也服从于自己的计划。

这样，您就一点也不会厌倦于考察巨大变化的原因，因为没有别的更有助于对您的教诲了；但是您应该特别在大帝国的序列中去寻找出它们，在那里种种事件的宏伟性使得它们更加显然易见。

三、对以上全部论述的总结，其中表明一切都须关联到一种天意①

殿下，请您回忆一下，种种特殊的原因——它们造成了和摧毁了那些帝国——的一长串的链锁，都有赖于神圣的天意的隐秘的命令。上帝在上天的最高处掌握着各个王国的缰绳；在他的手中握有各个王国的心脏：他时而约束着热情，时而又放松它们的缰绳；他就以此推移着全人类。他是愿意造就征服者吗？他使得惊恐行进在他的面前，他又在他们以及在他们的士兵的身上激发出一种不可战胜的勇气。他愿意造就立法者吗？他赐给他们以智慧和预见的精神；他使他们能预见危及国家的坏事，并能奠定公共安宁的基石。他知道人的智慧在某些地方总是不足的；他开启了它，他开拓了它的视野，然后他又把它委弃于自己的无知：他使得人的智慧盲目、使得它颠倒、使得它自相混淆：它缠住了自己，它纠缠在自身的诡辩之中，而它的审慎倒成为了自己的罗网。上帝就以这种办法按照他那永不会错误的正义的准则，进行它那可怕的审判。正是他在更加遥远的各种原因中准备下了这些结果；他重重地敲了下去，引起了如此之遥远的反弹。当他想要放后者出笼并颠覆这些帝国时，于是在那些意愿之下一切就都成为软弱的和没有规律的。埃及原先是如此之有智慧，却在醉醺醺地、昏头昏脑地、摇摇晃晃地前进着，因为主在他们的见解中散布了昏乱的精神；埃及不再懂得自己做的是什么事情，它迷了路。不过人们却不会弄错这一点：当人们喜欢错误的感觉时，上帝便纠正他们；而凡是谴责别人盲目的人，自己却陷入了更加浓厚的黑暗之中，他们感觉的颠倒往往除了在自己长远的繁荣上面而外，却并不在别的事情上犯错误。

上帝就是这样在统治着所有的民族。让我们不再谈偶然或者幸运；或

---

① 此处为全书最后一章，标题是第三版增加的——译者注。

者说让我们谈论它仅只是作为掩盖我们无知的一个名词而已。对我们不确定的见解来说乃是偶然的东西，在更高一级的见解中却是一种和谐的计划，也就是说，在这种永恒的见解中包含有同一种秩序的所有的原因和所有的结果在内。从而一切都汇合成同一个目的；而且正是由于未能理解这一全体，我们就在那些特殊的机遇中发现了偶然性或者不规则性。

这里就证实了使徒所说的话："上帝是那真福，唯一全能者，万王之王，万主之主。"他是真福，他那安宁是不可改变的，他在观看着的一切都在变化而他自己却不变化，而且他以一种亘古不变的见解造成了一切的变化；他赋予力量并剥夺力量；他的这种力量从一个人转给另一个人，从一家转给另一家，从一个民族转给另一个民族，以便表明他们的力量都是转借来的，而只有他才是力量自然而然地居住于其中的那唯一者。

这便是为什么一切统治者都感到自己要服从于一种更宏伟的力量。他们或多或少做了一些他们没有想过的事情，而且他们的见解绝不会缺少种种不可预见的结果。他们并不是流逝的各个世纪在事件上留下了各种意图的主人，他们也不能希望预见到未来所将采取的历程，更远不能强迫命令这一历程。唯有他才把一切都掌握在自己手中，他知道一切存在的以及一切尚未存在的事物的名字，他主导着一切的时代并先行于一切的见解。

亚历山大不相信是在为他的将领们而效力，也不相信正是他所征服的民族蹂躏了他的家园。当布鲁图斯鼓动罗马人民一股强大的对自由的热爱时，他没有梦想到，他就在这些精神里注入了那种毫无节制的放肆原则，由于这种原则他所想要摧毁的暴政专制会有一天被重建起来，比塔克文王朝治下还要更加严酷。当恺撒们讨好士兵时，他们并未设想到把这些主子们提供给他们的追随者和帝国。总之一句话，根本没有任何人类的力量不是服务于自己计划之外的其他计划的。上帝只知道把一切都转化为自己的意志。这便是为什么当只是关注那些特殊原因时，一切便都是出人意料的，然而一切又都以一种有规则的秩序在前进。这部《通史论》会使您了解这一点；而且不再谈其他的帝国，您就可以看到有多少不可预见的见解（然而却又总是循着它们自身的道路）把罗马的命运从罗穆路斯那里一直引向了查理曼。

殿下，您或许可以相信，应该是由您来讲述更多的有关我们法国人的和查理大帝的某些事情了，是他奠定了新的帝国。但是除了您的历史构成为您本人将要写出的、而且您已经如此之坚强地在推进着的法国历史的一部分之外，我留给您去创作第二部史论，其中我有必要的理由向您论述法国及其伟大的征服者，它们同样具有古代极其引以为荣的价值，但在虔诚上、在智慧上、在正义上都超越了古人。

您在那部史论中将发现穆罕默德及其继承者们的奇迹般成功的各种原因。那个帝国，肇始于查理大帝之前的两百年，在那部史论中将占有它的位置；但是我相信最好使您在同一个序列中看到它的开端和它的衰落。

因而，我将不再向您讲述世界通史的第一部分了。您将在其中发现一切奥秘，它所涉及您的只不过是指出宗教的全部序列以及直迄查理大帝的各大帝国的序列。

当您看到这些帝国几乎全都是自行衰亡的，以及当您看到宗教靠其自身的力量继续维持下去时，您便会很容易认识到：什么是坚实的伟大，而且一个理智清明的人应该把自己的希望置诸什么地方。

（选自何兆武主编：《历史理论与史学理论——近现代西方史学著作选》，本篇译者为何冰，商务印书馆 1999 年版）

论　趣　味

孟德斯鸠

查理·路易·孟德斯鸠（Charles Louis Montesquieu，1689—1755），18 世纪法国启蒙运动思想家、历史学家。他以《论法的精神》及"三权分立说"享誉后世。法学思想的卓越成就掩盖了他那历史学家的禀赋与才华，但作为历史学著作的《罗马盛衰原因论》亦堪称举世名篇，并成了法国大革命的思想来源之一。本书编者原想在此书中选择，但在 20 世纪 60 年代初的中译本中，却意外发现一个很精彩的附录《论趣味》，读后不仅趣味盎然，且睿智与文采兼具，完全符合"散文选"之旨趣。文稍长，但易读，编者就不再删节了。

在我们当前的存在方式之下，我们的精神感受到三种快乐：一种是从它存在的本身取得的；另一种是由于它和身体相结合而取得的，最后，第三种则是建立在某些制度、某些风俗、某些习惯在它身上所引起的癖好和偏见上面的。

构成趣味的对象的，也正是我们的精神所感到的这些不同的快乐，比如美丽的、优秀的、愉快的、天真的、精致的、精细的、优美的、不可名状的、高尚的、伟大的、崇高的、宏壮的等等。比方说，当我们看到一件事物对我们有用而感到快乐的时候，我们就说它是好的。当我们看到一件事物时感到快乐，却没有发现它在当前有什么用处时，我们就说它是美的。

在古代，人们并不完全清楚这一点。我们的精神的一切相对的品质当时都被看成是肯定的。这就使得柏拉图使苏格拉底用来进行议论的对话，古人十分喜爱的对话，在今天就经受不住批判，因为它们是建立在虚伪的哲学之上的。关于优秀的、美丽的、完善的、智慧的、荒谬的、坚硬的、柔软的、干燥的、潮湿的等等肯定的概念的所有这些议论现在都失去了任何内容。

因此，美丽的、优秀的、愉快的等等的根源就都存在于我们本身，而要寻求它的理由，这就是说，要寻求我们的精神所以感到快乐的原因。

让我们检查一下我们的精神，研究一下它的各种表现和欲望，并在快乐中，也就是说在它表现得最明显的地方寻索它。诗歌、绘画、雕刻、建筑、音乐、舞蹈、各种游戏，最后是自然和艺术的制作都可以使我们得到快乐。让我们来看一下，为什么、怎样以及在什么时候它们使我们可以得到快乐；我们要对我们的感觉有一个清楚的认识。这一点可以有助于形成我们的趣味，而这不外是一种能够精细地和迅速地发现每一事物应该给予人们的快乐的尺度的能力而已。

论我们精神的快乐

除去来自感官的那些快乐以外，精神本身还有它自己固有的快乐，这些快乐是不依赖于感官的。引起这类快乐的是好奇心；对于本身的伟大和完美的认识；对本身存在的认识（这是和虚无的感觉相对立的）；能用一个总的思想概括一切事物，能看到大量事物等等而感到的快乐，比较、综合和分析思想时的快乐。这些快乐在于精神的本质，并不依赖于感官，因为它们属于一切会思索的人物。在这里，研究我们的精神，是作为同身体有联系的存在还是作为同身体分开的存在才有这样的一些快乐，这一点是完全无关紧要的，因为它们是精神从来就有的，而且是趣味的对象：因此我们在这里不再分别从精神本质产生的快乐和由于身体相结合而产生的快乐。我们把所有这些快乐称为自然的快乐，而把它们和得来的快乐又分开来：得来的快乐是精神本身在同自然的快乐发生了某些联系之后创造出来的。因此，由于同样的原因，我们就把自然的趣味和得来的趣味区分开来了。

认识一下快乐的源泉（趣味就是快乐的标准）是大有裨益的：认识自然的快乐和得来的快乐，这可以使我们提高我们的自然的趣味和我们得来的趣味。应当从我们本身的存在出发并认识一下我们本身所特有的快乐是什么，这样才能够测度这些快乐，有时甚至能感觉到这些快乐。

如果我们的精神根本同身体不统一，那它就更易于认识；但是看来很可能它是会爱它所认识的事物的：目前，我们却几乎总是只爱我们所不认识的事物。

我们的存在方式完全是偶然的。我们可以被同我们一样的或是其他的事物所创造。可是，如果我们是被采用别的方式创造出来的，那我们的看法也就不同了。如果我们的机体多一个或是少一个器官，那我们的雄辩，我们的诗就不是这个样子了。如果我们器官的结构不是今天这个样子，那诗也就不是今天的样子了。比如说，如果我们器官的结构能使我们在更长的时间内集中注意力，那么依照我们注意力的情况来处理主题的一切规则就不再存在了。如果我们能够有更大的洞察力的话；那么以我们当前的洞察力的情况为基础的一切规则也就没有用处了。最后，如果我们机体不是今天这个样子，那么以今天的样子为根据的一切法律也就势必不一样了。

如果我们的视觉是更加微弱和不清楚的话，那么在建筑的各个部分中，就需要较少的装饰和较多的统一了。如果我们的视力更加敏锐而我们的精神可以同时包容更多事物的话，那么在建筑中就应当有更多的装饰了；如果我们的听觉和某些动物的听觉相同的话，那我们的许多乐器就非得大大改变不可。我知道得很清楚，在事物和事物之间是会保存着一定的关系的。但是事物和我们保持着的关系一旦改变了，则在目前的情况之下，对我们产生某种影响的那些事物就不再会产生什么影响了；而既然艺术的完美是要这样把事物呈现给我们，那就是它们要能给我们尽可能多的快乐，从而各种艺术也就必须要有所改变，因为最能使我们感到快乐的方式已经改变了。

人们起初认为，认识我们的快乐的各种不同的根源能够获得趣味，而在人们读了哲学在这方面所谈到的一切之后，也可以获得趣味，在这之后人们就可以大胆地评论艺术作品，这样做也就可以了。然而自然的趣味并不是一种理论的认识；这是对于人们所不知道的规律的一种迅速的和精巧的应用。不一定要知道，我们认为美丽的某一对象所给予我们的快乐是从惊讶产生出来的；我们只需知道；对象使我们惊讶，它按着应有的程度使我们惊讶，不多也不少。

这样看来，不管我们在这里讲些什么，为了培养趣味不管我们定出了什么规则，这些规则只能是涉及取得的趣味，这就是说，只能直接地涉及取得的趣味，尽管它们也间接地涉及自然的趣味；因为取得的趣味影响、改变、增加和减少自然的趣味，同样自然的趣味也影响、改变、增加和减少取得的趣味。

趣味的最普遍的一个定义，且不去考虑它是好的还是坏的，正当的还是不正当的，趣味就是通过感觉而使我们注意到某一事物的那种东西。不过这不应使我们认为，它不能应用于精神方面的事物：认识精神方面的事物使人的精神感到很大的快乐，这是某些哲学家所能理解的、唯一的幸福。精神借助于思想和感觉而有所认识；尽管我们把思想和感觉对立起来，但是当精神看到一个事物的时候，它就会感觉到它，而根本就不会有这样的精神方面的事物是精神所看不到或不想看到的，从而也就不会有它感觉不到的事物。

论一般的智力

智力分成几类：天分、健全的意识（常识——译者）、见识、正直、才能和趣味。

智力在于使它相应地用于各个事物的器官保有健全的结构。如果这一事物是极端特殊的，它就叫作才能。如果它较多涉及人们的某种精致的快乐，这就叫作趣味。如果这特殊的事物是一个民族所独有的，才能就称为精神，比如罗马的战术和农业、蛮族的狩猎等等。

论 好 奇 心

我们的精神被创造出来是为了思索的，这就是说，是为了观察的；因此，这样一种东西是应当有好奇心的；原来，既然一切事物都被一根线索贯穿着，或者请每一个思想是从前一个产生，又产生了后一个，因此人们就不能只愿意看到一个事物，而不想看到另一个事物；如果我们对这个东西没有更多的期待，则我们在另一个东西上面也就不会感到快乐。这样说来，当人们只把图画的一部分显示给我们看的时候，我们总是想看人们掩盖起来不给我们看的那一部分，而且我们看到的那一部分给予我们的快乐越多，我们也就越是想看还没有看到的那一部分。

因此，一件事物给予我们的快乐，会使我们注意到另外一件事物；而正是因为这个缘故，精神就总是寻求新事物，决不会静止在那里不动的。

这样看来，当我们看到许多事物，或是看到比自己所期望的更多的事物的时候，我们的精神必定是十分愉快的。

这样，我们就可以解释，为什么当我们看到一个布置得很好的花园的时候，当我们看到一片未经人工整顿的田野的时候，我们同样会感到愉快。引起这种效果的，是同一个原因。既然我们喜欢看到许许多多的事物，我们就愿意扩大我们的眼界，愿意到许多地方去，愿意看到尽可能多的空间，最后，我们的精神逃避界限，它总是想，如果可以这样讲的话，扩大它自己所在的范围：因此，把精神的眼界伸展到远方，这对精神来说乃是一大乐事。可是如何能做到这一点呢？在城市里，我们的眼界为房屋所限制；在农村，也有成千的阻碍物遮住了眼界；我们最多也不过只能同时看到三四棵树。艺术来帮助我们了，于是我们发现了把自己隐藏起来的自然界。我们喜欢艺术，我们喜欢艺术甚于自然本身，这就是说，我们看不到的自然；但是当我们找到了景色很美的地方，当我们的目光可以自由自在地欣赏远方的草原、小溪、小山和可以说是特意创造出来的那些景物的时候，这比之我们看到勒诺特的那些花园，会感到更大的欢乐；因为自然是不会重复的，可是艺术相互间却总是相似的。也正是为了这个缘故，我们喜欢绘画中的风景，胜过了世界上布置得最美丽的花园；绘画所吸取的只是自然中美丽的那一部分，是自然中人们可以看得远又看得十分全面的部分，是自然中变化多而又足以赏心悦目的部分。

通常我们提到一个伟大的思想时，就是说，当人们提到一件事物时，会使我们又认识到许多其他的事物；这是说，它使我们一下子懂得许多道理，而这些道理原是需要读很多书之后才能理解的。

佛洛露斯只用寥寥数语就把汉尼拔的全部过错说尽了；他说："当他可以利用胜利的时候，他却宁愿享受胜利的果实（cumvictoria posset uti, frruiu maluit）。"

他下面的话使我们得到关于全部马其顿战争的一个概念："进入马其顿，这就等于胜利了（introisse victoria fuit）。"

当他谈到斯奇比奥的青年时代时，他就使我们看到了斯奇比奥一生的面貌："斯奇比奥在这里成长起来，就是为了摧毁阿非利加的（hic erit Scipio qui in exitium Africae crescit）。"这样，你就觉得是在看到一个婴儿怎样成长并且被抚养成一个巨人。

最后，他使我们看到汉尼拔的高尚的品格，看到世界的形势以及罗马人民的全部伟大；他说："被赶出阿非利加的汉尼拔在整个世界为罗马人民寻找敌人（qui, profugusex Africa, hostem populo romano toto orbe quaere-bat）。"

秩序的快乐

精神只看到大量的事物是不够的，还必须使这些事物有秩序；原来，当我们回想到我们看到的一切时，我们就开始想象我们将会看到的东西；我们的精神由于本身的广度和深度而感到幸福；但是，当我们看到一部毫无秩序可言的作品时，我们就每时每刻都觉得我们想放到那里面去的秩序受到破坏。作者所创造的首尾一贯性同我们自己的首尾一贯性发生了冲突；我们的精神什么都记不住，什么都预见不到。由于思想的混乱，由于最后产生的空虚，我们的精神受到了屈辱。我们的精神受到无用的折磨，并且得不到任何快乐。正是为了这个缘故，当我们的目的不是在于表现或指出混乱的时候，我们总是要使甚至混乱成为有秩序的。这样，画家就把他们所描绘的人物分成了类，描绘战争的人们也就把他们想突出的人物安放到引人注目的前面的地方，而把混乱的场面放在画面的深处和远处。

多样化的快乐

然而事物既然需要有秩序，也就需要多样化：如果不这样的话，我们的精神就感到烦躁了。因为相似的事物在它看来都是一样的；如果我们所看到的画面的一部分和我们过去看到的另一部分相似的话，则它就显得不新鲜，不能使我们感到任何快乐了。而且，既然同自然创造物的美相似的艺术作品的美仅仅是在于它们给予我们的快乐，那么就应当尽量使这些快乐多样化；应当使精神看到它没有看到的事物；应当使精神的感觉不同于它刚刚体会到的感觉。

正是因为这个缘故，故事由于它的多种多样的题材而使我们感到满足，小说由于多种多样的怪事而使我们感到满足，戏曲则由于多种多样的热情而使我们感到满足；凡是善于教导别人的人，总是尽可能地使他们的教训不流于单调无味的。

如果长时期的单调无味继续下去，这就会使一切都变成不可容忍的了；在演讲时长时期一段一段地总是同样的结构，这就会使人受不住：在一首长诗里，同样的格和同样的韵脚也会使人感到厌烦。如果有人真的在莫斯科和彼得堡中间修筑这样一条著名的两旁植树的道路的话，那么在两排树木中间走着的旅行者一定会腻死了。可是长时期在阿尔卑斯山旅行的人，在他进入山谷的时候，却可以饱赏最美丽的风光和最诱人的景色。

精神是喜欢多样化的；但是我们已经说过，它喜欢多样化只是因为它被创造出来，就是为了认识和看的。因此，它必须能看，而多样化也允许它这样做。这就是说，一件事物应当单纯到易于被认识，还应当多样化到能够被愉快地认识。

有一些事物从表面看起来是多样化的，但实际上却并非如此。另有一些事物从表面看起来是单调的，但实际上却是十分多种多样的。

哥特式的建筑看来是十分多样化的，但是它的装饰琐碎得令人厌烦。

这就使我们无法把其中任何一个装饰从另一个装饰分辨出来，而装饰数目之多又使我们无从注意到其中的任何一个：结果，这种建筑恰恰在目的是打算使人欣赏的那些地方反而使人感到不快。

哥特式的建筑对于看它的眼睛来说是一种谜，在看到这种建筑的时候，精神上感到难受，就如同要它读一首晦涩难解的长诗那样。

恰恰相反，希腊的建筑看起来是单调的，但由于应有的各个部分它都有了，应有的数量也都有了，因此我们正是可以看到我们能够看了不会感到厌烦和无聊的那些东西。这种建筑有这样一种多样性，这种多样性使人们看起来感到愉快。

大的事物必须是由大的组成部分构成的。人的身材高，胳膊就长，高大树木的树枝也粗，巨大的山脉是由其他一些高低不同的山峰构成的：这就是使它这样的事物本性。

希腊建筑的组成部分不多，但各部分却都是大的。这种建筑是模仿伟大的事物的；我们的精神感到在这里到处洋溢着一种伟大的气魄。

因此，绘画就把画面上所表现的人物分成一群一群的，每群有三个人或四个人。它是模仿自然的，一大群人总是分成小群的；也正因为是如此，绘画就把明亮的部分和阴暗的部分分成一些大块。

对称的快乐

我说过，精神喜爱多样化；可是在大多数的情况之下，它是喜欢一种对称的。这里好像有一种矛盾。现在我就来解释这一点。

当我们的精神看事物的时候，它感到愉快的主要原因之一，就是我们看到它们时所感到的轻快；对称所以使精神感到愉快，其理由是节省我们的气力，对我们有所帮助，也可以说是使我们节省了一半的气力。

从这里就产生了一个一般的规则：任何地方只要对称对精神有益处并且可以帮助精神的机能来感受它，那么这种对称就是令人愉快的。但是，任何地方如果对称是无益的，它就变得淡而无味，因为它把多样化取消了。因此，我们依次看到的事物应当是多种多样的，因为我们的精神看到它们时是没有任何困难的。相反的，我们一眼能看得到的事物，却应当是对称的。因此，当我们一眼望见一个建筑物的正面，一座花坛、一座神庙的时候，那里面的对称由于一种轻快而使我们觉得愉快，这是对称在我们感受整个事物时使我们感到的轻快。

既然人们一眼看得到的事物应当是单纯的，那它还应当是统一的，而且各个部分也要同主要的部分相调和。正是为了这个原因，我们也喜欢对称：它造成一个统一的整体。

在事物的本性里，完整的事物给人以完善的印象，而在我们看到完整的事物时，我们决不愿意在其中看到不完美的部分。还有一个原因说明人为什么喜欢对称：它会给人一种均衡或平衡之感。只有一个侧面的建筑，或一个侧面短于另一个侧面的建筑是这样地不完美，就好像没有胳膊的躯体或一只胳膊比另一只胳膊短得多的躯体一样。

论　对　比

精神喜欢对称，但是它也喜欢对比。这一点需要好好地解释。

比方说，如果自然要求画家和雕刻家在他们所创造的人物中有对称的话，则相反的，它还要他们在人物的姿势方面有对比。一只脚摆得同另一只脚一样，身体的一部分摆的同另一部分一样，这是不能忍受的；原因是，这种对称使得姿势几乎永远是相同的，就好像人们在哥特式的人物的身上看到的情况一样，在那里一切人物都是相同的。这样，艺术作品便不再有多样化了。而且，自然并不是把我们都规定成一个样子；而既然它把动作给我们，它就不会在我们的动作和举止方面，像固定的泥娃娃那样地固定我们。如果说拘谨和不自然的人物是不能容忍的话，那么对于这一类的艺术作品人们又会怎样说呢？

这样看来，人物的姿势必须是有对比的，特别是在雕刻作品上面，因为雕刻的样子就其本质而论是冷的，可是却能通过对比和姿势的力量把热情表现出来。

但是，正如我们已经说过的，人们试图放入哥特式艺术中去的多样化反而使它单调了。常常还有这样的事情，人们试图以对比的办法所取得的多样化却变成了一种对称和一种令人讨厌的单调。

这种情况不仅见之于个别的雕刻和绘画作品中，而且还见之于某些作家的文体中，他们所写的每一句话总是用连续不断地对句的办法，把开头拿来同结尾对比。属于这类的作家有圣·奥古斯丁和其他那些用蹩脚拉丁文写作的作家，还有我们当代的一些人，比如说，圣·埃弗勒芒。永远是相同的、永远是一个样子的说法是特别使人厌烦的。经常不断的对比变成了对称，而永远故意追求的这种对照变成了单调。智力在这里发现这样少的变化，以致当你念了这句话的一部分的时候，你已经能猜出另一部分了；你看到相互对照的词，但这都是用同一种办法对照起来的；你看到一种句法，但它们却永远是一样的。

许多画家犯了错误，因为他们到处和不加选择地使用对比；结果当我们看到一个人物时，我们立刻知道他旁边的人物的姿态如何。这种接连不断的多样性反而变成了一种相似的事物。而且，把事物胡乱地放到一起的自然界并不故意表现出一种经常对比的样子，更不用说它没有使所有的身体都动起来，没有使它们做出强迫的动作。它比这样做要复杂多了，它使一些人在那里休息，使另一些人在那里作各种不同的运动。

如果精神中能够认识的部分喜欢多样化的话，则能够感觉的这一部分也是同样地追求它，因为精神不能长期忍受同样的状态：它同躯体有联系，而躯体也是不能忍受同样的状态的。为了使我们的精神受到激动，则在神经里应当有神经质流动着，这样就产生了两件事物：神经中的疲劳和神经质流动的停止，或是它从它所流过的那些地方消失。

结果，一切终于使我们感到厌倦，特别是那些巨大的欢乐：人们放弃这些欢乐时所感到的满足总是同人们得到这些欢乐时所感到的满足一样，因为感受欢乐的精神纤维这样一种器官是需要休息的；必须利用另一些更适于为我们服务的，也可以说，能够分配工作的精神纤维。

我们的精神在感觉方面疲倦了，但是，不感觉就是说，陷入一种对精神起压迫作用的无感觉状态里面去。要想补救这一切，就得使各种感觉多样化：精神在感觉，但是并不感到疲倦。

惊讶的快乐

精神永远追求不同事物的这一倾向，使得它可以享受到从惊讶产生出来的一切快乐。这种感觉之所以使我们的精神觉得愉快，乃是由于场面变换的迅速：因为我们看到或是感觉到我们完全没有料到的东西，或者说，我们感受的方式本身也是出其不意的。

一件事物可以作为一个奇迹使我们感到惊讶，但是也可以作为一件新事物，还可以作为一件料想不到的事物而使我们感到惊讶。在新事物和料想不到的事物的情况下，主要的感觉还同一种附属的感觉联系着，而这附属的感觉之产生就因为事物是新的或是料想不到的。

正是由于这个原因，赌博就对我们有很大的吸引力。它会使我们看到一连串不断的突如其来的事件。也正是由于这个原因，社交的游戏使我们感到兴趣，因为在这里面也有一连串不可预见的事物，引起这些不可预见的事物的原因是同机会结合到一起的灵巧。

戏剧使我们感到愉快也是由于相同的原因：剧本的情节逐步得到发展，它们把事件一直隐藏到爆发的时候，它们总是要我们遇到突如其来的新事件，并常常使我们觉得不舒服，因为它们显示给我们的事件，本是我们应当预见到的。

最后，通常我们读文学作品，不外是因为它们使我们看到许多愉快的突如其来的事件，并且还弥补了谈话的枯燥无味，因为谈话几乎永远是衰弱无力的并且根本不能产生这样的效果。

惊讶可以由事物本身引起，或者由看待事物的方式所引起；因为我们看一件事物要比它的实际大一些或小一些，或者和它的实际有所不同；我们有时看到事物的本来面貌，但是却有一种使我们感到惊讶的附属的思想。在一件事物里属于这类附属思想的有：关于制作这一事物时的困难，关于制作这一事物的人，关于制作这一事物时所费的时间，关于制作这一事物的方式，或是关于同这一事物有关的某种其他情况的思想。

苏埃多尼乌斯在给我们描述尼禄的罪行时，冷酷到使我们吃惊的程度，他几乎使我们相信，他在他所描述的事实面前，是一点不觉得恐怖的。他突然改变了调子说："世界把这个怪物容忍了十四年，终于把它抛弃了（tale monstrum per quatuordecim annos perpessus terrarum orbis, tandem destituit）。"这一切在我们的智力中引起了不同种类的惊讶。作者的体裁的改变，他的另一种思想方式的发现，他那用寥寥数语描述历史上的一次伟大转折的本领：这都使我们感到惊讶。这样看来，我们的精神有许多不同的感觉，这些感觉都能震动我们的精神，使我们的精神感到一种快乐。

可以产生感觉的各种不同的原因

应当着重指出的一点是，我们的精神中的一种感觉通常不会只有一个原因。如果我可以用这种说法的话，感觉的力量和多样性是来自原因的某种配合。智力是在于能够同时作用于多种感官；而如果我们调查一下不同作家的话，我们就可能看到，最好的和我们最喜爱的作家就是那些能在我们的精神中同时激起尽可能多的感觉的作家。

我请你看一看原因的多种多样性吧。我们喜欢看一个布置得很好的花园甚于一丛杂乱的树木；这是因为：（一）我们的目光不能受到事物的限制；（二）每一条两旁种树的道路都是统一的并且构成一个巨大的事物，但是如果把树木混到一处，每一棵树就是一件事物，而且是一件小事物了；（三）我们看到了我们不习惯看到的配列方式；（四）我们感谢花费在这上面的劳动；（五）我们赞赏人们不断对自然作斗争的努力，而自然由于人们对之不需要的干预，试图把一切都搞乱。最后这一点完全是有根据的说法，因为一座没有人管理的花园，在我们看来是不能容忍的。有时，写一个作品时所感到的困难使我们感到愉快，有时是它的轻易使我们感到愉快。一方面，在看到一座豪奢的庭园时，我们会赞赏主人的豪迈和阔气；可是另一方面，我们有时还愉快地看到，人们花费很少的金钱和劳动也能有办法使我们高兴。我们喜欢赌博是因为它满足我们的贪欲，这就是说，想取得更多东西的希望。它取悦于我们的虚荣心，因为它使我们想到，命运对我们特别照顾，而四周的人对我们的好运也都加以注意。它把一种令人开心的东西显示给我们，从而满足了我们的好奇心；最后，它又把惊讶的不同的快乐给予我们。

舞蹈使我们感到愉快是由于它的轻盈，由于某种优雅，由于姿势的美妙和多种多样的变化，由于它同音乐的联系，因为这时跳舞的人就像是一个伴奏的乐器；但是，特别是它由于我们头脑中的一种素质而使我们感到欢喜，这种素质在暗中把关于这一切动作的思想归之于某些动作，把这些姿势的大部分归之于某些姿势。

论某些思想的偶然联系

事物几乎永远是从不同的角度使我们感到愉快或是不愉快的。比方说，意大利的那种去势的歌手就必然使我们感到不愉快，原因是：（一）像他们那种样子，他们唱得好，这是没有什么可以奇怪的。他们好像是一种乐器，工匠从其中取走一部分木头，就是为了使它发出更好的声音；（二）他们所表现出来的感情很难使人相信是真实的；（三）表演者本人不属于我们所喜爱的任何一性，不属于我们所尊敬的任何一性。但从另一方面来说，他们又可以使我们感到愉快，因为他们在长时期里保存了年轻的外貌，此外，他们还有灵活的嗓音，而且也只有他们才有这种嗓音。这样看来，每种事物都给予我们一种由其他许多感觉所构成的感觉，这些感觉相互削弱，有时还相互冲突。

我们的精神本身常常会创造出一些快乐的理由，特别是在它把一些事物联系起来的时候，就更可以做到这一点。这样看来，我们继续喜欢我们喜欢过的事物，其唯一的理由是，我们喜欢过它，因为我们把先前的印象同新的印象联系起来了。比方说，一位在舞台上使我们倾倒的女优，在房屋里仍然使我们感到愉快；她的声音，她的抑扬顿挫的台词，再想到她受欢迎的情况，我得怎么讲才好呢？想到她表演的女皇再想到她本人，所有这种种都造成一种感觉的混合，而这种混合就形成并产生一种愉快。

我们有许许多多附加的概念，享有盛名但是也有小缺点的妇女，有时反而可以从这一缺点得到好处，从而使人们把它看成是一种特别讨人喜欢的东西。我们所喜爱的妇女大多数都只是沾了她们的出身或是财富的光，沾了某些人对她们表示的崇敬或尊敬的光。

精神在事物中间确立的联系的另一个后果

在叙述全部神话时的这种快乐气氛，我们应归功于人类在远古时所度过的自然生活，我们应归功于自然生活的这些成功的描写，天真的事件，善良的神灵，还有过去呈现的一种气象，这种气象同我们今天的差别大到使我们不容易想象，可是相隔又没有远到使我们认为它不是真实的，最后还有热情和安静的这种混合。我们很喜欢想象狄亚娜、潘恩、阿波罗、仙女们、森林、草原、泉水。如果远古的人们和我们今天一样，是生活在城市里的话，那么诗人描写给我们的，只不过是我们每天带着烦躁的心情所看到的，和带着嫌恶的心情所感到的东西罢了：到处是贪欲、野心和使人痛苦的激情。

为我们描写了自然生活的诗人向我们谈到了他们所怀念的黄金时代，也就是更加幸福和宁静的一个时代。

论 精 巧

精巧的人物是这样的一些人，他们的每一个思想或每一个趣味都同许多附属的思想或趣味相联系着。原始人只有一种感觉；他们的精神既不能综合，也不能分析。自然给予他们的东西，他们什么也不能增加，什么也不能减少。相反的，精巧的人物在爱里面却创造了爱的大多数的欢乐。波利克赛努和阿披修在饭桌上有那些庸俗的饕餮之徒所无法体会到的欢乐感觉。善于吟味智慧的作品的人们，他们体会到并且创造着他人所没有的无数感觉。

论不可名状

在人或事物当中，常常有一种看不见的魅力，一种自然的优美，人们对于这种东西无法给予定义，而只得称它为不可名状。我以为，这是一种主要建筑在惊讶之上的效果。我们觉得惊讶的是：我们喜欢的女人对我们总是产生应有程度以上的魅力。我们愉快地感到惊讶的是，她克服了一些缺点；我们的眼睛尽管看到这些缺点，但是心里不相信它们。这就说明为什么丑女人常常有诱人的地方，漂亮的女人反而几乎没有。原来一个漂亮的女人通常总是同我们对她的期望相反：于是她就不这样对我们有魅力了。最初是她的优点使我们感到惊讶，随后就是她的缺点使我们感到惊讶了。不过好的印象是旧的，坏的印象却是新的，因此漂亮的女人很少能够引起热烈的爱情，可是这种爱情又几乎只属于具有魅力的人物；而所说的魅力这就是我们没有想到，而且又没有理由期待一种愉快。豪华的装饰很少产生什么魅力，而牧人的服装却常常是有魅力的。我们赞赏保罗·维罗涅兹的衣饰的豪华，但是我们更为拉斐尔的单纯和柯尔列奇奥的纯净所感动。保罗·维罗涅兹答应了许多东西，而且凡是他答应的他都兑现了。拉斐尔和柯尔列奇奥答应的很少，但给的很多，而这就使我们越发欢喜了。

魅力通常是在智慧之中，而不是在容貌之中，因为美丽的容貌一下子就显示出来，并且几乎隐藏不住任何东西。可是智慧只是在人愿意这样做的时候和在他所希望的程度上才一点一点地显示出来。智慧把自己隐藏起来是为了在后来显示自己，并且产生一种造成魅力的惊讶。

魅力较少发现于面貌的特征，而较多发现于言谈举止；因为言谈举止时时刻刻发生变化，并且能够在任何时候创造使人惊讶的事物。一句话，一个女人只有通过一种方式才能是美丽的（belle），但是她可以通过十万种方式使自己变得可爱（jolie）。

在文明的和野蛮的民族中间，有关两性的法律都规定，男子是要求的一方面，而女子则仅仅是适应要求的一方面；因此魅力毋宁说是专属于女人的东西。既然她们要保卫一切，她们也就非得隐藏一切不可。片言只语，一举一动，在无损于她们的基本德行的情况下所有一切表示出来，所有一切自由表现出来的东西都成为一种魅力。这乃是大自然的智慧，就是说：如果没有有关羞耻心的法律就没有任何意义这件事，自从这一幸福的法律成为人类的幸福那时起，就变成无限珍贵的了。

既然牵强和造作不能欺骗我们，则在牵强的和造作的举止里是不会有魅力的，魅力是在某种自由里，或是在处于两个极端中间的从容自在里。在看到人们躲开了两块暗礁的时候，我们的精神是愉快地感到惊讶的。看起来，自然的举止应当是最自如的了；但这样的情况又不是这个样子；因为对我们有拘束作用的教育总是会使我们失去自然的气质，从而我们看到它出现时，却又感到它是有魅力的。

在服装方面使我们感到最不愉快的是这样一种情况：服装看起来是随便的或者甚至是杂乱的，不过在这后面却隐藏着一种不是为了整洁，而只是为了虚荣而作出的努力；而人们也只有在讲话中自然流露，而不是矫揉造作的时候，才能够说在他们的智慧里是有魅力的。

当你说了你用过脑子以后才说出来的话时，你可以很清楚地使人们看到你的智慧，却不是智慧中的魅力。为了要表现魅力，你自己首先必须不要去注意它；其他的人本来没有想到从你那看来是天真和纯朴的事物中取得什么东西，但他们却会在发现这一点时愉快地感到惊讶。

这样看来，魅力决不是取得的东西。要取得魅力，首先得天真。然而人们又怎样才能做到天真呢？

荷马的最美丽的假想之一，就是关于维娜斯的腰带的传说，这条腰带使维娜斯有办法取得人们的欢喜。没有一件事物比它更适于使人们感到魔法和魅力的力量了，魅力正仿佛是由于一个看不见的力量给予一个人的，并且甚至是和美丽本身无关的。而且，这条带子也只能是给予维娜斯的。它配不上朱诺的美丽，因为庄严需要一定的凝重，这就是说，一种同魅力的朴直相对的拘谨。它也配不上帕拉司的高傲的美丽，因为高傲是同魅力的温和相对立的，而且常常又会被怀疑为做作。

惊异的增长

造成伟大的美丽的情况是这样：一件事物在开始的时候引起的惊异是平常的，但是这种惊异却保持、增长，而最后竟使我们惊叹不已。拉斐尔的作品在刚刚一看的时候，并不特别引人注目；他描绘自然描绘得这样好，以致人们在看到他的绘画时，犹如看到实物，而并不觉得吃惊，因为实物是不会引起任何惊讶的。但是较差的一个画家的一种特殊表现方式，一种较强烈的色调，一种怪诞的姿势在刚刚看到的时候却能抓住我们的注意力，因为我们在日常生活中是不习惯于看到这类事物的。我们可以拿拉斐尔同味吉尔相比，可以拿威尼斯的画家以及他们习惯的那种造作的姿态同鲁坎相比：味吉尔比较自然，在开始的时候并不给人以特别深刻的印象，但后来印象却反而越来越深了。鲁坎在开始给人以深刻的印象，但这一印象往后却日趋淡漠了。

圣彼得大伽蓝这一著名建筑物的适切比例也可以说明问题。在刚刚看到它的时候，它并不像它实际那样地大，因为我们一时不知道以什么为根据来判断它的大小。如果它窄一些，我们就会因它的高度而吃惊，如果它低一些，我们又会因它的宽度而吃惊了。我们越是细看，就越是觉得它大，于是我们就增加了惊讶的程度。我们还可以拿圣保罗大伽蓝同比利牛斯山相比，在我们想测量一下比利牛斯山时，会发现山外有山，因而总是会更加感到茫然自失的。

常常有这样的情况：当我们的精神本身不能识别自己的一种感觉，并且在我们看到一种同我们所想象的截然不同的事物时，我们感到愉快；这会产生一种我们无法摆脱的惊讶的感觉。这里有一个例子。圣彼得大伽蓝的圆顶是巨大的。大家知道，当米凯兰哲罗在看到罗马最大的神殿——万神殿的时候，他说他也要修建这样大的一座神殿，而且他想把它放到空气里去。于是根据这个样式，他建造了圣彼得大伽蓝的圆顶。但是他使下面的柱子这样的粗重，以致圆顶虽然像一座山那样地耸立在人们头上，看起来却仍然好像是很轻似的。我们于是在我们的精神所看到的和所知道的中间犹豫不定了，而在看到如此巨大同时又如此轻快的建筑物的时候，我们的精神感到惊讶了。

美是精神的某种错乱的结果

当我们不能把我们当前看到的和已经看到的事物协调起来的时候，我们常常会感到惊讶。在意大利，有一个叫作玛教列的大湖（il lago Maggiore）；这是一个小型的海，它的沿岸都是荒芜的。从湖岸向中心走十五哩的地方有两个岛，四周大约有四分之一哩长，人们称它们为波尔罗美岛（les Borromées）。这两个岛在我看来，是世界上最适合诗人居住的场所了。对于这种传奇性的对比，我们感到惊讶，我们还带着愉快的心情回想起小说中令人感到惊讶的事件，在那里，人们在经历了岩石和不毛之地以后，却来到了像仙境一样美丽的地方。

一切对比之所以特别引人注目，是因为对立的两件事物，每一件都能表现得更为突出：比方说，如果一个高个子旁边站着一个小矮子，小矮子就把高个子衬托得更高，反之高个子也把小矮子衬托得更矮了。

我们在一切对立的美丽中，在一切对照和这一类的比喻中所找到的愉快，是由这类的惊讶所造成的。当佛洛露斯说："索勒和阿尔吉德（谁会想到它？）在我们看来是森严可怕的城寨；撒特里克和科尼库勒是行省；我们害怕波里利安人和维儒里安人，然而我们还是打败了他们；最后，梯伯河是我们的市郊；普列涅斯特（在那里有我们的别墅）则是我们要送到卡庇托留姆去的誓言的原因"的时候，我说，这位作者就在同时向我们指出罗马的伟大和它初起时的微小，而这两个事实都引起了我们的惊讶。

在这里我们可以看到，思想的对照和言语的对照之间有着多么大的区别。言语的对照不是隐蔽的，思想的对照却是这样：一个是永远保持同样的外形，另一个却是随心所欲地改变；一个是多种多样的，另一个则否。

还是那个佛洛露斯在提到撒姆尼特人的时候说，他们的城市被摧毁到这样的程度，以致在目前已难于找到二十四次胜利的痕迹了。而且，用同样的话，作者指出了这一民族的毁灭，又使人们看到他们是何等的英勇和坚持。

当我们想忍住而不笑的时候，由于我们所处的情况和我们应处的情况之间的对比，我们却更加要笑起来。同样，当我们在某人的脸上看到一个巨大的缺点，比方说，一个十分巨大的鼻子，我们就会笑起来，因为我们看到，它同脸上其他部分的对比不应当是这样的。这样看来，对比是缺点、又是优点的原因。当我们看到对比得没有道理，看到对比反而突出或是指明另一个缺点的时候，它们就更大地增加了丑态。而当我们突然看到丑态的时候，它会引起我们精神上的一种愉快并使我们发笑。如果我们把它看成是人的一种不幸的话，它就会引起我们的怜悯。如果我们看到它的时候，有一种它可能会伤害我们的想法，或是想到把它拿来同那通常会使我们感到激动或激起我们的愿望的事物相比的话，这时我们对它就会有一种嫌恶之感。

同样，我们的思想如果其中包含着不合于常情的对立，如果这种对立是平凡的和容易发现的，那它们就不会使人感到愉快并且是一个缺点，因为它们根本不能引起惊讶；相反的，如果是过分的穿凿，它们也会是这样的。应当使人们在一个作品中感到对立，因为对立本来是存在的，而不是因为作者想把它表现出来；在后面的一种情况下，使人们感到惊讶的只不过是作者的愚蠢罢了。

使我们最感愉快的事物之一就是天真，但是要取得这种风格却绝非易事。理由是它恰好在崇高和鄙俗之间，并且又同鄙俗如此地相近，以致在经常同鄙俗接近的时候而又不成为鄙俗，那真是难乎其难了。

音乐家们都承认，最容易演唱的音乐是最难创作的：这一点可以确切地证明，我们的快乐和我们引起快乐的办法都是受制于一定的限度的。

读一读柯乃意的如此壮丽的诗句和拉辛的如此不事雕饰的诗句，我们就难于推想得到，柯乃意是轻易地创作的，而拉辛是艰苦地创作的。

通俗的事物在人民看来是崇高的事物，人民喜欢为他们创作并且是他们所理解的事物。

很有教养和很有智慧的人物所发表的思想或者是天真的，或者是高贵的，或者是崇高的。

当我们看到一件事物的周围有环境衬托着，或者有一些使它格外突出的附属物在它旁边，则这一事物在我们看来就觉得高贵；这一点在比较当中特别可以感觉到，因为在比较的时候，智慧必然是永远得到胜利而绝不会失算的；原来比较必然永远会加上一些东西，使人把事物看得更伟大或者（如果谈到不是伟大的问题的话）使人觉得它更雅致、更精美。然而必须注意防止作任何低级的比较，因为精神要是发现了这种情况的话，它还是会把它隐蔽起来的。

在谈到文艺的时候，我们都比较喜欢用一种手法和一种手法比较，用一种行动和一种行动比较，却不大喜欢用一种事物和一种事物比较。一般地，把一个勇敢的男人比作一只狮子，把一个女人比作一颗星，把一个活泼的人比作一只鹿这是容易的。但是拉封登在他的一篇寓言里开头是这样的话：

> 仓促离穴的老鼠，
>
> 落到了狮子的爪下。
>
> 众兽之王这时为了显示自己的身份，
>
> 饶了老鼠的生命。

这时拉封登是把众兽之王的精神动机同一个真正国王的精神动机相比较了。

米凯兰哲罗有巨大的才能使他所创造的一切主题具有高贵的气象。在他的著名的酒神像中，他同佛兰德尔的艺术家们所创造的酒神像完全不同，佛兰德尔的艺术家们表现给我们的是一种正在撞到什么上面，也可以说是一种正要跌下去的形象：这是同一位神的尊严不相称的。米凯兰哲罗画的酒神是稳稳站在那里的；但是他使酒神具有一种醉时的欢乐气氛，使酒神看到自己倒在杯里的酒时喜气洋洋，因而没有比它更出色的作品了。

在《基督的受难》这幅画里（现保存在佛罗伦萨画廊），他描绘着圣母没有痛苦，没有怜悯、没有悔恨、没有眼泪地站在那里望着遭受磔刑的儿子。作者认为圣母洞悉这一伟大的秘密，因而使她能以庄严伟大的心情对待这一死亡的场面。

在米凯兰哲罗的任何一个作品里都可以找到高贵的东西；甚至在他的草稿里，人们都可以找到伟大的东西。就好像维吉尔的那些未完成的诗篇一样。

在芒都地方由玉尔·罗曼作画的巨人厅里，描绘着用雷电打击巨人们的朱比特和惊惶失措的诸神：但朱诺就在朱比特的身旁；她以一种有把握的神气把一个应当受到雷击的巨人指给朱比特；这样他就给这个神以一种其他诸神所没有的伟大气氛：他们越是接近朱比特，他们也就越是镇静；而这是理所当然的事情，因为在一次战斗当中，恐惧是不会接近占优势的一方的。

论 规 则

一切艺术作品都有一般的规则，这些规则有指导的作用，是任何时候都不应当忘记的。但是，既然法律在一般的情况下才永远是公正的，而在实际运用时又几乎永远是不公正的，则规则也是这样，它们在理论上永远是正确的，可是在用到假说上去时却又是谬误的了。画家和雕刻家确定了人体上应当遵循的比例，并且以头部的长度作为测量的单位；可是他们又不得不时时刻刻破坏这种比例，因为他们所要表现的人体姿态是不同的：比方说，伸开的胳膊比没有伸开的要长得多。任何人在任何时候都不能比米凯兰哲罗更通晓艺术了；也没有人能像他这样自由地运用艺术。从他留下的很少的一些建筑物看来，比例是十分准确地被遵守着的；可是，他虽然精通一切可以使人愉快的事物，看来在创造每一个作品时他还另有一种专门的办法。

尽管每一种效果都有赖于一个总的原因，但在这总的原因上又掺杂了这样多其他的特殊原因，以致每一后果就某种意义而论都有一个个别的原因。这样看来，艺术产生规则，而趣味产生例外：趣味告诉给我们，在什么样的情况下艺术应当服从，在什么样的情况下应当服从艺术。

以理性为基础的快乐

我常常说，使我们感到快乐的作品应当是建筑在理性上面的；有的作品在某些方面不是这样，而其他方面却仍然使我们感到快乐，那它必然是尽可能不违背理性的。

我不知道为什么会发生这样的情况：艺术家的显而易见的愚蠢使得我们不再能欣赏他的作品。因为，在趣味的作品中，为了使它们能给人以快乐，就必须对艺术家有某种信任，不过在我们刚刚一看到他犯了违反常识的过错的时候，这种信任立刻就垮台了。

因此，当我在比萨的时候，我丝毫觉不到快乐，因为在这里我看到人们把阿尔诺河和它的滚滚河水画到天上去。在热那亚我看到天上受难的那些圣者时，我也感觉不到任何愉快。这些作品粗糙非常，简直使人看不下去。

当我们在塞内加的《提埃斯特》（*Thyeste*）第二幕中听到，阿尔哥斯的老人们怎样像塞内加时代罗马公民那样谈到帕尔提亚人和奎里特人，怎样把元老和平民区分开来，怎样瞧不起利比亚的小麦、封锁了里海的撒尔玛特人和征服了达奇人的国王们的时候，一部题材严肃的作品里的这种无知是会引人发笑的。这就好像是人们要马利乌斯出现在伦敦的舞台上，并且要他说，正是由于下院的好意，他才不怕上院对他的敌视，或者要他说，他喜爱德行甚于罗马显贵家族从波托兹带来的全部财富。

如果事物在某些方面同理性相矛盾，却在另一些方面给我们以快乐，则我们的快乐的习惯、甚至利益也使得我们把它看成是合理的，譬如我们的歌剧，我们应当做到使它尽可能地不同理性相违背。在意大利，看到加图和恺撒在舞台上唱小调的那种样子，我实在是忍受不住；从历史上采取歌剧题材的意大利人，论趣味是不如我们的，因为我们的歌剧题材都来自神话或小说。由于有了奇妙的事物，唱起来就不会那么不自然，因为非常的事物看来是更适于用比较不自然的方式表现出来的。而且，大家认为，在魔法和诸神的交往中，歌唱可以有一种言语所没有的力量。因此，它在这里就比较合理，而我们也正好在这里运用它。

关于更有利的地位的考察

在大多数有趣的游戏中，我们的快乐的最普通的源泉来自这样一种情况，即由于某些小的意外事件，我们看到某一个人，但不是我们在发窘，比方说，这个人跌了跤，他不能逃脱，他追不上等等……喜剧里的情况也是这样，我们看到一个人犯了我们没有犯的错误，因而感到高兴。

当我们看到一个人跌跤的时候，我们相信他会吓一跳到超过应有的程度，因而我们觉得有意思。同样，在喜剧里，看到一个人发慌得超过了应有的程度，我们是会觉得有趣的。当一个严肃的人做一件可笑的事情，或是处于一种我们觉得同他的严肃不相协调的地位，我们也觉得高兴。在喜剧里的情况也是这样。当一个老年人受骗的时候，我们觉得有意思，因为他的慎重和他的经验成了他爱着的和他的吝啬的牺牲品。

但是，当一个婴儿跌倒的时候，我们不但不笑，反而可怜他，因为老实说这不是他的过错，而是由于他的软弱。同样，当一个年轻人由于盲目的恋爱，鲁莽地同他所爱的一个女孩子结婚并因此而受到他父亲的惩罚的时候，我们因他的不幸遭遇感到痛苦，因为他不过是追随了自然的倾向并且屈从于人世间的一般弱点罢了。

最后，当一个女人跌倒的时候，使她增加慌乱情绪的一切情况只会使我们觉得更加有趣。同样的，在喜剧里，凡是能增加某些登场人物的慌乱情绪的事物都会使我们感到愉快。

所有这一切的快乐，或是建立在我们生来的幸灾乐祸的心理上，或是建立在我们由于对另一些人的好感而引起的对某些人的反感上。

因此，喜剧的伟大手法就在于善于调度这种同情和这种反感，从而使我们在一出戏里不应有相互矛盾的感觉，而我们也不应当有憎恶或悔恨的心情去爱或是憎。因为人们根本不能容忍一个可恶的角色会成为引人的人物，除非在这个角色本身里具有这样的理由，或者所涉及的是一件使我们吃惊并可以帮助促成全剧的最后结束的行动。

游戏、终场、对比所引起的快乐

在一种纸牌游戏（piquet）里，我们用我们所知道的去猜我们所不知道的东西，从而得到快乐；而这种游戏的有趣之处就在于，看起来我们都清楚了，但实际上我们不知道的还有很多，这就激起了我们的好奇心。在戏剧方面也是这样。我们的精神所以受到好奇心的刺激，是因为我们在戏剧中看到一些东西，却又有其他的东西隐藏起来不给我们看。我们看到剧情的发展同我们原来所设想的不一样，因而知道我们所作的预测错了，这一点也会引起我们的惊讶。

骨牌游戏给人的快乐在于一种因为不可预知的三种结果而产生的好奇心，这三种结果是胜、和、负。在戏剧中情况也是这样。这时，我们的心情是这样地紧张和不安定，因为我们无法知道它的结局是什么样子；而且我们又有这样的想象力，那就是如果戏是好戏的话，即使我们看一千遍，我们的紧张和我们对于剧情的无知（如果我可以这样说的话）仍然存在；因为在那时，我们为当时我们听到的一切感动到这样的程度，以致我们只感觉到人们在台上讲着的东西，只感觉到按剧情发展应当感觉到的一切；至于我们已经知道的东西，则只是保存在我们的记忆里，它们对我们已不再能造成任何印象了。

（选自孟德斯鸠：《罗马盛衰原因论》，婉玲译，商务印书馆 1962 年版）

崇拜者布满全欧

伏尔泰

　　弗朗索瓦·马利·阿鲁埃·伏尔泰（François Marie Arouet Voltaire，1694—1778）。18 世纪法国启蒙运动领袖，历史学家。他博学多才，学识渊博，从这里选录的几封书信中，也可见一斑。现题名"崇拜者布满全欧"，原是谈培根一函中对培根的褒词，用之于另两位英国名人洛克和牛顿亦然，故名：倘以此语评价伏尔泰，也可作如是观。进言之，由此引申，这三位英国名人加上一位法国名人，在今天，说他们的崇拜者已布满全世界，那是一点儿也不过分的。这四函依原书《哲学通信》（又名《英国通信》）次序，分别为第十二封信（谈培根）、第十三封信（谈洛克）、第十四封信（谈牛顿和笛卡儿，省略谈笛卡儿的部分）和第十五封信（谈牛顿）。这些书信，内容丰富，充满灵气，文笔流畅，读来令人赏心悦目。

第十二封信　谈培根

不久以前，在一个著名的集会上有人争论这样一个陈腐而烦琐的问题：恺撒、亚历山大、帖木儿、克伦威尔等人，哪一个是最伟大的人物。

有人回答说，一定是牛顿。这个人说得有道理；因为倘若伟大是指得天独厚、才智超群、明理诲人的话，像牛顿先生这样一个十个世纪以来杰出的人，才真正是伟大人物；至于那些政治家和征服者，哪个世纪也不短少，不过是些大名鼎鼎的坏蛋罢了。我们应当尊敬的是凭真理的力量统治人心的人，而不是依靠暴力来奴役人的人，是认识宇宙的人，而不是歪曲宇宙的人。

所以您既然要我跟您谈一谈英国所出的名人，我就从培根、洛克、牛顿之类的人物谈起。也会谈到将军们和大臣们。

应当从有名的维鲁拉姆男爵谈起。他在欧洲以培根这个名字闻名，培根是他的姓。他是英国掌玺大臣的儿子，在英王杰克一世陛下任掌玺大臣多年。然而，在宫廷的阴谋诡计和他本身职务繁忙之中，是需要占据一个人的全部精力的，他却能找出时间来成为一位大哲学家、良好的史学家和出色的作家；还有更足使人惊奇的，就是他生在一个没有人懂得写作艺术、更少人懂良好哲学的时代。如同人们中间通常的习惯那样，他死后比生前更受人尊重：他的敌人都在伦敦的宫廷里；他的崇拜者却布满全欧洲。

当埃菲亚侯爵引领大亨利的女儿玛丽公主到英国来，准备跟加里斯亲王结婚的时候，这位大臣会往访培根。培根正卧病在床，下了帐子接见。埃菲亚便对他说："您好像天使那样，人们总是听人讲说天使，相信天使超过人类，而遗憾的是没有机会见到天使。"

您知道，先生，培根是怎样被人指控犯了一桩根本就不是一位哲学家能犯的罪：说他受贿；您知道培根曾经怎样被贵族院判处一笔约合我们的四十万立弗尔的罚款，并革除他的掌玺大臣和贵族院的职位。

现今英国人都敬仰培根，所以不愿承认他有罪。倘若您问我作何感想，为了回答您，我要引用我从波令布鲁克爵士那儿听来的一句话。有人在波令布鲁克面前谈起马尔巴罗公爵被人诽谤的吝啬情形，叙述了一些有关的行迹，请求波令布鲁克爵士作证。波令布鲁克本是马尔巴罗公爵公开的仇敌，也许能够庄重地说出是怎么回事来。他却回答说："这是一个很伟大的人物，我简直忘记了他那些缺点。"

所以我只跟您谈一谈这位掌玺大臣培根之所以能够受到欧洲敬重的地方。

他的一部最奇异最精粹的著作也就是现今很少有人读而且也是最没有用的书：我要说的就是他那本"新工具"，这是人们用以建立新哲学的架子；等到这个建筑物至少建筑了一部分之后，架子也就没有任何用处了。

掌玺大臣培根还不认识自然；但是他知道并且指出引向自然的道路。他老早就轻视一般大学里所称的哲学；他就他影响所及尽力使这些为健全人类理性而设置的团体不再继续使用它们那些"本质"，"害怕空虚"、"实体的形式"和一切不恰当的语词来糟蹋理性；这类语词不仅被无知的人尊敬，而且可笑地跟宗教羼在一块儿，简直几乎成为神圣的了。

他是实验哲学之父。在他以前，人们的确曾经发现了一些惊人的秘密。人们曾经发明了指南针、印刷术、版画、油画、玻璃镜子、用人们叫作眼镜的镜子在某种方式上使老人们恢复视力的技术、大炮用的火药等等。人们曾经探索，发现和征服一个新世界。谁不以为这些卓越的发现必是一些最伟大的哲学家在一个比较我们时代更开明的时代所完成的呢？全然不是：这些巨大的变化都是在世上最愚蠢野蛮的时代做出来的；这类发明几乎完全出于偶然，连美洲的发现也很像是有大部分所谓"偶然"的因素在内；至少有人总是以为哥伦布之所以决计进行他的旅行，只是根据被一阵风暴刮到辽远的卡立俾群岛去的一只船的船长的信念。

虽然如此，人们能够走遍全球，能够用一种比真雷还可怕的人造雷来摧毁城市；但是他们却不懂得血液循环、空气重量、运动规律、光、星球的数目等等，而如果有人提出关于亚里士多德的范畴、关于事物共相或是其他此类糊涂问题的论文，他却会被人看成是非凡的人物。

最不可思议的和最有益的发明并非那些最能宣扬人类智慧的发明。

一切技艺都是由大部分人具有的一种机械本能而来的，绝非得之于纯正的哲学。

火的发现、面包的制造、金属的冶炼、房屋的建筑、梭子的发明等，都是由于跟印刷术和指南针全然不同的另一种需要的；可是这些技艺全是由于一些还处在野蛮状态的人发明的。

在那时代以后，希腊人和罗马人岂不用了很多的机械吗？可是在他们那个时代，人们却以为天上是许多块水晶石，以为星星都是一盏盏的明灯，有时候堕入海中；他们的一位大哲学家，做了很多研究以后，曾经发现星星是从地球分出去的石卵。

总之，在掌玺大臣培根以前，没有人知道实验哲学；并且在他以后，我们所做的种种物理实验几乎没有一件不是在他的书里已经指示过的。他自己也做了许多实验；他做了各种不同的抽气机，从而他想到了空气的弹性；他曾经对空气重量的发现作反复研究，他接触到它；但这一真理却被托里拆利获得了。不久以后，实验物理学差不多立即开始在欧洲各地同时研究起来。这本是培根推测到的一座隐藏着的宝库，所有哲学家，被他的预言所鼓舞，都努力发掘这一地下宝藏。

但是最使我惊讶的，是在他的书里，早以明白的词句说明牛顿先生所谓发现的新引力论。

培根说："应该研究有没有一种磁力在地球与重物之间、月球与海洋之间、各个星球之间发生作用。"

在另外一处，他又说："或者有重量的物体必然地被引向地心，或者它们彼此之间互相吸引，在后一场合，物体下坠时，离地越近，互相吸引的力量显然就越大。"他又接着说："应当试验一下：同一座挂钟是在山顶上面走得快还是在一道矿井底下走得更快；倘若重力在山上减轻，而在矿井底下加重，那么似乎地球有一种真正的吸引力。"

这位哲学先驱也是一位优秀作家、历史学家、才子。

他的"道德论"很为世人所称道；这些文章与其说是为给人欣赏而作不如说是为教育人而作；既没有像拉·罗涉浮高德的"格言集"那样讽刺性，也没有蒙旦涅那样的怀疑论的学说，但读者却比后两种书来得少。

他那部"亨利七世史"曾经被人视为杰作；但是倘若它能跟我国名家德·杜的作品相比，我就大惑不解了。

谈到那个著名的骗子手原籍犹太的巴尔金，曾经那样大胆地冒名英王查理四世，受布尔勾涅公爵夫人所指使，跟亨利七世争夺王位，下面是掌玺大臣培根自己的说法：

"大约在这个时期，亨利王被布尔勾涅公爵夫人的魔术用狡猾的精灵缠绕着，她从地狱招致爱德华四世亡魂来苦恼着亨利国王。当布尔勾涅公爵夫人指使巴尔金的时候，她便考虑准备在天上那一方使那颗彗星出现，她决定使彗星先在爱尔兰的天边上闪耀。"

我觉得我们聪明的德·杜丝毫不会沉溺于这种过甚其词的文笔里去；过去有人以为这种文笔是优美的，但是现今人们却名之为莫明其妙的思想了。

第十三封信　谈洛克

或许从来没有一个人比洛克先生更聪明、更有方法，从来没有一位逻辑学家比洛克先生更正确的了：然而他却不是一位大数学家。他从来没有甘心忍受计算的疲劳和数学的真理的枯燥，这些数学的真理对我们的心灵所呈现的，乍看起来，并不是可感知的事物；没有人再比他更能证明没有几何学的帮助也能具有几何学的头脑了。在他以前，大哲学家们曾经斩钉截铁地确定人的灵魂是什么；但是，既然他们一点也不懂得灵魂，彼此都意见分歧，也就是理所当然的了。

在艺术和错误的摇篮——希腊，人类精神的伟大和愚蠢都被发展到了极端，人们也像在我们这里一样地理解灵魂。

人们曾经给神圣的阿那克萨哥拉设立祭坛，因为他曾经告诉人们说太阳比伯罗奔尼撒更大，说雪是黑的，天是石头做的，这位阿那克萨哥拉肯定灵魂是一种气体，但却是永生的。

第奥根——不是那个做了伪币制造者之后成为犬儒学派的第奥根——断言灵魂是神的实体本身的一部分，这个观念至少是了不起的。

伊壁鸠鲁认为灵魂像身体一样，是由部分组成的。亚里士多德的著作曾经被人们百般解释过，因为他的著作是不易理解的；倘若我们相信他的几个门徒的话，我们知道亚里士多德认为一切人的悟性都是唯一的同一个实体。

不平凡的亚里士多德的老师，不平凡的柏拉图和不平凡的柏拉图的老师，不平凡的苏格拉底都谈到具有形体的、永生的灵魂；苏格拉底的司命神一定曾经告知过他灵魂是什么。的确，有人以为一个自己夸耀有一位司命神的人一定是一个疯子或是一个骗子；不过这些人也未免挑剔过甚了。

至于我们的教父们，在最初几个世纪，有不少都相信人的灵魂、天使和上帝都是有形体的。

世人总是精益求精。根据马比昂神父的说法，圣·伯尔纳多谈到灵魂，说人死后的灵魂在天上是看不见上帝的，只同耶稣基督的人性谈话；这一回没有人相信他的话了。十字军的遭遇使他的那些预言稍失威信。随后又来了成千的烦琐哲学家，像："不可反驳的圣师"、"巧妙的圣师"、"一品天使的圣师"、"普智圣师"等等，他们都很自信明确地认识灵魂，却不让人家去谈它，好像他们不要别人懂得似的。

我们的笛卡儿，生来就是揭发古代的谬误的，但是却又换上他自己的谬误，并且又受那使最伟大的人也盲目的系统精神所迷惑，自以为证明了灵魂和思想是一个东西，就如同物质——照他说来——跟广袤是一个东西一样；他断言，人总是在思想，并且断言，灵魂入窍时是带有一切形而上学概念的，认识了上帝、空间、无限，具有一切抽象观念，总之是满腹经纶，只可惜灵魂一出娘胎就都忘光了。

神父修会的马勒伯朗士，在他卓越的幻想里，不但承认天赋的观念，而且并不怀疑我们通过上帝来看一切，好比上帝就是我们的灵魂。

多少理论家写了灵魂的故事，有位哲人出世了，他谨慎地写下了灵魂的史实。洛克阐明人类的悟性，就好像一位最好的解剖学家解释人体各部的关键一样。他处处借镜于物理学；他有时敢肯定地说，但是他也敢于怀疑；他并不给我们所不认识的东西轻易下定义，但逐渐地考察我们所想要认识的。他从一个婴儿刚一出生就研究他；一步一步紧随着婴儿悟性的进展，他看出婴儿跟其他动物共同之处和超越其他动物之处；洛克特别考虑他自己的证明，考虑有关他自己的思想的意识。

他说："我让那些比我知道得更清楚的人们讨论我们的灵魂是先于我们的身体而存在还是有了身体之后才有灵魂；但是我承认我天生有一个粗野的灵魂，它并不随时都在思考，我甚至不幸不理解灵魂总在思想，比身体总在活动更为必然。"

对于我来说，在这一问题上能跟洛克一样愚蠢，我以为这是很荣幸的。任何人永远也不能使我相信我永久在思想；我并不比洛克更倾向于想象我在成胎几个星期以后，就是非常有学问的，通晓千万事物，一生下来却都忘记了，想象我曾经在子宫里具有若干知识，毫无用处，等到我需要的时候却又都不翼而飞了，并且从此再也没有能很好地重新学会。

洛克在破坏了天赋观念以后，在抛弃了那种相信人永久在思想的空洞想法以后，便证明我们的种种观念都来自感觉，考察我们的简单观念和复合观念，逐一观察人类心灵的各种活动过程，指出人们所说的各种语言是何等不完善和我们怎样随时滥用字眼。

最后，洛克研究人类知识的范围，或更不如说研究人类知识的空洞。就是在这一章里他竟敢于先把以下的话说出：我们或许绝不能够知道一个纯物质的东西是在思想还是不在思想。

许多神学家都以为这篇开明的论文是一篇主张灵魂是物质的和可死的无耻的声明。

若干英国人，按照他们的方式来说是虔诚的，便敲起了警钟。社会上的迷信之徒就跟军队里的懦弱之辈一样：他们无端恐怖起来，还要散布这种恐怖情绪。有人就大嚷大叫说洛克想要推翻宗教，然而这件事跟宗教毫不相关：纯粹是一个哲学问题，与宗教信仰和启示完全风马牛不相及；只有冷静地考虑一下像这样说法是否有矛盾：物质能思想，上帝能不能把思想灌入物质里去。但是那些神学家，当有人跟他们意见不同的时候，老是开口就说上帝被人侮辱了。这点酷似那些歪诗人，他们大嚷大叫地说戴卜莱欧说国王的坏话了，因为戴卜莱欧讽刺了他们。

斯梯灵弗里特圣师获得了温和派神学家的令名，由于他没有断然咒骂洛克。他向洛克挑战，但是他被击败了，因为他按照圣师的方式辩论，而洛克却以洞悉人类智慧优缺点的哲学家的方式来辩论，并且洛克是用他深知其锋锐的武器来作战的。

倘若我敢追随洛克之后来谈一个这样微妙问题的话，我就要说：许久以来，人们就争论着灵魂的本质和它的永生。关于灵魂的永生，无法证明，因为人们在灵魂的本质上还争论未休，一定要彻底了解一个创造物，才能决定它是不是永生的。人类的理性很少能靠它本身来证明灵魂的不死，以致宗教不得不启示我们灵魂永生。一切人的共同福利要求我们相信灵魂永生；宗教信仰也命令我们相信；不再需要什么了，问题就已解决。灵魂的本质却又当别论；灵魂的实体是什么，对宗教说来，关系不大，只要它品德端正就好了；灵魂就好像交给我们管理的一座钟；但是造钟的工人没有跟我们说这座钟的发条是用什么质料做成的。

我有身体，我思想：此外我就不知道了。难道我要把我可以很容易地归之于我所认识的唯一的第二原因的事情归到一个不认识的原因上去么？这儿，学院的哲学家们便打断我的话，说："在身体里只能有广袤和体积，只能有运动和形态。可是，运动和形态、广袤和体积都不能产生思想；所以灵魂不能是物质的。"全部伟大理论，说来说去，只不过是这样："我丝毫不认识物质；我挂一漏万地猜测出它的若干属性来；然而，我根本不知道这些属性是否能跟思想连得上；因为我根本不知道，所以我就断然确认物质不会思想。"这显然就是学院式的思想方法。洛克可以简明地跟这些先生说："至少要承认你们诸位跟我一样无知；你们的想象也好，我的想象也好，都不能理解一个物体怎么能思想；难道你们懂得更清楚，不管物质是怎样一种东西，它怎么会思想吗？你们既不理解物质，也不理解心灵；你们怎敢作一定的断言呢？"

迷信者又说了，他说为了他们的灵魂的利益，应该把想象人们单靠身体就能思想的人都烧死。但是倘若他们自己犯了反宗教罪，他们又怎么说呢？实际上，什么人敢断言上帝不可能把思想感情赋予物质而这人却没有荒谬的叛教思想呢？请看你们陷入多么困窘的境地，你们这样地限制造物主的权能！禽兽跟我们有同样的器官，同样的感情，同样的知觉；它们有记忆，它们也组成若干观念。倘若上帝没有能使物质具有生命并赋予感情，那么或者禽兽纯粹是些机器，或者它们具有一种心灵，二者必居其一。

我觉得差不多已经证实禽兽不能是简单的机器。以下就是我的论证：上帝给它们创造的感官恰好跟我们的一样；所以，倘若它们一点不感受，上帝便创造了一件废品。可是，你们也承认，上帝的创造不是无的放矢的；所以他绝不会制造那么多感官而却没有一点感觉；所以禽兽一点也不是单纯的机器。

依照你们的说法，禽兽不能有一个心灵；所以，不管你们愿意不愿意，没有别的话可说，除非说上帝把感受和知觉的能力给了禽兽的器官，这些器官都是物质的，而你们把这种能力叫作器官的本能。

哼！谁能阻拦上帝把那种感受，知觉和思想的能力——我们名之为人类理性——赋予我们更敏锐的器官呢？不论你们转向那一边，你们必须承认你们的无知和造物主的广大无边的权能。所以你们不必再反对洛克的贤明和谦虚的哲学了；他的哲学远非反宗教，倘若宗教需要的话，它倒可以以之为根据；因为这种哲学只肯定它所清清楚楚理解的东西，而又懂得承认它自己的弱点，它告诉你们说只要人们一研究到最初的原理就应当求助于上帝，还有什么哲学比这个更有宗教性呢？

况且，永远也不必担心任何哲学思想会损伤一国的宗教。我们的宗教奥秘虽然跟我们的证明相反，可是基督教哲学家照样对我们的证明加以尊敬，他们都懂得理性的对象跟信仰的对象性质两样。哲学家们从来也没形成一个宗教的宗派。为什么呢？就是因为他们丝毫不是为人民写作的，他们也没有什么热忱。

请把人类分为二十份：有十九份倒是由用手劳动的人组成的，他们永远也不会知道世界上还有一位洛克；在其余二十分之一那一部分里，有多么少的人看书呀！在看书的人中，二十个人是看小说的，只有一个人是研究哲学的，因之能思想的人数就更少了，而这极少数思想的人也不敢扰乱世界。

并非蒙旦涅、洛克、培尔、斯宾诺莎、霍布斯、沙夫兹白利爵士、科林斯、托兰德等人在他们的祖国引起了纠纷；大部分倒是神学家们，他们先就有做一个宗派领袖的野心，随后不久他们又想当政党的党魁。这怎么说呢！把近代哲学家所有的著作都合在一块也永远不会比从前的圣方济会修士们争论他们的衣袖和风帽时更显得喧嚣。

第十四封信　谈牛顿

一个法国人到了伦敦，发觉在哲学上的东西跟其他别的事物一样，变化很大。他去的时候还觉得宇宙是充实的；而现在他发现宇宙空虚了。在巴黎，我们认为宇宙是由细微物质的旋涡构成的；在伦敦，人们却不是这样看法。在我们那儿，以为是月球的压力形成海水的涨潮；在英国人那里，却以为是海水被月球吸引，以致当你们以为月球应当给我们高潮的时候，这些先生们却相信该是低潮的时候了；可惜不能证实，因为要弄清楚这一点，就得在开天辟地的最初一刹那研究月球和海潮。

你们还可以注意到日球在法国丝毫不牵涉到这个问题上去，在这儿，它在这个问题上却有四分之一的分儿。你们的那些笛卡儿派以为一切都是由一种冲动力造成的，人们一点也不了解这种冲动力；牛顿先生却以为是由于一种引力所致，人们也并不更清楚了解这种引力的原因。在巴黎，你们把地球想象成一个西瓜；在伦敦，却以为它是两边扁圆形的。对于一位笛卡儿派学者来说，光是在空气中存在的；对于一位牛顿派学者来说，它却是在六分半钟的时间内从日球上来的。你们的化学用酸质、碱质和精细的物质作各种实验；在英国却一直是引力支配着化学。

甚至于事物的本质也完全两样了。你们在灵魂的定义上和物质的定义上都不能意见一致。笛卡儿断言灵魂跟思想是一个东西，洛克所给他的证明却恰恰相反。

笛卡儿还断言只有广袤构成物质；牛顿又加上体积。这就是恼人的矛盾了。

解决你们中间那么多的争执并不是我们的事。

这位大名鼎鼎的牛顿，这位笛卡儿学说的破坏者，于去年1727年3月逝世。他生前受到他的同胞们尊敬，被人像一位为民造福的国王一样隆重安葬。

……

牛顿骑士的境遇就全然不同了。他活到八十五岁，安乐终身，在祖国受到尊敬。

他最大的幸福不仅是生在一个自由的国度里，并且也是在经院哲学的空谈已经被禁止、理性独受培养的一个时代里；世人只能做他的学生而不能跟他比拟。

第十五封信　谈引力的体系

使牛顿骑士享有举世盛誉的种种发现涉及到宇宙体系、光、几何学上的无限量，以及他在休息时作为消遣的纪年学等多方面。

我来讲给您听（尽可能不啰嗦）我能从这种种卓绝的思想中吸收到的一点东西。

关于我们宇宙的体系，很久以来，就有人争辩着那使一切行星旋转和维持在它们轨道里的原因，以及地球上所有的物体都落向地面的理由。

笛卡儿的学说，从他以来经过了解释而且改变了很多，似乎给这些现象提供一个像是可以赞同的原因，而这个原因，由于它本身简单，人人都可以懂，就更显得真实。但是，在哲学上，对于太容易懂的事应该与不懂的事同样地不能轻信。

重量，落向地面的物体的加速下坠，行星在它们轨道里的运行，绕着它们的轴心而自转，这一切都只是运动；然而，运动只能由推动而发生；所以一切物体都是被推动的。可是什么东西来推动它们呢？空间没有空隙，所以它应该是被一种极细微的物质所填满，因为我们看不见它，所以这种物质是从西向东运动的，既然一切行星都是从西向东运行的。所以从一种假定到另一种假定，从一种近似真实情况到另一种近似真实情况，人们设想出由微细的物质而形成的一种广阔的漩涡，在这里面行星围绕着太阳运行；人们还设想出另一种个别的漩涡，它浮在大漩涡中间，每日围绕行星旋转。当这一切都假定了的时候，人们就以为重量是出于这种日常的运动；因为，大家认为这种绕着小漩涡旋转的细微物质应该比地球的转动快十七倍；然而，若是它比地球行动得快十七倍的话，它就该有一种不可比拟的离心力，就可以将一切物体推向地球。这就是笛卡儿学说中重量产生的原因。

但是在计算这种细微物质的离心力和速度之前，首先应该断言它的存在，而即使它是存在的，要说它可能是重量产生的原因还是显得错误的。

牛顿先生似乎不容置辩地否定了这一切的漩涡，大的与小的，带着行星绕着太阳运行的漩涡以及使每个行星自转的漩涡。

第一，关于假定的地球小漩涡，我们证明了它是应该渐渐丧失它的运动的；我们证明了若是地球浮在一种流体中的话，这种流体该与地球有同样的比重，而若这种流体与地球有同样的比重，则我们转动的一切物体都该产生一种极大的抵抗力，这就是说，需要有地球一样长的杠杆来举起一斤的重量。

第二，关于大漩涡，那是更荒诞。我们不能把大漩涡说和那已经证实是真理的开普勒定律混同起来。牛顿先生指出木星被假定在其中旋转的流体的运转与地球周围流体的运转的对比不同于木星的运转与地球的运转的对比。

他证明了一切行星都在椭圆形的轨道里运行，所以它们在"远日点"时彼此距离较远，而在"近日点"时彼此距离较近。以地球为例，当它离金星和火星较近时原该走得快些，既然包围它的流体比较行动迅速，该有更多的运动；可是，恰在这个时候，地球的运动是较慢的。

他也证明了：并没有什么从西到东运行的天际物质，因为彗星穿过太空，时而由东到西，时而由北到南。

最后，为了更好地解决困难（如果可能的话），他证明了，或者至少使之成为可能（甚而经过实验）：天际无空隙是不可能的，他把那被亚里士多德和笛卡儿所排斥于宇宙之外的真空又带给我们。

在用了所有这些理由和其他许多的理由推翻了笛卡儿学说中的漩涡以后，对于能够认识在大自然中，究竟有没有一个能推动一切天体，同时又构成了地球吸力的秘密原则他感到失望。1666 年，他退隐到剑桥附近的乡下去了；有一天，他在园中散步，看到果子从一棵树上掉下来，这个现象引起了他对重量问题的深思，所有的哲学家曾经很长时期徒然地研究过重量的原因，而普通人根本就想不到它的奥妙。他自言自语道：在我们的天空里，不管这些物体从何种高度掉下来，它们的坠落一定在伽利略所发现的级数里面；而它们所经过的空间将是时间的平方。这个使重物下落的力量，不管入地有多少深，或者在最高的山上，是相同的，没有任何显著的减少。为什么这个力量不扩展到月球上去呢？果真深入到那里的话，岂不更像是这种力量把月亮维系在它的轨道上，而决定了它的运动吗？但是月亮服从这个原则，不管这原则是什么，相信别的行星也服从这个原则，岂非更是合理的吗？

"倘使这种能力是存在的话，它的增长应该（而且已经证实）与距离的平方成反比。所以只需观察一个有重量的物体从不大的高度落到地面的

路程与在同一时间内一个物体从月球的轨道落下的路程就可以了。为证明
这件事，也只需有地球的大小与从月亮到地球的距离就可以了。"

牛顿先生就是这样分析的。但是当时在英国只有很不正确的地球大
小；人们相信领港者的不准确的测量，他们以 60 英里作为一度，其实应
该以近 70 英里作为一度来计算。这种错误的算法不能和牛顿先生所想获
得的结论相符合。所以他放弃了它。一个平凡但骄气冲天的哲学家，就要
尽力把地球的大小去凑合他的学说了。牛顿先生宁可放弃他的计划。可
是，自从皮卡尔先生正确地测量了地球，画出了使法国享受这么大的荣誉
的子午线以后，牛顿先生再度采用自己的初见，获得了和皮卡尔先生的计
算相符合的结论。我始终认为这是一件了不得的事情：单单凭了四分之一
的圆周和少许数学，居然发现了那么卓绝的真理。

地球的圆周长是 123249600 法尺。这是一切引力学说的唯一根据。

人们知道了地球的圆周，知道了月球轨道的圆周及这个轨道的直
径。月球在这个轨道里公转一次需时 27 天 7 小时 43 分；所以月球平均
运动每分钟为 187960 法尺被证明了；正是由于一个已知的定理也证明
了使一个物体从月球的高度落下的中心力在第一分钟只使它落下 15
法尺。

现在，倘使物体有重量，向下坠，以及和距离的平方成为反比地相互
吸引的这条规律是真实的话，倘使根据这条规律，在整个大自然中发生作
用的力量是同一个的话，那么，显然地球离月亮既然有 60 个半径，一件
有重量的物体向地面掉下，第一秒钟就应该降 15 法尺，第一分钟就应该
降 54000 法尺。

果然，一件有重量的物体第一秒钟降落 15 法尺，第一分钟降落 54000
法尺，这个数字是 60 的平方乘以 15；所以，物体的重量是和距离的平方
成反比的；所以，这个同一的力量使地球有吸力，又把月亮纳入它的
轨道。

既然证明了月亮吸引着地球，——地球是月亮运转的中心，——也就
证明了地球和月亮都吸引着太阳，——太阳乃是它们周年运动的中心。

别的行星也应该服从这条普遍的规律，而倘使这条规律是存在的话，
那么，这些行星就应该遵照开普勒所发现的规律。这一切的规律，一切的

关系实际上都由行星极其严格地遵守着；因此宇宙引力的力量使各个行星都吸引着太阳，我们的地球也一样。最后，各个物体的反作用与作用既然是成正比，必然是反过来地球也吸引着月亮，而太阳也就吸引着月亮与地球；必然是土星的一个卫星吸引着其他四个卫星，而这四个卫星也吸引着土星，五个卫星都吸引着土星，而土星吸引着它们全体；木星也是如此，一切星球都被太阳吸引着，反过来它们也吸引着太阳。

这个宇宙引力的力量按照物体所含的物质的比例起作用；这是经过牛顿先生实验所证实的一项真理。这个新发现可以用来证明太阳———切行星的中心——按照行星的体积和它们与太阳的距离，成正比例地吸引着它们。从此逐步提高，直到那些似乎和人类智慧所不相称的知识，他胆敢计算太阳包含多少物质，每颗行星又包含多少；这样他指出，由于力学的简单规律，每个天体必然是在它现今所在的位置上。他的宇宙引力规律的唯一原则说明了天体在运行中所有表面的不规则现象。月亮的变化成为这些规律中的一个必然的结果。此外，人家显然明白为什么月亮的轨道和别的星球的轨道每隔 19 年交叉一次，而地球和别的星球交叉却需要差不多26000年。涨潮落潮也是这种引力的极简单的后果。在满月和新月的时候，月亮离地球近，上下弦的时候，离地球远，再加上太阳的作用，就使地球上的海洋涨潮或落潮有了显著的理由。

他用他的卓绝的理论说明了行星的运行及其不规则情况后，使彗星也服从于同条规律。这些长久以来没有被认识的星，曾经是天体中可怕的东西，是哲学家们的障碍物，这些彗星曾经被亚里士多德放在月亮之下，又被笛卡儿送还到土星之上，终于被牛顿先生安置在它们真实的位置上。

他证明了这些彗星都是固体，它们在太阳作用范围内运行，它们划出椭圆的轨道，那么远离中心，那么近乎抛物线，以致有些彗星竟然要花上500 年以上，才能公转一次。

亚雷先生以为 1680 年出现的彗星就是在恺撒时代出现的那一颗：尤其这颗彗星，比别的彗星更能使人家看到彗星是固体和不透明的；因为它这样接近太阳，以致它离开太阳只有日轮的六分之一那么远；因此，它所受到热度要比烧得最红的铁高两千倍。倘使它不是一个不透明体，它就要在短时间内，被溶解，被毁灭。接着，探测彗星的运行，便开始风行一时了。著名数学家贝努里用他的学说作出结论：这颗 1680 年的著名彗星将在 1719 年 5 月 17 日重新出现。就在这个 5 月 17 日晚上，欧洲没有一个天文学家睡觉的，无奈这颗著名的彗星并未出现。其实给它 575 年的时间再出现，即使没有更大的把握，至少也比较聪明些。一个叫作威尔斯顿的英国几何学家，——虽是几何学家，却也不失其为妄想家，——曾经一本正经地肯定：在洪水泛滥的时候，乃是一颗彗星使地球上的洪水泛滥的；他居然还因为人家讽刺他而吃惊。古人的想法跟威尔斯顿的趣味差不多；他们相信彗星永远是地球上某些大灾祸的先驱。恰好相反，牛顿疑心彗星对地球大有好处，从它们发出来的烟可以用来援助行星，赋予生命力：在运行中，行星们吸收了太阳从彗星分解出来的所有的小粒子。这个意见至少比另一个意见来得可靠。

还并不尽在于此。倘使这种重力及吸力作用于一切天上星球身上的话，那么无疑地这种力量对于星球的各部分也能起作用；因为，假若物体按照它们的体积相互吸引的话，那只能是按照它们各部分的数量；倘使这种力量包含在整体中的话，肯定在半个中也有，在四分之一中，在八分之一中，以至在无穷小之中也都会有。加之，倘使这种力量在各部分不是相等的话，那就永远要星球某些部分比其他部分来得重：事实上这种情况没有产生。所以，这种能力确实存在于一切物质中，存在于物质的最小最小的粒子中。

因此，可以看出引力是推动自然界的伟大的动力。

在证明了这个原则的存在以后，牛顿早就预见就凭引力这个名字，人们也会反对的。在他的著作里不止一处他预防他的读者攻击引力的自身，他告诉读者不要将引力与古人所说的隐伏的质量混淆起来，只要认识一种中心力量按着力学的不变规律，从宇宙的这一端到另一端，对最近的物体和最远的物体，起着作用。

使人惊奇的乃是，在这位大哲学家庄严的抗议以后，沙朗先生和德·封德耐勒先生，——他们两位也值得我们称之为"大哲学家"，——竟然毫不含糊地责备牛顿犯了逍遥学派幻想的毛病：沙朗先生就是在 1709 年的学院论文中，封德耐勒先生就是在对牛顿先生的颂词本文中，责备牛顿的。

几乎所有的法国人，学者和其他的人，反复这样责备他。到处可以听到："为什么牛顿不用大家都很懂的'推动'这个词，却用了大家都不懂的'引力'这个术语？"

牛顿尽可这样回答那些批评："第一，你们对'推动'并不比对'引力'更懂，加之，倘使你们不理解为什么一个物体导向另一个物体的中心，你们也不会想象由于什么力量一个物体能推动另一个物体。

第二，我不能承认'推动'；因为，若要承认，我必须先发现果真有一种推动行星的天际物质；然而，不但我不晓得这种物质，而且我已证明它不存在。

第三，我用了'引力'这个术语，只为了表达我在大自然中所发现的一种作用，一种未知原则的确然而无可争论的作用，是物质固有的属性，有待于比我聪明的人们，倘使他们办得到的话，去找出它的原因。"

"那么，您究竟教了我们些什么呢？"有人还坚持地问着："为什么做了那么多的计算，却对我们说出您自己也不知道的东西了。"

"我教过你们，"牛顿能够继续说："中心力的机械作用使一切物体有了和它们的物质相称的重量，只有这些中心力使行星和彗星在规定的幅员内活动。我给你们证实了一切天体的重量和运动不可能有另外一种原因；因为有重量的物体按照中心力的已证明了的比例向地面下坠，而行星按照同一的比例完成它们的运行，倘使另有一种力量在这些物体上起作用的话，它就要加强它们的速度，或改变它们的方向。可是，在这些物体中，从来没有一个在它的动作、速度、决定中，有丝毫没有被证实是中心力的效果的；因此，不可能还有另外一种原理。"

请准许我再让牛顿谈一回。他将不很受欢迎地说："我所处的情形和古人大不相同。譬如，古人看到了水在唧筒里上升，他们就说：'水因怕空隙而上升。'但是我呢，我处在这种情况下：是我首先发现了水在唧筒里上升，却让别人去费心解释水为什么上升。解剖学家首先告诉我们，手臂之所以能动，因为筋在收缩，他就告诉了我们一项无可非议的真理；是不是因为他不懂为什么筋会收缩，我们对他就少感激些呢？空气弹力的原因尚未发现，但是那位发现空气弹力的人却对物理学有很大的贡献。我所发现的原动力更是隐秘，更是广泛，所以，人们应该更感激我才对。我发现了一项物质的新属性，发现了造物主的奥秘之一；我计算了它，我证明了它的诸般作用；人们对于我所给它的名称，可以挑剔么？"

"人们可以称作一种潜伏的属性的是那些漩涡，因为人们从未证明它们的存在。引力却恰恰相反是一种真实的事物，因为人们证明了它的作用；并且计算了它的幅员。这个原因的原因却在上帝心中。"

到此为止，不再向前。

（选自伏尔泰：《哲学通信》，高达观等译，上海人民出版社 1961 年版）

随浮云掠过

吉　本

　　爱德华·吉本（Edward Gibbon，1737—1794），18世纪英国历史学家，著有名作《罗马帝国衰亡史》。他另撰《回忆录》，乃散文精品，在质朴平易中显温婉，大体反映了是时英国散文的一般特点。不过，我在多年前读吉本的《回忆录》时，读着读着，却总感到有一种忧郁之感散落在他的字里行间。本篇从中选取"罗马访古"和"洛桑夜思"两节，无论是他对罗马兴亡的浮想联翩，还是对传世之作完稿后未来命运的怅然，无不有一种淡淡的哀愁向我们袭来。因此，在为这两节另拟题名时，我就立刻想到了坊间流行的那句歌词："千言万语随浮云掠过。"吉本所记所叹不也与此种情景相吻合吗？文内两节小标题亦为编者所拟。

一、罗马访古

虽然我在巴黎的研究活动仅仅限于了解世界，但花去那么三四个月的时间，却也不能说是不值得的。我参观了纪念章学会和各处公共图书馆，尽管有如走马看花，却打开了一个新的研究领域；看到各个不同时代不同人物的那么许多手稿，导致我查阅了两部本笃会派教士的重要著作，即马比荣的《古文书学》和蒙福松的《古文字学》。我学习了理论，但没有接触到古文字的具体写法。我也不能抱怨希腊文缩略词和哥特文字母的复杂难解，因为我每天用的是一种熟悉的语文，不知道怎样着手辨认那种具有柔美特点的象形文字。要是能在一个宁静的环境里，让我恢复我在早年求学时的记忆力，那么空过光阴就该是不可饶恕的了：洛桑和日内瓦的公共图书馆正好给我提供了许多书籍，所以尽管我在游逛中丧失了许多时间，却有更多的时间是花在书本学习上的。

在乡下，我将贺拉斯、维吉尔、玉外纳和奥维德诸人的书带在身边，随时阅读。但到了镇上，为了通过阿尔卑斯山南游时应用，我订立并且实行了一项阅读计划：读古罗马地志，古代意大利地理，以及关于勋章奖章的书籍。（1）我用心读了格雷费斯的罗马古代著作选第四卷所载纳蒂尼、多纳塔斯等人的精详文章，差不多经常执笔在手随时摘记。（2）然后我又细阅并读完克鲁维琉斯的《古代意大利》。这位作家是个很有学问的普鲁士人，他曾徒步考察每一处重要地方，汇纂并摘编了古代作家的全部著作。他的书有对开本两大卷，上述这些希腊和罗马作家的片段著作，就是从他的书本上读到的。不过另外我也读了斯特拉波、普林尼，还有庞波尼阿斯·梅拉描述意大利风物的文章，史诗诗人生平汇录，韦塞林出版的《安东尼那斯交通路线汇编》，以及卢提略·纽马提阿那斯的沿海《航行记》。我又从昂维尔的《旅游方略》和贝尔吉埃的大本著作《罗马帝国大道历史》中读到了两篇有关交通的专著。根据这些资料，我绘制了一幅道路图，并将距离里程一律化为英国长度；我又将我所搜集到的有关意大利地理的材料和我的注语写在一本对开本普通簿子上；又在我的日记里插入有关罗马的街区住宅和稠密人口、联盟战争、汉尼拔进军所经阿尔卑斯山通道等等许多史地事项的长条摘记。（3）在略读一下艾迪生的轻松对话之后，我较为认真地读了斯班海姆的伟大著作《纪念章的好处和用处》，并且按照他的记述，利用国王和皇帝、家族和殖民地的勋章徽章纪念章，以印证古代历史。这样我就完成了意大利旅行的知识准备。

下面我想迅速、简括地记述此次愉快地花了一年多一点时间（1764年4月到1765年5月）的旅行。我只打算回顾一下前进路线，稍稍述及个人感受；对于曾经成千上万人观赏到的、并有数以百计的我国当代旅行家描写过的山川景色，我就不作琐细的考察了。罗马是我们此次游历的主要目标：我先讲旅行，再讲居住，然后讲回返，这样构成最适当、最明晰的分段。

（1）我登上塞尼斯峰，下山到了皮埃蒙平原，不是骑在大象背上走的，而是坐了一顶轻巧的柳条小轿，由阿尔卑斯山区灵活勇敢的轿夫抬着行走。都灵的建筑物和市政，同样呈现着沉闷寡趣的单调状态，但那宫廷却庄严华丽，管理得恰到好处。我经人引见了撒丁国王夏尔·埃马纽埃尔，他在那位举世无双的腓特烈大帝之后，居于欧洲国王中的第二位。米兰的地广人众，在一个伦敦人看来并不稀罕，倒是波罗勉岛的游览逗人雅兴。这是一处用魔法变成的宫殿，一件由童话人物组成的作品，周围是一片湖水，湖外有群山环绕，与众人的居处隔得远远的。热那亚的大理石宫殿，没有像近年为纪念这城市从奥地利专制暴政下获得解放（1746年12月）而建立的一些建筑物那样引起我的兴趣。我还用军事眼光考察了它那双重城墙以内每一处活动场地。到了巴马和摩德纳，我的行脚被法尔尼西和埃斯特两个家族所收藏的珍贵古物留住了。只是可惜！已有远远多于现存的一大部分，通过继承或收买，运往那不勒斯和德累斯顿去了。

从波伦亚和沿亚平宁山这条路，我最后到达了佛罗伦萨。我在此地从6月休息到9月，度过了夏季的热天。在美术馆里，特别在护民宫，在美第奇家族收藏下来的维纳斯雕像脚下，我第一次承认，雕塑刀可以同画笔争个优先地位，这是美术上的一条真理，而在阿尔卑斯山的这一边，却是难以感觉到或理解到的。在英国，我曾上过几课意大利文。到了旅游现场，我跟着一位有学问的本地人读了一些托斯坎尼语言的古典作品。可是由于时间短促，又由于交谈都用法语，我得不到讲意大利语的机会。我国公使霍勒斯·曼爵士设宴款待英国客人，以此作为他的最重要的任务，可是在他同当地人谈话时，我又是个不开口的旁观者。离开佛罗伦萨，我比较了比萨的冷静和卢卡及里窝那的繁忙，然后继续前行，经过锡耶纳，于10月初到达罗马。

（2）我的脾气不是很容易感染热情的，而我又从来不屑于假装出我自己没有感觉到的热情。可是我在经过了25年这么长的时间之后，却忘不了当年首次走近并且进入这座"永恒的城市"时激动我内心的强烈情绪，也难以用言语将它表达出来。一夜不能入眠，第二天我举起高傲的脚步，踏上古罗马广场的遗址。每一个值得纪念的地点，当年罗慕路站立过的，或者塔利演说过的，或者恺撒被刺倒下的地方，一下子全都呈现在我眼前了。我损失了、或者享受了几个陶醉的日子，然后才能从事冷静细致的考察。我的向导是一位富有经验和鉴别能力的苏格兰古物学家拜尔斯先生。不过，由于18个星期的连日工作，有时注意力弄得疲沓了；到后来，我已有了鉴别眼光，就在最后一次考察中，由我自己选择并研究一批古代和现代的主要艺术品。

我腾出六个星期游览那不勒斯。从土地面积说来，这是人口最繁密的城市，生活奢侈的居民，仿佛是居住在天堂和地狱的边界上。我由英国新任公使威廉·汉密尔顿爵士引见那位少年国王。公使聪明地将他的通信经由国务大臣分送到王家学会和不列颠博物院，向博物学家和文物工作者详细介绍了具有这样重大价值的国家。

在我的回程上，我最后一次以耽爱心情观赏了罗马的一些奇迹；但我离去时没有吻一下雷佐尼科（教皇克莱芒十三世）的足。

（3）从罗马到罗雷托的旅途中，我又一次跨过了亚平宁山。我从亚得里亚海沿岸横过一片物产丰富、人口繁庶的国土；就此一点，也可否定孟德斯鸠说现代意大利是一片荒漠的歪论了。我没有采取当地人极端性的偏见，对波伦亚画派的绘画是由衷赞美的。我急匆匆地逃开凄凉寂寞的斐拉拉，这个地方在恺撒时代比现在更为荒凉。威尼斯的景观引起我几个小时的惊异；帕多瓦大学成了幽幽欲熄的微光了，可是维罗纳仍有竞技场可以夸耀，维琴察则装点有出生该城的帕拉第奥的古典式建筑物。伦巴第和皮埃蒙的道路（孟德斯鸠可是见到这两处地方没有居民了？）将我引回米兰、都灵以及塞尼斯峰的通道，我又从这里跨过阿尔卑斯山，往里昂走去。

出国旅游的用处，往往是作为一个普遍性的问题提出讨论的，但其结论必须是到最后能适合于每个旅游者的性格和境况。就少年人的教育问题来说，到什么地方，或者用什么方式，可以让他们消磨若干青春岁月，而其结果极少对他们本身或他人有害处，这个问题我现在不谈它。不过在设想了年龄、判断能力、关于人和书本的适当知识以及摆脱家庭偏见等必须先行具备的条件之后，我愿意简单地介绍一下我认为一个旅游者最重要的几点资格。他应当在身心两方面都有活泼而不知疲乏的精力，能够随时抓住任何形式的交通工具，并且能够承受道路、气候或者旅店的一切艰苦而一笑置之。

出国旅行所得的好处，是同具备这些资格的程度如何相对应的。但在这一段记游随笔里，了解我的人大概不会责备我替自己唱赞歌吧。1764年10月15日，在罗马，当我坐在朱庇特神堂遗址上默想的时候，天神庙里赤脚的修道士们正在歌唱晚祷曲，我心里开始萌发撰写这个城市衰落和败亡的念头。但我的原始计划只限于写罗马城的衰败，而不是写整个帝国。同时，尽管我开始针对这个目标进行阅览和思考，可是有几项次要业务从中干扰，过去了几个年头，我才认真执行起这项艰巨的工作。

二、洛桑夜思

我的罗马史的书名，有很大伸缩性，叙事的下限时期，可以随我自己选择决定。写完了三卷，即写到西罗马帝国的灭亡，完成了当初我对公众的约言，这样是否就可满意了呢？我踌躇了许多时日。在这一段将近一年光景的犹豫时间里，我一时高兴，重又接触到古代希腊作家；我怀着新的乐趣阅读了《伊利亚特》和《奥德赛》，希罗多德、修昔底德和色诺芬的历史著作，古代雅典剧场里上演的悲剧和喜剧的很大一部分，以及苏格拉底学派许多有趣的对话。但由于我有极大的自由可以利用，我就开始想以主动探索作为每日功课，就是要对每一本书寻得其价值何在，对每一项研究工作确定其目的何在。新版罗马史的序言上宣布了我的计划，同时我毫不迟疑地丢开了柏拉图的时代而致力于查士丁尼的在位时期。普罗科匹厄斯和阿加底亚斯的史书原本，列载有查士丁尼当政时期的大事，还有许多重要人物；不过我在整个冬天里专心研读了当时的法典、《查士丁尼国法大全》，以及现代人对这些法律的诠释，然后才着手编写一份民法摘要。我的技巧经过锻炼而获得了进步，我的努力也许因为失去官位而加速了，结果，在我前往莱芒湖畔寻求隐居处所之前，除了最后一章未写就外，我完成了第四卷的撰写工作。

我写这本回忆录的目的，并不在于详述当时的公私历史，例如罗金厄姆侯爵去世后所发生的分裂，谢尔本伯爵的组阁，福克斯先生的辞职，以及福克斯与诺思勋爵著名的联合行动等等。不过我可以凭若干自信肯定地说一句，这些相互敌对的伟大人物，在他们的政治斗争中，彼此之间从来没有个人怨恶，他们的和解很容易、很真诚，他们的友谊从来没有蒙上猜疑或妒忌的阴影。他们各自的拥护者中，有那些最粗暴或最贪鄙的，利用这个好机会进行反叛，但他们的联合行动仍然掌握了下院的多数。对美洲的和平政策受到了谴责，谢尔本勋爵辞去了首相职务，诺思和福克斯跪在一个垫子上同时宣誓，共任国务大臣。我根据知恩当报的道义原则，坚决拥护联合行动。我的投票在斗争的日子里是受到重视的，但到分享胜利果实时，我就遭到忽视了。有许多争取禄位的人，比我应当多得酬劳，也比我求索得更为积极。商务参议会不可能再恢复了；同时，尽管可以安插的位置业已减少，而要求安插的人数却增多了一倍。他们轻易地允许我在关税局或国产税务局弄个安稳的职位，只要出缺就下派令。可是机会很遥远，也靠不住。我也不能花许多力气去寻求一个不体面的差使，况且还是需要我牺牲最宝贵的做学问时间的。与此同时，伦敦的烦嚣环境和出席议会的生活，越来越使我感到厌倦了；而且，要是谋不到若干额外收入，我就不能把已成习惯的开销方式长期地或者小心地维持下去。

自从我早先熟识洛桑以来，我心里一直隐藏着一个愿望，以为我在青年时期那个求学的地方，可以成为晚年的隐居处所。只要稍有一点财产，就可以在那里获得舒适、安闲和独立自主的幸福了。那国家，那人民，那风俗，那语言，一切都吻合我的爱好，而且我还可以按照我的希望在一位朋友家里住上几年。德韦尔登先生在伴同几个英国人游历一番之后，如今在家里安居下来了，他住的是一所舒适的住宅，是他已故姑母的遗产。我和他分手已久，长期不通音讯；但在我寄给他的第一封信里，我以最充分的信任态度，直率地谈了我的处境，我的情绪，以及我的打算。他立刻给我回信，对我表示热烈、愉快的欢迎。我们未来生活的美景，燃起了我的急切心绪；简短的几项条件谈妥了，他是房屋的业主，我负担我们共同居住的住宅的开支。

在我断开我跟英国的紧密关系之前，我必须同自己内心里的种种情感作斗争，同我性格上的怠惰毛病作斗争，还同社会上一致非难这种自愿放逐的舆论作斗争。我在处理财物时，只留下一个神圣的宝库即书斋没有处理。当我乘坐的驿递马车驶过威斯敏斯特桥的时候，我依依不舍地向着这座"满是烟云和财富的喧嚣都城"告别。我的旅程走了通过法国的直路，没有遇到任何意外事故就到达了洛桑，自从第二次离开以来，将近二十年不曾一见这个地方了。过后未到三个月，福克斯与诺思的联合触上暗礁而告破裂，要是我仍在商务参议会，此次整个大船失事，我也一定是不能幸免的。

自我定居洛桑以后，转眼过去了七年多岁月；尽管不是每一天都过得同样地安稳、宁静，我却从来不曾有过一天或一个时刻自悔选择错误。从我上次离开到此刻，占了人生长长的一段，这地方发生了许多变化：比我年长的一些熟人离去了人间；姑娘们长成为妇女，孩子们长成为成人。不过风俗习惯却是上一代传到下一代，保持了老样式。单说我的朋友德韦尔登先生，就有数不尽的好处。街坊上没有将我的姓名完全遗忘，所有的人全都热烈地欢迎一个异乡客人的到来和一名旧日市民的回返。头一个冬天消磨在一般接触之中，没有细心辨识姓名和身份。待到过上稍微正规的生活，经过一番较为精细的考察，我觉得这个新的环境对我有三点切实而且具有永久性的好处。

（1）过去我的个人自由多少受到议会下院和商务参议会的妨碍，现在我是从公务责任和依赖地位的束缚，从政治冒险的希望与忧虑中解放出来了。我的清醒头脑不再被党派的熏人气味所陶醉，每逢我读着议会解散前辩论到半夜的那些演说词，我就十分庆幸我能逃脱了这种生活。

（2）我在英国，居于一名孤独的未婚男子的经济地位，够得上偶然几次请人吃饭。而在瑞士，则我可以自由、愉快地在任何时刻、任何一次用餐中同我青年时代的朋友叙谈；我的饭桌经常准备着接待一两位不速之客。我们在社会上所占的分量，是相对的，不是绝对的：在伦敦，我沉没于广大人群之中；而在洛桑，我可是跟第一流的人家并驾齐驱了，同时我的俭省的开支方式又使我能够维持应酬上的对等礼节。

（3）我住的不复是大街与马厩院子之间的一幢小屋了，而是开始使用一座宽广而又方便的大厦，北边靠着市区，向南则是一望无际的美丽旷野。院内有个四英亩大小的花园，按照德韦尔登先生的爱好作了布置。从花园向前，一片景色富丽的草地和葡萄园陂陀而下，直到莱芒湖，隔湖的远处高耸在眼前的，是萨瓦省巍峨的群山。我的读书与交友的结合，最初是在伦敦；但这样恰当地将我的书斋设在兼具城乡优点的地方，最后只有洛桑可以办到。

我拥有了由此三个方面的结合而产生的一切有利条件，自然就不会随着季节的更易而变换我的住所了。

我的朋友们原来好意地替我担心，我已经那么长时间地与世上第一流城市的第一流人物交往，该是难以在阿尔卑斯山麓一个瑞士小市镇里安住下去的。这类高层交游，可能吸引好奇心重的人，并且满足虚荣心强的人；可是我太谦抑了，或者说太骄傲了，不会用交游对象的身价来自定我的价值；而且，不管学问与才能的声望如何，经验曾经告诉我，假如把温雅态度和通达见识的合格条件订得低些，结果对生活上的相互交往可以有较多的好处。许多人将朋友交谈视为看戏或者上课；可是在我，当我整个早晨用功于书斋之后，就只想放松脑筋，而不愿再去运用它了。在下午茶点与晚餐之间的那段时间里，我决不轻视像斗一场纸牌那样单纯的娱乐。洛桑住有许多上流社会人家，他们那种便于结交朋友的懒散生活，很少受到贪欲钻谋或野心追逐的扰乱。这里的妇女，虽然只受过一点家庭教育，却多数赋有胜过其丈夫和兄弟的欣赏能力和知识。但是无论男女，他们端正的自由风度，同样都不会走到过分单纯和过分细致的极端。

我还要再说一点与其称为好处毋宁视作不幸的地方，就是沃州乡野的位置和美景，英国人长期保持着的习惯，蒂索博士在医疗上的盛名，以及观赏阿尔卑斯山和冰川景色的时风，使我们从四面八方直接迎受外国旅客的侵入。内克先生和夫人、普鲁士的亨利亲王以及福克斯先生的来访，可以作为几起令人高兴的例外。不过，总的说来，当我们被抛撒到我们自己的一个小圈子的时候，在我眼里，洛桑是个最惬意的处所。1784 年夏季，我去洛桑附近的一所乡下房子里多次访见内克先生，他在那里撰写他那关于财政管理的文章。自从 1790 年 10 月以后，我就一直往日内瓦附近科佩的城堡和男爵领地中他现在的住所去拜访他。对于这位政治家的功绩和手段，可以听到各种不同的批评意见；不过一切公正无私的人，一定是同意尊敬他的正直精神和爱国思想的。

1784 年 8 月，普鲁士的亨利亲王在前往巴黎途中，逗留洛桑三天。他的军人举动受到了内行人的称赞；他的品格却被一个恶人施用机巧和歹意作了糟蹋①。但我喜欢他的和易态度，乐于和他交谈。

福克斯先生旅游到瑞士的时候（1788 年 9 月），有两天时间跟我单独相见，随便谈话。他仿佛感觉到我的处境很快乐，甚至还发生妒忌；而我则羡慕一个优秀人物的能力，那是同儿童般的温柔与天真混合在他那有吸引力的性格中的。大概世间没有一个人比他更彻底地摆脱了恶意、浮夸或虚伪的污染了吧。

我从伦敦迁居到洛桑，影响所及，不可能不中断我的历史写作。离去时的匆忙，到达时的欢愉，应用工具在运送途中的耽搁，都拖延了我的工作进度；我损失了整整的一年，方才恢复逐日操作的常轨。有一批最属必需而又最不常见的书籍，是在事先就拣出来的。洛桑的学术图书馆，我可以像自己的书库一样加以利用，这里所藏的，至少有古代神父的著作和宗教会议的记录那样的图书。偶尔我还从伯尔尼和日内瓦的公共图书馆得到一些支援。我的《罗马史》的第四卷，不久以在卷末摘述了关于基督现身的争论而完稿。这场争论的记述，是那位博学的普里多博士写就后不敢向世俗读者公开的。他的原意是想写一部东罗马教会灭亡的历史，在这部著作中，不仅必须将基督教徒们关于三位一体问题的全部争论公之于众，而且必须将每一个教派对这个问题所持理论的一切细节和微妙观念揭露出来。这位虔诚的历史家害怕因为暴露了那种不可解的神秘理论而引起非基督教徒的指摘和反对；他不敢"在已经了解此书性质的情况下，还贸然把这事对如此荒唐下流的时世宣扬出去"。

在第五、第六两卷中，罗马帝国和整个世界的种种变革，进行得非常

---

① 指米拉博《柏林宫廷秘记》所记。——原注

快速，五花八门，很有教育意义；而写述这个时代的希腊史家或罗马史家，则是须拿有关东西方野蛮民族互相反对的历史记录来作核对的。

我是经过了多次设计，多次试验，方才选用了目前仍在使用的这个按各民族分头写述、然后组合成篇的方法。看来像是忽略了年代顺序，但这个缺陷无疑地是由趣味浓厚和条理清楚两个突出优点作了补偿了。依我看来，第一卷的文笔有些生硬和雕琢；二、三两卷则成熟到平易、准确和具有节奏了；可是在后面三卷里，我也许因为用笔熟练而流于散漫，还有我那经常用一种语言讲话而用另一种语言写文章的习惯，可能给词句里掺入法文句法和用语。

我从来都是天色入晚便停止写作，通常到第二天天明再动手，这对保护目力有好处。我完成了一项长期的、但是不太吃力的工作，身心两方面都没有感到疲惫。不过，我计算一下剩下的时间和任务，很显然，按照出版行业忙闲季节来说，拖延一个月说不定会产生耽搁一年的后果。于是我奋力争取目标，在写完此书的最后一个冬天里，我是从洛桑的社交性娱乐中挪用了许多夜晚的。现在我可以想望有个间歇时间，有一次休息，以便将全书认真地校订一遍了。

我曾经凭推想认定了孕育此书的时刻；现在我要纪念完成全稿的钟点了。这是 1787 年 6 月 27 日那一天，或者该说是那天夜晚，11 点至 12 点之间，我在花园中一座凉亭里，写完最后一页的最后几行。放下手中的笔，我在一条两边满植刺槐的林荫小路上来回走了几趟，从那小路上可以望见田野、湖水和群山。空气很温和，天色是澄澈的，一轮银月投影在水中，整个宇宙悄然无声。我不想掩盖当初因为恢复自由行动，以及因为也许著作成名而发生的欢悦情绪。可是我的自豪感不久就暗淡下来了，另有一种严肃的忧郁感布满在我心头，因为我想到，我同一个事事听我做主的老伙伴永远分手了，又想到我的这部历史著作日后不管能存在多久，此书作者的生命必然是很短促而且休咎难卜的。

（选自爱德华·吉本：《吉本自传》，戴子钦译，生活·读书·新知三联书店 2002 年版）

历史的舞台

黑格尔

　　黑格尔（Georg Wilhelm Friedrich Hegel，1770—1831），德国古典哲学家。他以辩证法的思想，对世界历史的发展进程作出了具体的分析与论证，指出它是一个从低级到高级、从不完善到完善、从自发到自觉的辩证过程，这也是对人类历史发展的客观规律性的一种天才的猜测。他的《历史哲学》一书反映了前述识见。本篇即选自该书。本书编者之所以把这位哲学家选入，其一是黑格尔的哲学思想与史学的紧密关联，逼使我们把他当成史家；其二是这篇述说"历史的地理基础"的文字，既鞭辟入里，又妙趣横生，是篇给人以大气和愉悦的散文，而无"德国式"的玄奥与艰涩。本篇题名为编者所拟。

助成民族精神的产生的那种自然的联系，就是地理的基础；假如把自然的联系同道德"全体"的普遍性和道德全体的个别行动的个体比较起来，那么，自然的联系似乎是一种外在的东西；但是我们不得不把它看作是"精神"所从而表演的场地，它也就是一种主要的、而且必要的基础。我们首先要声明的，就是在世界历史上，"精神的观念"在它的现实性里出现，是一连串外部的形态，每一个形态自称为一个实际生存的民族。但是这种生存的方面，在自然存在的方式里，属于"时间"的范畴，也属于"空间"的范畴；每一个世界历史民族所寄托的特殊原则，同时在本身中也形成它自然的特性。"精神"赋形于这种自然方式之内，容许它的各种特殊形态采取特殊的生存；因为互相排斥乃是单纯的自然界固有的生存方式。这些自然的区别第一应该被看作是特殊的可能性，所说的民族精神便从这些可能性里滋生出来，"地理的基础"便是其中的一种可能性。我们所注重的，并不是要把各民族所占据的土地当作是一种外界的土地，而是要知道这地方的自然类型和生长在这土地上的人民的类型和性格有着密切的联系。这个性格正就是各民族在世界历史上出现和发生的方式和形式以及采取的地位。我们不应该把自然界估量得太高或者太低：爱奥尼亚的明媚的天空固然大大地有助于荷马诗的优美，但是这个明媚的天空决不能单独产生荷马。而且事实上，它也并没有继续产生其他的荷马；在土耳其统治下，就没有出过诗人了。

有好些自然的环境，必须永远排斥在世界历史的运动之外，也是我们首先必须加以注意的。在寒带和热带上，找不到世界历史民族的地盘。因为人类觉醒的意识，是完全在自然界影响的包围中诞生的，而且它的每一度发展都是"精神"回到自身的反省，而同自然界直接的、未反省的性质相反对。所以"自然"是这种对峙的抽象过程中的一个因素；"自然"是人类在他自身内能够取得自由的第一个立脚点，这种自由解放不容为自然的障碍所留难。"自然"，恰好和"精神"相反，是一个量的东西，这个量的东西的权力决不能太大，以致它的单独的力量可以成为万能。在极热和极寒的地带上，人类不能够作自由的运动；这些地方的酷热和严寒使得"精神"不能够给它自己建筑一个世界。亚里士多德已经说过，"迫切的需要既然得到满足，人类便会转到普遍的和更高的方面去"。但是在极热和极寒的地带，这样的需要可以说是从来没有间断过、从来没有幸免过的；人类刻刻被迫着当心自然，当心炎日和冰雪。历史的真正舞台所以便是温带，当然是北温带，因为地球在那儿形成了一个大陆，正如希腊人所说，有着一个广阔的胸膛。在南半球上就不同了，地球分散、割裂成为许多地点。在自然的产物方面，也显出同样的特色。北温带有许多种动物和植物，都具有共同的属性；在南温带上，土地既然分裂成为多数的地点，各种天然的形态也就各有个别的特征，彼此相差很大。

世界分作新与旧，新世界这个名称之所以发生，因为美洲和澳洲都是晚近才给我们知道的。但是美澳两洲不但是相对地新，就是从它们整个物理的和心理的结构来说，它们实在也是崭新的，它们在地质学上的古老，和我们无关。我并不否认它们的光荣，就是当地球形成的时候，新世界是和旧世界同时从海里涌现出来的；可是南美洲和亚洲间的岛屿显出了一种物理上的未成熟性。这些岛屿大多数在构成上好像是岩石上覆了一层泥土，从无底的深渊里涌了出来，显出新近发生的性质。新荷兰也同样显出一种没有成熟的地理性质；因为我们在新荷兰，假如从英国人殖居的地方出发，深入到那片土地内部去，我们就会发现不少巨大的河流，它们还没有形成河床，而只消失在大草泽中。关于美洲和它的文化程度，特别是墨西哥和秘鲁的文化程度，我们虽然获有报告，但仅仅是一种完全自然的文化，一旦和精神接触后，就会消灭的。美洲在物理上和心理上一向显得无力，至今还是如此。因为美洲的土著，自从欧罗巴人在美洲登陆以后，就渐渐地在欧罗巴人的活动气息下消灭了。在北美合众国里，全体公民都是欧罗巴人的后裔，一般老土著不能够和他们同化，都给他们驱逐到内地去了。那些土人自然也采取了欧罗巴人的一些技能，像狂饮白兰地酒便是一个例子，但是这对于他们发生一种毁灭的影响。在南美洲，土人们所受的虐待更加厉害，他们被迫做着那种不能胜任的苦工。美洲土人的特性便是一种柔和而没有热情的气质，对于一个克来俄尔人（中译者按：即生长在葡萄牙领或者西班牙领的美洲土地上的欧罗巴人。）是恭敬顺从，而对于欧罗巴人更是顺从得厉害；欧罗巴人非经过很长的时期，决不能够唤起他们一些独立的精神。这些土人在种种方面，甚至在身材方面的低劣，都是非常显著的；只有巴塔哥尼亚一地全属南方风气的部族比较上有更强有力的性格，但是仍然没有脱掉粗暴和野蛮的自然状态。当耶稣会和天主教教士们设法使这种印第安人习惯于欧洲的文化和礼貌的时候（大家知道，他们在巴拉圭已经成立了一个国家，在墨西哥和加利福尼亚已经成立有修道院），他们开始和印第安人密切起来，并且给他们规定了日常的功课，他们虽然性情懒惰，因为在教士们的权威之下，都还遵奉了这些功课行事。这些规定（甚至为了提醒他们夫妇间的义务起见，必须夜半鸣钟），首先是非常聪明地专门致力于各种欲望的创造，因为欲望是人类一般活动的推动力。美洲土人体质的孱弱，实在是输送黑人到美洲去的主要原因，新世界中许多必不可少的工作都要用黑人来担任：原来黑人们对于欧洲文化的感受性大大地超过了印第安人，曾经有过一位英格兰旅行家举出许多例子，其中有着黑人成为胜任愉快的教会人员、医务人员等等（那种秘鲁奎宁皮的用法也是一个黑人首先发现的），但是在美洲土著中，这位英国旅行家只知道一个土人，他的智力已经充分发达，他居然能够从事研究学问，但是开始不久，他就因为狂饮白兰地酒而死了。美洲土人体质既然这样孱弱，又加上缺少文明进步所必需的各种工具，他们缺少马，缺少铁，别人就用马和铁来做征服他们的重要工具。

　　美洲原有的民族既然已经差不多消灭完了，所以人口中有力的分子，大概都是从欧洲来的；美洲所发生的事情，都从欧洲发动。欧洲的过剩人口现在都输送到美洲去，这和从前日耳曼帝国都市里人口移出的情形极相仿佛，因为那些帝国城市中营业都为同业公会所垄断，工商贸易成了刻板文章，于是有许多人就迁避到不受同业公会控制的其他城市中去，那边的负担也比较轻些。新的城市便是这样和旧城市一同产生出来了，因此在汉堡的旁边有亚尔多纳，法兰克福的旁边有欧芬巴克，努连堡的旁边有孚耳特，日内瓦的旁边有卡鲁日。所以欧洲的旁边有美洲，它们的关系也是类同的。许多英国人已经卜居在美洲，那里没有种种负担和课税，那里辽阔的土地，经过欧洲人联合使用许多技巧和智能的一番开发工作，很能够获得一些收获。其实，这对于移民确实有着许多利益，因为那些移民解除了在国内足以为他们事业上障碍的一切，同时又随身带去了欧洲的独立精神和欧洲熟练的技术；对于那些愿意刻苦工作、而在欧洲没有获得工作机会的人们，美洲真是可以一显身手的好地方。

　　大家知道，美洲分为南北两部分，一个巴拿马地峡把它们接连起来，但是这个地峡并没有成为它们互相交通的枢纽。这两部分可以说有着最显著的差别。北美洲的东部海岸一带，显出一片广大的滨海地带，在那后方蔓延着一连串锁链似的山脉——青山山脉或者称作阿帕拉契安山脉，迤北则有阿利给尼山脉，从这些山头上发源的许多河流灌溉着这片地方一直到海滨，同时这片滨海地带还给了北美合众国最美满的利益，而北美合众国便是在这个区域里缔造出来的。在那串锁链似的山脉背后，圣·罗伦士河滔滔地从南向北流去（和几个大湖相连接），加拿大北部殖民地就在这条河上。更向西去，我们遇到浩瀚的密西西比河流域以及密苏里河和俄亥俄河流域，密西西比河受了这两条河的水，转而流入到墨西哥海湾去。在这个区域的西部，同样也有一连串锁链似的山脉，经过墨西哥和巴拿马地峡而在安第斯或者科的勒拉的名称下，把南美洲全部西岸的一条边境划然割开。这条边境比较北美洲东部滨海地带来得狭窄，所给的利益也比较少。在这条边境上位置着秘鲁和智利。在南美洲的东部，有巨大的奥利诺哥和亚马孙两条河向东流去；它们形成了广大的峡谷，因为它们都是广阔的荒原，所以并不适宜于耕种。向南流去的河有拉普拉塔河，它的支流一部分发源于科的勒拉山脉，一部分发源于亚马孙流域和本流域间北部的分水岭。巴西和各西班牙共和国都属于拉普拉塔河流域。哥伦比亚是南美洲北部的滨海区域，在它的西部，那条马革达雷那河沿着安第斯山脉流入加勒比海。

　　除了巴西以外，南美洲和北美洲一样，都成立了共和国家。如果把南美洲（把墨西哥看作其中一部分）和北美洲来比较，那么，我们可以看到一种惊人的对照。

　　在北美洲，我们看到一番繁荣的气象、一种产业和人口的增加、公民的秩序和巩固的自由；而且全部联邦构成一个国家，并且有它的若干政治的中枢。在南美洲就不同了，各共和国完全以武力为基础；它们的全部历史是一种继续不断的革命；已经联合的各邦忽然分散开来；先前分立的各国忽然联合一起；而这一切的反复变迁没有不是导源于军事革命的。南北二洲进一步的差别表现出两种相反的方向，一种在政治方面，一种在宗教方面。南美洲，在那里殖民和操纵政治的是西班牙人，信奉的宗教是天主教;在北美洲,虽然各教各宗无所不有,然而根本上乃是耶稣新教。还有一种更大的差别,就是南美洲是被征服的,而北美洲是被殖民的。西班牙人占领南美洲,是想统治它,想靠做官聚敛来发财。由于他们所属的母国相距很远,他们的欲望得以恣肆横流,而且还用威迫利诱统治了印第安人。北美洲和它正相反,是完全由欧洲人所殖民的。在英国,清教徒、圣公会教徒和天主教徒既然永远在相互争斗之中,所以忽而一派占强,忽而他派得势,因此,许多人便移殖到了海外,去求宗教的自由。他们都是勤勉的欧洲人,他们从事农业,种植烟草和棉花等等。那里的居民马上都聚精会神于劳动种作,而他们这一种团体的生存基础既然建筑在使人与人结合的各种需要上,安宁上,公民权利、安全和自由上,以及各个人如同原子构成物的集体生活上;所以,国家仅仅是某种外在的东西,专事保护人民的财产。从耶稣新教方面产生了各个人的相互信赖——对于他人心术的信托;因为在耶稣新教教会里,全部人生——人生的一般活动——都是宗教的事业。相反地,在天主教内,这样一种信赖的基础无从存在;因为在世俗的各种事件中,只有暴力和自动服从才是行为的原则;而被叫作宪法的种种形式,在天主教下仅仅是一种应急的手段,而不是拿来制止不信任。

假如我们再拿北美洲来和欧洲相比较,我们便发现北美洲实在是一种共和政体永久的楷模。那里有一种主观的统一,因为那里有一位大总统是国家的元首,为了防止任何君主野心起见,大总统每四年选举一次。财产的普遍保障和租税的几乎豁免,是不断地被人称颂的事实。从这些事实里我们可以看出公众的基本性格——个人没有不追求商业利润、余馀和营利的,私人的利益占了优势,仅仅为了私利而服从公益。我们固然也发现法律的关系——一部形式上的法典;但是对于法律的遵守并不就是人心的正直,因此,亚美利加商人常被人指摘为借法律的保护来行使欺诈。假如在一方面,像我们前面所说的,耶稣新教形成了信赖的重要原则,那么,在另一方面它就得相当承认感情这因素的合法性,以致进展成为各种的任性妄为。采取这种立场的人们以为,既然每一个人可以有他特殊的世界观,因此,他自己也可以有一种特殊的宗教。因为这个缘故,宗教便分裂成为那么多的宗派,简直荒谬到了极点;其中有许多宗派的礼拜形式是种种痉挛的动作，而且有时候居然是最肉感的放纵。这种彻底的信仰自由造成了这样一种局面，许多教堂会众们可以全凭他们的高兴，选任和辞退教士：因为那里的教会不是独立的生存——不具有一种实体的精神的实在，和相当长久的表面的组织——相反地，宗教的事务是凭当时会众们的高兴来处理的。在北美洲，最放浪不羁的想像通行于宗教事件上，像欧洲各国向来保持着的那种宗教统一是没有的，因为欧洲各国内宗教上的门户之分，也只限于少数的信条。至于北美洲的政治状况，合众国国家生存的普遍目的还没有固定，一种巩固的团结的需要也还没有发生；因为在一个现实的国家和一个现实的政府成立以前，必须先有阶级区别的发生，必须贫富两阶级成为极端悬殊，一大部分的人民已经不能再用他们原来惯常的方式来满足他们人生的需要。但是美洲向来没有这种压迫，因为它那里殖民的门路终年大开，一批批的人源源不绝地向着密西西比河流域的平原涌进。有了这个出路，不满足的主因便解除了，现有的民治状况也可以继续维持了。要拿北美合众国来和欧洲相比较是不可能的，因为在欧洲，无论有多少移民出去，它没有那一种天然的人口出路。假如日耳曼森林那时还存在的话，法国大革命或许就不会发生了。一直要等到北美洲所提供的无边无际的空间已经充塞无余，国家社会上各分子又不得不互相火并的时候，那时它才能够和欧罗巴相比较了。如今北美洲还在有土地可以开垦的情形下。一直要等到那种时候，就像欧洲一样，农民的直接增加遭到了限制，然后人民才不会去向外占据土地，而是向内互相压迫——要在城市中找职业，并且和本国人做交易，这样便形成了市民社会的一种严密的系统，而且需要一个有组织的国家。北美合众国没有一个邻国（像欧罗巴各国相互关系上的那种邻国），为它所不能信任，用不着对它保持一种常备军。加拿大和墨西哥并不是可以害怕的对象，英格兰也有了五十年的经验，知道自由的亚美利加比起附庸的亚美利加对于她更为有利。北美共和国的民军，在独立战争中作战的英勇，并不比西班牙王腓力普二世统治下的荷兰人来得差；但是一般都是如此，就是，假如独立没有成为紧要的关头，那么，所表现的战斗力量也就要差一些，所以在1814年间北美民军对英国人的战事成绩就很平常了。

这样看来，亚美利加洲乃是明日的国土，那里，在未来的时代中，世界历史将启示它的使命——或许在北美和南美之间的抗争中。对于古老的欧罗巴这个历史的杂物库感到厌倦的一切人们，亚美利加洲正是他们憧憬的国土。据称拿破仑曾经说过，"这个衰老的欧罗巴使我无聊"。亚美利加洲应当放弃以往"世界历史"发展所根据的地盘。到现在为止，新世界里发生的种种，只是旧世界的一种回声，———一种外来生活的表现而已；同时它既然是"明日的国土"，我们这儿便不提它，因为讲到历史，我们必须研究以往存在的和现在存在的东西。讲到哲学，我们所应当从事研究的（严格地说来），既然无所谓过去，也就无所谓未来，而是现在存在并且永恒地存在——我们应该研究的便是"理性"；这个已经很够我们研究了。

我们姑且放下新世界和它可能引起的种种梦想，现在我们再转回来讨论旧世界——"世界历史"的舞台；我们首先必须注意的，是旧世界的各种自然因素和自然环境。亚美利加洲分作了两部分，虽然为一个地峡所连接，但是这个地峡只形成了一种外部的、物质的联系。相反地，那个位置在亚美利加洲对面而被大西洋所隔开的旧世界，它的连续性却给一个深深的海口阻断了。这个海口便是地中海。组成旧世界的三大洲相互之间保持着一种本质上的关系，形成一个总体。这三大洲的特征是：它们围绕着这个海，因此有了一个便利的交通工具；因为河川江海不能算作隔离的因素，而应该看作是结合的因素。英格兰和布列坦尼，挪威和丹麦，瑞典和利芳尼亚，都是由海来结合的。同样地，地中海是地球上四分之三面积结合的因素，也是世界历史的中心。号称历史上光芒的焦点的希腊便是在这里。在叙利亚则有耶路撒冷——犹太教和基督教的中心点。它的东南部则有麦加和麦地那，乃是伊斯兰教徒信仰的摇篮地。迤西则有特尔斐和雅典，更西则有罗马还有亚历山大里亚和迦太基也在地中海上。所以地中海是旧世界的心脏，因为它是旧世界成立的条件，和赋予旧世界以生命的东西。没有地中海，"世界历史"便无从设想了：那就好像罗马或者雅典没有了全市生活会集的"市场"一样。广大的东亚是和世界历史发展的过程隔开了的，从来没有参加在里边；北欧也是一样，它后来方才参加了世界历史，而且在旧世界持续的时期中它没有参加世界历史；因为这个世界历史完全限于地中海周围的各国。恺撒横渡阿尔卑斯山脉——征服高卢，日耳曼人从此便和罗马帝国发生了关系——是在历史上开了一个新纪元，因为从此以后，世界历史就拓展到了阿尔卑斯山之外。东亚和阿尔卑斯山外的那个区域，便是地中海四围人生活动中心的两个极端——世界历史的开始与完结——它的兴起和没落。

现在我们必须规定那些比较特殊方面的地理上的差别，我们要把这些差别看作是思想本质上的差别，而和各种偶然的差别相反对。这些特殊的差别计有如下三种：

1. 干燥的高地，同广阔的草原和平原。

2. 平原流域，——是巨川、大江所流过的地方。

3. 和海相连的海岸区域。

这三种地理上的因素是主要的，我们在地球各部都可以看到这三种差别。第一种是实体的、不变的、金属的、高起的区域，闭关自守，不易达到，但是也许宜于把冲动送到其他各地；第二种是文明的中心，而且还没有开发的独立性；第三种表现和维持世界的联系。

1. 高地。我们看见这一类高地在蒙古利亚人（就这个字的广义来说）所居的中亚细亚：从里海起，这些草原向北蔓延到黑海。和这相同的土地有阿拉伯沙漠、非洲巴巴利沙漠、南美洲奥利诺哥河流域和巴拉圭荒原。这种高地有时得到一些雨量，或者为河流泛滥所灌溉（如奥利诺哥河流域便是），当地居民的特色，是家长制的生活，大家族分为个别的家庭。这些家庭殖居的区域，都是寸草不生之地，或者只有短时期的生产；所以居民的财产不在于土地——他们从土地上只能够得到些微的收获——而在于和他们一起漂泊的牛羊。他们在平原上游牧了一个时期，等到草尽水涸，整个部落又走到别处去。他们无忧无虑地丝毫不做冬天的准备，因此，常常要宰掉半数的牲畜。在这些高地上的居民中，没有法律关系的存在，因此，在他们当中就显示出了好客和劫掠的两个极端；当他们，例如阿拉伯人，处在文明民族的围绕之中，劫掠更为通行。阿拉伯人打劫时都得力于他们的马匹和骆驼。蒙古人用马乳做饮料，所以马匹是他们作战的利器，也是他们营养的食品。他们大家长制的生活方式虽然如此，但是他们时常集合为大群人马，在任何一种冲动之下，便激发为对外的活动。他们先前虽然倾向和平，可是这时却如洪水一般，泛滥到了文明国土上，一场大乱的结果，只是遍地瓦砾和满目疮痍。这样的骚动，当这些部落由成吉思汗和帖木儿做领袖时，就曾经发生过：他们毁灭了当前的一切，又像一道暴发的山洪那样猛退得无影无踪，——绝对没有什么固有的生存原则。他们从高原横冲到低谷。低谷间住的是和平的山夫们、牧人们，他们也靠耕种为生，像瑞士人民那样。亚细亚洲也有这样的人民，然而大体上说来，他们是比较不重要的成分。

2. 平原流域。这些是被长江大河所灌溉的流域；形成这些流域的河流，又造成了它们土地的肥沃。属于这种平原流域的有中国、印度河和恒河所流过的印度、幼发拉底河和底格里斯河所流过的巴比伦、尼罗河所灌溉的埃及。在这些区域里发生了伟大的王国，并且开始筑起了大国的基础。因为这里的居民生活所依靠的农业，获得了四季有序的帮助，农业也就按着四季进行；土地所有权和各种法律关系便跟着发生了——换句话说，国家的根据和基础，从这些法律关系开始有了成立的可能。

3. 海岸区域。一条江河尚且可以把全境划成许多区域，海洋自然更是如此；因此，我们惯常把水看作是分隔的元素。尤其晚近以来，人们坚持主张，以为国家必须依照自然的形态加以划分。可是，反过来说，也可以提出这样一个基本的原则，认为结合一切的，再也没有比水更为重要的了，因为国家不过是河川流注的区域。例如西利西亚是奥得河流域；波希米亚和萨克森是易北河流域；埃及是尼罗河流域。江河是这样，海也是这样，这种情形已经在前面说过了。只有山脉才是分隔的。所以比利牛斯山脉断然把西班牙和法兰西分开来了。自从东印度和亚美利加洲被发现了以来，欧罗巴人和这些地方往来就从没有间断过；然而他们并没有深入到阿非利加洲和亚细亚洲的内地去，因为陆上交通比较海上交通要繁难得多。总而言之，就只因为地中海是一片海，所以它成了中心。如今让我们再来看看在这第三种土地的条件下的各民族性。

大海给了我们茫茫无定、浩浩无际和渺渺无限的观念；人类在大海的无限里感到他自己的无限的时候，他们就被激起了勇气，要去超越那有限的一切。大海邀请人类从事征服，从事掠夺，但是同时也鼓励人类追求利润，从事商业。平凡的土地、平凡的平原流域把人类束缚在土壤上，把他卷入无穷的依赖性里边，但是大海却挟着人类超越了那些思想和行动的有限的圈子。航海的人都想获利，然而他们所用的手段却是缘木求鱼，因为他们是冒了生命财产的危险来求利的。因此，他们所用的手段和他们所追求的目标恰巧相反。这一层关系使他们的营利、他们的职业，有超过营利和职业而成了勇敢的、高尚的事情。从事贸易必须要有勇气，智慧必须和勇敢结合在一起。因为勇敢的人们到了海上，就不得不应付那奸诈的、最不可靠的、最诡谲的元素，所以他们同时必须具有权谋——机警。这片横无边际的水面是绝对地柔顺的——它对于任何压力，即使一丝的风息，也是不抵抗的。它表面上看起来是十分无邪、驯服、和蔼、可亲；然而正是这种驯服的性质，将海变作了最危险、最激烈的元素。人类仅仅靠着一叶扁舟，来对付这种欺诈和暴力；他所依靠的完全是他的勇敢和沉着；他便是这样从一片巩固的陆地上，移到一片不稳的海面上，随身带着他那人造的地盘，船——这个海上的天鹅，它以敏捷而巧妙的动作，破浪而前，凌波以行——这一种工具的发明，是人类胆力和理智最大的光荣。这种超越土地限制、渡过大海的活动，是亚细亚洲各国所没有的，就算它们有更多壮丽的政治建筑，就算它们自己也是以海为界——像中国便是一个例子。在它们看来，海只是陆地的中断，陆地的天限；它们和海不发生积极的关系。大海所引起的活动，是一种很特殊的活动；因为这个缘故，许多海岸地，就算它们中间有一条河做联系，差不多始终和内地各国相分离。所以荷兰和德意志分开，葡萄牙和西班牙分开。

　　三种土地既如上述，现在我们要观察和世界历史有关的三大洲，在这里，上述三个因素表现得也很显著：阿非利加洲是以高地做它的主要的、古典的特色，亚细亚洲是和高地相对的大江流域，欧罗巴洲则是这几种区别的综合。

　　（选自黑格尔：《历史哲学》，王造时译，生活·读书·新知三联书店1956 年版）

心灵的解放

基 佐

基佐（Francois Guizot，1787—1874），19 世纪法国历史
学家，有志学术，但又积极从政，宦海角逐，几度沉浮，是
个很典型的"两栖型"学者，学术与政治在他的身上得到了
统一。作为政治家的基佐，最终成了风云变幻的近代法国历
史舞台上来去匆匆的过客，作为历史学家的基佐却为马克思
和恩格斯所激赏，称之为"天才的历史学家"。时值而立之
年，他从政坛上跌落，重返巴黎大学执教鞭，于是就有了为
学界所熟知的《欧洲文明史》和《法国文明史》。本篇题名
取自于《欧洲文明史》一书第十二讲中的"关键词"——
"心灵的解放"，故名。

先生们，我们时常哀叹欧洲社会杂乱无章，埋怨无从理解和描述这散沙一般支离破碎的社会，渴望并召唤一个具有共同利益、秩序和统一的时代。现在我们已达到了目的，我们正进入一个有共同事实、共同思想、有秩序和统一的时代。于是我们遇到了另一种困难。以前我们一直不知如何将事实联系起来，找出它们的关系，发现它们的共同点，然后辨认出某种完整性。在现代欧洲，这一切都倒了过来。社会生活中的所有因素和事情都在变化，相互发生作用和反作用，人际关系变得纷繁复杂。人民与政府的关系，国家间的关系，人的各种思想意识之间的关系，莫不如此。在我们已经讨论过的时代里，有大批事实是在孤立状态中，它们互不相干，互不影响。我们现在再也找不到孤立的事实，一切都相互接触、混杂、在会合中有所改变。在如此的多样性中要抓住其同一性，对一个如此宽阔和复杂的运动要决定它的去向，要对有如此明显关系的大量不同因素一一回顾，总之，要确定这一有概括意义的主要事实。它能作为一系列事实的总结，它能说明一个时代的特征，它能正确表述这一时代在文明史上的影响和贡献，还有比这更难的事吗？你只需对我们正在讨论的大事件投以一瞥就能估量这困难之大。在 12 世纪里，我们曾遇上一件事，它的起因是，而它的性质也许不是，宗教性的。我说的是十字军运动。这尽管是件大事，历时长久，而且引发多种多样的事件，但是还是很难辨认出其中的共性，很难确定它的统一性和它的影响。现在我们要探讨 16 世纪的宗教革命，通常称为宗教改革。让我顺便说一下，我将用"改革"这一字眼，是为了它简单，大家都懂，作为宗教革命的同义词，而不含任何褒贬的意思。你们看，一上来就碰到了多大困难。如何辨认这一重大危机的真实性质，如何概括地说它是什么，有什么结果，都成了难题。

宗教改革的过程必须定在 16 世纪初至 17 世纪中叶之间，因为这段时间包括了它的生命过程，它的始末。一切历史事件都有时间限度，它们的后果绵延无尽，它们把握住了全部过去和全部将来。但这并非否定它们只有特殊和有限的生命。它们诞生，在一段时间内成长发展，然后消退，让位于其他新生的事件。

宗教改革的开始定在何时，并不重要。可以定在 1520 年马丁·路德在维腾堡焚烧教皇利奥十世把他定罪的法令，从而正式脱离罗马教会的时候。从这时起到1648年签订《威斯特伐利亚条约》时止是宗教改革的寿命。证据如下：宗教革命的首要效果是将欧洲国家结集为两类，天主教国家和新教国家，互相对峙抗衡。这一抗争从16世纪初开始，经过不少起伏，延续至17世纪中叶，终于在1648年随着《威斯特伐利亚条约》的签订而结束。天主教国家和新教国家互相承认，议定和平共存，不计宗教分歧。从1648年起，宗教分歧不再是国家分类、国家对外政策、国际关系、结盟的主要依据原则。而在此之前，欧洲基本上分为天主教和新教的国家联盟，当然也有例外。《威斯特伐利亚条约》之后，这一区分消失，国家的结盟与否出于宗教信仰以外的考虑了。至此，宗教改革的主要过程终止，虽然它的后果还要不停发展。我们现在来快速看看这一过程，提出一些事和人来说明它的内容。通过这一做法，即仅仅提出一些既不全面而又枯燥的名字，就可以使人理解，要对如此纷繁复杂的事情加以扼要概括——确定16世纪宗教革命的真实性质及其在文明史中起到的作用，是件多么困难的事。宗教改革的爆发正值一件重大政治事件在展开，那就是弗兰西斯一世与查理五世、法国与西班牙之间的斗争，先是为占有意大利，然后是为占有德意志帝国，最后是为欧洲的霸权。那时候，奥地利的王室崛起，称雄欧洲。也是那时候，英国在亨利八世统治下，对大陆政治的干预比以往更经常、长久、范围更广。

让我们回顾一下16世纪法国的进程。这一时期充满了新教徒与天主教徒之间的宗教大战，成为大贵族试图夺回失去的权力可利用的手段和机会。这就是我们多次的宗教战争、宗教性联盟、吉兹家族反对瓦卢瓦家族的斗争背后的政治目的。这一斗争以亨利四世登位而告终。

西班牙在腓力二世统治下爆发了联省革命。以宗教法庭为一方，公民和宗教自由权为另一方的战争是以阿尔瓦公爵与奥兰治亲王的名义进行的。当自由在荷兰因坚持到底的决心和正确的策略赢得胜利时，它在西班牙内部却彻底失败了。世俗和教会的专制统治全国。

英国在这一时期中由玛丽和伊丽莎白统治，发生了伊丽莎白作为新教领袖与腓力二世的对抗。后来，詹姆士·斯图尔特登位，继而开始了国王与英国人民之间的重大斗争。

在此同时，北方兴起了新国家。瑞典在 1523 年由古斯塔夫·瓦萨复国。普鲁士由于条顿骑士团的世俗化而诞生。这些北方国家在欧洲政治中的地位不久会在三十年战争中显示出来。

再回到法国：路易十三的统治；枢机主教黎塞留改革了法国的行政管理，跟德国建立了关系，支持新教一派。在德国，16 世纪后期发生了对土耳其的战争，17 世纪又发生了三十年战争，是现代东欧最重大的事件。这一时期中享有威名的德国人有古斯塔夫·阿道尔夫、瓦伦斯坦、蒂利、不伦瑞克公爵、魏玛公爵。

同一时期在法国，路易十四登上王位，投石党骚乱开始。在英国，爆发了推翻查理一世的革命。

我只提出了一些人人都知道的主要历史事实，你们就可以见到其为数之多，性质之杂，意义之大。我们若要寻找另一类的事，即不那么明显的、难以用几个名字来总结的事，这一时期中同样不少。这一时期内，几乎每个国家在政治体制上发生了重大变化。大多数国家实行了纯粹的君主制。荷兰建立了欧洲最强大的共和国，而英国的君主立宪制已经或接近彻底胜利。在教会方面，旧有的修士会的政治势力已丧失殆尽，取而代之的是具有另一种面貌的修士会，即耶稣会。它的重要性也许是错误地被人认为要大于以前的修士会。说过教会，再来看一看哲学。人类思想自由驰骋的领域出现了两位人物，培根和笛卡儿。他们是现代世界所经历过的最伟大的哲学革命中的著书立说者，是在哲学界争雄的两个学派的领袖。这一时期也是意大利文学大放光彩的时代，是英国和法国的文学起步的时代。最后，这是建立殖民地和商业系统最为活跃的时代。所以，不论从哪个方面来考虑这一时期，政治的、教会的、哲学的、文学的方面，它比以往任何一个世纪有更多形形色色的重要事情发生。人们头脑的活动以各种方式表现出来，在人际关系中，在人与权力的关系中，在国际关系中，以及纯粹的智能发挥中。总之，这是一个产生伟人和大事的时代。就在这样的时代中，我们正在讨论的宗教革命是件尤其重大的事，是赋予这一时代它的名字和特征的事。在所有发生重要作用的重大事情中，宗教改革是最重大的，是其他一切的归宿，影响一切，也受一切的影响。因此，我们目前要做的是如实地说明它的性质，正确地总结这一统率一切、在一个风起云涌的时代中影响最大的事件。

要把这么多形形色色的、重大的、紧密相关的事总结成为一个真实的历史统一体，其困难是容易理解的。然而，有必要这样做。当事件已告一段落、成了历史，这时候最重要的、人们最想知道的是概括性事实，因与果的联系。这些事实可以说是历史的不朽部分，是世世代代的人为了了解过去，了解自己，必须查问的。进行概括、得出理性的结论是人们求知需要中最强烈的一项。但是我们要小心从事，不可以满足于不完整的、仓促的结论。对一个时代或一件事情，乍见之下立刻指出它的总体性质和久远意义是非常诱人的事。人的头脑就像他的意志一样，总是急于行动，不顾阻碍，奔向自由和结论。他愿意忘却那些梗阻和束缚他的想法的事实。然而，忘却的事实未被摧毁。这些依然存在的事实总有一天会指摘他犯下了错误。避免这一危险的方法只有一个，那就是在进行概括，下结论之前，勇敢而耐心地对事实作一番透彻的研究。事实之于头脑犹如道德准则之于意志。头脑有责任知晓事实，担负事实的重载。只有在完成此项责任之后，在对事实作了通盘观察和衡量之后，头脑才能展翅高飞，对事件的全貌及其后果一览无遗。若是起飞过早，未来得及对它即将俯视的领域作全面了解，错误和失败往往在所难免，就像做一道算术题一样，失之毫厘，差之千里。在历史研究中，若不首先了解全部事实，而急于逞概括之快，那么谬误之大就无法预计了。

我向你们提出了警告，而你们须加提防的，在一定程度上，正是我自己。我所要做的，事实上也是只能做的，仅仅是对一些我们尚未仔细和全面研究的事实作一些尝试性的概括而已。我们现在正在讨论的这个时代，比起其他时代来，是更难以概括的，出错的可能也大得多，所以我认为有责任警告你们。现在，我要对宗教改革做一次我对其他事件已做过的尝试。我要鉴别它的主要事实，描述它的整体性质，总而言之，要说明它在欧洲文明中的地位和贡献。

你们还记得我们讲过欧洲在 15 世纪末的情况。我们见到那时有过两次进行宗教革命和改革的尝试。一次是通过宗教会议进行合法的改革，另一次是在波希米亚的胡斯信徒们发动的革命性改革。两次尝试相继窒息失败。然而，我们也看到这件事是不可阻挡的，一定会以非此即彼的方式再现。15 世纪未竟之事，16 世纪无可避免地要完成。我对 16 世纪宗教革命的细节不再详述，想必已是众所周知，我只想讨论它对人类前途的总的影响。

在调查决定这一重大事件的起因时，宗教改革的反对派把它归因于一些偶然性事情，文明进程中的一些不幸运的事。例如，赎罪券的出售权只给了多明我会的修士，因而引起奥古斯丁派修士的妒忌，马丁·路德是奥古斯丁派的，所以成了宗教改革的决定性原因。其他人把它归之于君王们与教会权势争霸的野心，世俗贵族想侵吞教会财产的贪欲。这些人仅仅从人性和世俗事务中恶劣的一面，从私利和个人的激情出发来解释宗教革命。

另一方面，宗教改革的支持者和同情者从教会中存在的陋规恶习来说明改革的必要。他们把改革运动说成是对宗教事务中歪风邪气的纠正，从重建纯正的教会这一设想出发而发动的。两种解释，在我看来，都不成立。第二种比第一种要多一点真实性，至少也更崇高一点，更符合这一事件的规模和重大意义。依我之见，宗教改革既非属私利支配下的偶然事件，也非仅仅为了改善宗教事务，出自对仁爱和真理的空想。它有更为强大的原因，压倒其他一切的特殊原因。它是一次人类心灵追求自由的运动，是一次人们要求独立思考和判断迄今欧洲从权威方面接受或不得不接受的事实和思想的运动。这是一次人类心灵争取自治权的尝试，是对精神领域内的绝对权力发起的名符其实的反抗。

在分别考虑这一时代中人的心灵的情况和统治人们心灵的教会的情况时，一个双重事实引起我们注意。在人的心灵这一方面，出现了大量的活动，要求发展和自主的渴望比以往强烈得多。这一新的活动是长久积累的各种原因促成的。例如，长期以来宗教异端层出不穷，一波方平，一波又起，而哲学思想也是如此。人们的思想活动，无论在宗教或哲学领域，从 11 世纪到 16 世纪一直在积蓄增长，最后必然会显露它的成果。此外，教会内部建立或鼓励的教育机构也有了成果。从这类学校培养出来的有知识的人不断增多。他们终于产生了独立思考的愿望，因为他们感受之深是前所未有的。最后来到的就是古代文明的复兴所引起的心智的复苏，这一进程和效果我已有所叙述。

16世纪初，以上种种原因的汇合，促成了人们心灵上的强劲运动和谋求进步的绝对必要。

在统治人们心灵的精神权威方面，情况大不一样。它已陷入无所作为的停滞状态。教会、罗马教廷的政治资本已大大减缩，欧洲社会已脱离它的掌握而由世俗政府统治。然而精神权威的一切僭妄、威仪和堂皇外表一如既往。教会的情况如同常见于陈旧的政府一样。大部分针对它的怨声不再切合实际。若是说16世纪的罗马教廷非常专横，陋规恶习有增无减，而且更令人发指，这都是不确实的。正相反，教会的统治从未有过如此宽松。它的态度是，只要别人不来找我麻烦，让我继续享有以往的权利，过同样的生活，让我收纳贡税，我也就听任一切自便。它很愿意不去管人们的心灵，只要人们的心灵也如此对待它。然而，正是当政府处于这种情况下时，当它们最不受重视，最不强大，最少恶行的时候，它们遭到了攻击，因为这时候可以攻击它们了，而以前是办不到的。

所以，从当时人们心灵的状态和心灵统治者的状态来看，宗教改革的性质必然是一次奔向自由的冲动，一次智能的大爆发。不要怀疑这是主要的原因，它高于其他一切的原因，高于一切利益，无论是国家的还是君主的，也高于仅仅革除一些人们不满的陋规恶习的必要性。

我愿意假设在宗教改革的头几年过后，在它已经展示了它的要求，提出它的不满后，精神权威突然表示同意它的观点，并说："好吧，照你说的办。我要改革一切。我要恢复更合法、更虔诚的秩序。我要禁止一切扰民行为和武断做法，废除贡税。至于宗教教义方面，我要作出修改，进行解释，恢复原始的意义。不过在我纠正了这些令人不满的事后，我要保留我的地位，跟以前一样，拥有同样的权力和权利，继续统治人们的心灵。"你是否认为宗教革命会就此满足于这些条件而不再前进。我认为不会。我坚定相信它会继续前进。要求改革之后，下一步就是要求自由。16世纪的危机不是仅仅改革，而主要是革命。不可能剔除这一特性及其优缺点。宗教改革运动的一切效果都说明了这一特性。

让我们来看看宗教改革的结局，尤其要察看在改革得到发展的各国中产生的效果。要注意改革运动是在各种非常不同的环境中、在不平等的机会中展开的。如果我们发现，尽管运动在不同的条件下进行，而它追求的目的是一个，获得的结果是一个，保持的特性是一个，那么很明显，这一特性超越了条件的差异和机会的不等，它必然是这一事件的基本特性，而这一结果必然是它的基本目的。

凡是 16 世纪宗教革命获胜的地方，其效果若不是使人的心灵获得全面自由，那也是带来了新的、大大增加的自由。无疑的，心灵的自由或受制还取决于政治体制。但精神权威的控制，那种系统的可怕的思想统治，已被废除或解除了武装，这就是宗教改革在各种不同情况下获得的结果。在德国，政治自由本来就不存在，宗教改革也不能带来自由。它加强了而不是削弱了君王的统治。对中世纪自由制度的发展有弊无利。然而，它在德国唤醒了并维持了也许比其他地方更大的思想自由。

在丹麦，一个整个政体连同市政机构都在绝对权力统治下的国家，由于宗教改革的影响，思想得以在各方面自由发展。

在共和体制的荷兰和君主立宪而宗教专制长久维持的英国，人们同样完成了心灵的解放。最后，在法国，即使在这一最不利于宗教革命，革命遭到挫败的国家中，其效果也是树立起了思想独立和自由的原则。在 1685 年以前，即到废除南特敕令时为止，宗教改革在法国是合法的存在。在这一长时期中，改革派写文章、展开讨论，激起反对派的文章和讨论。这一事实，新旧两派之间的笔战和舌战，在法国铺了一般人认识不到的、实际的、活跃的自由——一种有利于科学、有利于法国教士的声誉、有利于思想活动的自由。看一看博叙埃与克劳德两人关于那时候所有宗教论战题目所展开的讨论，再自问一下路易十四会不会允许任何其他的讨论享有如此程度的自由。17 世纪法国的最高程度的自由存在于宗教改革派与反对派之间。那时候宗教思想之大胆，讨论问题之自由有过于《泰雷马克》中费内隆的政治精神。这种情况一直延续到南特敕令作废才停止。而从 1685 年到 18 世纪的人类心灵大爆发之间，时间还不到四十年。宗教改革有利于思想自由的影响在哲学革命来临之前从未停止。

可以看到，凡是宗教改革深入的地方，产生过重大作用的地方，不论其成败如何，都留下了一个总的、显要的、恒久的结果，即思想的活动和自由迈出了大步，向着人类心灵的解放前进。

宗教改革不仅获得了这一结果，而且满足于这一结果。在它获得了这结果的地方，它不再追求更多，因为这就是它的基础，它的初衷和本质。所以，它在德国接受了，我不愿说政治奴役，但至少是自由的阙如。在英国，它认可了法定的教士等级制和一个陋规之多不亚于罗马教会而奴性更甚的教会。

为什么宗教改革运动在某些方面表现得如此激烈顽强，在这方面又如此得过且过呢？就是因为它已经达到了总的目的，废弃精神霸权和实行心灵自主。重复说一下，宗教改革运动完成了目标的地方，它就去顺应一切制度和环境。

现在让我们举出这一研究结论的反证。我们看一看宗教革命未及深入的地方，一开始就遭扼杀的地方和从未得到发展的地方是什么样的情形。历史表明那些地方人的心灵缺乏自主。两个大国家，西班牙和意大利，可资证明在那些宗教改革产生重大作用的地方，人类心灵在以往三百年中表现出前所未有的活跃和自由，而同时期在那些未曾深入的地方，表现得软弱无力。正面和反面的证据说明了同一结论。

因此，思想的冲动，精神领域内绝对权力的废黜，就是宗教改革本质的特点，是它的影响所产生的最普遍的结果，是它结局的显要事实。

我特意用了"事实"一词。通过宗教改革而达到的人类心灵的解放，其实是一个事实而不是原则，是一个结果而不是意愿。从这一点说，我认为宗教改革的成就超过了它所承担的任务，甚至超过了它的意图。大多数革命的结果往往与希望相差很远，其事迹远不如其思想伟大。与此相反，宗教革命的后果超过了它的意向，它的伟大在于它的事迹而不在于它的计划。它所完成了的，非它所预见，也非它所承担。

宗教改革的敌人经常以什么罪名来訾议这一运动的呢？有什么改革后果被他们用来堵改革者的嘴，使他哑口无言呢？主要有两个。第一，教派丛生，随心所欲，作为一个整体的宗教社会四分五裂。第二，暴政和迫害。反对派对改革派说，"你们煽起，甚至造成放任自由，而现在又要约束、压制它。怎么压制？用最严厉凶暴的手段。你们自己在迫害异端，而且靠的是不正之名。"

总结一下对宗教改革的种种指摘，不计纯粹教条上的问题，可以归成以上两个基本论点。

改革派于是大为尴尬。针对教派丛生的指摘，他们非但不敢承认、维护教派发展的合法理性，反而加以诅咒，引以为憾，予以否定。面对迫害的罪名，他们的辩解也是窘态百出。他们提出必要性作为理由，宣称有权压制和惩罚错误，因为他们掌握了真理，只有他们的信条和制度是正统的，而罗马教会所以无权惩罚改革派，那是因为它站在错误一边来反对改革派。

对宗教改革中的主要派别提出迫害指摘的，除了它的敌人外，还有它自己的产物。那些受诅咒的教派提出指控时说，"我们所做的正是你们所做过的。我们要分离就像你们当初要分离出去一样。"这就更难以回答了。往往只能用更严厉的制裁来回答。

事实上，在摧毁精神领域里的绝对权力时，16 世纪的革命对思想自由的真实原理却蒙昧无知。它解放了人的心灵，却自以为仍须加以法规管束。它在实践中推广自由探索，而在理论上只是以合法理的权力代替不合法理的权力。它没有把自己提到"第一推动力"的高度，而是降到它所造成的后果的末端。于是它陷入了双重错误。一方面，它不懂，也不尊重人类思想应有的一切权利。它在为自己要求这些权利的同时，却在对待别人时破坏这些权利。另一方面，它不懂如何衡量思想领域中权威的权力。我这里说的不是依仗暴力的权威，这在思想领域根本就不应该存在，而是说对心灵施加影响，纯粹道义上的权威。大部分进行了宗教改革的国家里缺少了某种东西：思想界缺少良好的组织，旧有的一般的意见缺少正规的行动。它们不能在传统和自由之间调和各自的权利和需要。其原因无疑就在于宗教改革运动未曾完全理解和接受它自会，每个人的去留悉听自便，没有法律或法定的权力机构。在这一不适应重大发展的状态结束时，宗教社会已将自己置于性质基本上属于贵族政府的统治之下，这是一个由教士、主教、宗教会议和教会贵族组成的团体。世俗社会在结束蛮族生活方式时发生了类似的事实，统治者是世俗贵族和封建首领。宗教社会脱离了贵族统治而进入纯粹君主制，这就是罗马教廷凌驾于宗教会议和欧洲教会贵族之上这一事实的含义。世俗社会完成了同样的革命，君王制摧毁了贵族权力而得以盛行并主宰欧洲。到了16 世纪，在宗教社会内部爆发了造反运动，反对纯粹君主制，反对精神领域内的绝对权力。这一革命在欧洲引发、推崇并树立了自由探索。今天我们已经看到社会发生了同样的事情，世俗的绝对权力受到攻击和挫败。可见两种社会经历了同样的沧桑，遭受同样的革命，只不过宗教社会总是一马当先。

我们现在已经掌握现代社会的两大事实之一，即自由探索，人类心灵的自由。同时我们也看到政治上的中央集权几乎遍及各地。在下一讲里，我将讨论英国革命，也就是要讨论文明进步的两个产物，自由探索及纯粹君主制，初次发生冲突的情况。

（选自基佐：《欧洲文明史》，程洪逵、沅芷译，商务印书馆 1998 年版）

诗 性 精 神

卡莱尔

　　托马斯·卡莱尔（Thomas Carlyle，1795—1881），19 世纪英国历史学家。他一生大体以 1848 年欧洲革命为界，前期思想较为激进，可归属于小资产阶级浪漫主义史学派，后期则渐入颓唐，成为资产阶级的卫道士，但这并不妨碍他对西方史学作出的重大贡献。卡莱尔在中国读者心目中，总是与他的《论英雄与英雄崇拜》一书联系在一起的，其实他的历史著作还有许多，比如《法国革命史》就颇具特色。作为文学家的卡莱尔，他的散文亦很出色，从他一生多次的系列演讲集中，也有所体现。本篇即取自于他的演讲，题名出于文中之词语。

荷马：英雄时代——从埃斯库罗斯到
苏格拉底——希腊的衰落

我们现在简要介绍一下希腊文学，尽管时间有限，但对希腊五百年的文学史我们有必要作一个概括。

首先要介绍的是《荷马史诗》。《荷马史诗》讲述的历史我们在第一讲中已经提到，是希腊历史上第一个伟大时期——特洛伊战争。《伊利亚特》（*Iliad*），或者说《特洛伊之歌》，是由很多我称为叙事性的歌谣组成的。这些歌谣讲述了当时发生的各种事件，而不只是对特洛伊战争本身的叙述，因为它从事件的中间开始，也在事件的中间结束。《奥德赛》（*Odyssey*）讲述了战争结束以后，奥德修斯（Odysseus），也叫尤利西斯（Ulysses），从特洛伊返回家乡的冒险旅行。故事发生的时间，据阿伦德尔·马布里斯（Arundel Marbles）推测，他的推测主要依据希罗多德《历史》，是在公元前 800 年，或是在公元前 900 年，不管怎么说，和《伊利亚特》里面的故事在时间上大致相同。约翰尼斯·冯·缪勒（Johannes von Müller）认为这两部史诗是仅次于《圣经》的最古老、最重要的作品，它们甚至比中国的文学作品还要古老，因为尽管有人说中国的文学历史悠久，但没有证据表明其文学作品比《荷马史诗》出现得更早。中国有一些作品出现的时间与《荷马史诗》大致相当，但那些不是什么重要的作品，只是一些传奇或编年史。荷马是谁，或者谁是这些史诗的真正作者，我们尚不清楚。博物馆里确实有阿伦德尔伯爵提供的荷马半身塑像，在其他地方还有一两个荷马的塑像，但我们没有任何证据证明它们就是荷马。我们也不能肯定他的史诗是出自一个人之手，还是多人合作的结晶。人们曾一度认为荷马是一个行吟者、一个乞丐、一位盲人，在 1780 年之前一直这么认为，但这一年一位名叫沃尔弗（Wolf）的德国人受命为格拉斯哥版的荷马史诗写一个序言，他在序言里首次提出一个令专家学者都非常吃惊和困惑的观点，说荷马实无其人，并且说《伊利亚特》的成书经历了一个多世纪的时间，是许多行吟歌手或诗人的集体创作，这些人经常出入希腊王公贵族的府邸，还说那时希腊境内流传着上千首关于特洛伊的歌谣。继庇西特拉图斯（Pisistratus）、西庇亚斯（Hippias）和西帕恰斯（Hipparchus）的后代首次出版《荷马史诗》三百年之后，这是第一次出版。希腊的历史学家普鲁塔克（Plutarchus）说莱克格斯（Lycurgus）已经搜集整理了有关材料，但他说得非常含糊，而且证据不足。第二个版本是亚历山大大帝收集整理的，只作了几处改动，就是我们现在看到的版本。在我看来，一个人如果不用笔记录下来，很难创作出这样宏大的史诗。其他的诗是用来吟诵的，但这一首太长，在一次宴会上吟诵似乎不太可能；另一方面，如果那时没有读者，这些诗也不可能写出来。荷马不识字，这也是一个公认的事实。荷马用自己的嘴巴，把这些故事从一个首领那儿传唱到另一个首领那儿，当他清楚地表达出来时，故事就被记录下来，不是用字母，而是用一种类似象形文字的东西。事实上，赞成荷马是史诗的真正作者的唯一证据，来自对这一问题的共识和史诗的前后统一性。这种看法一度被认为是不可能的，人们把它归结为是一群有才华的作家，以偶然相同的风格创作的意外巧合的作品，它应该是印刷术发明之后才成书的。但前不久我开始阅读《伊利亚特》，离开学校以后就一直没有碰过它，我必须承认在阅读时我完全赞同这一说法，即史诗不是一个人所作。赖特（Knight）本人强烈支持相反的一方，认为《奥德赛》出自另外一个人之手，我们现在手中的《伊利亚特》被抄写者改动很多，总而言之，他并不十分赞同自己一方的观点。但最有说服力的见解是从阅读诗歌本身得出来的。至于史诗的前后一致，我觉得可以在不破坏前后连贯的前提下，分写成两部或三部书，它的价值不在于人物的完美延续上。《荷马史诗》的风格一点也不像莎士比亚对人物的刻画，它只有狡猾的人，头脑简单、粗鲁、愚蠢的人，骄傲的人；但没有任何人能刻画出《伊利亚特》里面的性格。我们都知道意大利的古代喜剧，剧中有小丑哈勒昆（Harlequin）、学者和科伦芭茵，《伊利亚特》中的人物也有类似的特征。因此，如果可以把大事件与小事件作比较的话，我们在我们国家的文学中找到了类似的例子。我们有大量关于罗宾汉的歌谣集。罗宾汉是一个反叛者，住在舍伍德绿林中，名噪诺丁汉和英国北部。在 14 世纪，英国有许多歌谣传唱他，特别是在英国北部，流传着许多他同州长作对的故事，还有他的各种冒险经历。这些歌谣是由那些拉琴手和年老的盲人，用一种独特的方式吟唱出来的。仅仅在五十年前，约克郡的一个书商把这些歌谣收集起来，加以出版，他把这一块拿掉，填到另一处，使它成为一部像《伊利亚特》一样前后连贯的长诗。现在，把富有乐感的希腊人和不那么富有乐感的英国人相对照，把竖琴和提琴（二者很相似）相比较，不要忘记一个是在酒馆里传唱，另一个是在王公贵族家里吟诵，我们看到罗宾汉歌谣和另一个时期产生的"神圣的特洛伊故事"，有着相似的结构。

我赞同约翰尼斯·冯·缪勒的观点，认为《荷马史诗》是所有诗篇中最好的。因为，首先，《荷马史诗》叙述的是比史诗本身更古远的事件，也更简洁，因而更有趣，因为它是初民——我们精神上的祖先——精神面貌的反映，史诗中提到了人类历史上最重要的事件。其次，史诗反映了任何时代、任何国家最崇高的品质，希腊的天才艺术家还从来没有超越荷马所写的这些史诗。这些品质可归纳为以下两点：

首先，荷马似乎不认为他的故事是虚构的，他从不怀疑它的真实性。现在，如果我们只考虑应该怎么来认为它，会看到它一定是荷马喜欢的一个重大场面。我并不是说荷马可以在陪审团面前宣誓他的作品是真实的——完全不是，而是说他记录了传统中和历史上保存下来的东西，并希望他的读者像他一样相信其真实性。关于我们称为文学手段的东西，比如众神、幻象之类的东西，我必须提醒你们回顾我在上一讲中所说的有关希腊人对神明的信奉。认不认为这些故事完全是虚构并不重要，但荷马相信它们是真实的。纵览希腊历史，我们发现任何一个伟大的人，任何一个相信神秘性的人，都被视为是超自然的。他们的经历很有限，而人类的心灵是期望奇迹出现的，并不因为怀疑主义就关闭向往神奇的心灵之窗。这种性格倾向导致了罗默（Rumour）的可塑性，事实上罗默后来变成了一位神灵，人们还给它建了神庙，因此诗人品达提到海神尼普顿有一次出现在复仇女神的宴会上。我们说，如果一位年长的有着令人仰慕的风度并且沉默含蓄的人真的到了那儿，他会吸引众人的目光，这是合乎情理的；人们会注目他，会有各种猜测，下一代人会真的宣称世界上又多了一位神明，这是顺理成章的。因而我相信荷马认为他的叙述是十分真实的这一看法。

其次，《伊利亚特》实际上是用来吟诵的。它本身就具有吟诵的特质，不光音调上抑扬顿挫，整首诗的思想内容也具有吟诵的性质，实际上整个诗篇都体现出一种严肃的吟诵性。如果我们把这两种特质融合起来，会构成世界上最经典的诗篇。在那种激情中，整首诗都被看作由单词组成的音符，在高亢的激情下，朗诵的音调带有了音乐性，荷马在诗中加进了一些感叹性的短句。音乐性和真实性这两种特质把荷马的心置放在一种最美好的手足之情中，他和他的人物真诚地对话，毫无保留地倾吐心声；他向突出其作品主题的一切事物倾注感伤的情怀，有时也会出现一处充满歉意的拙笔，这样荷马表现出他创作天才中真正的诗人气质，给人以深刻的印象。

我们从他的语言、他的遣词、他的诗篇里最细微的细节中，能够看出这一点。例如，让我们看一下他用来描述自然界万物的形容词："神圣的大海"（神圣大海的那种壮美深深地烙在荷马的内心深处）、"黑色的大海"，还有他所羡慕的国王的宫殿，"装有高高护墙板的宫殿"、"充满声响的房间"。一个最有说服力的例子是阿伽门农在发誓时，不光对着众神，还对着河流和世间万物、星辰等，他让它们为他的誓言作证。他并没有说出它们具体是什么，但他感到自己是一个神秘的存在，一个站在众多神秘存在旁边的神秘存在！

荷马的第二部史诗，人们认为它比《伊利亚特》晚一个世纪完成，更具特色，它描述的是一种更高的文明形态，书中对神的处理有明显不同。在《伊利亚特》里面，帕拉斯在战争中态度不明朗；在《奥德赛》中，她却不支持任何一方。无论她叫密涅瓦，或者说雅典娜，其实都是智慧女神。从全诗前后高度的一致中可以看出，《奥德赛》不大可能是许多人合作完成的，它给人的印象比《伊利亚特》要深刻，尽管创作技巧并不比《伊利亚特》高超，甚至还要逊色于它。诗中的主人公不同了，奥德修斯在《伊利亚特》中还不占重要地位，仅仅被塑造成一个机敏、足智多谋而又狡猾的形象，但在《奥德赛》里面，他是至关重要的悲剧人物。在这里，他不再是机智、有计谋的人，而是**"忍受苦难者"**——一个令人喜爱的绰号。我们在诗中可以看到有关他苦难经历的动人描述，他在《奥德赛》中证明自己比那些死去的人更善于思考。没有比下面一幕更感人的了：奥德修斯在逃脱食人兽莱斯特律戈涅斯（Laestrygonians）、女妖喀耳刻（Circe）的陷阱和其他艰难险阻后，来到欧洲的尽头赫拉克勒斯之墩，向盲人先知提瑞西阿斯（Tiresias）求助。在向周围的幽灵献上各种祭品之后，他看到他母亲安提克丽（Anticlea）的亡灵，可怜的奥德修斯站在那儿，旁边是他的母亲，一个苍白、柔弱的鬼魂。他伸出双臂，想拥抱她，而怀里除了空气，什么也没有！我们在所有国家的文学中都读到、听到过这样的感情，它把我们引领到人类本性的最深处。同样的情感我们在"女王的玛丽们"那些优美的诗行里也可以感受到，那是一次淋漓尽致的愤怒大发泄，奥德修斯藏在自己的寓所里，看到令人羞耻的浪费，那些配不上他妻子的求婚者在狂欢、在挥霍。奥德修斯假扮成一个乞丐，没有人发现他，只有老仆人在给他洗脚时，发现了他腿上的伤疤，从而认出了他。那些求婚者侮辱他，向他扔骨头和各种各样的东西。最后他们试图拉开奥德修斯的那张大弓，但他们谁也拉不动。假扮成老乞丐的奥德修斯恳求一试，他拿起弓，热切地端详着他心爱的老朋友，很长时间没有说一句话，看它是否还是他离开时的模样。然后，他甩掉乞丐服，像荷马说的那样："他大步跨过门槛"，开始对付那些求婚者。"你们这些狗东西，"他说，"你们认为我再也不会从特洛伊回来了，尽情地发泄你们的邪恶，上不顾天上的神灵，下不看地上的众生，但现在你们的末日到了，死神在等待着你们。"然后，他把箭雨点般地射向求婚者。我想求婚者在那种情形下会纷纷倒地死去，歌德（Goethe）整理了许多这样的场面。《荷马史诗》中有大量的比喻，有时这些比喻的简洁令我们捧腹大笑，但笑声中蕴藏着善意和尊敬。因此，在把埃阿斯比作犟驴的时候，荷马并没有侮辱之意，他意在把埃阿斯被特洛伊人团团围住的情形，比作一头犟驴闯进了谷物地里，附近的男孩子们拿着棍棒大声吆喝着要把它赶走，但这头慢腾腾的犟驴并不理睬，埋头啃吃着生机勃勃的谷物，直到吃饱方才离开。埃阿斯被特洛伊人围住的情形与此相像。荷马描写死亡时喜欢用的一个经典套路是："他被击中后倒下了，身上的兵器丁当作响。"这种表达方式虽然初看平淡无奇，但那个场景给人以强烈的视觉冲击，蕴涵着丰富的思想感情。倒下去时就像一袋子泥土，而兵器的响声是他生命中最后发出的声音，这个人几分钟前还是一个鲜活的生命，一个生龙活虎的人，现在却像一堆没有生命的东西，倒在了地上！

但我们必须得离开荷马了，关于奥德修斯我还要说一点，他是希腊人的典范，是一个完美的希腊天才形象，足智多谋、敏捷而又活跃，不幸陷入困境，但不时从黑暗和混战中突然出现，毫发无损地获得了胜利。

但我必须就此打住对荷马的探讨，我深感抱歉，我必须略去他带给我们的英雄时代：那种牧民的游牧生活，他描绘的大厅里青烟袅袅的烟柱，王宫正门前安静的庭院，他非常向往的充满声音的房间，堆满肥料的马厩，和其他对礼仪的别具一格的描绘，我必须把这一切省略了。荷马给我们展示了一个高度发达的文明形态，事实上，我们通过对传统的研究，通过阅读文献资料，知道那时希腊人已经存在一千年了。贺拉斯（Horace）这样说希腊的勇士："在阿伽门农之前已经出现了许多勇敢的人。"同样的话可以用在希腊的作家身上，即在荷马之前已经出现了许多文学天才，不过对这些文学天才我们几乎一无所知。例如，他们说的语言是最好的方言，是所有语言中最完善的。如果从表达的精确与优美上来看，法语最适合在聊天、法庭和恭维别人时使用，而希腊语适合于各种文体的写作，像格言警句一样直截了当。希腊人的信仰，他们的政体，他们的战争与和平时期，都表明在荷马之前一千年，或者更早，就有了文明。荷马之后，除了一些行吟诗人外，四五百年的时间希腊文学一片空白。在后面，我要探讨行吟诗人和抒情诗人的渊源关系（谈到行吟诗人时再详细说明）。那是一个战争、动荡、迁徙的年代，出现了赫拉克利特（Heraclidos）和其他哲人。希腊通过殖民，扩张了领土，同时也丰富了自己的民族性格。这个时期的希腊更注重哲学而不是文学，毕达哥拉斯（Pythagoras）和"七圣贤"（the Seven Wise Men）就是这时候出现的。

我们对这些哲学家所知不多，他们之中有的认为世界的本质是火，有的认为是水。毕达哥拉斯这位当时最伟大的人物，对我们来说就像谜一样搞不清楚。他的一些箴言保存下来，但我们由于信息的缺乏而认为那些东西完全是荒谬可笑的。

比如说，他的箴言："远离政治（abstain from beans）"，我们就无法理解其内在的原因。使毕达哥拉斯不朽的是他发现了勾股定理，但看起来与其说是他发现的，不如说是他引进的，因为我了解到印度人和其他东方民族早就知道了这一点。然而，在科学的发展进程中，这是否是一个发现还难以下定论，但我们的智慧很大一部分要归功于毕达哥拉斯，他在环游世界时获得了这一知识。也许是他的天才发现，也许我们很难精确地说出多大程度上归功于他，但人们后来是在他的基础上，来发展、完善这一定理的。这不是一个孤立的现象，欧几里得（Euclid）的第四十七定律，据记载毕达哥拉斯也在这方面表现出杰出的才能。我们还要感谢希腊人的另一个发明，阿基米德（Archimedes）发现圆的周长是其直径的三倍。

从哲学转向历史，我们看到一个非常了不起的人物——希罗多德（Herodotos）。从时间顺序上来讲，他并不是接下来出现的一位作家，因为埃斯库罗斯比他早几年。希罗多德的《历史》被崇拜他的编辑们编成九册，分别用九位神的名字命名，也可能是他本人划分的，他的崇拜者只是指出来，并深感佩服。希罗多德是哈利卡那苏斯的本土居民，他早年在家乡惹上麻烦，被迫离开，开始旅行。他仔细研究了他所走过的不同国家的历史，从埃及到黑海，把他见到的一切都记录下来，因为那时还没有书籍，希罗多德把提到的当时的所有重要的事件都刻在铜碑上。39 岁那年，希罗多德回到希腊，在奥林匹克运动会上宣读了他的著作，引起了强烈反响。确切地讲，希罗多德的历史书是许多国家情况的简介，它用醒目的方式展示了希腊人内在的精神和谐。希罗多德的著作是从吕底亚的国王克罗伊斯开始的。他只是提到克罗伊斯，突然就把话题转到波斯人那儿，然后又由于一个事件的引发，我们读到他关于埃及人的长篇大论，这样的情形还有很多。刚开始时，我们感到这样被作者"随意地"拖着转来转去有些烦躁，但不久我们就发现这是和谐的内在需要，最后我们看到所有这些不同的叙述都汇聚到波斯入侵希腊上，正是这种内在的精神秩序使希罗多德成为希腊的散文家。看看他创造的那个文学世界是十分有趣的，可以说没有比希罗多德更诚实、更有智慧的人了。我们看到他通过观察所写的东西就像一面镜子，真实可信。他不能确定真实与否的，是他收集的有趣的阿拉伯故事——独眼人民族、亚马逊女人国、在羽毛遮天蔽日中生活的辛梅里安人，但即使在这些故事中人类天赋的智慧也不时显露出来。因为他推测这些羽毛可能是从天而降的雪片，这样希罗多德就从真实的历史逐渐转向神话和传说。他性情温和，一点也不反对波斯人，但在叙述同波斯人的战争、在面对公众演讲时，他还是用了强调的口吻，这表明他内心深处有着希腊人的情感。他没有过多责备斯巴达人的不守信用，斯巴达人如何把前去寻找食物和水的波斯使者——这已透露出投降的迹象——投入深井，并告诉他们井里有太多他们想要的东西。希罗多德的描述是我们有关那次战争的唯一史料，主要是通过他我们才认识了地米斯托克利，他是希腊人用散文创作的典范形象，就像诗歌中的奥德修斯。地米斯托克利生活在我所说的**希腊全盛时期**，即波斯入侵之后五十年，大约是公元前445年，就那一百年来看，这一时期是希腊历史上最辉煌的时期，地米斯托克利无疑是世界上最伟大的人物之一，如果没有他，希腊毫无疑问会被波斯人攻克。看看那一时期希腊人的优柔寡断是很有趣的。希腊人想着逃跑，不愿抵抗，甚至在莱奥尼达斯英勇牺牲之后，地米斯托克利仍然花了很大力气说服他们不要乘船逃走，他说如果他们逃向大海的话，将会失去一切。然后他回答欧律庇迪斯（Eurybiades），这个回答虽然为一些人诟病，但在我看来却是人类最好的回答之一。欧律庇迪斯在白热化的争论中，威胁地向他挥舞着大棒，"起来反抗，但要听从众人的意见"，是他作出的唯一回答。受到欧律庇迪斯这样的侮辱，拔剑将他杀死是再自然不过的事，任何一个人都能这么做，酒馆里运货的车夫也能做到。可是他为了消除怨恨而克制自己，为了把所有的军队团结起来拯救国家而放弃自己的复仇，在我看来是真正伟大的行为！像奥德修斯一样，地米斯托克利在这样的场合表现出过人的智慧。比如，当被赶出希腊时，他来到自己最凶狠的敌人——波斯王面前，他曾消灭过波斯的军队，波斯王悬赏要他的人头，但现在波斯王宽宏大量，没有伤害他。第一次见到波斯王时，波斯王问他对希腊人的看法，地米斯托克利感到这个问题不好回答，便机智地说："语言就像卷起来的波斯地毯，里面有很多美丽的色彩和图案，要想欣赏上面的色彩和图案，必须先把地毯打开，展现在眼前。因此需要时间来掌握足够的波斯语言知识，才能以自己独特的方式，而不是零散地、支离破碎地把自己的见解告诉给波斯王。"波斯王对他的回答很满意。

在地米斯托克利生活的时代，稍早于希罗多德，希腊的悲剧创作开始了。我认为埃斯库罗斯是一个**真正的巨人**（我使用巨人这个词，要远远超过通常雄辩术中无意义的修辞内涵），是古往今来最伟大的人物之一，伟大的人物通常行动笨拙、不拘小节，就像阿纳刻（Anak）的儿子一样。简而言之，埃斯库罗斯的性格就像他笔下的普罗米修斯一样，我觉得再也没有比研究埃斯库罗斯更令人愉悦的事情了。听沉默的古人用他们粗糙、原始的语言，给你讲述从创世纪开始他们对所有事物的看法，会令你感到不可思议。他的《阿伽门农》（*Agamemnon*）开头很好，写一个守卫站在塔楼顶上，等待着从他的国家传来胜利的消息。他已经在那儿日夜坚守，等了一年之久。突然，他还没有来得及说出一句话，火光冲天而起。这是一个非常壮观的场面，克吕泰墨斯特拉后来绘声绘色地描绘了那个信号，大火烧光了艾达（Ida）山上干枯的石楠，然后冲向巨浪滚滚的大海，火光从一个山顶反射到另一个山顶，最后烧到萨拉米斯岛。埃斯库罗斯自己也带着武器，他一定是一个可怕的怪人，一头复仇的雄狮。看到他的描述，你会对自己说，"连上天也会帮助同埃斯库罗斯搏斗的波斯人"。据说在创作时，埃斯库罗斯的面容显得非常可怕。有人指责他好夸大其词，埃斯库罗斯出身低微，非常难以相处，但说他夸大其词一点也不合适。他的创作来自他心底的熊熊火山，他常常让它在内心深处燃烧，然后，火山爆发，携裹着词汇，将他的心撕成碎片。

下面一个戏剧家是索福克勒斯。泰斯庇斯认为埃斯库罗斯在手推车里发现了悲剧。泰斯庇斯在他那个时代非常出名，但他的作品没有流传下来，不过他使悲剧成为一种正式的艺术形式。索福克勒斯继续完善悲剧这一艺术，他有一颗比埃斯库罗斯更为高雅、纯净的心，他把悲剧阐释成一种美妙的音乐合奏。埃斯库罗斯只是在情感迸发方面略胜一筹，索福克勒斯的《安提戈涅》（*Antigonē*）是人类所能写出的最好的戏剧。

欧里庇得斯是继索福克勒斯之后又一个伟大的戏剧家，他有时像拉辛（Racine），有时又像高乃依（Corneille），但我认为他和高乃依没有多少相似之处。他的作品不时揭露社会的弊端，清楚地表明那是一个思索的时代，一个怀疑的时代。他的戏剧常常只追求效果，不像荷马或埃斯库罗斯那样全神贯注于戏剧动作，但这样的戏剧效果非常感人。有人说他不信神，在怀疑主义者那里，不信神和**追求戏剧效果**这两样东西常常相提并论。当文学不注重诗性而转向玄思时，文学的各种门类都将走向衰落。苏格拉底标志着希腊的衰落，代表着希腊人过渡时期的思想，他是欧里庇得斯的朋友。这么评价他似乎有些外行，我完全认为他是一个感情深沉、有道德的人，但我又完全能理解阿里斯托芬（Aristophanēs）对他的评价，说他是一个要用自己的革新将整个希腊都毁灭的人。要理解这一点，我们只能回到上一讲中谈到的希腊信仰体系的独特性，这种信仰是他们所有信仰的顶峰。你会记得希腊人的信仰体系对希腊人有重要的意义和价值，甚至看似最荒谬的部分——神谕，也不是一种骗术，而是信奉者虔诚的信仰。不管你如何称呼这种行为，如果一个人相信他所做的一切，听从其信仰强有力的呼唤，当然是通过向内自省，而不是依赖世俗的情感。他会处在一种最佳的心智状态，能够正确而明智地判断未来。他们看到他们中最虔诚、最有智慧、最受人尊敬的人，也信奉神灵，这就形成了人类最初的异教集会。此外，希腊还有各种庆祝活动，主要是祭拜各种神灵，而且得到神谕的允可。我们会发现希腊的信仰总的来说给希腊人提供了基本的帮助，整个希腊民族从中获得了一种力量与和谐。如果不能说整个希腊民族因为它而团结在神的权威之下，我至少可以断言最高的报偿和目的是每一个人都会有的，而且每个人都视其为头等大事。但在苏格拉底时代，这种献身精神很大程度上被抛却了，他自己并不比别人更好怀疑一切，他对自己国家的传统信仰一直怀有一种敬畏和留恋，我们常常搞不清他是否信仰它。人们会以为，他一定过着非常痛苦的学者生活——一生都过着非常痛苦的生活。苏格拉底的父亲是一位雕像师，他从小受到雕像艺术的熏陶，但不久就背弃了它，好像除了有助于提升精神的工作之外，其他的都不做了。从那时起，他热衷于传授道德和美德，并终生献身于这一事业。我不能说这里面有任何邪恶的东西，但在我看来里面确实含有完全无益的成分。我很崇敬苏格拉底，但我认为他的著作中有许多关于美德的空洞言论，他没有给出一个答案。苏格拉底的著作中没有现实生活，虽然他本人是一个始终如一而又坚定的人。苏格拉底之后，希腊变得越来越好争辩，希腊的哲人失去了独创精神，失去了诗性精神，代之而起的是沉思。尽管希腊人奋起反抗，但亚历山大大帝最终征服了希腊；虽然此后造型艺术等繁荣了很长一段时间，但希腊再也没有出现杰出的人物。

（选自托马斯·卡莱尔：《卡莱尔文学史演讲集》，姜智芹译，广西师范大学出版社2005年版）

"无色彩"的历史？

兰　克

利奥波德·冯·兰克（Leopold von Ranke，1795—1886），19 世纪德国历史学家，兰克学派创始人，被学界誉为"近代史学之父"。兰克讳言历史哲学，主张写历史要客观公允、不偏不倚，从早年倡导"如实直书"到晚年的"消灭自我"，其治史旨趣一以贯之，那就是被学界所批评的"客观主义原则"。事实上，兰克所追求的"无色彩"的历史，不就是被彼得·诺维克所说的"那高尚的梦想"吗？不管怎么说，兰克对后世史学的影响是无与伦比的（参见本书伊格尔斯的《兰克三品》），因为如阿克顿所言："我们每走一步都要碰到他。"兰克一生著作等身，这里选录他的五篇前言，其治史理念与叙史风格，由此可见一斑。

《拉丁与条顿民族史·前言》（1824）

坦率而言，这本书在付梓之前给我的感觉比现在好得多。但我还是希望善意的读者们能更多地关注此书潜在的价值，而不要只看到它的不足之处。为了让读者更好地了解此书，我特在此对这本书的写作目的、所采用的史料以及所选取的表现形式作简要的说明。

一个历史学家的目的取决于其采取何种的观点。我在此书中的观点，主要有两点：第一，我把拉丁、条顿视为一个统一的民族。这一概念与以下三个看似相近的概念是不同的：普世的基督教王国概念——这一概念甚至还包括了亚美尼亚人；欧洲一统的概念——在这一概念中土耳其实际上属于亚洲，而俄罗斯帝国包括整个北亚，故我们只有深入了解亚洲方方面面，才可能透彻地理解土耳其和俄罗斯；此外，还有拉丁条顿民族最相近的概念——拉丁基督教王国。斯洛伐克族、拉脱维亚族、匈牙利族都是拉丁基督教王国的一部分，并且这些民族各具特色。关于这些民族的独特性，在此不赘。

在此书中，我将不惜笔墨描述那些拥有纯正条顿或拉丁条顿民族血统的国家——它们的历史是整个近代史的核心；除此之外的那些民族国家，将仅作为无关紧要的部分，只在必要时一笔带过。

……

这本书力图把这些以及其他事件看成是与拉丁条顿民族相关事件。历史学向来被认为有评判过去、指导现在、以利于将来的职能。对于这样的重任，本书不敢企望。它只是想说明事情的本来面目而已。[1]

要做到如实直书，史料从何而来呢？作为本书以及本书所涉及主要内容的基础——史料，是回忆录、日记、信函、外交报告、当事人的原始记录。除此之外，要引述其他类型的史料的话，则必须满足以下条件——即，是从上述第一手史料中直接推演出来的，或是与上述史料一样具有某种第一手的性质。这些史料的每一页都必须经过严格考证。关于史料的考订方法及其批判性结论等内容，在同时出版的第二卷中将有详细的论述。

---

[1] 即"如实直书"，译者注。

书的写作形式取决于其目的和主题。因此，历史著作的写作，不可能像文学作品那样文辞华美、想象丰富，至少在理论上是如此。当然，我不确定，历史著作写作的这一特点是否适用描述希腊罗马史学大师们的那些不朽史著。严谨的事实陈述——即使这些事实或许是偶然的和枯燥无味的——无疑这是历史编纂学的最高法则。

……

我更喜欢翔实地描述那些在历史舞台上非常活跃或是居于最重要地位的民族、国家以及个人。这些民族、国家及个人是如此之重要，以至它们一再为人所论及。只有更详尽地阐述它们，我们才能够更好地把握历史发展的主要脉络、发展方向以及决定历史发展动机的那些思想观念。

最后，关于"特殊"——"特殊"是历史著作的重要组成部分，我又是怎样处理的呢？处理得是不是很粗糙、很琐碎、不带任何感情色彩也不生动①，从而令人生厌呢？在这个问题上，古代和近代都有高贵的典范——我们不能忘记这一点。但是我不敢说我在模仿这些典范，因为他们所处的世界已经和我们所处的世界完全不同了。但是历史写作确实存在着这么一个崇高的理想：领悟那些可理解的、一致性的、多样性的史实。我知道我离这一目标的实现还有多么遥远的距离。有人尝试过了、有人努力过了，或许最终还是没有取得成功。即便如此，我们也不能因此而对这一崇高目标丧失信心！最重要的是，就像雅可比所说的那样，我们要永远探索人性的本来面目——无论它是可解释的还是不可解释的。这就是一个个体的生活、一代代人的生活、一个个民族国家的生活，有时是高居于它们之上的上帝之手。

（易兰译自德文版兰克《拉丁与条顿民族史·前言》）

《法国史·前言》(1852)

作为一个德国人，我斗胆地就法国史略说一二。

伟大的人民与国家是具有双重的特点——一种是民族的，另一种是在世界历史中体现出来的特点。同样，他们的历史也呈现出两个不同的方

---

① 即"无色彩"，译者注。

面。伟大民族国家的历史一般是在人性发展进程中形成其本质特征；或者说它本身体现了推动人性发展的巨大影响力。这一切激发了一种超越国界的好奇心，吸引了外邦人的注意力，导致其将这种历史作为研究叙述的对象。

事实上，希腊人把古罗马历史看作是有着世界影响的事物、把它放到世界历史的语境中研究，而罗马人一般是从本国人的角度来考察罗马的历史。或许这就是在罗马繁荣时期书写古罗马历史的希腊历史学家与罗马人自己所写的罗马史——虽然他们所写罗马史也很吸引人——之间主要区别。叙述的主题虽然是一样的，但是同时代历史学家考察的角度、视角的不同，留给后人的印象也不一样。

在现今民族中，再也没有一种势力比法兰西国家更能影响欧洲所有的国家的了。人们或许听过这一说法，至少在最近这个世纪里，法国历史就已经是一种欧洲历史了。

……

自从法兰克帝国诞生以来很长一段时间，法兰西发生的事情深刻地影响着其他国家，这是普遍的现象，至少对欧洲大陆上国家而言是如此。法兰西民族的国家以及教会的重大问题层出不穷、不断涌现，这些事件使所有邻国对其的看法发生改变；每一个时代都是如此。我可以这样说，这是上帝意志的自由在法兰西中央集权以及政治实践中的一种体现。在法兰西帝国内，对政治的狂热决不是个别单独的现象。雄心勃勃的、好战的、充满民族自傲感的法国人，经常逼得他们的邻邦喘不过气来、时刻处于一种高压状态之中；躁动不停的法国人有时候是安分依据政治体制的要求发展，但更多是彻底否定、并推翻政府；他们有时候解放被压迫者，但更多的时候是去迫害自由的人民。法兰西民族在历史上一些重要的时期里，都对周围邻邦施加了普遍而广泛的影响。也正是在这一过程当中，法兰西民族历史的世界性这一特征形成了。

……

阐述这一时期历史的著作浩如烟海。实际上，我对这些著作并没有全部阅读。那些与法国所发生的历史事件同一时期的、记录这些事件的著作或者回忆录，具有明显的倾向性；作者在写作这些著作的过程中，是依据政治党派的观点来书写的，至少是大部分是依据政治派别的观点来写的。

……

我并不想——即使我能够做到——依据古代及近代历史杰作的那些范型来写一部历史，因为这一研究工作需要全心身地、不间断地钻研法兰西与其邻国的档案文献。依据原始、可靠档案记载而得出对伟大历史事实之客观本质的认知，而不是去依靠同时代人之间的相互指责或者是其子孙那些有局限的看法而得出相关结论。对此，我有些自鸣得意。我并没有花费过多的笔墨描述那些不太重要事件；只有这样我才能把注意力更加集中于那些具有世界性意义的事件之上。

我确信，一部历史著作可以通过作者的写作意图以及历史著作写作的本质而展现其内在的逻辑性。

（易兰译自德文版《法国史·前言》）

《英国史·前言》（1859）

我不止一次地自告奋勇书写我祖国之外的民族国家的历史。

这是所有民族国家的理想——拥有一种像文学作品那样情节生动、文辞优美的历史著作。对任何阅读过这样历史著作的人而言，这种历史著作是无价之宝——这样的史著涉及到所有的时代，又忠于事实；不仅仅是建立在严谨研究基础上的历史著作，也是深深吸引读者的美妙作品。阅读这样历史著作，随着历史故事情节的展开，民族国家这一生命机体的脉动为人所感知，这是一种完美的自我意识，由此能对民族国家自身的产生、发展以及特质有深入而充分的了解与认知。到目前为止，我们可能会怀疑是否真的有这么一种重要而又如此包罗万象的历史著作，甚至还会怀疑是否有人能写这样的历史著作。对从事学术研究的人而言，历史研究需要取得这样的进步，然而大量的史料就必然会带来历史研究的进步吗？在写作历史著作中，谁又能够再度把握那种鲜活的情感？——这种情感是公平对待那些时代，公正评价那些行为、思想模式以及道德准则，理解那些民族国家与世界历史之间关系等所必不可少的。如果我们要接近我们所树立的崇高理想，我们就必须要拥有占有大量史料，同时也要能够支配那种鲜活的情感。写得最好的历史著作应当得到最好的评价。

倘使学者想用一种易于人理解的、文学作品的形式来表现他祖国之外民族国家的过去生活，他就不能用历史著作的形式来叙述它。很显然，文学作品与历史著作是对立矛盾的。写作历史著作，就必然要求作者把他的注意力集中到那些对人类发展有着最有影响的时代；而那些在此之前或在此之后的时代，只有当它们能增进理解最有影响的时代，才会被纳入到历史著作的写作内容之中。

……

政治家们总是在过去历史中寻求一种确定可信的立足点，而历史学家则在当前时代寻求一种确定可信的立足点。克莉奥女神自信她拥有世上最高的智慧与最大的勇气；但行使这些智慧和勇气，女神是非常谨慎、忠于职守，甚至可以说，克莉奥女神是唯恐违背职责。倘使历史学家把当前时代的利益引入到历史著作写作中去，那么历史女神——克莉奥绝对会断然制止这种行为。

……

在书写如此重要时代的民族国家历史方面，与那些本国的历史学家相比，异邦历史学家显然要写得更好一些——因为异邦历史学家是超然地、独立地对此进行描述；因为后者——本国历史学家在其历史著作中多多少少都传递了种种同情与憎恶，而这种倾向性或是其受本国传统而形成的，或是受那些偏见重重的、相互对立阵营的观点影响而形成的。此外，不同国家的外邦历史学家所写的史著也是不一样的。众所周知，法国历史学家，更倾向于拥护宪政，并喜欢在政治框架下寻求一种制度或者一种解释。而德国历史学家在对原始档案进行考订之后，喜欢把每一个事件都当作一种政治或宗教的体系来理解，甚至把这些事件放到世界历史的关系中去看待。

……

如果有人试图通过这种史料——第一手官方文件、充斥着仇恨或个人友谊的政党文稿，这些文稿都是为了辩护自己或攻击对方，此外，这些文稿都是非常不完整的——而为重建过去的那段历史，那么他将会发现这需要将其他同时代人的相关评述逐一细说一遍，而不是依赖那种有明显倾向性的政党观点材料。

……

历史学家的工作或许有两个目的——一个是就众所周知的史实提出新观点与新看法，二是发掘新史实。我正试图将这两个目的结合起来。

（易兰译自德文版《英国史·前言》）

《华伦斯坦传·前言》（1869）

普鲁塔克曾告诫世人，他所写的不是历史，而是传记。在这一句话中，普鲁塔克提到了一般历史著作的、也是传记著作的一个主要难点。即，描述一个活生生的人物，我们就不能忘记他所处的历史环境和他扮演历史角色的历史条件。勾勒世界历史事件的伟大过程，我们必须不断提醒自己正是那些独特的人物推动了历史事件的发展。

人类历史是多么强大，是多么的深刻，是多么包罗万象啊！这种历史虽然可被分成一截截时段，但它自始至终充盈着所有的世纪而从未间断；它以事件纷至沓来的方式出现，但永远不会终结。人所作的取舍一般是取决于特定历史环境所提供的可能性。而重大的成功则是在势均力敌的"世界成分"之间剧烈争斗中才能取得。单个个人只不过是他所身处时代的孩子，被那时代潮流紧紧包围。

在很大程度上来说，个人亦从属于一定的精神世界秩序——在这一世界中，个人就完全是他们自己：他们有着独立的生活，而这种独立的生活是历史发展的最初的力量。换言之，当他们登上历史舞台时，也就运用了其与生俱来的内在力量，对时代造成决定性的影响。

虽然我们依旧有点怀念那些投入永恒不朽的功业中、但最后却失败了的人，并不是每个人都清楚他们。谁要是对三十年战争只是有一点肤浅、不深入的了解，也就无法对华伦斯坦的情况有所了解：或许历史上的杰出人物，他们更能对时代的运行活动起作用。华伦斯坦他是一个独特的人物——他的升迁对那个时代有着重要的影响；他总是受命于危难之时，总是在进退维谷的困境中显示出高超的智慧与能力。

……

活着的人彼此之间的接触多么密切、彼此之间有着千丝万缕的联系！这正好有助于我们达到我们想要的那种理解——同时代人的相关记载是相互矛盾、又彼此印证的。

……

一个人只有不断参与公众事务才能成熟起来。只有这样，他才能名垂青史。在那些危机重重的时代，个人那种与生俱来对目标锲而不舍的本性及能力得到最大程度的发挥，而其身处的社会环境也随之急速演变。社会环境的每一次转变都左右着整个世界或者看起来似乎左右着整个世界。世界发展的每一个阶段都将新的任务、新的观点施加给那些有进取心的精英人物。就这样，倘使我们想要理解"一般"与"特殊"，这种"一般"与"特殊"就展现自我们面前："特殊"发挥作用以及"特殊"之间的相互作用，都源自"一般"。

个人力量在特定客观世界情势之下的相互作用，其结果即是历史事件的发展。成功与否是衡量这些力量的尺度。

丰富多彩的历史是由各种人物传记组成的，但是人物传记在某些时候也扩展了"历史"的形式与内容。

（易兰译自德文版《华伦斯坦传·前言》）

《世界史·前言》(1880)

地球是宜居之地，人烟稠密。各个民族散布世界各地，彼此之间有着纷繁复杂、千丝万缕的联系。早在有文献记载之前，人类就已经在文明的初级阶段徘徊了数万年。受文献记载的局限，历史研究一直无法去触及人类史前文明。只有那些冒失而胆大的历史学家才会试图去触及这些未知历史的情况。我们怎样才能揭开原始社会神秘面纱、阐明人类与上帝及自然之间的关系呢？这些问题历史学家是回答不了的，应当留给自然科学和宗教去解答。

原始社会之后，人类社会发展到一个具有里程碑式意义的新历史阶段，这一阶段看似离历史学发端只有一步之遥，但实际上与历史学肇始之间的距离是难以想象的遥远。迄今为止，这历史阶段依然不断激起后人去了解它们的雄心壮志，依然不断地挑战后人智慧才智。最近几百年以来，我们已经得到了不少关于这些时期的、准确无误的信息，由此能对这些时期情况的了解比以往要清晰一些。在现今时代，深埋的古老城市遗迹被发现，古老的建筑被发掘出来——在那些古老建筑墙上记载了当时最有威势的君王们的事功。现今艺术品几乎与古董画上了等号，为满足人们对古代艺术品的这种特殊喜好，考古发掘一时之间遍地开花。那些自然而然传承到现今的、过去时代的遗产是一些古代宗教信仰、典礼仪式、政治制度等；不幸的是，所有这些遗产都是不成体系、散乱的。各个地区大量重大考古发现，促进了新研究领域的兴起。这些新兴的学科自成体系，并且每一学科的研究都需要投入毕生的精力。近来，一种世界性的语言科学已经兴起，这一新兴科学的知识基础是既广博又复杂精深的，并且这一新科学成功地对各个民族之间的关系进行辨别、对照研究。

如同法令之于民众的重要性一样，对这些新兴研究领域饶有兴趣的研究者而言，没有什么研究比探索这些新型研究领域的科学指导大纲以及新兴学科之间的相互关系更能吸引人了。诸如此类的研究填补了历史知识百科全书中的空白。令人遗憾的是，此类研究并没有被引入到世界历史的研究中，因为这类新兴科学声称其研究只不过是验证历史研究的结果而已。当历史遗迹能为人所理解的，历史文献确证可信之时，历史学就诞生了。自此之后，历史学不断向前发展，不断拓展它那漫无边际的研究领域。我们所理解的世界历史，应当包括所有的时代、所有民族的事情。纳入世界历史范围的唯一条件就是：只要它的确定性能够经受科学研究的检验与考证，那么它就是世界历史的研究对象。

……

但是我们不能把世界历史庸俗地理解为各个民族国家历史的简单相加。搜罗汇总各个民族国家的历史，无论收罗多少民族国家的历史，无论汇总多少民族国家的历史，都不是我们所说的"世界历史"。我们所说的"世界历史"，是这样的一种著作：在这著作中，乍一看，人类事务的一般联系是很模糊晦涩的，而实际上这些联系在事务发展演变中得以充分体现。因此，确认这种联系，追踪那些伟大事件的后续发展及结果——这些伟大事件将所有民族国家紧密联系在一起，并左右着这些国家的命运——就是"世界历史"这一科学的任务。

有时，某些东方民族自原始社会传承下来的专制国家被视为人类所有文明发展之源。实际上，这些东方民族国家是永恒静止不变的，这对探求世界历史的内在运动的历史学家而言，是毫无意义的。因此，这些东方民族国家不是世界历史研究的对象。倘要说这些东方国家有什么变化或者之间有什么联系的话，只不过是它们在历史舞台上的外观略有变化，或是联合成进步的共同体而导致相互争斗中而已。

文明抑或文化，不管我们选用什么样的字眼来称呼它都不会影响到这一认知——它是对各个民族国家内在发展最有影响的动力之一。假使为了知晓各个民族国家的未来发展而去臆测世界历史的旨趣，那么我们对未来的把握会更加迷糊，最重要的是这样会曲解广阔无边的世界历史运动。虽然世界历史是无边无际的，但历史研究探索却有界限。这种研究界限将人们的注意力限制于不同阶段呈现出不同形态的各个民族国家，以及与之相对应的、无时不在的对立力量。这种对立力量源自各个不同民族或种族的天生特性——这些有着他们自己与生俱来的权力和不受影响、无法攻克的内在核心价值。

人类历史发展的过程实际上并不是一个和平的发展历程。各个民族之间已亦不是和平共处，而是彼此之间为了争夺土地与统治权而拼命厮杀、争斗。这种斗争使得它们彼此联系在一起；这种斗争也影响到各个国家的文明发展，并且导致了历史上列强的形成。在这种不间断的争夺过程中，各个国家的独特性质也随着世界潮流而发生着变化。与此同时，各个民族国家也都遭受着侵略与反侵略。

实际上，世界历史一刻也离不开对民族国家历史的依赖。倘使世界历史失去民族国家历史这一坚实的基础，那么它将沦为纯粹幻想与主观臆测。人类历史只有在民族国家的历史中才能彰显出来。历史发展中的一般现象就是民族与其他民族争斗过程中进步的潮流从一个国家转到另一个国家、从一个族群转到另一个族群。世界历史也正是在各个不同民族国家之间相互争斗中形成的。而民族国家也并非自然物，在这一过程中，民族国家自我意识逐渐形成。像英国和意大利这样曾经有着巨大影响力、独特文化的民族国家只是烜赫一时，在经历了一些重大历史事件之后，它们丧权失地、辉煌不再。

既然如此，那么要怎样才能探知人类的一般生活以及理解民族国家——至少是那些最重要的民族国家——的特性呢？当我们试图去研究、理解这些世界历史时，必须无条件地执行史料批判原则。因为，运用史料批评原则的唯一、直接结果就是从根本上使"历史"这一头衔更加尊贵。确实，我们的关注点应该集中在"一般"之上，而不是从错误的假设中得出错误的结论。批评性的研究，加上直观的理解，这两者之间相互配合不仅会、而且一定会使彼此更加具有说服力。

在与亲密的朋友交谈中，我曾经常讨论这样的问题——按照这样的原则而书写世界历史是否可能。讨论之后，我们达成一种共识——绝对的完美是无法实现的，但是仍很有必要去作这样的尝试。

像我现在展现在公众面前的就是这种尝试。我整个观点可以概括如下：

人类在漫长历史发展过程中，世世代代逐步形成其传祖传宝物，这是人类在其物质和社会的进步中所获得的，更是在其宗教发展中所获得的宝贵财富。这一遗产中的一部分，亦是整个遗产中最珍贵的部分，就是那些诗歌、文学、科学、艺术方面的天才们所撰写的不朽著作。这些不朽著作虽然在创作之初是属于一时一地，但是这些著作是属于全世界所有人、所有民族的共同宝贝。因为这些杰作真实地记录了过去历史中的重大事件、政权和伟人。一代人把这些遗产传递给下一代人——在这一过程中，人类的心灵一次又一次地复活、重忆。这正是我鼓起勇气撰写这部著作所期望达到的目的。

（易兰译自德文版《世界史·前言》）

自然风物速写（四则）

米什莱

儒勒·米什莱（Jules Michelet，1798—1874），19 世纪法国历史学家。出身寒门，其成才完全归功于他不畏艰辛和勇往直前的进取精神。代表作有《法国通史》和《法国大革命史》。史学旨趣着意于人民群众，注重人在历史发展进程中的作用，笃信"人就是他自己的普罗米修斯"。兼具历史学家的求真与文学家的才情，作为散文家的米什莱，其作品题材广泛，既有自然风物的描写，又有人文景观的刻画，尤擅长于在湖光山色的描写中，留意对人和人类前途的关注。需要补白一点的是，"历史是民族的史诗"，这也是他的名言，本篇题名为编者所拟，几则小标题则是原有的。

一、燕子

如果你用手抓住燕子，逼近审视，老实说，这实在是一种既丑陋又古怪的鸟儿，但是这正好跟她是最典型的飞禽密切相关，她是鸟类中最擅长飞行的鸟儿。大自然为了达到这个目的把其他一切都牺牲了：不重外形，只顾动作灵活，把她制作得非常巧妙，使这只鸟儿歇下来很难看，而一旦飞起来，却成了所有飞禽中最优美的品类。

镰刀似的双翼，突兀的眼睛，没有颈脖儿（这是为了使她气力倍增）；脚爪细微到几乎看不见的程度：一身翅膀。她的大致特征如此。还该加上一张特别宽阔的喙，老是张着，在飞行中不停地时开时合，吞食蠓虫。

燕子就是这样，在飞行中吃喝，在飞行中沐浴，也在飞行中喂养幼雏。

如果说她比不上鹰隼的那种扶摇直上、雷霆万钧之势，那么她的飞翔却自由得多；她在天空盘旋，转上千百个圆圈，穿梭似地时来时往，勾画出无数不定的迷宫似的图案，种种形状的曲线，这时要有仇敌堕入其中会不禁眼花缭乱，晕头转向，难解难分，不知所措，往往给劳累得筋疲力尽；只好就此打住，放开她，可她却依然毫无倦色。她真是一位空中王后，由于动作无比灵活，整个空间都属于她了。有谁能像她这样在迅速冲刺和急转中随时改变方向呢？没有。用各式各样、变化莫测的方式去捕食那些总是微微摇曳着的猎物，如苍蝇、库蚊、金龟子和千万种飘浮的、不沿直线飞动的昆虫。这无疑是最好的飞行训练了，这使得燕子超越于一切飞禽之上。

大自然，为了做到这一点，为了使这对独一无二的翅膀诞生，于是拿定主意，略去了她的足部。在教堂里有一种形体较大的燕子，——我们称为雨燕，——足部已经完全萎缩，但翅膀特别发达。据说雨燕每小时能飞行80法里。这种惊人的速度堪与海洋中的战舰鸟相埒。战舰鸟足部也极其短小，而在雨燕身上脚爪只是一个小桩桩儿，一停下来就贴到肚子上；因此，她从不停歇。跟别的生物相反，她只是在运动中休息。这种鸟儿从教堂的高塔里一出来，就悬身空际，空气温柔地摇曳着她，轻轻地托住她，使她倦意全消。如果她想栖息，只能用她那双柔弱的脚爪钩住。不过她要是想蹲下，那么就只有歪歪倒倒地像个瘫子，她感到地面坎坷不平，崎岖难行，身子站立不稳，这一下这位飞禽中的翘楚就堕入了爬虫之列。

从某地展翅起飞，对她来说这是最困难的了：因此她总是栖息在高处，这样只要一振翅身子就自行飘落，翱翔空际。她多么自由自在。然而在起飞前她不过是个奴隶，当她贴身某处时，随便什么人，一伸手都能把她捉住。

这种鸟的希腊名字叫 A-pode（"无足"之意），这就足以说明一切了。在燕子这个大家族中总共有六十多种，遍布全球，以她的优雅风度、飞翔和呢喃的鸣声，使大地平添了喜悦和愉快。正因为形状丑陋，只有很细小的一双脚，她才获得了所有这些珍贵品质，她的天赋，她绝佳的飞行艺术使她居于飞禽之首；而另一方面她也是经常留驻、最眷恋故巢的羽类。

这种特别的种族，足部对双翼丝毫没有什么帮助，对于幼雏就只是教育他们学习运用翅膀和进行长期的飞行训练，幼雏待在巢中要很长时间，需要母亲照料，给他们无限预见和抚爱。

这也是百鸟中活动最为频繁的一族，夫妻恩爱，他们的巢不是临时的同居之所，而是真正的家庭，互相帮助，牺牲自我，不畏艰苦地哺育幼雏的圣地，雌燕是温柔慈爱的母亲，忠实坚贞的妻子。我还知道什么呢？年轻的姐妹们都忙于帮助母亲担当家务，保育婴幼。雏燕对比她们更幼小的乳燕则互相濡以柔情，给予照料和教育。

二、蚂蚁的内战[①]

6月8日晚上，有人从森林带来了一大块泥土，这土块里夹杂着不少小木片，其中大都属于北方省繁生的那类树木碎片，杉树针叶或是一些荆棘似的带刺树叶。

土块中间，乱纷纷一窝蚂蚁，大小形态各异，有卵、幼虫、蛹、身量较小的工蚁、颇像战士和保护者的大蚂蚁，还有一些刚刚披上婚礼吉服的雌蚁，她们在爱情生活中总是插着一双翅膀。这是一个完整的城市标本，这么一群褐黑色的小动物，外貌固有差别，但是身上却具有同样的标记，

---

① 米什莱讲述了他亲眼目睹的一场蚂蚁的内战。

这就是每一只蚂蚁的胸甲上都有一个暗红色的斑点。乍一看仿佛杂乱无章，但每只蚂蚁级别与职司不同，各有居处，很容易辨认：那些管建筑的工蚁，用小木片为它们搭起了一层层房屋。

这群小动物，在外界环境的巨大变动下，毫不气馁。它们在继续干活。主要的工作就是从过于强烈的阳光照射下把蚁卵和蛹搬开。这项共同劳动把它们从地下室吸引到地面上来。小小的蚂蚁不停地活动。大蚂蚁围绕着一个大土坛（这是小城邦的一部分）穿梭似地往来巡逻，它们迈着坚定的步伐，遇到什么也从不后退；即使我们在场，也毫无惧色。我们故意把一些障碍物——比如一根小树枝或是我们的手指放在它们面前，挡住去路，它们马上就躺下身子，灵巧地挥动小胳臂，像小猫咪似的拍打着我们。

当它们围绕着土坛巡逻时，在沙丘上碰到不少黑蚁——这另一种蚂蚁在我们花园里最多。它们在地底下建造了许多寓所，但从来不用木头，而是泥水结构，以唾液和泥土，再加上自身体内的蚁酸构成，这样既干燥又卫生。

它们用蔷薇、苹果树、桃树来美化环境，还把大批蚜虫运送到树上，以获得蜜汁，供自己和幼儿食用。

这两彪人马相逢并不友好。虽然大木蚁队伍里也有身量较小的蚂蚁，但根据长腿和胸甲上的红斑它们就能一下子辨认出黑蚂蚁来。它们是无情的。也许它们怀疑这些四处游荡的黑蚁是敌方派来侦察的探子，要不就是黑蚁企图对新来的移民设下陷阱。总之，这些大木蚁把几个小黑蚁杀了。

这件事引起了一连串可怕而无法估量的后果。不幸土坛恰好在一棵苹果树旁边，果树上尽是绒毛蚜虫，它们使园丁叹息而使蚂蚁无限喜悦。黑蚁早已就占有了这群宝贝甜虫，并在树根下面安营扎寨，财源近在咫尺，随手可以取用。平常这一大群黑蚁都聚集在地底下。

这场激战发生在上午 11 点钟。最迟 11 点 1 刻，整个黑蚂蚁部全都警觉，沸腾起来，它们挺着身子，从各个地下室爬上来，从所有的门口冒出来。一道道长长的暗色队伍淹没了沙土；小径上一片乌黑，非常闹猛。地下可能就更加热闹了，它们大概具有极其敏感的大脑吧。太阳光笔直照射着小花园，刺痛、灼热了大批人马，使它们向前猛进。酷烈的热气、特别是对于高大的外来敌人侵犯到它们的家园满怀戒惧，这一切驱使它们大胆而坚决地战斗，前仆后继，视死如归。

在我们看来这无疑是送死，因为每只木蚁抵得上八到十只这种小黑蚁。第一次交锋，我们看见一只大的向一只小的猛扑过去，一下子就把它歼灭了。

然而黑蚁数量众多。你知道后来怎么样了？若是第一排被堵住，战死了，第二排就立即冲上去，接着第三排也冲上去，但如果全军开上去都阵亡了呢？这真叫我们为之焦灼不安。我们为园子里的这些土著小民族受到由我们引来的这些异族粗野蛮横的侵扰而心酸。

外来者并没有遇到任何挑战，竟然首先启衅杀戮起本地居民来了！应当承认，我们仅仅是从双方实力进行对比的，根本没有对它们的精神力量作出估计。

我们看到，在第一回合中，小黑蚁一边的那种机智和融洽，实在令人惊异。它们每六只蚂蚁去对付一个入侵的庞然大物，每一只都抓住对方一条腿，死死逮住，叫它动弹不得，又有两只，爬到大蚂蚁背上，咬住触角，毫不放松：强大的对手肢体都被钉得死死的，一动也不能动。它仿佛失魂落魄，迷迷糊糊，对自己的力量优势完全动摇了。于是又有另外几只过来，上上下下，毫无危险地刺死了它。

临近观看这一幕真是可怕啊。不管这些小蚂蚁的英雄行为怎样值得钦佩，它们的狂怒可真叫人害怕。那些被捆绑起来的可怜的巨人悲惨地被拖曳纠缠，东拉西扯，就像漂泊在大海里似的漂泊在愤激疯狂的浪潮里，盲目，无力，无法抵抗，仿佛一群被牵往屠场的羔羊。这怎能不唤起我心中的怜悯呢？

我们真想把双方分开。可怎么办？面前是无数黑压压的蚂蚁，人的力量在这么众多的蚂蚁面前消失了。我想了一个再好也没有的法子，把这里遍地都灌上水，一片尽成泽国，但这似乎不行。冲突双方还是不肯停止交战，大水漫过之后，这场屠杀仍然继续进行下去。我又想到一条妙计，确实非常残酷，不过却更加厉害，这就是点燃起大把稻草，将胜利者和战败者统统付之一炬。

最使我震惊的就是，实际上被捆绑或抓住的只是很少的一些大蚂蚁。

如果它们中间那些身子还自由的以迅雷不及掩耳之势，一下子猛扑到这群攻击者身上，就足以致对方于死命，它们准能轻而易举地进行一场可怕的歼灭战，但是，它们完全没有觉察到这个。它们疯狂地乱窜，这一下刚好闯进了危险的核心，误入敌军重围。啊！它们不仅仅是败了阵，而且简直就像发了疯啦。那些小蚂蚁呢，觉得这是在自家的土地上打仗，表现出非凡的坚定；外来的大蚂蚁，没个生根之处，竟成了危城覆没后一支绝望的孤军，晕头转向，不知道自己将转徙何方，只感到这里的一切危机四伏，充满敌意，任何躲避的地方都找不着……它们处于一个民族沦丧、失去了神明庇护的悲惨境地！

啊！该原谅它们！我们看到那支散播死亡的大军，那些可怕的、又黑又瘦的小个儿组成的大军这时简直令人恐怖，它们一齐爬上凄凉的土坛，在这块窄狭、窒息、灼热的地方，没有空隙容身，悲愤欲绝，人马杂沓，互相践踏。渐渐，明显地大蚂蚁败局已定，这当儿黑蚂蚁格外显示出骇人的胃口来了。我们看见情况蓦地一变。在它们那不出声的、但又极其雄辩的姿态中间，我们仿佛听见一声呐喊："它们的孩子都挺肥啊！"

于是这支瘦小蚂蚁组成的贪食大军一齐猛扑到那些婴儿身上。婴孩，品种原本硕大，一个个身体相当重，特别是长方形的蛹壳，圆圆的轮廓，叫人无从下手。两个、三个、四个小黑蚂蚁，齐心协力，好容易才从土坛深处抬起一个，一直抬到油光光的内壁上，它们猛然下了狠心：撕开外壳，取出赤裸裸的幼虫。很不容易撕开，因为幼虫紧紧贴住，它那蜷缩的肢体更像是焊结在一起；这种凶暴而急速的启开弄得它遍体鳞伤，四分五裂，狼藉不堪。那些给割成了碎块的肢体还在颤动，它们就这样给运走了。

一开始抓捕婴孩，我们原来只以为看到了一幕掳掠奴隶的情景，好像这不过是人类社会和蚂蚁社会里发生的极其普通的事情。现在我才懂得这完全是另外一回事。它们残酷地把幼虫从赖以生存的外壳里拖出来，就清清楚楚地表明对于它们在里面生活这一点根本毫不在乎。它们掠走的只是一些肉，是可以食用的肉，是为躺在自家窝里的小蚂蚁准备下一餐鲜嫩可口的美餐，这些肥胖的幼虫即将活生生地送到它们的瘦小幼虫口中。

这场对一个种族和婴孩的大规模屠杀真干得利索极了，到了下午3点

钟，一切差不多都已告一结束；这个城邦已被全部洗劫一空，荒芜满目，
将来也永远无法振兴了。

我们相信还有某些遁逃者躲藏着。如果我们把它们连同这毁去的城市
迁离此地，运送到园子外面堆放工具的地方去，也许战胜者会放弃这块荒
无人烟的土地吧，再没有什么东西可以供它们的家人大嚼了。于是我们就
这样做了。

6 月 10 日早晨，人们看见黑蚂蚁布满了通向花园另一角落那个通向它
们故居的小径。看来失败者的命运是终结了。寂寞无声的城市已经不存在
了，现在这里成了一座荒冢，只剩下断骸残骨、枯树、北方树木的古老花
萼和哀伤的针叶（从前曾经是常绿的松树和杉树的叶子），什么都跟这个
旧城一并湮没了。

我觉得这样一次报复和原来起因或借口的行为如此不相称，这使我感
到无比的愤怒，我心里改变了初衷，对这些野蛮的黑蚂蚁充满了反感。

我看见不少黑蚂蚁依然不可一世地在这片废墟上高视阔步，于是我粗
暴地把它们拂向墙外——那个土坛的边沿。不管人们怎样温和地跟我说这
些黑蚂蚁起初曾受到过冒犯，它们在一场殊死的战斗中曾经表现出最大的
勇气，也是枉然。这是一群野蛮、残忍而骁勇的部落，就像往昔曾在密西
西比河流域和加拿大森林地带居住的那些喜爱报仇的英雄们、易洛魁人和
休伦人一样。任何好的理由都不能使我平静下来。这些骇人听闻的罪行总
是压在我的心头。我并不想弄死它们，我承认，不过这些凶残的黑蚂蚁如
果偶然窜到我脚下，我可决不轻饶。

这灾难的空土坛却令我流连不去，总还是想起它。11 日傍晚，我又
来到那里，席地而坐，手托着腮帮，堕入沉思。我的目光凝注在大地深
处。一片岑寂中，我执意想看到一点生命的信息，一些什么可以说明这里
的一切并未终结的东西。这种坚定的决心仿佛有着某种召唤的力量，就像
我的愿望能把这荒城可怜的亡魂召回人间一样。一个劫后余生的遭难者出
现了，它急急忙忙想逃出这个屠场，奔跑着……我们看见它还带着一个幼
蛹呢。

夜降临了，木蚁处在一个完全陌生的地方，这里四面楚歌，完全是敌
方营地。那很少的几个洞穴，你可能把它当作避难所吧，不，那实在只是

黑蚂蚁的地狱之门。这倒霉的遁逃客还背负着幼儿，这可更加重了它的不幸，它仓皇乱窜，不知到哪里去是好，我的眼睛、我的心一直尾随着它；后来，黑夜把它从我的视线中隐没。

三、从格朗维尔岸边观海

有个勇敢的荷兰海员，是一位坚定而冷静的观察家，他的整个一生都是在海上度过的。他坦率地说起大海给他的第一个印象便是恐惧。对于陆地上的生物来说，水是一种不适合呼吸的、令人窒息的元素。这道永远不可逾越的天堑截然把两个世界分开了。若是人们称之为海的这泓浩渺的水，迷茫、阴沉而深不可测，它的出现在人的想象中留下了极其恐怖的气氛，我们也不必大惊小怪。

东方人认为海只是苦涩的漩涡，黑夜的深渊。在所有印度或是爱尔兰的古代语言里，海这个字的同义词或类似词乃是沙漠和黑夜。

每天傍晚，观看太阳——这世界的欢乐和一切生命之父，没入万顷波涛，真给人以极大的苍凉之感。这是世界，尤其是西方的悲哀。尽管我们每天都看到这个景象，但仍然感觉到一种同样的力量、同样的惆怅压上心头。

倘若人没入海中，下沉到一定深度，立即就看不见亮光；人进入了某种混沌朦胧之中，这里永远是一种色泽，阴森森的红色；再往下去，连这点色泽也消失了，只剩下晦暗的长夜，除了偶然意外地闪过几道可怕的磷光之外，完全是一片漆黑。这无限广阔、无限深沉的海域覆盖着地球的大部分，仿佛是一个幽冥世界。这就是使得原始时代的初民震惊、畏惧的原因。他们以为没有亮光的地方生命即已终止，除了上层之外，这整个深不可测的厚度，它的底（如果这深渊还有底）是一个黑黝黝的偏僻去处，那里除去无数骨殖和断残的木片，只有荒寂的沙、碎石，悭吝困顿的环境只取不予，它们怀着妒意把那么多人类失去的财物埋葬在它深深的宝库之中。

这空灵剔透的海水丝毫不能使我们安心。这不是动人的女仙居住的幽涧清泉。这水浩渺瀴溟，昏暗而沉重，终日猛烈地拍击着海岸。谁到海里去冒险，谁就会感到仿佛被高高托起。是的，它帮助了游泳者，但一切仍然由它操纵；你会感觉到自己仿佛一个孱弱的孩子似的，被一支强有力的手臂摇晃，荡漾，不过，记着：它随时都能使你粉身碎骨。

小船只要解开了缆绳，谁知道一阵狂风，一股无法抵御的潮流，会把它冲到哪里去呢？就是这样，我们北方的渔夫才在无意之间找到了美洲极地，带回了不幸的格陵兰的恐怖消息。每个民族都有自己关于海的传说和故事。荷马、《一千零一夜》给我们保留了大量令人骇异的传说，多少暗礁和风暴，危险万分的大洋的静止状态，人们遇上它往往就被困在水上渴死，还有吃人的生番、妖魔、海怪、长蛇和海中巨蟒，等等。从前最勇敢的航海家、腓尼基人和迦太基人，曾经企图囊括全球的阿拉伯征服者，为黄金和赫斯珀里德斯四个女儿的传说所吸引，跨过地中海，朝着大海进发，但马上就停止了。在到达赤道之前他们遇到了永远是彤云密布的那条黑线，他们无法前进，只好停下，叹息："这是幽冥之海啊。"于是掉转船头，返回故乡。

"假若侵犯这一圣地，就是渎神。对于按照亵渎的好奇心行事的人，灾祸必将降临到他头上！他们在最后一个岛屿背后看见一个巨人，一个可怕的神灵。神灵大声说：'不准再走远了。'"

对于旧世界这种颇有点稚气的恐惧跟一个从内地来的、毫无经验的普通人突然看到了海的那种激动心情并没有什么不同。可以说任何人意想不到地见到大海都会产生这种印象。动物显然会惊慌失措。甚至退潮了，这时海水显得柔和、宽容，懒洋洋地曳过岸边的时候，马仍然不禁为之辟易，浑身战栗，嘶鸣不已，用它自己的方式诅咒可怕的浪花。它永远不会跟这个它觉得充满敌意的可疑事物和睦相处。一位旅行家曾对我们讲起堪察加的狗，要说它早该习惯于这种景象了，但仍不免于恐惧，激动，愤怒。它们千百成群地在漫漫长夜中向呼啸的波涛大声咆哮，疯狂地向着北冰洋冲击。

西北部的江河那忧郁的流水，南方广阔的沙漠或是布列塔尼的旷野，都是天然的津梁，海洋的前庭，从这些地方就能预感到海的伟大。任何人倘若从这些渠道到海上去，一定会为这种预示海洋的过渡地带惊叹不置。沿着这些河流，全是灯心草、柳树、各种植物，宛如波浪翻腾，一望无际。水也是依次混合，渐渐发咸，最后终于变成近海。在这片荒野中，在到达大海之前，先看到的往往是生长着蕨类和欧石南属粗而低矮的草的浅海地区。当你还在一、二法里之外的时候，你就可以看到不少瘦小、羸弱、若有愠色的树木，用它们的形态（我是说它们各具奇异的姿势）预示已经接近这位伟大的暴君和它威慑的气息了。如果说这些树木根部没有被攫住，那么它们显然是想逃遁；它们背对仇敌，向着陆地眺望，仿佛准备离开，披头散发地奔溃疾走。它们弓着身子，直弯到地面，好像无法站定，尽在那儿随着风暴扭来扭去。还有些地方，树干短矬，让枝柯向横里无限延伸开去。海滩上，贝壳散散落落，涌起一些细沙，树木都已为沙土侵入、淹没。没有空气，毛孔全堵塞了，树已窒息而死，但却依然保留着原来的姿态，待在那儿，成了石头树，鬼树，被禁锢在死亡之中，凄凉的影子永远不会消失。

在没有看见大海以前，人们就听说并猜想到它的可怕了。开始，远处一阵阵苍郁而整齐的嘈杂声。渐渐，一切喧哗都给它让位，都被它掩没了。一会儿，人们注意到这庄严的更迭，同样的强烈而低沉的吼声不住地回旋，愈来愈翻腾狂舞起来。大钟不规则的响声，荡漾起伏，这是在给我们计时吧！不过这钟摆没有那种机械的单调乏味。人们感觉，仿佛感觉到生命的颤动声息。确实，涨潮的时候，海上一浪推过一浪，无边无际，有如电掣，随着海涛而来的介壳、千万种不同生物的嘈杂声和疯狂澎湃的潮音交错在一起。落潮了，一阵阵轻微的嘁嘁嚓嚓使人知道海水和着沙土把这帮忠实的水族又带回去，纳入了它浩瀚的怀抱。

海还有多少别的声音啊！只要她激动起来，她的怨喃和深沉的叹息跟忧郁的海岸的岑寂适成对比。他仿佛正在凝神谛听海的威胁，远海，昨天还曾经以她温馨的柔波抚弄过它呢。现在她要对他说什么呢？我不想预测。在这儿我一点也不想谈起兴许她将要给予的可怕的交响音乐和山岩的二重唱，她在洞穴深处发出的低音和沉闷的雷鸣，或者那种令人震惊的呼喊（人还以为听到喊"救命！"呢……）。不，让我们在她低沉的日子倾听吧，这时她矫健有力，但不凶猛。

格朗维尔原属诺曼底，但外观绝类布列达尼。它骄傲地用它的悬崖峭壁抵挡住巨浪的凶猛冲击，巨浪有时从北方带来英吉利海峡洋流不调和的狂怒，有时从西方卷来千里奔驰中不断壮大的洪波，以从大洋积累起来的全部力量进行搏斗。

我喜欢这奇特而略略带点哀愁的小城，这小城的居民们依靠最危险的行当远海捕鱼为生。家家都懂得他们所恃的只是碰运气的彩头，或生或死，拼着性命干活。这一切使得这海岸严肃的性格中染上了一种认真而和谐的气氛。我常常在这里领略这份黄昏的惆怅，或是在下面已经显得有些阴暗的海滩上散步，或者，我从位于山崖绝顶的城堡上观看日头渐渐沉入微蒙雾霭的天边。那茫无际涯的半圆时常印上一道道黑色和红色的纹路，逐渐沉没，不停地在天空绘制出奇妙的幻境，万道霞光，令人目眩。八月，已是秋季。这里已经不大有黄昏了。太阳刚下山，立即吹起凉风，浪花涌起，黯淡无光。只见不少披着白色衬里的黑斗篷的妇女的影子在活动。倾斜的山坡牧场俯临海滩，高可百尺，野草稀疏，还有一些羊群滞留在那边，发出咩咩的哀鸣，益发增人愁思。

城堡很小，面临大海，北面全呈黑色，笔直地耸立在深谷边缘，迎风独立，极其冷峭。这里不过是一些陋屋。人们把我带到一个专门制作贝壳画的手艺人家。踏着石级，走进一间阴暗无光的小屋，从窄狭的窗户里我看见这份凄惨景象。这使我就像从前在瑞士的时候一样激动；那时，我也是从一扇窗子里，完全出其不意地，眺望到格兰瓦尔德的冰川。我看冰川好像一个尖头的冰雪巨魔向我迎面扑来。而这里，格朗维尔的海，波涛澜汗，有如千军万马，奔腾而至。

这位屋主人并不老，但身体非常虚弱，易于激动。八月天气，他家的窗户还用破纸堵塞着。我一边观看他的作品一边谈话。我看得出他的脑筋有些颓唐，已经被某些家庭事故所损坏了。他的兄弟早已在一次惨酷的冒险中在这个海滩上死去。他觉得海就是灾难，海似乎总是对他怀着恶意。冬天的时候，大海总是不倦地用冰雪和凛冽的寒风抽打着他的窗子，不让他安睡。在漫长的黑夜里它一刻不停也不息地冲击着他屋下的山崖。夏季，海向他显示出不可估量的雷雨，漫天闪电。逢上大潮的时候，那就更糟。海水上涨到六十尺，狂怒的浪花跳跃得更高更欢，横蛮地一直打进他的窗子。当然不能肯定海永远坚持在那里。海满含敌意，会狠狠地作弄他一番的。他真无法觅得一个避身之所，兴许他不知不觉间被什么鬼魅吸住了吧。他好像不敢跟这位可怕的神祇彻底闹翻。他对海仍然保持着某种敬意。他从来不谈起海，通常总是暗指但从不直呼其名，就像冰岛人在海上航行时不敢呼叫"乌尔格"一样，以免它听见了就会到来。屋主人凝望着海滩说："这叫我害怕。"现在，我还看到他那张面色苍白的脸。

四、山的魅力和危险

山里人对于山的看法与我们不同。他们对山十分依恋，老是想返回到它的身边，但跟别人谈起来，却总把它称作"敝地"。白花花的、玻璃似的山泉急促地跳跃着汩汩涌出，人们叫它"野溪"。乌黑的杉树林，常年高挂在悬崖峭壁之间，一片和平肃穆景色。这正是他们拼搏、他们大显身手的地方。在一年最寒冷的季节里，田间劳作都已停辍，山里人就向森林进攻。战争持续的时间相当长，而且其中危机四伏。并不只是砍伐林木，把木头段子推下去了事，还得安排运输，必须把它们在中途取出，使它们在湍急的河床中不致乱蹦乱跳。战败者往往成为胜利者的克星，树木则是樵夫的灾难。森林里潜藏着孤儿寡妇的伤心史。对于妇女和全家来说，一种充满了悲哀的恐怖笼罩在这崇山峻岭之间，树林带着积雪，一道黑一道白地在远山那边阴郁地浮现出来。

从前，冰川是一种可厌的东西；人们往往对它侧目而视。萨伏瓦人把勃朗峰的冰川称作"魔山"。在瑞士德语区那些乡村的古代传说中总是诅咒冰川，说它简直是地狱。愿灾难降临在那些悭吝的妇女头上吧，她们对待自己年迈的父亲也硬心肠，严冬季节，也不给他烤火！于是上天惩罚她，使她不得不带着一条凶恶的黑狗，在冰天雪地里流浪，蹀躞，不能休息。在最残酷的冬夜，家家都在炉边向火，人们看到在那高山上有个白色的女人，浑身颤抖着，在水晶般的峰尖上踉跄而行。

在这魔鬼的涧谷中，时时刻刻，容弗洛峰顶的雪块不断崩裂，爆发出一阵阵响声，这是那些该诅咒的男爵、凶恶的骑士吧，他们大概每天夜里都在互相碰撞他们的铁额头吧。

斯堪的纳维亚的古代传说中那高大可怕的神道，怪诞地说明了人们对山的恐惧。那里的山宝藏丰富，由相貌丑陋的地精守护着，其中还有一个力大无穷的侏儒。有一位冷酷无情的女神坐镇在冰雪城堡的宝座上，她前额缀满钻石，向所有的英雄们挑战，她笑起来比冬天苦寒的容色还要凄厉。有些冒里冒失的小子轻率攀登上去，最后到达死亡之床，就像给捆绑着似的，留在那儿，跟水晶的妻子举行永恒的婚礼。

在所有令人心情激荡的角逐中最了不起的肯定要数猎岩羚羊了。在这件事里，危险正是其中的魅力，这是一场真正的山中狩猎，收获倒不仅仅是猎取那些胆怯的野兽。人们个对个地跟它格斗，然后将它捕获，瞧它那瑟瑟发抖，害怕的样子。它拥有真实和幻想：坚冰、浓雾、山涧、裂罅、骗人的距离、虚构的前景、令人眩晕的、无节制的巡逻。更何况人们热衷此道呢。这些人尽管谨慎，但非常容易激动。沉浸在狂喜中，没有什么比在悬崖边沿追逐野兽更叫人感到这种战栗的快乐的了，这小小的狡猾的有角动物逗引得热衷者十分开心。深深的涧谷在惊慌的眼神下面打起了转转儿，贪婪觅食的秃鹫在头上不住盘旋，这又别是一番乐趣！……去年，老的，曾蹦跳过一次，现在又该轮到小的了。它们之中有一个，刚刚跟它深深爱慕的女孩子结了婚，却没有少跟索绪尔说上一句："先生，这没什么。就像我父亲死在这儿那样，我，也得死在这儿。"三个月后，它果然实现了自己的诺言。

冬天，当大家围炉取暖时，猎人（这个区域的权威人物）谈起他在这些冰川周围巡行时所看到的一切，多么聚精会神！倾听他叙述自己当时凝目于可怕的巨大的蔚蓝色裂罅时的感受，又是多么胆战心惊！"我嘛，"他继续说道："我也曾亲眼看见过，在二、三十法尺，有时甚至一百尺高的隆皱下面，那许多晶莹夺目的水晶岩洞几乎是直达地层。多少水晶或是钻石。谁能梦想到这些事呢？轻信的萨伏瓦人心跳得多么厉害！哦！谁能攀登上去呢！这是一大笔现成的财富。六十年的苦难，像脚夫或掏烟囱的人一样，搬啊掏啊，又做了多少！只要放开胆子，坚决干去就行……要想在魔鬼那儿偷盗点什么多难？正是他，要不就是他的那些女仙在那儿看守他们的钻石。"

为了他能有勇气攀登，跨越过岩羚羊经过处的高度，必须有这些宝藏的喧嚣，必须有这个混淆了钟乳石和水晶岩、水晶和钻石的无知的想象，我知道什么呢？人们没有找到这一切，但是人们找到了勃朗峰。

（选自米什莱等：《米什莱散文选》，徐知免译，百花文艺出版社 1991年版）

恺撒：创造性的天才

蒙 森

特奥多尔·蒙森（Theodor Mommsen，1817—1903），19
世纪德国历史学家。他学识渊博，著述甚丰，在许多领域均
卓有建树。终其一生，沉醉于古罗马研究，《罗马史》为传世
名作。他的这部代表作无论从内容或形式上都显现出未完成
的痕迹，第一卷至第三卷叙述罗马共和时代的历史，第五卷
叙述罗马帝国时代行省的历史，第四卷一直告缺，终成了一
个"史学之谜"。然他的《罗马史》，荡气回肠，色彩绚丽，
给读者以美的享受。1902 年，蒙森因《罗马史》荣获诺贝尔
文学奖。本篇即选自该书第三卷（此卷中译本以《罗马风云》
为名流行于坊间），题名取自书中词语，这反映了作者的史学
观。中译文基本不分段，编者试着分了若干段落，以便读者
阅读。

当影响深远的塔普苏斯之战取得最后一个胜利，将世界的命运交于恺撒手中之时，这位第一个统治整个罗马—希腊文明区域的罗马新君主已进入了生命的第五十六个年头（生于罗马纪元652年7月12日？）。他是罗马所造就的唯一一个，也是古代世界所产生的最后一个富有创造性的天才，直至他灭亡之日，古代世界都在沿着他的轨迹运行。

他的家庭属拉丁最老的贵族世家，家谱可追溯到伊利亚特的英雄和罗马国王，甚至追溯到罗马、希腊两个民族共同的维纳斯——阿佛罗狄忒；作为这样一个家族的子孙，他像那个时代的其他贵族少年一样度过了自己的童年与少年时代，也同别人一样品尝了时髦生活的精华与糟粕。他吟诗诵词，出于消遣习文作诗，并尝试了各个文学种类；求教了当时的化妆智慧，如刮脸、理发、硬袖口衣穿着的所有奥秘。同时也探讨了更为神秘的只赊不买的艺术。而他的天性就像有韧性的钢一样，顶住了这一朝三暮四、无所事事的胡混，使他身心健康，思想精力免遭损害。无论是击剑还是骑马他都可以与他的任何一个士兵较量。他的游泳技术使他在亚历山大里亚死里逃生，他通常为争取时间而进行的夜行军的惊人速度使他的同代人惊叹不已，这也是他成功的重要原因。这与庞培的仪式队列式的缓慢行进速度形成了鲜明的对比。他的精神状态与他的身体状况是相同的：他非凡的洞察力表现在他命令的果断与可行上，即使在他不能身临其境而下达命令的情况下也同样如此。他的记忆力无可比拟，他具有同时处理几项事物的能力。

尽管他是绅士、天才和君主，但他也同样重感情，他在一生中都保持了对他的尊母奥勒利亚——他的父亲在他很小的时候就已去世——的最纯洁的敬重；对他的女人，特别是对他的女儿尤丽亚，他献出了诚挚的爱，这对于他的政治状况，也不是没有影响的。与当时的有能力、有骨气的男子汉，无论其职位等级高低，他都按照各人的不同，忠诚友好地与之相处。他从来没有像庞培那样以无情小人的方式放弃过自己人，他坚定不移地与朋友们同甘共苦不只是出于个人的目的。因此，这些朋友中间也有一些人，如奥鲁斯·希尔提乌斯和盖尤斯·马提乌斯，即使在他死后还以美好的明证保持了对他的追随。如果要在他那组织得如此和谐的天性中单独强调最典型的一个方面的话，那便是：他与意识形态和空想无缘。诚然，恺撒是一个有激情的人，因为没有激情便没有天才，但他的激情从来没有比他更强大。他有过他的青年时代，歌舞、爱情、美酒曾进入过他的充满活力的生活情感，但却并未撞入他本质的核心。文学曾唤起过他长期、严肃的兴趣，但如果说荷马的阿喀琉斯曾让亚历山大不能入睡，那么恺撒在失眠之时考虑的却是拉丁文名词与动词的变格变位。他像当时所有的人一样也作诗，但他的诗却很差；与此相反，他对天文学与自然科学方面的东西颇感兴趣。如果说酒对亚历山大来说始终是消愁品，那么这位清醒的罗马人在狂热的青年时代之后却滴酒不沾。如同所有在青年时代沐浴过女性之爱的炽热光芒的人一样，在他身上也永不消失地留下了这一印迹：在晚年他还有过爱情经历并在女人那里获得了成功，同时他也保持了对外表仪容的一定讲究，或者更正确地说，是对自己男性美的喜悦意识。晚年他公开露面时，精心地用桂冠遮盖好让他感到是一种痛苦的秃头，无疑，如果能够重新得到他年轻时的长发，他一定会拿出他取得的一些胜利来交换。作为君主，无论他怎样喜欢与女人交往，他都只是与她们玩玩而已，他从未允许她们对他施加影响。就是人们谈论得最多的他与女王克娄巴特拉的关系也只不过是为了掩盖他政治地位中的弱点。

恺撒更多地是个现实主义者，是个理智的人；他的所作所为都是由天才的冷静来支配的，这正是他最主要的内在特点；他不受回忆与期望的诱惑，而是更注重于眼前生活的能力。他每时每刻都可以投入全部的力量，即使是对最小的、最平凡的开始他也能倾注全部天才的能力；他能够掌握理智所能理解、意志所能征服的事物的多面性；他设计自己不同阶段的步骤、制定征战计划时一向自信轻松；无论在山穷水尽还是柳暗花明之时他都"豁达开朗"；他不允许他的情人、爱妾甚至他的朋友们来左右他完全的自立。正是出于这种清醒的理智，恺撒对命运的力量、对人的能力从不抱幻想。对他来说，掩盖人类缺陷的妩媚面纱已经揭开，无论他计划得怎样精明、对所有可能性考虑得如何周全，他的内心也从来没有摆脱过这样一种感觉，即：做一切事都需要幸运，也就是说，完美之事只能靠偶然完成。他常与命运打赌，似大胆的无所谓不断地用自己的生命作赌注。如同陷入纯粹赌博中的大多是明智的人一样，在恺撒的理性中也有一点在某种程度上与神秘主义相关联的东西——这样一种天赋只能造就一个政治家。

从某种深刻的意义上说，自少年时代起，恺撒就是一个政治家，他为自己制定了一个最高的目标：使自己沦陷的民族及与本民族有着紧密的姐妹联系的、但沦陷得更深的希腊民族在政治上、军事上、精神上、道德上获得新生。三十年来的艰苦经历改变了他对达到这一目标的手段的看法，但他的目标始终如一，无论是在满怀希望的忍辱之时，还是在掌握无限权力之时；无论是作为采用黑暗手段悄悄接近这一目标的鼓动家与阴谋策划者，还是作为最高权力的拥有者之一，或是后来作为在世界的众目睽睽之下在灿烂的阳光中创造自己大业的君主。所有在不同时期出自他手的长久性规章，都是实现他的宏伟蓝图的组成部分，所以，不应该谈论他的个别的、具体的功绩，因为他所创造的也不是个别的、具体的。

人们颂扬演说家恺撒使所有律师都相形见绌的雄辩讲演不是没有理由的，他的讲演像纯火一样明亮温暖；人们欣赏作家恺撒的纯洁无瑕的美丽语言、难以效仿的简单结构同样是有道理的；历代最伟大的战将都赞扬将军恺撒是完全可以理解的，没有任何人能像他那样不受常规传统的影响，根据具体情况每每找到战胜敌人的正确作战方法，并通过准确的预感找到相应的手段；他像威廉·冯·奥拉尼恩一样，在失败后马上能重整旗鼓，并无一例外地以胜利结束战役。他对作战要点掌握得尽善尽美，快速运动重兵十分自如，这是军事天才区别于普通军官的重要标志。他不是依靠军队的数量，而是依靠其运动的速度；不是依靠长期的准备，而是依靠迅速大胆的行动作为胜利的保障，即使在条件不具备的情况下也能如此。而这一切对恺撒来说都是次要的，尽管他是出色的演说家、作家、军事家，但他更是一个完美的政治家。

首先，军人这个角色在他身上是次要的，他最主要的、区别于亚历山大、汉尼拔和拿破仑的特点之一是：他的政治生涯不是以军官，而是以鼓动者为起点的。他的最初计划是像伯里克利和盖尤斯·格拉古斯一样，以非武力的方式来达到自己的目的。作为民众党的领袖，他十八年来一直周旋于政治计划与阴谋之间；到了四十岁之后，他才在极不情愿接受的政治需要军事后盾这一观点的情况下当了军队首领。这就说明了为什么他后来始终更多是政治家，而不是将军。这同克伦威尔的情况相似，他也是从反对党领袖转成了军事首领及共和国国王。无论这位拘谨的清教徒侯爵与潇洒的罗马人是多么的不相像，但就他的发展、目标与成就来看，他可能是在所有政治家中与恺撒最相似的人。即使在作战指挥中也能看出恺撒随机应变的能力。在拿破仑征战埃及和英国时，很难看出他是一位可以升为将军的炮兵少尉，而在类似的远征中却更能看出恺撒是一位转任将军的鼓动家。一位训练有素的军官可能很难像恺撒那样，多次出于政治上并非完全急迫的考虑把在军事上极有道理的顾虑抛在一边，这一点在埃壁鲁斯登陆时表现得最为明显。因此，他的某些具体做法从军事上来看是值得非议的，而将军失掉的却是政治家所得到的。

恺撒这样一个政治家的任务正如他的天才一样，是包罗万象的：他所做的千头万绪、乃至各自互不相干的一切都毫无例外地服务于一个伟大的目标，他以无条件的忠诚与不懈的努力效力于这一目标。在他的多侧面、多方向的伟大事业中，他从未因重视其一而轻视其他。尽管他是军事艺术大师，但却出于政治家的考虑为避免内战作了最大的努力，即使在内战开始后，他也试图以最小的流血代价获取桂冠。尽管他是军事君主制的创建者，但他仍为阻止一个元帅等级制或禁卫队统治的产生作了史无前例的努力。如果要提及他的民事功绩的某个方面，那便是与军事相比他更为重视和平的科学与艺术。他的政治建树中最值得注意的特点是他的完善与和谐，事实上他集中具备了创造人类最艰难业绩的所有条件。作为一个十足的现实主义者，他不让历史的影响与宝贵的传统对他构成任何威胁：对他来说，在政治中唯一有价值的是活生生的当今现实及明智的法律，就如同他作为语法学家将古董的历史研究抛在一边，只承认活的语言使用和规范的标准一样。

这位天生的统治者统治人心同轻风驾驭云彩一般，他把形形色色不同类型的人置于自己的支配之下，无论他们是平民百姓还是粗鲁的下级军官，无论是罗马的贵妇人还是埃及、毛里塔尼亚美丽的首领夫人，无论是名声显赫的骑兵将军还是精打细算的银行家。恺撒具有非凡的组织天才，从未有任何一个政治家像恺撒那样对待他的联合政府，也从未有任何一个将军像恺撒对待他的军团那样，把他的由笨拙的、相互抵触的成分构成的联盟和军队坚决地、紧密地结合在一起、凝聚在一起。从未有任何一个君主以如此锐利的眼光来检测他的工具，并为每一个工具安排适当的位置。

他是一个君主，但他从未摆过国王的架子；即使作为享有无限权力的罗马之王，他仍是以党派领袖的身份出现。在交谈中，他非常柔韧灵活、舒适优雅，对每个人都非常殷勤，似乎并不想望比同仁之首更高的位置。恺撒完全避免了像许多可与他相提并论的人物把军事命令的口吻用在政治中的错误。他从未作出像"雾月十八"那样的残暴之举，尽管他与元老院的不快关系已给他提供了足够的理由。

恺撒虽是君主，但他却从未陷入暴君的昏庸。他可能是在天主之下的巨人中，唯一一个在大大小小的事情中不是凭感情或情绪，而是无一例外地依照君主的义务来行事的人。如果他要回顾自己的一生，他可能会对某些错误的计划感到遗憾，但却找不出因激情所导致的、并可为之后悔的错误。在恺撒的生平中没有任何一点是可与那些诗意情感的冲动、克莱托斯谋杀案或焚烧波斯波利斯这些历史记载的他的伟大先驱在东方的所作所为作比较的。他可能是那些巨人中唯一一个直到生涯的最终，都保持了政治家对事物的可行与不可行的敏感的人，他从未失败于对所有伟人来说都是最艰巨的任务，即：在成就的顶峰也能认识到自然所筑的障碍。他做到了一切可能做到的事情，但从未因为不可能的更好的而放弃了可能的好的，从未鄙视过至少用治标之药来减轻不治之症的痛苦。每当他认识到是命运的决定时，他总是服从。进军希帕尼斯的亚历山大和进攻莫斯科的拿破仑回头撤退是因为他们不得已才这样做，因而他们便抱怨命运；即使对他的宠儿也只给了有限的成功机会。而恺撒则自动撤出了泰晤士及莱茵河畔，在多瑙河及幼发拉底河畔他所想的不是不符合实际的征服世界的计划，而仅仅是实现深思熟虑的边界调整的构想。——单独描写这样一个人看起来是一件非常容易的事，而实际上却无比困难。

他整个的人物清晰透明，历史遗留下来的有关他的记载比古代世界任何一个与他同样的政治贵族都要详细和生动。对这样一位人物的看法可能或深或浅，但却不可能是截然不同的；这一高大形象以同样的主线出现在每个未入歧途的研究者面前，但还没有人能够成功地让这一形象直观地再现。其奥秘在于这一形象的完美。无论是从为人还是从历史角度来看，恺撒都处在扬弃生存大对立的融合点上。他既富有巨大的创造力而又不乏深沉透彻的理智，既有胸怀远大的抱负又有成功的造就，他年富而力不衰，既满怀共和理想又是天生的国王。在本质深处他是一个罗马人，但同时又有——无论是对自己还是对外而言——调和、结合罗马与希腊的发展的使命感。恺撒是一个十全十美的人。因此，在他身上比在任何一个历史人物身上都要缺少所谓的典型特征，因为典型特征实际上是对人的自然发展的偏离。表面看起来似乎是一种个性，但仔细观察后却发现实际上是一个文化时代或民族的特性。如同他年轻时代的历险记也跟其他的与他同等的较聪明的同代人的经历相同一样，他那非诗意的、但极富逻辑的天性是典型的罗马人的天性。时间与地点对他的高度决定是他全部人性的一部分，因为绝对的人性是没有的，一个活生生的人不可能脱离一个现存的民族特性、一个特定的文化特性而存在。

恺撒之所以是一个完人，是因为没有任何人像他那样加入了时代的潮流，也没有任何人像他那样完善地拥有罗马民族的核心特性及务实的市民勤奋，他的希腊主义早已与意大利民族性紧密地融为一体。形象地描述恺撒的困难、甚至可以说是不可能性也正在于此。如同一个画家什么都可以画，但却不能画完善的美人一样，面对这样一个几千年才出现一个的完美人物，史学家们也只能是沉默。因为一个规则是可以说出的，但它给我们提供的只是对毫无缺点的否定式想象，而自然在其最完美的披露中把一般与个性结合为一体的这一秘密却是无法用语言表达出来的。我们只能把观察到这一完美的人称为幸运者，只能从这一伟大天性所创造的不朽业绩的光辉反照中获取对这一完美的预感，尽管在这些业绩上也打下了时代的烙印。

这位罗马人与其年轻的希腊先驱不仅能力相当，而且比他更为优秀；只是世界已衰老了，其青年之光暗淡了。恺撒的活动已不再像亚历山大那样，兴高采烈地向广阔的天地进军，他是在废墟上建设，并满足于在确定的辽阔而有限的空间内尽可能安排得安全舒适。各民族诗人的敏感未去关照这位无诗意的罗马人，而相反以诗的所有灿烂辉煌，以传说的所有彩虹去美化菲利普斯之子是有其道理的；而几千年来各民族的国家生计反复追溯到恺撒所开拓的道路上来也同样是有道理的；拥有这个世界的人民今天还以他的名字来称呼他们的最高君主，这是一个有深刻意义的、也是一个让人感到羞愧的提醒。

　　这些便是恺撒的地中海君主制的基础。在罗马，社会问题第二次构成危机，其对立就其存在方式来看，是不可消除的，就其表达方式来看，是不可调和的，不仅在表面上如此，实际上也是如此。第一次危机时罗马得到拯救的原因是，意大利随着罗马、罗马随着意大利得到了振兴，在新的、扩展变化了的故乡，那些老的对立不是调和了而是消失了。而现在罗马又重新得到拯救的原因是，地中海地区随着罗马而振兴，或获得了振兴的基础。意大利的穷人与富人之间的战争在旧意大利只能以民族的毁灭而告终，而现在这一战争在由世界三部分构成的意大利既没有战场，也没有意义了。拉丁殖民地填补了罗马纪元 5 世纪即将吞噬罗马城镇的鸿沟。盖尤斯·格拉古斯和恺撒的阿尔卑斯山北侧和海外殖民则弥补了罗马纪元 7 世纪更为深刻的断裂。对独一无二的罗马，历史不仅创造了奇迹，而且再次重复了它的奇迹，它使这个国家年轻化，从而两次治愈了依靠这个国家本身无可救药的内在危机。诚然，这一年轻化中夹杂着腐朽——如同意大利的统一建构是基于萨姆尼和埃特鲁利亚民族的瓦砾堆上一样，地中海君主国也建造在许许多多曾是充满活力的、勤奋的国家与部落的废墟之上——而这一腐朽却发出了新生的，有些甚至直至今日还保持常青的萌芽。被新的大厦而消灭的仅是那些早已被席卷一切的其文明已宣告灭亡的二等民族。

　　恺撒所做的毁灭行为，仅是执行了由历史发展写成的宣判书，而对文化的萌芽，无论在何处，无论其状况如何，恺撒都给予保护，在自己的国家是如此，对希腊兄弟民族也同样如此。他挽救、更新了罗马民族，不仅保护了希腊民族，而且还以其重建罗马的信心与天才促进了希腊人的复兴，重振了伟大的亚历山大的被中断的大业。人们可以相信，亚历山大在他心中的形象一刻也没有淡漠。对这两大问题，恺撒不仅是同时，而且是通过一个问题解决了另一个问题。在很久以前的萌芽中，人类的两大基本特点：一般与个别的发展，或曰国家与文化，在远离地中海沿岸和岛屿，以其古朴方式放牧的古老的希腊—意大利人中间是统一的，后来随着他们分化为意大利人和希腊人便分割开来，并延续了数千年。现在，这一特洛伊王侯和拉丁公主的子孙又把一个无文化的国家和一个世界主义的文明构成了一个新的整体，在这一整体中，国家与文化在其幸福的年富力强之时重新结合在人类生存的顶峰，充实着符合这一内容的国度。——以上所述便是恺撒对这一大业的构想，他本人是按照这一构想工作的，在他之后数百年，人们仍是按照这一构想并沿着他所确定的轨迹前进的。后来人尽管没有他的智慧与精力，但从整体上看却是按照大师的意图在做努力。完结的并不多，有一些甚至仅具雏形。至于这一计划是否完善，可由敢于与这样一位人物较量的人来决定。我们未能在其中发现重要缺陷，其每一组成部分都足以使一个人不朽，而其总和却构成了一个和谐的统一体。

恺撒作为罗马国王，其统治的时间为五年半，还不及亚历山大的一半；七次重大的远征允许他在帝国首都逗留的时间总共不过十五个月，而在这些短暂的时间里他安排着世界的现在与未来的命运；在处理从确定文明与野蛮之间的边界到清除首都小巷内雨水洼事宜的同时，他还抽出时间、保留足够的雅兴去聚精会神地欣赏剧院的竞赛剧目并以即兴诗作给优胜者予奖赏。这一计划的迅速而有把握的实施证明，它是经过深思熟虑的，它的所有部分也都是经过具体推敲才确立的。仅这一奇迹般的实施就已与计划本身旗鼓相当。这些基础的奠定也就决定了新国家的未来，而完成这一大业只能靠无限的未来。

因此恺撒可以说，他的目的已经达到；人们时而从他口中听到的，他已活够的言辞，可能也就是这种意思。正因这一宏伟建筑是无止境的，所以大师在有生之年不倦地为它添砖加瓦，他以始终如一的韧性与精力创造着他的业绩，从不过急也从不拖延，似乎对他来说只有今天，而没有明天。

他是一个空前绝后的凡人，他建构着，创造着，作为一个建构者、创造者，他数千年之后仍然活在各民族人民的心中，他是第一个，也是唯一的帝王——恺撒。

（选自特奥多尔·蒙森：《罗马风云》，王建、王柄钧等译，漓江出版社 1994 年版）

世界历史上的幸和不幸

布克哈特

  雅各布·布克哈特（Jacob Burckhardt, 1818—1897），19世纪瑞士历史学家。19 世纪中叶，正当德国兰克史学大行其道，作为前者的学生，他却反其道而行之，以其出色的"三部曲"（即《希腊文化史》、《君士坦丁大帝时代》和《意大利文艺复兴时期的文化》），凸现其文化史理念，与兰克倡导的政治军事史传统形成了鲜明的对照，堪称为"最卓越的文化史家"。编者没有从上述著作中挑选一二，却从他谢世后出版的《世界历史沉思录》一书中摘取片段，这不仅因为它论旨宏远深邃，更在于它以谈话的方式，文体活泼，言谈自如，从中可以发现史家撰史的高超艺术。本篇题名是原有的，不过删去了一个"运"字，似乎更好读。

我们习惯于把生活中发生的一切用幸运和不幸两个概念来加以区分，并且想当然地把这种划分法强加到以往的时代上。

值得特别注意的是，当我们评价与自己相关的人或事的时候，我们的年龄以及阅历都起着举足轻重的作用；只有到了生命的暮年时，我们才能够对所接触过的人和经历过的事做出最终的判断。此外，这个最终的判断又依我们寿命的长短，即我们有生之年是四十还是五十岁，可能会截然不同。对我们来说，这个判断性的结论只有一个主观的而非客观的真实性。相信每个人都一定有过这样的经验，他早年的愿望过了若干年以后在他自己看来显得多么愚蠢。

尽管如此，人们在历史的长河中一直对世界历史中的事件以幸运和不幸的标准来进行评判；相比之下，现代的人们更愿意使用这种评价方式。

当然，这种做法很久以前就已经存在，比如在《布希莱阿斯的轮唱曲》（*Skolion des Hybreas*）中，作者对那个以亲民的方式行使统治权的阶层表示了赞许；马基雅维里（Macchiavelli）歌颂了 1298 年，其目的无非是把这一年与随之而来的突变进行对照。出于类似的目的，朱斯廷格（Justinger）以同样的方式描写了 1350 年前后伯尔尼的局势。上面举的两个例子都有地域的局限性，而且在一定的程度上，一些人的所谓的幸运是建立在另一些人的苦难之上，因此可以说，这种结论至少是幼稚的，而且也不是基于对整个世界历史的考察角度。

我们习惯于用如下的口气下结论：

希腊人战胜波斯人，以及罗马战胜迦太基是幸运的事。

雅典在伯罗奔尼撒战争中败给斯巴达是一场不幸。

不幸的是，恺撒没有来得及在一定程度上巩固罗马帝国之前就被人谋杀。

不幸的是，在民族迁徙中，数不清的人类精神的高级创造物被毁坏。

幸运的是，在上述一系列的迁徙过程中，新的、健康的民族为人类注入了生命力。

幸运的是，欧洲在公元 8 世纪没有完全被伊斯兰教征服。

不幸的是，德国皇帝在与教皇较量的过程中败北，以至于教会此后得以掌握如此令人可怕的权力。

不幸的是，宗教改革只波及到半个欧洲，并且新教而后又分裂为两个教派。

幸运的是，西班牙以及后来的路易十四妄图称霸世界的计划未能得逞。

毋庸置疑，越是接近现代，人们对以往的人和事做出的评判就变得越发多样化。其实，这并不能说明什么问题，因为，一旦有条件纵观一个比较长的历史时期，人们就能够对事情的前因后果有更加详细的了解，从而做出相对恰当的结论。

我们认为某个时代的人或者某个国家的人民幸运，其实，这可能是我们视觉上的一种错误。我们把这种幸运借用人生的青春时期，用春天以及日出等图像来加以比喻和形容。这就好比我们想象自己处在一个风景优美的地方、一个舒适的居室，好比看到傍晚时分遥远的小屋烟筒中冒出炊烟的时候，我们就联想到小屋的主人所享受的天伦之乐。

我们有时把整个时代看作是幸运的或者不幸的。属于幸运的就是那些所谓人类历史上的鼎盛时期，最好的例子当然是伯里克利时期，因为在这个时代，雅典无论在国家、社会、艺术、诗歌等方面都获得了整个古典时代最高的成就。其他一些例子，如一个贤明的皇帝统治时期，未能得到人们普遍的承认，因为把它们看作是人类历史上的顶峰时期未免有些片面。不过，雷南仍然认为 1815 年到 1848 年之间的三十多年是法国甚至整个人类经历的最美好的年月。

在某些时代，社会遭受了巨大的破坏。这样的时代被看作是人类特别不幸的年月，而且当时的战胜者们所感受到的喜悦通常不被考虑进去（这样做是理所当然的）。

对以往的人和事作如此这般的评价是近来的事，只有在最近兴起的历史研究中才成为可能。在古典时代，人们相信在远古时期存在过一个黄金时代，此后便江河日下。赫西奥德用灰暗的色彩描画了他所处的那个铁器时代（das eiserne Zeitalter）。目前，有一种肯定当代和未来的理论十分时髦，它认为时光越来越好（所谓的进步）。有关史前的考古发现说明，历史之前的人们在浑浑噩噩之中，怀着动物特有的恐惧心理过着野蛮人的生活。对某一个民族来说，历史上的一些年月相当于它的青春，但是对整个人类来说，到那个年月为止，时光已经流了许多且许久。

那么，究竟是谁有责任或者有权力给已往的人和事下一个断言呢？

我们现在所持的许多观点，其形成基础有两个：一个是文艺复兴时期人们的愿望和推断，另一个则是那些被无数人反复阅读过的历史学家的言论，其中有些是有据可查，而有些则是那些读者的创造。

人们并非无所目的地传播这类观点。在大众媒体中，他们把这类观点用作赞成或者反对当代某些思潮的证据。它们实际上属于舆论中迂腐的那一部分，并且很清楚地打上了相关时代的烙印（经常显得很激烈和粗俗）。这些观点无疑是阻碍我们真正认识世界历史的死敌。

现在，让我们具体地分析此类错误观点的来龙去脉。

首先，有些错误观点产生的原因是人们缺乏耐心。当我们现有的知识或者我们所下的工夫还不足以对过去某个时代做出一个评价的时候，如果写历史的人和读历史的人过久地因这个时代而绞尽脑汁，那么他们就很容易因为不耐烦而下结论。我们有时希望历史的流速快一些，比如我们宁愿牺牲古代埃及第二十六王朝之前的某些朝代，以便让开明的阿美西斯（Amasis）国王早一点登上舞台，并给埃及带来进步。在米底（Medien）王国的历史上，曾经先后有许多国王在位，但是对那些不太出名的国王我们无法耐下心来。我们有一种感觉，好像那个让人充满幻想的伟大的居鲁士（Cyrus）已经在门口等候多时了。

总而言之，我们这些无知的人对那些能引起我们兴趣的人和事有一种偏爱，而且还自以为这些是历史上幸福的人和幸运的事，同时把那些无趣的人和事当做不幸的人和事。在那些遥远的年代有许多美好的事情，只不过它们是我们超强想象力的结晶。

有时，我们感觉自己的观点仿佛以从前的某一个说法为根据，而实际上，那只是我们进行回忆时过分仓促造成的。

我们同情以往为了更高的目标而长期做过斗争的某个时代、某个民族、某个党派，某种信仰，我们觉得它们是不幸的。如今我们有这样的倾向，即希望那些拥有不同思想的人不经过艰苦的斗争就能达到各自的目的，不仅如此，我们还把这样的愿望推广到过去，希望从前的人也曾经拥有过这样的好运。出于这个原因，我们同情古罗马的平民和梭伦（Solon）之前的雅典人，因为他们曾经与贵族及其残酷的债权进行了长达几世纪的斗争。

只有经过长期不懈的斗争，胜利才成为可能，而且获得胜利的人和事也才能有机会展示自身强烈的生命力和高贵的价值。

但是胜利的喜悦又是何等短暂，我们又多么容易丢弃一个老朽的东西，却死守住一个同样老朽的东西不放！随着民主获得胜利，雅典在政治上陷入软弱无能的状态；罗马得以征服意大利，并且直至世界，而代价是被征服民族不可名状的苦难以及自己内部严重的腐败。

见识了以往的宗教战争以后，很多人觉得那些斗争其实都可以免掉。令人气愤的是，真理只能借助外力才能站住脚，而一旦这个外力不够强大的时候，它只能遭受被压制的厄运。不可避免的是，在长期的斗争过程中，真理也会失去它内部的纯洁性和庄严性，因为代表和拥护这个真理的人们所持的目标有其时间性。宗教改革运动得以在世俗的政治领域站住脚跟。而运动的支持者试图以物质的形式与极端追求物质利益的敌人做斗争，为此，他们不得不让各国政府充当代理人。殊不知，这些掌握世俗权力的人所关心的是教会的财产，而不是宗教事务。我们不能不说这种结局是一场悲剧。

至于从宗教争端中生成的新的生命，它只有借助斗争，而且不仅仅是口诛笔伐，才能成为全面的和充满生机的生命；只有斗争才有可能让双方都保持清醒的头脑。在世界历史的各个时期和所有的问题上，只有通过斗争，相关的人才有可能清楚自己究竟要达到什么目的，究竟能够达到什么目的。

首先，天主教经过斗争重新成为一种宗教，可以说它经历了一场正本清源的洗礼。接着，人们的精神从许多方面得到了唤醒，宗教矛盾渗透到国家生活和文化中间，并且与它们构成了各种联系和对立。最终，世界发生了翻天覆地的变化，人类精神也变得空前的丰富。假如一味地强调对新的宗教无条件地顺服，那么这些变化就不会出现。

我们接下来谈如何从文化的角度进行评价。问题在于，人们以现今教育的普及程度、文化的大众化程度以及生活的舒适程度来衡量以往民族的幸福程度和伦理道德水准。以往的民族哪个也不可能达到这样的标准，如此苛求的人只好怀着极其或者些微的同情把他们打发掉。有那么一阵子，"现代"这个词成了进步的同义词，人们非常可笑地表现出一种狂妄，好像这种前进步伐正在迈向人类精神的完满，甚至人类伦理道德的完善。在评价这个所谓进步的时候，人们的安全感理应成为衡量一个社会的标尺，这个问题我们在下面还要详细谈到。如果没有安全感，以及上面提到的文化，那么我们的生活就无异于成了空中楼阁。从前的人过着纯朴的和富有生气的生活，他们尚保持了本种族体质上的高贵之处，并且共同对抗外敌。我们没有理由不把他们的这种生存状态称为文化，何况他们的感情达到了更加纯真的境界。说实话，人的精神很早就已经达到了完备的状态！至于探寻人类道德的进步，我们可以把这项任务交给巴克尔。巴克尔很天真地道出了他的惊讶，说他没能发现道德进步的迹象，不过，道德的进步所涉及的实际上是每个人的生活，而不是整个时代。即使在久远的古代就已经有一个人为了另一个人而献身的情况，从那以后，我们人类又取得了什么进步呢？

作为对以上内容的总结，下面我们将要谈到人们在对以往的人和事进行评价时的口味问题。正因为人们在评论过去的时候讲究特定的口味，所以他们一般把这样的时代及其民族视为幸福，即那些强烈地展现某些特定因素的时代以及与其相关的民族，而这些特定的因素恰好是那些进行评论的人们看来最为珍贵的。一般来说，情感、想象力或者理智构成了人们生活中的主导因素，因此，以下的时代及其民族都有可能被冠以幸福的桂冠：占人口多数的人非常严肃地进行超验性的活动的时代及其民族；艺术和诗歌占主导地位，并且许多人有时间和机会进行脑力劳动的时代及其民族；尽可能多的人收入丰厚，而且人们孜孜不倦地从事本职工作的时代及其民族。

我们可以轻而易举地证明上述三个判断都非常片面，它们都未能考虑当时生活的各个方面。此外，对于作出上述判断的人说来，假如真的让他们到他们认为幸福的那个时代去生活，他们会马上发觉太多的不如意。

还有一些评价是出于政治方面的同情而做出的。有的人只是把历史上共和制的那段时间看作是幸福的，而有的人只把君主制那段时间视为幸福；有的人认为只有出现激烈运动的那个时段才是幸福的，而有的人则把平静的年月看做是幸福。作为典型的例子，我们很容易联想到吉本（Gibbon）如何把一个好皇帝统治的年代视为人类最幸福的时段。

显而易见，这些评价相互矛盾和抵触。当人们从自己的信仰出发对以往的时代是否幸福进行衡量的时候，类似上面所说的针锋相对的局面便会达到无以复加的程度。

从以上的例子中可以看出，人们在对历史上的人和事进行评价的时候很注重安全问题，当涉及到文化的情况下尤其为甚。在强调安全感的情况下，所有的幸福需要三个前提条件。首先，要把个人的意志置于受警察保护的法制之下；其次，要根据具有客观性的法律条款来处理所有的财产问题；再次，要尽最大可能地保证人们的收入和交易。我们现在的伦理道德其实主要建立在这种安全感上面，有了这个普遍的安全感，个人就不必为了自己的房子和财物而烦恼，至少从道理上可以这样讲。有些事情政府都做不到，但是保险公司却能办得到，那就是通过每年花上一些钱来把可能的不幸卖掉。当人们的生存状态很理想或者他们的养老金很可观的时候，一旦他们不参加保险，他们甚至会招来众人的谴责。

在过去的许多时代里，上面所讲到的安全根本无法保证。假如把这个安全问题忽略不计，那些时代会让自己的光辉永远四射，并且在人类历史上一直占据一个极高的地位。

不仅在荷马所描写的那个时代，而且在荷马所生活的时代，拦路打劫也是司空见惯的事情，人们可以礼貌地且毫无顾忌地向陌生人咨询有关抢劫的要领。那时候，出于自愿的杀手和被逼无奈的杀人犯随处可见，而且他们在国王们那里成为座上客，甚至奥德修斯（Odysseus）在他虚构的人生经历中也加进一个谋杀的情节。此外，那个时候的习俗多么简单，又多么高贵啊！那时候，史诗是许多歌手的共同财富，他们随处走随处唱的歌谣成了整个民族可以毫不费力地享受到的乐趣，而且这些人永远是人们羡慕的对象，因为他们拥有无穷的创作热情，还有各种各样的感受、超常的力量和可贵的天真。我们只需想一想瑙西凯厄（Nausikaa，荷马史诗《奥德赛》中一个公主，曾帮助遭遇船难的奥德修斯——译注）就可以了。

对于我们今天已经习惯于过安静和谨慎的生活的市民来说，他们恐怕没有一个愿意生活在伯里克利掌权时期的雅典，生活在那个躁动不安的状态之中；即使他们不属于占人口多数的奴隶阶层，也不是某个阿提卡同盟国的公民，而是自由的和拥有完全公民权的雅典市民，他们也会觉得死一般的不幸。在雅典，个人要对国家承担各种义务。为了保证每个人完成他的义务，国家习惯性地采用抢劫和法庭审判等手段，而且雇佣那些善于蛊惑人心的小人和告密者。尽管如此，当时的雅典人一定以为他们的生存状态比世界上任何地方都更好和更有安全保障。

现在很时兴根据伟大这个标准来对历史进行评价。不可否认，占主导地位的民族和个人手中掌握了迅速膨胀和高度发展了的权力，但是，这种权力是以无数人受难为代价的。人们只知道尽力地把一个统治者以及他周围人的身价抬高，往他们身上贴各种伟大、宽容的标签，其结果是，后来的人们真的以为那些伟大和宽容的美名是他用行动换取的。人们甚至还假定，一个民族即使看一眼属于自己的天才，他们也会从他身上得到祝愿和祝福。

至于上述那些数量巨大的受苦受难的人，人们会泰然处之，认为这只是暂时的不幸。这些人还以这样的事实当做自己的借口，即持久的和给人带来好运的局面都是经过可怕的斗争以后才逐渐形成。通常说来，那些对历史作评价的人都是上面所说的那种局面产生以后才出生的，并且生长在那种局面之中，所以，他们下结论时当然会持宽容的态度。

最后，我们还应当让笔锋触及到所有的人在对历史人物和事件作评论时都不能避免的问题，即每个人的结论里面都或多或少地包含一个因素，那就是自私！一些人下结论时说"我们认为"，而另一些持相反观点的人也以"我们"来标榜自己。如果说得绝对一点，这种评价方式等于给人翻手为云、覆手为雨的机会，就如同从事不同种植活动的农民可以根据自己的需要让上天降雨，或者让它送来阳光。

我们在内心深处无比自私，而这种自私又极端可笑。我们首先把那些与我们自己有点儿相似的人视为幸福；那些与我们现在舒适的生存条件有关联的力量和人则值得称赞。

似乎整个世界以及世界历史都是为了我们的缘故才存在。每个人都以为他所处的时代实现了人类长久以来的愿望，他不愿意承认他的时代不过是时间长河中转瞬即逝的一个波浪而已。假如他有理由认为他基本实现了他所能做到的一切，那么他看重自己所处时代的态度不言而喻；假如他希望他所处的时代有所变化，那么他就会相信这种变化不久会出现，而且他还能为此做些贡献。

包括我们在内的每个人，他不仅是为了他所处那个时代的缘故而生存，他的存在也是为了整个过去和整个未来。

就这个巨大的和严肃的整体而言，某个民族、时代或者个人对永久的或者暂时的幸福和舒适的要求都显得不足挂齿，因为所有人的生命构成了一个整体。这个整体在时间和地域上会出现一些波动，当波及到我们人类虚弱的器官的时候，我们的器官就把这些波动感受为上升和衰弱、裨益和危害，而事实上，这些波动都属于不可避免的必然性。

我们应当想办法把"幸福"这个表达法从人类生活中剥离出去，然后用另外一个表达法加以替换，而"不幸"这个表达法则应当继续使用，其原因我们将在下面进行说明。自然界的历史告诉我们，要想生存就不能避免令人心惊胆跳的斗争，而这种斗争也延伸到了人类的生活和历史中。

"幸福"这个词已经遭受了玷污，由于人们的滥用，它已经变得模棱两可。假如让整个世界所有的人对幸福这个词的定义问题进行投票表决，其结果会是什么呢？

首先，只有童话才把永远不变的状态当作一种幸福。在孩童天真无邪的观念里，幸福就是永远享受（在奥林匹斯山和极乐乡那里才有的）节日的欢快气氛。不过话说回来，童话也并非自始至终把同一种状态看作是幸福：当那个邪恶的魔术师倒地而死，那些可恶的女妖受到了惩罚，而且当阿卜杜拉（Abdallah）和法蒂姆（Fatime）这一对国王和王后在王位上幸福地生活到一百岁的时候，童话想象的翅膀离开了这对幸运的夫妻，并且把我们的兴趣引向其他幸福的夫妻身上，比如哈桑（Hassan）和苏雷卡（Suleika）或者雷娜（Leila）。这样说来，《奥德赛》的结尾显得真实多了，因为主人公所经历的艰难险阻一个接着一个，他似乎面临着没有尽头的考验。

把幸福与特定的持续存在的状态密切联系在一起，这种做法本身就有问题。我们必须说，保持一种状态就意味着僵硬直至死亡；生命只能孕育在运动过程中，不管这种运动有多么痛苦。当然，原始的或者自然的状态除外，因为在历史开始的那段时间里，这一天与另一天，这个世纪与下一个世纪之间没有多少差别。尤其是把幸福当作一种实实在在感觉的观点值得质疑，幸福只不过是疼痛暂时缺席的结果，我们顶多可以把幸福与轻微的成长的感受联系起来。

无疑，有些民族静止不前，它们几百年保持同一个整体的形象。在外人看来，它们好像对自己的命运在一定程度上感到满足。这种情况多数是专制所导致的。一般说来，刚刚（可能费尽了周折以后）建立起来的政权和社会不得不抵制反对势力卷土重来，而且为了保护自身可能会不择手段。在这个过程中，专制的形成是再自然不过的了。对第一代来说，这种生存环境无疑是不幸的，而第二代则生长在这个先决条件之下，不久之后，他们便把他们无法或者不想改变的状态奉为神圣不可侵犯，直至把它当作一种幸福加以歌颂。当西班牙人在物质上极端贫穷的时候，他们只要想到卡斯蒂利亚这个崇高的名字，他们就禁不住激情满怀。很多人意识不到，来自政府以及宗教审判的压力根本未能让民众的内心屈从，西班牙最伟大的艺术家和诗人也是这个时期诞生的。

如此稳定不变的民族和静止不动的时间，其存在的意义可能在于把先前时代的精神和物质财富加以保护，然后把它们完好地作为发酵剂传给未来。从这个意义上讲，它们的静止并不是绝对的、致死的，而是可以比作能够驱除疲劳和养精蓄锐的睡眠。

有些时代、民族和个人则截然相反，他们需要时不时地把他们的力量，甚至他们全部的力量，通过剧烈的运动释放出去。这些剧烈运动的作用是把旧的毁坏，为新的开辟道路。在这些剧烈的运动中，他们除了偶尔感受到短暂的胜利的喜悦之外，他们甚至享受不到任何幸福，更不要说长久的幸福，因为那些胜利本身就是暂时的。他们层出不穷的力量的源泉在于永远不满足，他们新迈出的步子还没有站稳，就已经迫不及待地想迈出下一步。

不管他们这种努力的结果有多么重要，不管这些结果的历史意义有多么重大，实际上并且从时间上讲，它总是披着人类最深不可测的自私这件外衣登场，那就是把自己的意愿强加在别人身上，把自己的满足建立在别人的顺服上面，不仅如此，因为不可能赢得对方真正的顺从和尊重，它会采用任何形式的暴力。

无法否认的是，暴力这个邪恶的东西，即强者把自己的意愿强加在弱者身上的权利，构成了世界历史上不可或缺的组成部分。它在原始的生存竞争中就已经形成，它充斥了整个自然，包括动物世界和植物世界，而且扩散到人类世界，其表现形式是谋杀和抢劫，排斥、灭绝或者奴役弱小的种族，抑或同一个种族内相对弱小的民族，排斥、灭绝或者奴役同一个国家和民族内相对弱的社会阶层。

比别人更强还远远不等于比别人更好（Der Stärkere ist alssolcher noch lange nicht der Bessere）。在植物世界里，我们也经常可以看到品种差却对周围不管不顾的植物得以广泛传播。在人类历史中，高贵的往往由于在数量上占少数而居下风，这种例子简直举不胜举。但是，当一个比较低级的文化占上风，并且因为自己占绝对多数而肆无忌惮地使用各种权利的时候，情况就特别危险。那些被战胜的民族或者国家更高贵、更优秀；而对那些胜利者来说，他们虽然只是受统治欲望驱使，但是却促成一个新的未来。问题是，这些胜利者对即将来临的未来丝毫没有概念。在这种时候，只有让国家免受一般道德准则的约束，而把个人置于这些道德准则的约束，那个逐渐逼近的未来才可能有一线希望。

罗马帝国在这方面为我们提供了一个最好的例子。萨莫奈战争结束以后不久，罗马人就以最令人恐怖的手段开始征服东方和西方，并且以血流成河的代价完成了扩张活动。另外，从根本上讲，萨莫奈战争是罗马贵族与平民之间的斗争。

至少对我们来说，我们在罗马帝国扩张活动中似乎能辨认出世界历史潮流涌动的目的，那就是创造一个共同的世界文化，并且借助这个文化让一个新的世界性的宗教传播开来。后来，这两个元素传给了卷入民族迁徙中的野蛮的日耳曼人，并且最终成为新的欧洲的黏合剂。

从一件以邪恶的目的开始的事情中能够产生出好的结果，一件不幸的事情能够转变成一种幸运，但是我们绝不能由此得出结论说，这种邪恶和不幸在开始的时候与其他邪恶和不幸的东西有什么本质上的区别。所有付诸行动的暴力都是邪恶的，是一种不幸，或者最起码是一个危险的例子。（Jede gelungene Gewalttat war böse und ein Unglück und allermindestens ein gefährliches Beispiel.）一旦暴力掌握了权力，那些掌权的人就会想方设法把原先纯粹的权力转变成秩序和法制，他们可以运用手中的权力治理暴力横行的状态。

同样不能否认，有些邪恶的政权以其邪恶的方式在这个世界统治很长时间，这样的例子绝不仅仅是法蒂玛王朝和暗杀十字军成员的穆斯林秘密团体。按照基督教的说法，这个世界上有权势的人就是撒旦。照此说来，最严重地违背基督教教义的事情莫过于把德行和权力嫁接在一起，莫过于许诺俗世的人们来自上帝的物质的奖励，就像早期教会的作者们把上帝的祝福献给基督教皇帝们一样。但是，当邪恶的人掌握统治权的时候，有一个非常重要的事实不得忽视，那就是说，只有在这种情况下，才会出现无私和善良的人。假如善良的人不断地得到奖励，而邪恶的人不断地遭到惩罚，最终导致那些邪恶的人抱着不可告人的目的假装善良，其后果不可想象，因为，那些邪恶的人仍然是邪恶的人，他们在内心里仍在策划着邪恶的念头。如果真的出现这样的情况，人们可能不得不祈求上天，允许个别邪恶的人在人世逍遥法外，只是为了让他们把自己的本性暴露给世人。其实，这个世界上虚假的东西太多太多。

现在，让我们试着给世界历史上出现过的最该受到控诉的事件寻找一些能够聊以自慰的理由吧。

首先，并非每一次的破坏行动都促成了新的生命。正如毁坏珍贵的植物可能会导致一块土地永远成为荒漠一样，有些备受蹂躏的民族确实再也没有复苏过来。我们好像无法否认，有些力量只具备毁坏的性质，在它的铁蹄下任何花草都无法生存。亚洲似乎一直未能从两次蒙古人的统治下所遭受的创伤中恢复过来。帖木儿造成的破坏尤为严重，他残杀了无数生命，并且用石头、石灰和人的躯体建造了高墙。帖木儿为了自己和自己民族的私欲而东征西战，把世界夷为平地。人们至少从这个破坏者的身上清楚地看到，一个邪恶的人有时能够发泄出多么大的冲击力。在受到如此破坏的国度里，人们永远无法相信公正和善良。也许，帖木儿使得欧洲免遭奥士曼人的蹂躏。试想，如果历史上没有他，再加上巴扎泽特（Bajazeth）和胡斯信徒涌向德国和意大利，后果会是什么样子。说起来，后来的奥士曼人，包括民众和统治者，他们着实让欧洲胆战心惊，但是绝对没有达到巴扎泽特一世（Bajazeth Ⅰ）在安哥拉（Angora）附近的战役之前所聚集的那种不可估量的势力。

如果我们联想到古时候人民的绝望和哀号的总和该有多少，那么我们就无法否认那个时代就已经充斥了惨绝人寰的行为。古代称霸世界的君主国都是建立在无数人的苦痛之上。值得我们特别同情的包括这样的民族，即那些为了保卫民族的自主性而抵抗波斯国王，但是在绝望的战斗中被打败的民族，还有更早一些在抵抗亚述和米底国王的战斗中遭受失败的民族。亚历山大大帝东征时，他一路上碰到了无数孤零零的王宫遗址，它们其实都记录了不同的民族（叙加尼人［Hyrkanier］、巴克特里亚人［Baktrier］、索格狄亚那人［Sogdianer］、格杜罗基人［Gedrosier］等）所进行的惨烈的战斗，只不过我们对细节一无所知。难道他们所做的斗争是徒劳无益的吗？

至于其他一些民族，由于我们对它们所做的最后的斗争以及它们的灭亡有所了解，我们的感受就完全不一样。这样的例子有：吕底亚诸城市抗击哈尔帕古斯（Harpagus）的战斗，迦太基、纽曼提亚和耶路撒冷抵抗提图斯（Titus）的战斗。这些例子已经成为值得人们学习的典范，因为在上述例子里，一个人为了集体的利益而竭尽全力，为了民族最珍贵的财富而献出了自己的生命。可以说，他的不幸促成了整个人类的幸运，这种幸运虽然略带苦涩，但是无比崇高。

假如有一天我们能够发现那些描写波斯帝国东部的民族如何灭亡的波斯楔形文字，即便它们怎样充满了战胜者浮夸和毫无生气的词汇，我们也能够从中窥见被征服的民族所进行的伟大斗争的痕迹。

我们恐怕无法安慰自己说，假如没有亚述和波斯那种排山倒海似的征战，亚历山大大帝也许不可能把希腊文化的种子带到亚洲腹地中去。不管怎么说，希腊的影响并没有超出美索不达米亚的范围很多。我们一定要谨慎加谨慎，以免我们把自己的历史观点想当然地当作世界历史必然的结局。

至于任何灭绝人寰的暴行，有一点是毋庸置疑的，那就是说，因为我们不了解世界历史发展的整个趋势，我们不可能得知，假如一件事情——不管它有多么骇人听闻——不曾发生的话，那么会发生其他什么事情。唯一可以猜测的是，我们所熟悉的那个历史长河中的浪头就会被另外一个我们无法知道的浪头所代替；也许，代替那个可恶的压迫者的可能是一个更加可恨的家伙。

不过需要强调的是，任何有权势的人都不应当以为他可以用如下的话为自己开脱："假如我们不干这件事，别人也会做。"假如真的如此，那么任何罪行都有它的理由。很多干了罪恶勾当的人根本不认为有必要道歉，而是理直气壮地说："我们这样做，其结果终究是好的。"

或许，就那些遭受厄运的民族或国家来说，假如他们真的长期存在了的话，可能后来就变得不值得我们的同情。一个很早在光荣的战斗中灭亡的民族，假如它没有灭亡，它后来也并不一定会幸福，也不一定能够创造出辉煌的文化，它也许会因其内部的邪恶而不久就开始堕落，并且还把邻近的民族也牵扯进去。这好比一个英年早逝的人，人们以为他如果再活下去的话一定会更幸福，也会变得更伟大，但是谁又能断然否认，他那时其实已经达到了人生的顶峰或者甚至已经在走下坡路。

另外一个让人聊以自慰的原因来自那条颇为神秘的所谓补偿原理。这个补偿原理至少在一个方面得到了印证，即一场大流行病或者战争以后，人口就开始增多。似乎人类生命总量是固定的，一旦它受到了损失，那么它总会通过其他什么方式得到补偿。

我们不敢肯定，但好像也无法否认，15世纪的时候，世界文化在地中海东部地区出现类似退潮的现象。但是从总体上说，西欧各民族向海外进行的扩张在形式和内涵上可以被看作是上述退潮的补偿，只是世界的重心从一个地方移到了另外一个地方。

在上面所列举的前一个例子中，假如没有出现大流行病或者战争的话，其他天灾人祸也会夺取人们的生命，换句话说，一种形式的死亡代替了另一种形式的死亡；在后一个例子中，人类世界强大的整体力量用其新的生命弥补了在局部区域业已消亡的生命。

这里所说的补偿不是对痛苦的补偿，也就是说，不是造成痛苦的人对受伤害者有所补偿，而只是遭受损毁的人类继续生存，而且其中心有所移动。我们也不能认为那些受害者的后代或者他们的其他亲属得到了补偿。对于奄奄一息的罗马帝国来说，当时风起云涌的民族迁徙无异于一针强心剂。但是，罗马帝国东部那一部分未受迁徙民族波及的土地后来属于康尼努斯家族（Komnene）的势力范围。假如有人向 12 世纪的拜占庭人问起他们的感受，那么他们一定会极为骄傲地大谈特谈罗马如何在博斯普鲁斯海峡旁边得以延续，并且以极端蔑视的态度看待那个"获得新生和新生力量的"西方；甚至现今处在土耳其人统治下的希腊斯拉夫人也不认为自己比西方人低下，当然也不比他们更不幸。总而言之，一旦有人让他们发表意见，那么他们就对任何复兴的理念表示反对，因为这意味着他们自身的衰亡以及大批蛮族的入侵。

说起来，所谓补偿原理在很多时候不过是乔装打扮的单向美好愿望的表现形式而已。我们现在并且将来也应当谨慎地使用这个概念，因为人们依靠它所能获得的真正的安慰实在有限。另外，我们对历史上的得与失也无法做出十分令人信服的判断。出生和死亡是地球上所有生命体的普遍命运，但是，只要一个生命被暴力（按照我们的观点）提前夺取了生存的权利，那么这条生命是无可替代的，即便用另一条同样鲜活的生命也无法替代。

上面提到的补偿不能达到完满效果的原因还在于，有些看上去铁板钉钉的事情不断地被拖延。一件伟大的、让人满怀希望的事情迟迟不能实现，好像将来的某个时间会让它变得更加美满。在三十年战争中，德国曾经有过两次统一的绝好机会，但是德国人都与它们失之交臂。第一次是1629 年，华伦斯坦（Wallenstein，三十年战争期间任神圣罗马帝国军队统帅——译注）差一点完成了统一大业；另一次是 1631 年，古斯塔夫·阿道夫（Gustav Adolf）差点完成了未能完成的大业。需要补充的是，不管上述二人中哪一个促成了统一，民族内部互相之间强烈的、无法克服的敌意却无法消除。统一的德国的诞生就这样被推迟了二百四十年。只有时光流逝了这样久以后，民族内部的那种敌意才失去了往日的危险性。在艺术方面，我们同样可以说，假如教皇尼古拉五世（Papst Nikolaus Ⅴ）建造了新的圣彼得教堂的话，它会远不如布拉曼特和米开朗琪罗参与建造的老圣彼得教堂。

这种补偿的差异性还表现在文化的一个分支被另外一个分支代替的时候。18 世纪前半叶，诗歌几乎处在荒漠之中，绘画也没有值得称道的潮流，正是在这种情况下，音乐达到了它的巅峰。当然，这里也有许多说不清楚的因素，我们不应当在诗歌、绘画和音乐之间轻率地断言孰重孰轻。不可争辩的事实是，一个时代、一个民族不可能同时占有一切，另外，一些犹豫不定的力量经常被正处在鼎盛期的势力所吸引。

如果说我们有理由谴责命运的残酷，那无疑是因为高超的艺术品和优秀的诗作的失传。就古代的智慧以及分别坐落于帕加马（Pergamus）和亚历山大的两个图书馆而言，即使它们完好地保存下来，我们可能有一天也不得不丢弃它们，因为层出不穷的新知识已经让人喘不过气来。那些早逝的一流诗人让我们不禁黯然神伤；有些历史学家死于非命所导致的损失也无法挽回，因为人类思想重在其连续性，而现在却变得残缺不全。这种连续性是我们人类存在所关注的焦点，同时也为我们人类存在的重要性提供了一种超验的证据。我们不知道，精神的相互联系是否存在于一个我们所不认识的器官之中，对此，我们无论如何也做不出任何设想，所以我们最好还是希望我们的潜意识能够意识到这种联系的存在。

我们对那些早已灭亡的文明或国家有一种渴望，虽然这是一种无法得到满足的渴望，但是不能说它一点价值也没有。正是在这种渴望的作用下，许多古物的残片得到拯救，并且通过科学家们不懈的努力得以拼接；对流传下来的残缺不全的艺术品的敬仰，对传统中的残肢断臂进行不知疲倦的接合，其实这两者的结晶构成了我们今天宗教的一部分。

在这一点上，我们内心值得敬仰的力量同那些令人敬仰的物体一样至关重要。

也许，当时那些高超的艺术品也不得不湮灭，以便后来人能够不受任何拘束地创造一种新的艺术。假如在 15 世纪的时候保存完好的古希腊雕塑和绘画作品大量出土了的话，达·芬奇、米开朗琪罗、拉斐尔、提香、柯勒乔（Correggio）等人所创作出的那些杰作可能就无法出现，当然，他们可能以特殊的方式把那些从罗马人那里继承的艺术理念和手法与来自古希腊的东西进行比较。18 世纪中叶以后，人们充满热情地投身于创新哲学研究和古典研究的活动中，假如恰好在这个时候，那些失传多时的古希腊抒情诗突然出现的话，这些抒情诗可能会让德国诗苑里正在盛开的花朵受到影响。当然，这种影响过后几十年，也就是人们从起初的目瞪口呆恢复过来以后，那些保存下来的古老的东西不可避免地与新的进行一番比拼，而且新的东西终究会找到适合自己的路。但是对那些新的东西来说，它们开花的最佳时间已经过去，而且它们盛开的最大能力也已经一去不复返。令人欣慰的是，对于15世纪的艺术和18世纪的诗歌来说，从古典时期流传下来的作品足以激起人们的创作灵感和热情，但是还不足以使人窒息。

谈到这个地方，我们应当做一个了结。不知不觉中，我们的话题从幸运和不幸的问题转到人类精神永存的问题上。从我们讨论的结果看，人类精神类似于一个人的生命。它在历史中而且通过历史得到人们的感知，并且逐渐地吸引那些善于思维的人们的注意力，让这些人不断地探索和追寻它，以至于幸运和不幸的概念越来越丧失其原来的重要性。"一切都有其成熟的时候。"（Reif sein ist Alles.）对于那些有能力的人来说，不管是出于自愿还是出于无奈，他们的目标已经不是幸福，而是认知新事物。这种转变并不是因为他们对别人的哀号无动于衷——其实我们很容易因别人受难而受到触动，这也是为什么我们不能百分之百地保持客观的原因——而是因为我们认识到我们的愿望的盲目性。换句话说，各个民族的愿望和每个人的愿望时常可以互换、可能相互抵触或者互相抵消。

假如我们每个人都能够放弃自己的个体性，并且能够同时以平静和不安的心情看待不久的未来的话，如同我们观看自然界的景象，比如在陆地上观察海上的风暴一样的话，那么我们就有可能非常充分地体验人类精神历史上最伟大的篇章。

不久的未来会是这样一个时代：

那时，三十年战争（我们这些人成长的那段时期）中的那种迷惑人的和平已经一去不复返，一系列新的战争迫在眉睫；

那时，几个拥有人类最伟大文化的民族在采取何种政治模式的问题上摇摆不定，或者正准备采用一个新的政治模式；

那时，随着教育的普及和交通的便利，人们对痛苦的感受程度以及他们的急躁情绪变得更加强烈；

那时，各种运动此起彼伏，社会机构变得摇摇欲坠，此外还有许多堆积如山和久而未决的危机。

对于生活在不久的未来的人们来说，作为身临其境的人，同时作为世俗的人，他们可能无法掌握和领会整个局势，但是，他们至少可以着手追寻和认识人类的精神。这将是一出多么令人神往的剧情啊。说起来，虽然人类精神到了那个时候会建造属于自己的居所，但是它仍会盘旋在上面所列举的所有现象上面，同时又与它们盘根错节。不管是谁，只要他意识到了这样的远景，那么他就会全然忘记诸如幸运和不幸之类的事情，并且把自己的毕生精力投入到认识上述现象的追求之中。

（选自雅各布·布克哈特：《世界历史沉思录》，金寿福译，北京大学出版社 2007 年版）

奥林匹斯山上的宙斯

丹 纳

丹纳（Hippolyte A. Taine，又译泰纳，1828—1893），19
世纪法国历史学家。他一生涉猎广泛，还身兼文艺理论家、
哲学家、美术史家。作为历史学家的丹纳，其代表作为《现
代法国之由来》，另著有《英国文学史》等。在现代中国读者
中，他的《艺术哲学》流传更广，更具影响，这部分也归之
于著名翻译家傅雷的辛劳。该书明白晓畅，文笔生动，散文
化的笔调，给读者留下了深刻的印象，本篇选自该书，在此
丹纳阐述了从古希腊至他生活年代的文化，聚焦是时欧洲文
化的四大高峰，故题名取为"奥林匹斯山上的宙斯"，以此对
应丹纳的"高峰说"。

我要挑出四个时期，欧洲文化的四大高峰：一个是古希腊与古罗马的时代；一个是封建与基督教的中古时代；一个是正规的贵族君主政体，就是17世纪；一个是受科学支配的工业化的民主政体，就是我们现在生存的时代。每个时期都有它特有的艺术或艺术品种：雕塑、建筑、戏剧、音乐；至少在这些高级艺术的每个部门内，每个时期有它一定的品种，成为与众不同的产物，非常丰富非常完全；而作品的一些主要特色都反映时代与民族的主要特色。让我们考察这些不同的领域，我们将要看到许多不同的花朵。

一

大约三千年以前，爱琴海的许多岛屿和海岸上出现一个很优秀很聪明的种族，抱着一种簇新的人生观。他们既不像印度人埃及人耽溺于伟大的宗教观念，也不像亚述人波斯人致力于庞大的社会组织，也不像腓尼基人迦太基人经营大规模的工商业。这个种族不采取神权统治和等级制度，不采取君主政体和官吏制度，不设立经商与贸易的大机构，却发明了一种新的东西，叫做城邦。每个城邦产生别的城邦，嫩枝离开了躯干，又长出新的嫩枝。单是米莱一邦就化出三百个小邦，把全部黑海海岸做了殖民地。别的城邦也一样：从赛利尼到马赛，沿着西班牙，意大利，希腊，小亚细亚，非洲的各个海岬和海湾，兴旺的城邦在地中海四周星罗棋布。

城邦的人如何生活呢？公民很少亲自劳动，他有下人和被征服的人供养，而且总有奴隶服侍。最穷的公民也有一个管家的奴隶。雅典平均每个公民有四个奴隶，普通的城邦如爱琴，如科林斯，奴隶有四五十万；所以仆役充斥。并且公民也不需要人侍候。像一切细气的南方民族一样，他生活简单：三颗橄榄，一个玉葱①，一个沙田鱼头，就能度日；全部衣着只有一双凉鞋，一件单袖短裈，一件像牧羊人穿的宽大长袍。住的是狭小的屋子，盖得马虎，很不坚固，窃贼可以穿墙而进；屋子的主要用途是睡觉；一张床，两三个美丽的水壶，就是主要家具。公民没有多大生活上的需要，平时都在露天过活。

---

① 我们称为洋葱。

　　公民空闲的时间如何消磨呢？既没有国王或祭司需要侍奉，他在城邦中完全是自由自主的人。法官与祭司是他挑选的；他本人也可能被选去担任宗教的与公共的职务。不论皮革匠、铁匠，都能在法庭上判决最重大的政治案件，在公民大会中决定国家大事。总之，公共事务与战争便是公民的职责。他必须懂政治，会打仗；其余的事在他眼里都无足重轻；他认为一个自由人应当把全部心思放在那两件大事上。他这么做是不错的；因为那时人的生命不像我们这样有保障，社会不像现在稳固。多数城邦东零西碎分散在地中海沿岸，周围尽是跃跃欲试，想来侵犯的蛮族。做公民的不得不武装戒备，好比今日住在新西兰或日本的欧洲人；否则，高卢人，利比亚人，萨姆奈人，俾西尼亚人，马上会攻进城墙，焚烧神庙，驻扎在废墟上。何况城邦与城邦之间还互相敌视，战争的结果又极其残酷；一个战败的城邦往往夷为平地。任何有钱而体面的人，可能一夜之间屋子被烧掉，财产被抢光，妻女卖入妓院，他和儿子变成奴隶，不是送去开矿，便是在鞭子之下推磨。在如此严重的危险之下，自然人人要关心国事，会打仗了。不问政治就有性命之忧。——并且为了自己的野心，为了本邦的荣誉，也要过问政治。每个城邦都想制服和压倒别的城邦，夺取船只，征服别人或剥削别人。公民老在广场上过活，讨论如何保存与扩充自己的城，讨论联盟与条约，宪法与法律，听人演说，自己也发言，最后亲自上船，到色雷斯或埃及去跟希腊人、野蛮人或波斯王作战。

　　为了培养这样的公民，他们发明一种特殊的教育。那时没有工业，不知道有战争的机器；打仗全凭肉搏。要得胜不是像现在这样把士兵训练成正确的机器，而是锻炼每个士兵的身体，使他越耐苦越好，越强壮越矫捷越好，总之要造成体格最好最持久的斗士。为了做到这一点，8世纪时成为全希腊的榜样与推动力的斯巴达，有一个极复杂也极有效的制度。斯巴达城邦是一片没有城墙的田野，像我们在加皮里的驻屯站，四面全是敌人和战败的异族；所以斯巴达完全军事化，力量集中在攻击与防御上面。要有完美的身体，先得制造强壮的种族；他们的办法就像办马种场一般。体格有缺陷的婴儿一律处死。法律规定结婚的年龄，选择对生育最有利的时期与情况。老夫而有少妻的，必须带一个青年男子回家，以便生养体格健全的孩子。中年人倘若有一个性格与相貌使他佩服的朋友，可以把妻子借给他。制造了种族，第二步是培养个人。青年男子一律编队，上操，过集体生活，像我们的子弟兵。一个队伍分成两个对抗的小组，互相监督，拳打足踢，睡在露天，在寒冷的攸罗塔斯河里洗澡，到野外去抢掠，只喝清水，吃得很少很坏，睡在芦苇编的床上，忍受恶劣的气候。年轻的女孩子像男孩子一样锻炼，成年人也得受差不多相同的训练。当然，那种古式教育在别的城邦没有如此严格，或者要少一些。但办法虽比较温和，仍是从同样的路走向同样的目标。青年人大半时间都在练身场上角斗，跳跃，拳击，赛跑，掷铁饼，把赤露的肌肉练得又强壮又柔软；目的是要练成一个最结实，最轻灵，最健美的身体，而没有一种教育在这方面做得比希腊教育更成功的了。

希腊人这种特有的风气产生了特殊的观念。在他们眼中，理想的人物不是善于思索的头脑或者感觉敏锐的心灵，而是血统好，发育好，比例匀称，身手矫捷，擅长各种运动的裸体。这种思想表现在许多方面。——第一，他们周围的利提阿人，加里人，几乎所有邻近的异族，都以裸体为羞；只有希腊人毫不介意的脱掉衣服参加角斗与竞走。斯巴达连青年女子运动的时候也差不多是裸体的。可见体育锻炼的习惯把羞耻心消灭了或改变了。——第二，他们全民性的盛大的庆祝，如奥林匹克运动会，毕提运动会，奈美运动会，都是展览与炫耀裸体的场合。希腊各处和最远的殖民地，都有世家大族的子弟赶来参加。他们事先做着长期的准备，过着特殊的生活，勤修苦练。到了会上，在掌声雷动的全民面前，他们裸体角斗、拳击、掷铁饼、竞走、赛车。这一类竞赛的锦标，我们现在只让赶节的江湖艺人去角逐，在当时却是最高的荣誉。赛跑优胜者的姓名，留下来作为该届奥林匹亚特的名称，还有最大的诗人加以歌咏。古代最著名的抒情诗人平达，几乎只颂赞赛车。得胜的运动员回到本乡，受到凯旋式的欢迎；他的体力与矫捷成为一邦的荣誉。其中有一个叫作"克罗多人米龙"，角斗无敌，被选为将军，带领同乡出征；他身披狮皮，手执棍棒，活像神话中的大力士赫剌克勒斯，而当时的人也的确拿他与赫剌克勒斯相比。另外有个人叫作提阿哥拉斯，两个儿子同日得奖，抬着他在观众前面游行；群众认为这样大的福气非凡人所能消受，对他嚷道："提阿哥拉斯，你可以死了；无论怎样，你总不能变作神道啊。"提阿哥拉斯激动得喘不过气来，果然死在两个儿子的怀抱里。在他眼中，在希腊人眼中，儿子能有全希腊最结实的拳头和最轻快的腿，便是享尽人间之福。事实也罢，传说也罢，这样的见解反正说明当时人称赏完美的肉体多么过分。

因为这缘故，他们不怕在神前和庄严的典礼中展览肉体。有一门研究姿态与动作的学问，叫作"奥盖斯底克"，专门教人美妙的姿态，作敬神的舞蹈。萨拉米斯战役以后，悲剧诗人索福克勒斯年方十五，以俊美出名，在战利品前面裸体跳舞，一边唱贝昂颂歌。一百五十年之后，亚历山大东征大流士，经过小亚细亚，在阿喀琉斯墓旁和同伴裸体竞走，表示对古英雄的敬仰。风气所趋，希腊人竟把肉体的完美看作神明的特性。西西里某个城镇有一个美貌出众的青年，不但生前受人喜爱，死后还有人筑坛供奉。在希腊人的《圣经》，荷马的诗歌中，到处可以看到神明与凡人一样有躯体，有刀枪可入的皮肉，会流出殷红的鲜血；有同我们一样的本能，有愤怒，有肉欲；甚至世间的英雄可以做女神的情人，天上的神明也会与人间的女子生儿育女。在奥林匹斯与尘世之间并无不可超越的鸿沟，神明可以下来，我们可以上去。他们胜过我们，只因为他们长生不死，皮肉受了伤痊愈得快，也因为比我们更强壮，更美，更幸福。除此以外，他们和我们一样吃喝，争斗，具备所有的欲望与肉体所有的性能。希腊人竭力以美丽的人体为模范，结果竟奉为偶像，在地上颂之为英雄，在天上敬之如神明。

这种思想产生塑像艺术，发展的经过很清楚。——一方面，公家对得奖一次的运动员都立一座雕像做纪念；对得奖三次的人还要塑他本人的肖像。另一方面，既然神明也有肉身，不过比凡人的更恬静更完美，那么用雕像来表现神明是很自然的事，无须为此而窜改教理。一座云石或青铜的像不是寓意的作品，而是正确的形象；雕像并非拿神明所没有的肌肉，筋骨，笨重的外壳，强加在神明身上；它的确表现包裹在神明身上的皮肉，构成神明的活生生的形体。要成为神的真实的肖像，只消把像塑得极尽美妙，表现出他所以超越凡人的那种不朽的恬静。

可是动手塑造的时节，雕塑家有没有能力呢？他受过什么训练呢？那时的人在浴场上，在练身场上，在敬神的舞蹈中，在公众的竞技中，经常看到裸体和裸体的动作。他们所注意而特别喜爱的，是表现力量、健康和活泼的形态和姿势。他们竭力要使肉体长成这一类形态，培养这一类姿势。三四百年之间，雕塑家们就是这样的修正、改善、发展肉体美的观念。所以他们终于能发现人体的理想模型是不足为奇的。我们今日对于理想人体的观念就得之于他们。在哥德式艺术告终的时期，比萨的尼古拉与近代最早的一批雕塑家脱离了教会传统，放弃细长丑陋，瘦骨嶙峋的形体的时候，就以留存下来的或新出土的希腊浮雕为模范。到了现代，倘若把平民与思想家的发育不全，受到损坏的身体搁过一边，想对完美的体格重新看到一些样本的话，还得在古代雕塑上，从表现体育生活，表现悠闲高尚的生活的作品中去探求。

　　希腊雕像的形式不仅完美，而且能充分表达艺术家的思想：这一点尤其难得。希腊人认为肉体自有肉体的庄严，不像现代人只想把肉体隶属于头脑。呼吸有力的胸脯，虎背熊腰的躯干，帮助身体飞纵的结实的腿弯：他们都感到兴趣；他们不像我们特别注意沉思默想的宽广的脑门，心情不快的紧蹙的眉毛，含讥带讽的嘴唇的皱痕。完美的塑像艺术的条件，他们完全能适应；眼睛没有眼珠，脸上没有表情；人物多半很安静，或者只有一些细小的无关紧要的动作；色调通常只有一种，不是青铜的就是云石的，把绚烂夺目的美留给绘画，把激动人心的效果留给文学；一方面受着素材的性质与领域狭窄的限制，一方面这些限制也增加塑像的庄严；不表现面部的变化，骚动的情绪，特别与反常的现象，以便显出抽象与纯粹的形体，使端庄和平的塑像在殿堂上放出静穆的光辉，不愧为人类心目中的英雄与神明。——结果雕塑成为希腊的中心艺术，一切别的艺术都以雕塑为主，或是陪衬雕塑，或是模仿雕塑。没有一种艺术把民族生活表现得这样充分，也没有一种艺术受到这样的培养，流传这样普遍。特尔斐城四周有上百所小小的神庙，储藏各邦的财富；这些神庙里就有"无数的雕像，纪念光荣的死者，有云石的，有金的，有银的，有黄铜青铜的，还有其他色彩其他金属的三三两两，或立或坐，光辉四射，真正是光明之神的部属"。后来罗马清理希腊遗物，广大的罗马城中雕像的数目竟和居民的数目差不多。便是今日，经过多少世纪的毁坏，罗马城内城外出土的雕像，估计总数还在六万以上。雕塑如此发达，花开得如此茂盛，如此完美，长发如此自然，时间如此长久，种类如此繁多，历史上从来不曾有过第二回。我们往地下一层一层的挖掘，看到一切社会基础、制度、风俗、观念，都在培养雕塑的时候，就发现了产生这一门艺术的原因。

二

一切古代城邦所特有的这种军事组织，时间一久便显出后果，而且是可悲的后果。战争既是常态，强者必然征服弱者。好几次，在一个强盛或战胜的城邦称霸或领导之下，组成一些领土广大的国家。最后出现一个罗马城邦，人民比别的民族更强，更有耐性，更精明，更能服从与统率，更有始终一贯的眼光和实际的打算，经过七百年的努力，把全部地中海流域和周围的几个大国收入版图。为了达到这个目的，罗马采取军事制度，结果是种瓜得瓜，产生了军人独裁。罗马帝国便是这样组成的。纪元 1 世纪时，在正规的君主政体之下，世界上好像终于有了太平与秩序。但事实上只是衰落。在残酷的征略中间，毁灭的城邦有几百个，死的人有几百万。战胜者也互相残杀了一个世纪；文明世界上的自由人一扫而空，人口减少一半。公民变成庶民，不需要再追求远大的目标，便颓废懒散，生活奢华，不愿意结婚，不再生儿育女。那时没有机器，一切都用手工制造，整个社会的享受，铺张和奢侈的生活，全靠奴隶用双手的劳动来供应；奴隶不堪重负，逐渐消灭。四百年之后，人口寥落与意志消沉的帝国再没有足够的人力与精力抵抗蛮族。而蛮族的洪流也就决破堤岸，滚滚而来，一批来了又是一批，前后相继，不下五百年之久。他们造成的灾祸非笔墨所能形容：多少人民被消灭，胜迹被摧毁，田园荒芜，城镇夷为平地；工艺、美术、科学、都被损坏、糟蹋、遗忘；到处是恐惧、愚昧、强暴。来的全是野人，等于休隆人与伊罗夸人突然之间驻扎在我们这样有文化有思想的社会上。当时的情形有如在宫殿的帐帷桌椅之间放进一群野牛，一群过后又是一群，前面一群留下的残破的东西，再由第二群的铁蹄破坏干净；一批野兽在混乱的环境中喘息未定，就得起来同狂噪怒吼，兽性勃勃的第二批野兽搏斗。到第 10 世纪，最后一群蛮子找到了栖身之处，胡乱安顿下来的时候，人民的生活也不见得好转。野蛮的首领变为封建的宫堡主人，互相厮杀，抢掠农民，焚烧庄稼，拦劫商人，任意盘剥和虐待他们穷苦的农奴。田地荒废，粮食缺乏。11 世纪时，七十年中有四十年饥荒。一个叫作拉乌·葛拉贝的修士说他已经吃惯人肉；一个屠夫因为把人肉挂在架上，被活活烧死。到处疮痍满目，肮脏不堪，连最简单的卫生都不知道；鼠疫、麻风、传染病，成为土生土长的东西。人性澌灭，甚至养成像新西兰一样吃人的风俗，像加莱陶尼人和巴波斯人一样野蛮愚蠢；卑劣下贱，无以复加。过去的回忆使眼前的灾难更显得可怕；还能读些古书的有头脑的人，模模糊糊地感觉到人类一千年来堕落到什么田地。

不难想象一个如此持久如此残酷的局面会养成怎样的心境。先是灰心丧气，悲观厌世，抑郁到极点。当时有个作家说："世界只是一个残暴与淫乱的魔窟。"人间仿佛提早来到的地狱。大批的人出世修道，其中不仅有穷人，弱者，妇女，还有统治阶级的诸侯，甚至国王。一些比较高尚或比较聪明的人，宁可在修道院中过和平单调的日子。将近纪元 1000 年时，大家以为世界末日到了，许多人惊骇之下，把财产送给教堂和修院。——其次，除了恐怖与绝望，还有情绪的激动。苦难深重的人容易紧张，像病人与囚犯；感觉的发达与灵敏近于女性。他们任情使性，忽而激烈，忽而颓丧，一切过火与感情的流露都非健康的人所有。他们丧失了中正和平的心情，也就不能有什么刚强果敢，有始有终的活动。他们胡思乱想，流着眼泪，跪在地上，觉得单靠自己活不下去，老是想象一些甜蜜、热烈、无限温柔的境界；兴奋过度与没有节制的头脑只求发泄它的狂热与奇妙的幻想；总而言之，他们要求爱情。于是出现一种极端夸张的恋爱方式，所谓骑士式的神秘的爱情，为刚强沉着的古人所不知道的。安分平静的夫妇之爱变做附属品，婚姻以外的狂乱与销魂的爱成为主体。大家分析这种感情的微妙，由名媛淑女订下一套恋爱的宪章。舆论公认为"配偶之间不可能有爱情"，"真正相爱的人彼此什么都不能拒绝"。女子不是和男子一样的肉身，而是天上的神仙。男人能崇拜她，服侍她，就是了不得的报酬。男女之爱被认为圣洁的感情，可以导向神明之爱，与神明之爱融合为一。诗人们觉得自己的情人有不可思议的力量，便求她指引，带往天界去见上帝。——不难想象这一类的心情如何助长基督教的势力。厌世的心理，幻想的倾向，经常的绝望，对温情的饥渴，自然而然使人相信一种以世界为苦海，以生活为考验，以醉心上帝为无上幸福，以皈依上帝为首要义务的宗教。无穷的恐怖与无穷的希望，烈焰飞腾和万劫不复的地狱的描写，光明的天国与极乐世界的观念，对于受尽苦难或战战兢兢的心灵都是极好的养料。基督教在这样的基础之上统治人心，启发艺术，利用艺术家。一个当时的人说："世界脱下破烂的旧衣，替教堂披上洁白的袍子，"于是哥德式的建筑出现了。

现在我们来看这新兴的建筑物。古代的宗教完全是地方性的，只属于某些阶级某些部族；相反，基督教是普遍的宗教，诉之于广大的群众，号召所有的人拯救灵魂。所以屋子要特别宽大，能容纳一个地区或一个城镇的全部人口，除了贵族与诸侯，还得包括妇女、儿童、农奴、工匠、穷人。供奉希腊神像的小庙，自由公民在前面列队朝拜的游廊，容纳不了这么多人。现在需要一个极宽敞的场所：宏伟的正堂之外，两旁还有侧堂，横里还有十字耳堂；顶上是巨大的穹隆，四边是巨大的支柱。为了超度自己的灵魂，世世代代的工人赶来工作，直要开凿整座的山头才能完成这个建筑。

走进教堂的人心里都很凄惨，到这儿来求的也无非是痛苦的思想。他们想着灾深难重，被火坑包围的生活，想着地狱里无边无际，无休无歇的刑罚，想着基督在十字架上的受难，想着殉道的圣徒被毒刑磨折。他们受过这些宗教教育，心中存着个人的恐惧，受不了白日的明朗与美丽的风光；他们不让明亮与健康的日光射进屋子。教堂内部罩着一片冰冷惨淡的阴影，只有从彩色玻璃中透入的光线变做血红的颜色，变作紫石英与黄玉的华彩，成为一团珠光宝气的神秘的火焰，奇异的照明，好像开向天国的窗户。

如此纤巧与过敏的想象力绝对不会满足于普通的形式。先是对形式本身不感兴趣；一定要形式成为一种象征，暗示庄严神秘的东西。正堂与耳堂的交叉代表基督死难的十字架；玫瑰花窗连同它钻石形的花瓣代表永恒的玫瑰，叶子代表一切得救的灵魂；各个部分的尺寸都相当于圣数。另一方面，形式的富丽、怪异、大胆、纤巧、庞大，正好投合病态的幻想所产生的夸张的情绪与好奇心。这一类的心灵需要强烈、复杂、古怪、过火、变化多端的刺激。他们排斥圆柱、圆拱、平放的横梁，总之排斥古代建筑的稳固的基础，匀称的比例，朴素的美。凡是结实的东西，从出世到生存都不用费力，一生下来就是美的东西，本质优越而不需要补充与点缀的东西，当时的人对之都没有好感。

他们选择的典型不是环拱那一类简单的圆形，也不是柱子与楣带构成的简单的方形，而是两极交叉的曲线复杂的结合，就是所谓尖弓形。他们一味追求庞大：建筑用的石头堆在地上，长达一里，重重叠叠的全是粗大无比的柱子，围廊架空，穹隆高耸，一层一层的钟楼直上云霄。形式细巧到极点，门洞四周环绕好几层小型雕像；外墙上砌出许多三角墙和怪物形的承溜；红绿相映的玫瑰花窗嵌着弯曲而交错的窗格；唱诗班的席位雕成挑绣的花边一般；钟楼、墓室、祭坛凸堂与小圣堂，都有小巧玲珑的柱子，复杂的盘花，雕像和树叶形的装饰。他们既要求无穷大，也要求无穷小，同时以整体的庞大与细节的繁复震动人心。目的显然是要造成一种异乎寻常的刺激，令人惊奇赞叹，目眩神迷。

趋向所及，哥德式建筑越发展越奇怪。在14、15世纪，所谓火舌式哥德时代，斯特拉斯堡、米兰、纽伦堡各地的大教堂，勃罗的教堂，完全不问坚固，专门讲究装饰了。有的叠床架屋，矗立着大大小小，结构复杂的钟楼；有的屋外到处布满花边似的线脚。墙上几乎全部开着窗洞，倘没有外扶壁支撑，屋子就会倒坍；建筑物时时刻刻在剥落破裂，需要大队的泥水匠守在旁边，经常修葺。这种把石头镂空的绣作，越往上越细削，细削到尖塔为止，单靠本身无法维持，必须黏合在坚固的铁架之上；而生锈的铁架又需要不断修理，才能支持这个巍峨壮丽而摇摇欲坠的幻影。内部的装饰那么烦琐，尖拱的肋骨把荆棘一般拳曲的枝条发展得那么茂密，讲坛，铁栅和唱诗班的座位雕着那么多细巧的花纹，奇奇怪怪的纠结在一起。教堂不像一座建筑物，而像一件细工镶嵌的首饰；简直是一块五彩的玻璃，一个用金银线织成的巨大的网络，一件在喜庆大典上插戴的饰物，做工像王后或新娘用的一般精致。而且还是神经质的兴奋过度的女人的饰物，和同时代的奇装异服相仿；那种微妙而病态的诗意，夸张的程度正好反映奇特的情绪，骚乱的幻想，强烈而又无法实现的渴望，这都是僧侣与骑士时代所特有的。

哥德式的建筑持续了四百年，既不限于一国，也不限于一种建筑物。它从苏格兰到西西里，遍及整个欧洲。所有民间的和宗教的，公共的和私人的建筑，都是这个风格。受到影响的不仅有大小教堂，还有要塞和宫堡，市民的住屋和衣着，桌椅和盔甲。从发展的普遍看，哥德式建筑的确表现并且证实极大的精神苦闷。这种一方面不健全，一方面波澜壮阔的苦闷，整个中世纪的人都受到它的激动和困扰。

三

社会制度的成立与瓦解，像血肉之体一样是由于自身的力量，衰弱或康复完全取决于社会的本质与遭遇。中世纪的统治者和剥削者是一些封建主，而每个地方必有一个更强大，更精明，地位更优越的领袖，维持公众的安宁。在大家一致拥戴之下，他逐步把其余的封建主削弱，团结、组成一个正规而能发号施令的政府，自立为王，成为一国之主。从前和他并肩的一般诸侯，15 世纪时已经变成他的将领，17 世纪时又降为他的侍臣。

这个名词的意义应当好好体会一下。所谓侍臣是一个供奉内廷的人，在王宫中有一个职位或差事，例如洗马、尚寝、大司马等等；他凭着这一类的职衔领薪俸，对主子低声下气地说话，按着级位毕恭毕敬地行礼。但他不是普通的仆役，像在东方国家那样。他的高祖的高祖和国王是同辈，是伴侣，不分尊卑的；由于这个身份，他本身也属于特权阶级，就是贵族阶级；他不仅为了利益而侍候君主，还认为效忠君主是自己的荣誉。而君主也从来不忘记对他另眼相看。洛尚失约迟到，路易十四怕自己动火，先把手杖掷出窗外。所以侍臣得到主子尊重，被他们当作自己人看待；他和主子很亲密，在主子的舞会中跳舞，跟主子同桌吃饭，同车出门，坐他们的椅子，做他们的宾客。——这样就产生宫廷生活，先是在意大利和西班牙，继而在法国，后来在英国，德国以及北欧各国。但中心是在法国，而把这种生活的光彩全部发挥出来的便是路易十四。

现在来考察一下新形势对人的性格与精神发生什么后果。国王的客厅既是全国第一，为社会的精华所在，那么最受钦佩，最有教养，大众作为模范的人，当然是接近君主的大贵族了。他们生性豪侠，自以为出身高人一等，所以行为也非高尚不可。对荣誉攸关的事，他们比谁都敏感，伤了一点面子就不惜性命相搏；路易十三一朝，死于决斗的贵族有四千之多。在他们眼中，出身高贵的人第一要不怕危险。那般漂亮人物，浮华公子，平日多么讲究缎带和假头发的人，会自告奋勇，跑到法兰德斯的泥淖里作战，在内尔文顿的枪林弹雨之下一动不动地站上十来小时；卢森堡元帅说一声要开仗，凡尔赛宫立刻为之一空，所有香喷喷的风流人物投军入伍像赴舞会一样踊跃。过去的封建思想还没完全消灭，勋贵大族认为国王是天然而合法的首领，应当为他出刀，像以前藩属之于诸侯；必要的话，他会贡献出财产、鲜血、生命。在路易十六治下，贵族还挺身而出，保护国王，不少人在八月十日为他战死。

但另一方面，他们也是宫廷中的侍臣，所以是礼貌周到的上流人士。国王亲自给他们立下榜样。路易十四对女仆也脱帽为礼，圣·西门的《回忆录》提到某公爵因为连续不断的行礼，走过凡尔赛的庭院只能把帽子拿在手中。因此侍臣是礼节体统方面的专家，在难于应付的场合说话说得很好，手段灵活，镇静沉着，能把事实改头换面，冲淡真相，逢迎笼络，永远不得罪人而常常讨人喜欢。——这些才能和这些意识，都是贵族精神经过上流社会的风气琢磨以后的出品，在那个宫廷那个时代达到完美的境界。现在倘想见识一下香气如此幽雅，形状早被遗忘的植物，先得离开我们这个平等、粗鲁、混杂的社会，到植物的发祥地，整齐宏伟的园林中去欣赏。

不难想象，在这种环境中成长的人一定会挑选合乎他们性格的娱乐。他们的趣味也的确像他们的人品：第一爱高尚，因为他们不但出身高尚，感情也高尚；第二爱端整，因为他们是在重礼节的社会中教养出来的。世纪所有的艺术品都受着这种趣味的熏陶：波桑和勒舒欧的绘画讲究中和、高雅、严肃；芒沙和贝罗的建筑以庄重、华丽、雕琢为主；勒诺德尔的园林以气概雄壮，四平八稳为美。从贝兰尔、勒格兰、里谷、南端伊和许多别的作家的版画中，可以看出当时的服装、家具、室内装饰、车辆，无一不留着那种趣味的痕迹。只要看那一组组端庄的神像，对称的角树，表现神话题材的喷泉，人工开凿的水池，修剪得整整齐齐，专为衬托建筑物而布置的树木，就可以说凡尔赛园林是这一类艺术的杰作：它的宫殿与花坛，样样都是为重身份，讲究体统的人建造的。但文学受的影响更显明：不论在法国，在欧洲，琢磨文字的艺术从来没有讲究到这个地步。你们知道，法国最大的作家都出在那个时代：鲍修哀、巴斯格、拉封丹、莫里哀、高乃依、拉辛、拉洛希夫谷、特·赛维尼夫人、鲍阿罗、拉勃吕依埃、蒲尔达罗。不仅名流，所有的人都文笔优美。戈里埃说，当时一个贴身女仆在这方面的知识比近代的学士院还丰富。的确，优美的文体成为普遍的风气，一个人不知不觉就感染了；日常的谈话与书信所传布的，宫廷生活所教导的，无一而非优美的文体；那已经变作上流人士的习惯。大家对一切外表都要求高尚端整，结果在语言文字方面做到了。在许多文学品种内，有一种发展特别完美，就是悲剧。在这个最卓越的品种之间，我们看到人与作品，风俗与艺术结合为一的最辉煌的例子。

我们先考察法国悲剧的总的面目。这些面目都以讨好贵族与侍臣为目的。诗人从来不忘记冲淡事实，因为事实的本质往往不雅；凶杀的事决不搬上舞台，凡是兽性都加以掩饰；强暴、打架、杀戮、号叫、痰厥，一切使耳目难堪的景象一律回避，因为观众过惯温文尔雅的客厅生活。由于同样的理由，作者避免狂乱的表现，不像莎士比亚听凭荒诞的幻想支配；作品结构匀称，绝对没有突如其来的事故，想入非非的诗意。前后的场景都经过安排，人物登场都有说明，高潮是循序渐进的，情节的变化是有伏笔的，结局是早就布置好的。对白全用工整的诗句，像涂着一层光亮而一色的油漆，用字精炼，音韵铿锵。如果在版画中翻翻当时的戏装，可以发现英雄与公主们身上的飘带、刺绣、弓鞋、羽毛、佩剑、名为希腊式而其实是法国口味与法国款式的全部服装，就是17世纪的国王、太子、后妃，在宫中按着小提琴声跳舞的时候所穿戴的。

其次，所有的剧中人物都是宫廷中人物：国王、王后、亲王、妃子、大使、大臣、御林军的将校、太子的僚属、男女亲信等等。法国悲剧中的君王所接近的人，不像古希腊悲剧中是乳母和在主人家里出生的奴隶，而是一般女官、大司马、供奉内廷的贵族；这可以从他们的口才，奉承的本领，完美的教育，优雅的姿态，做臣子与藩属的心理上看出来。他们的主子也和他们同样是17世纪的法国贵族，极高傲又极有礼貌，在高乃依笔下是慷慨激昂的人物，在拉辛笔下是庄严高尚的人物，他们对妇女都会殷勤献媚，重视自己的姓氏与种族，能把一切重大的利益，一切亲密的感情，为尊严牺牲；言语举动决不违反最严格的规矩。拉辛悲剧中的依斐日尼，在祭坛前面并不为了爱惜性命而效小儿女的悲啼，像欧里庇得斯写的那样；她认为自己既是公主，就应当毫无怨言的服从父王，从容就死。荷马诗歌中的阿喀琉斯，踏在垂死的赫克托身上还仇恨未消，像狮子豺狼一般恨不得把打败的赫克托"活生生的吞下肚去"；在拉辛笔下，阿喀琉斯却变作公台亲王一流的人，风流倜傥，热爱荣誉，对妇女殷勤体贴，性子固然暴躁猛烈，但好比一个深自克制的青年军官，便在愤激的关头也守着上流社会的规矩，从来不发野性。所有这些人物说话都彬彬有礼，顾着上流社会的体统，无懈可击。在拉辛的作品中，你们不妨把奥兰斯德与比吕斯第一次的会谈，阿高玛和于里斯所扮的角色研究一下：那种伶俐的口齿，别出心裁的客套与奉承，妙不可言的开场白，迅速的对答，随机应变的本领，有力的论点说得那么婉转动听，都是别的地方找不到的。最热烈最狂妄的情人如希卜利德、勃利塔尼古斯、比吕斯、奥兰斯德、瑟法兰斯，也都是有教养的骑士，会作情诗，会行礼。埃尔米奥纳，安德洛玛克，洛克萨纳，贝雷尼斯，不管她们的情欲多么猛烈，仍旧保持文雅的口吻。米德里大德、番特尔、阿塔丽，临死的说话还是句读分明。因为贵人从头至尾要有气派，死也要死得合乎礼法。这种戏剧可说是贵族社会极妙的写照，像哥德式建筑一样代表人类精神的一个鲜明而完全的面貌，所以也像哥德式建筑一样到处风行。这种艺术以及与之有关的文学、趣味、风俗，欧洲所有的宫廷都加以模仿，或是全部移植，例如斯图阿特王室复辟以后的英国，波旁王室登基以后的西班牙，18 世纪的意大利、德国和俄罗斯。那时法国仿佛当着欧洲的教师。生活方面的风雅，娱乐，优美的文体，细腻的思想，上流社会的规矩，都是从法国传播出去的。一个野蛮的莫斯科人，一个蠢笨的德国人，一个拘谨的英国人，一个北方的蛮子或半蛮子，等到放下酒杯、烟斗，脱下皮袄，离开他只会打猎和鄙陋的封建生活的时候，就是到我们的客厅和书本中来学一套行礼、微笑、说话的艺术。

四

这个显赫的社会并不持久，它的发展就促成它的崩溃。政府既是独裁性质，最后便走上百事废弛与专横的路。国王把高官厚爵赏给宫廷中的贵族，狎昵的亲信，使布尔乔亚与平民大不满意。这些人那时已富有资财，极有知识，人数众多，不满的情绪越高，势力也越大。他们发动了法国大革命，在十年混乱之后建成一个民主与平等的制度，人人都能担任公职，普通只要按照晋级的规章，经过试验与会考。帝政时期的战争与榜样的感染，逐渐把这个制度推广到法国以外，到了今日，除开地方性的差别和暂时的延缓，整个欧洲都在仿效。在新的社会组织之下，加上工业机器的发明与风俗的日趋温和，生活状况改变了，人的性格也跟着改变。现在的人摆脱了专制，受完善的公安机构保护。不管出身多么低微，就业决无限制；无数实用的东西使最穷的人也享受到一些娱乐和便利，那是两百年前的富翁根本不知道的。此外，统治的威权在社会上像在家庭中一样松下来了，布尔乔亚与贵族一律平等，父亲也变成子女的同伴。总而言之，在生活的一切看得见的方面，苦难和压迫减轻了。

但另一方面，野心和欲望开始抬头。人享到了安乐，窥见了幸福，惯于把安乐与幸福看作分内之物。所得越多就越苛求，而所求竟远过于所得。同时实验科学大为发展，教育日益普及，自由的思想越来越大胆，信仰问题以前是由传统解决了的，如今摆脱了传统，自以为单凭才智就能得到崇高的真理。大家觉得道德、宗教、政治，无一不成问题，便在每一条路上摸索，探求。八十年来不知有多少种互相抗衡的学说与宗派，前后踵接，每一个都预备给我们一个新的主义，向我们建设一种美满的幸福。

这种形势对思想和精神影响很大。由此造成的中心人物，就是说群众最感兴趣最表同情的主角，是郁闷而多幻想的野心家，如勒南、浮士德、维持、曼弗雷特之流，感情永远不得满足，只是莫名其妙的烦躁，苦闷至于无可救药。这种人的苦闷有两个原因。——先是过于灵敏，经不起小灾小难，太需要温暖与甜蜜，太习惯于安乐。他不像我们的祖先受过半封建半乡下人的教育，不曾受过父亲的虐待，挨过学校里的鞭子，尽过在大人面前恭敬肃静的规矩，个性的发展不曾因为家庭严厉而受到阻碍；他不像从前的人需要用到膂力和刀剑，出门不必骑马，住破烂的客店。现代生活的舒服，家居的习惯，空气的暖和，使他变得娇生惯养，神经脆弱，容易冲动，不大能适应生活的实际情况；但生活是永远要用辛苦与劳力去应付的。——其次，他是个怀疑派。宗教与社会的动摇，主义的混乱，新事物的出现，懂得太快，放弃也太快的早熟的判断，逼得他年纪轻轻就东闯西撞，离开现成的大路，那是他父亲一辈听凭传统与权威的指导一向走惯的。作为思想上保险栏杆的一切障碍都推倒了，眼前展开一片苍茫辽阔的原野，他在其中自由奔驰。好奇心与野心漫无限制的发展，只顾扑向绝对的真理与无穷的幸福。凡是尘世所能得到的爱情、光荣、学问、权力，都不能满足他；因为得到的总嫌不够，享受也是空虚，反而把他没有节制的欲望刺激得更烦躁，使他对着自己的幻灭灰心绝望；但他活动过度，疲劳困顿的幻想也形容不出他一心向往的"远处"是怎么一个境界，得不到而"说不出的东西"究竟是什么。这个病称为世纪病，以四十年前〔一八二〇年代〕为最猖獗；现在的人虽则头脑实际，表面上很冷淡或者阴沉麻木，骨子里那个病依旧存在。

我没有时间指出这种时代精神对全部艺术品所起的作用。受到影响的有谈玄说理，凄凉哀怨的诗歌，在英国、法国、德国，风行一时；有语言的变质与日趋丰富的内容；有新创的品种与新出现的人物；有近代一切大作家的风格与思想感情，从夏多布里昂到巴尔扎克，从歌德到海涅，从库柏到拜伦，从阿斐哀利到雷沃巴第，无一例外。图画方面也有类似的迹象，只要看下面几点就知道：先是那种骚动狂乱的或是考古学的风格，追求戏剧化的效果，讲究心理表现与地方色彩；其次是混乱的思想打乱流派，破坏技法；其次是出的人才特别多，他们都受着新的情绪鼓动，开辟出许多新路；其次是对田野的感情特别深厚，促成整整一派独创的风景画。可是另外有一种艺术，音乐，突然发展到意想不到的规模，成为我们这个时代最显著的特点之一；我想向你们指出的就是这个特点和现代精神的关系。

这门艺术势必产生在两个天生会歌唱的民族中间，意大利和德国。从巴莱斯德利那到班尔高兰士，音乐在意大利酝酿了一个半世纪，正如以前从乔多到玛萨契奥在绘画方面的情形，一边摸索一边发现技术，积累方法。然后，突然在 18 世纪，斯卡拉蒂、玛尔采罗、亨特尔一出，音乐立即蓬勃发展。这个时期非常有意义。绘画在意大利正好烟消云散，而在政治极端衰替之下，淫靡的风气给多愁善感与讲究花腔的歌剧提供大批的小白脸，弹琴求爱的情人，多情的美女。另一方面，严肃而笨重的德国人虽则比别的民族觉醒较晚，终究在克罗卜史托克歌颂福音的史诗出现之前，在赛巴斯蒂安·巴赫的圣乐中流露出他宗教情绪的严峻与伟大，学力的深湛，天性的忧郁。古老的意大利和新兴的德国都到了一个"感情当令，表现感情"的时代。介乎两者之间的奥国，半日耳曼半意大利的民族，结合两者的精神，产生了海顿、格鲁克、莫扎特。将近法国革命那个摇撼人心的大震动的时候，音乐成为世界性的普遍的艺术，犹如在文艺复兴那个思想大革新的震动之下，绘画成为世界性的普遍的艺术。这新艺术的出现不足为奇，因为它配合新精神的出现，就是我刚才形容的那种烦躁而热情的病人，所谓中心人物的精神。过去贝多芬、门德尔松、韦白，便是向这个心灵说话；如今迈伊贝尔、柏辽兹、威尔第，便是为这个心灵写作；音乐的对象便是这个心灵的微妙与过敏的感觉，渺茫而漫无限制的期望。音乐正适合这个任务，没有一种艺术像它这样胜任的了——因为一方面，组成音乐的成分多少近于叫喊，而叫喊是情感的天然、直接、完全的表现，能震撼我们的肉体，立刻引起我们不由自主的同情；甚至整个神经系统的灵敏之极的感觉，都能在音乐中找到刺激，共鸣和出路。——另一方面，音乐建筑在各种声音的关系之上，而这些声音并不模仿任何活的东西，只像一个没有形体的心灵所经历的梦境，尤其在器乐中；所以音乐比别的艺术更宜于表现飘浮不定的思想，没有定形的梦，无目标无止境的欲望，表现人的惶惶不安，又痛苦又壮烈的混乱的心情，样样想要而又觉得一切无聊。——因为这缘故，正当近代的民主制度引起骚乱，不满和希望的时候，音乐走出它的本乡，普及于整个欧洲；拿法国来说，至此为止的民族音乐只限于歌谣与轻松的歌舞剧，可是你们看到，现在连最复杂的交响乐也在吸引一般的群众了。

（选自丹纳：《艺术哲学》，傅雷译，人民文学出版社1986年版）

边 疆 说

特 纳

　　弗雷德里克·特纳（Frederick J. Turner，1861—1932），现代美国历史学家。边疆学派的创始人。该派在 20 世纪 30 年代前后的影响显著一时，使特纳也成为"进步主义史学派"的三巨擘之一。1893 年，他发表了《边疆在美国历史上的重要性》，以边疆说解读美国历史的发展进程，自此在史学思想上开始摆脱依附欧洲史学的附属地位，形成了本土史学及自己的特色，是为美国史学史上里程碑的事件。本篇即选自该文，原文较长，省略了中间的部分内容及烦琐的注释，以利阅读。题名为编者另拟。

最近在 1890 年人口调查局局长的报告中有这样几句重要的话："直到 1880 年（1880 年在内）我国本有一个定居的边境地带，但是现在未开发的土地大多已被各个独自为政的定居地所占领，所以已经不能说有边境地带了。因此，对边境范围，对向西部移民运动等等进行讨论，也已不能再在人口调查报告中占有篇幅了。"这一简略的官方说明，表示历史上一个伟大的运动已告结束。直到现在，一部美国史大部分可说是对于大西部的拓殖史。一个自由土地区域的存在及其不断的收缩，以及美国向西的拓殖，就可以说明美国的发展。

各种制度的建立以及宪法的制定和修正，都是有生命力的，此种力量赋予了这些典制以生命，使它们能够应付变化着的情况。美国制度的特殊性是，它们不得不使自己适应于一个越来越扩张的民族所发生的变化，这些变化是：越过一个大陆，征服广大的原野，以及在进入一个区域以后把边境地带的原始经济和政治条件发展成为复杂的城市生活。卡尔霍恩在 1817 年说道："我们是伟大的，而且正在迅速地——我打算说可怕地——发展着！"他的这句话提到美国生活的一个最显著的特点。各民族都有发展；政治制度的根源理论已经强调得够了。然而，对大多数国家来说，发展只是在有限的区域内发生的；而一个国家领土的扩张，使它必须应付它所征服的其他在发展中的民族。但是，我们美国的情形就不同。由于我们把自己限于大西洋沿岸，我们也有这种习见现象，即制度的演进也是在一个有限的区域内发生的，如开初是议会政体的产生，接着简单的殖民地政府分化成为复杂的机构，最后从没有劳动分工的原始状况进到制造工业的文明社会。但是，除此以外，我们在扩张进程中所达到的每个西部地区，也重复这种进化的过程。由此可见，美国的发展不仅表现为一个单线的前进运动，而是一个在不断前进的边疆地带上回复到原始状况，并在那个地区有新的发展的运动。美国社会的发展就这样在边疆始终不停地、周而复始地进行着。这种不断的再生，这种美国生活的流动性，这种向西扩张带来的新机会以及跟简单的原始社会的不断接触，提供了支配美国性格的力量。只有把视线从大西洋沿岸转向大西部，才能真正理解美国的历史。甚至为废除奴隶制度而进行的斗争——有些作家像冯·霍尔斯特教授（von Holst）把这个斗争作为专门研究的对象——在美国史上占了一个很重要的地位，其原因也是由于它和向西部扩张有关。

在这一进程中，边疆是向西方移民浪潮的前沿——即野蛮和文明的会合处。从边界战争和围猎的观点来写边疆的大有人在，但是，把边疆作为经济学家和历史学家的一个领域来认真研究的却遭到忽视。

美国边疆是和欧洲边疆截然不同的，后者有一条通过稠密人口的、筑了防御工事的边界线。美国边疆的最重要的一点是，它位于自由土地这一边的边缘上。在 1890 年的人口调查报告中，它被当作一平方英里有两人或两人以上这样一个密度的定居地的界限。这是一种很活动的说法，而对我们来讲，却不需要明确的界说。我们将对这整个边疆地带（它既包括印第安人的地区，也包括人口调查报告中的"定居地"的外界）加以考虑。我这篇论文不打算详尽无遗地讨论这个题目；我的目的只是想一方面引起大家注意边疆问题是一个可供研究的广阔天地，一方面提出和边疆有关的几个问题。

在美国的开拓中我们看到欧洲生活方式如何打进这个大陆，也看到美国如何改变和发展了这种生活方式，反过来又影响欧洲。我国早期的历史是研究欧洲根源在美国环境中得到发展的问题。以前研究美国制度史的学者们过分注意寻找日耳曼根源的问题，而对于美国本身的因素却注意得十分不够。边疆是一条极其迅速和非常有效的美国化的界线。移民的人受到荒野完全的控制。在荒野里发现移民的人穿着欧洲的服装，拥有欧洲的工业，运用欧洲的工具，表现欧洲的旅行方式和思想。他从火车车厢里出来，钻进一只桦皮船里。他脱下了文明的外衣，穿上打猎的衬衫和鹿皮靴。他寄身在契洛克人和易洛魁人居住的四面围着栅栏的木头小房子里。不要很长的时间，他就习惯于种植玉蜀黍，用一根尖木棍犁地了；他叫喊厮杀，也剥人的头皮，跟道地的印第安人完全一样。一句一话，边疆的环境首先对这个移民的人来说，影响是太大了。他必须接受环境提供的一切条件，否则他就会灭亡，因此他只有适应印第安人开辟出来的地方，照着印第安人踏成的路走。渐渐地他改变了荒野，但是改变的结果不是变成旧欧洲，也不单单是日耳曼根源的发展，甚至从最初的现象来看，它也不是一种仅仅恢复日耳曼标志的情形。事实是，这里有了一种新的产品，那是美国的产品。开初，边疆是大西洋沿岸。真正说起来，它是欧洲的边疆。

向西移动，这个边疆才越来越成为美国的边疆。正像一层一层的堆石是由冰河不断地流过而积成的一样，每一次的边界都在它的后面留下了痕迹，而一旦形成定居地以后，这块地方仍然保有边界的特点。因此，边疆不断地向西部推进就意味着逐渐离开欧洲的影响，逐渐增长美国独有的特点。因此，研究这一进程，研究在这些情形下成长起来的人们，以及研究由此而产生的政治、经济和社会的结果，是研究真正的美国历史。

在 17 世纪之中，边疆到达大西洋各河流，即所谓"瀑布线"（fall line）的前边，因此"潮水地带"（tidewater region）就成为已开发的地区。到了 18 世纪前半叶的时候，边疆又推进了一步。商人们跟着德拉瓦尔和沙瓦尼斯的印第安人，早在 18 世纪第一个二十五年末到达俄亥俄。弗吉尼亚州长斯波茨武德（Spotswood）在 1714 年进行了一次远征，越过蓝岭。在 18 世纪第一个二十五年末，苏格兰—爱尔兰人和巴拉丁内特的德意志人进入弗吉尼亚西部的谢南多亚河流域和南、北卡罗来纳的皮德蒙特地区。纽约的德意志人把他们定居地的边界推进到莫霍克人的地方，建立了德意志州。宾夕法尼亚的柏德佛得城就是定居地边界的证明。在堪那华河支流新河一带以及在雅德金河源和法兰西布罗德都开始了土地的开拓。英王想用 1763 年宣告令来阻止边疆的推进，不准在注入大西洋的各河河源前面的区域开拓土地；但是收效不大。在革命时期，边界跨过了阿勒格尼山脉（the Alleghanies），到达肯塔基和田纳西，这一来，俄亥俄河上游的地区便都开发出来了。1790 年第一次人口调查报告宣称，还在继续进行的开拓的土地，其边界已近达缅因沿岸一带，包括新英格兰（除弗蒙特一部分和新罕布什尔以外）、哈得逊河畔的纽约、莫霍克人四周的斯克涅塔迪、宾夕法尼亚的东部和南部、正好跨过山那道河流域的弗吉尼亚，以及南、北卡罗来纳和东部乔治亚。除了这一片正在不断开拓的区域以外，还有小段的地区在肯塔基和田纳西，以及俄亥俄河一带也在进行开发，它们和大西洋沿岸地区中间夹着崇山峻岭，从而赋予了边疆以一种崭新而又重要的特点。这一区域的孤立状况特别表现了美国独有的特点，它和东部衔接起来所需要的交通便利，势必引起内部改革的重大设施，这一点下面再详细讨论。"西部"开始作为一个自觉存在的地域发展起来了。

边疆连年都在显著地向前推进。1820 年的人口调查报告宣称，已开发的土地有俄亥俄、南印第安纳和伊利诺、密苏里东南部和一半路易西安那。它已将印第安人的土地包括在内，所以如何处理这些部落就成为一个重大的政治问题。当时的边疆是在大湖一带（在那里有阿斯特美国皮毛公司，专做印第安人的生意）和密西西比河以西（那里的印第安人的贸易活动甚至延伸到落基山脉）；佛罗里达也提供了边疆的条件。密西西比河流域是典型的边疆地带。

西部河流中日益兴盛的轮船航行、伊利运河的开凿、种棉业传到西部——这一切使五个新开拓的州在这个时期加入联邦。格伦德（Grund）在1836年写道："看来，美国人向西部的原野移民，想扩大他们对荒芜地方的统治这种一般倾向，是一种扩张力的实际结果，这种扩张力是美国人固有的一种力量，它自始至终地刺激社会各阶级，经常把全国大批的人员投入边境地带以谋更大的发展。这个原则表明，如果不引起进一步的迁移，一个新开拓的州是几乎建立不起来的；所以移民一定是继续不断地发生，除非有一种自然的障碍，才能最后阻止他们的迁徙。"

19世纪中叶，由现在的印第安地域东部、内布拉斯加和堪萨斯所代表的界线，在当时是印第安人地方的边疆。明尼苏达和威斯康辛虽然还显示着边疆的条件，但这个时期的明显的边界是加利福尼亚（在这里探金者出人意外地掀起了一个冒险开采金矿的高潮）、俄勒冈和犹他殖民地。现在边界越过大平原和落基山脉犹如它过去跃过阿勒洛尼山脉一样；同样地，现在在落基山脉前面的移民需要和东部联系的交通工具，犹如开拓边疆的人们走到阿勒格尼山脉的前面就引起交通和内部改革的重要问题一样，而要达到这一目的，必须开发大平原，必须发展还是另外一种的边疆生活。由于土地赐予而兴建起来的铁路，移民像潮水上涨时一样地涌向遥远的西部。美国陆军在明尼苏达、达科他和印第安地域，进行了一系列征伐印第安人的战争。

到了1880年，已开发的土地推进到密西根北部、威斯康星和明尼苏达，以及遍于达科他河一带和黑山区，并且达到堪萨斯河和内布拉斯加河的上游。科罗拉多开矿的发达又把游离的边疆开拓者吸引到它那个地区去，而蒙大拿和爱达荷也正在欢迎移民的人。边疆于是在这些产矿的中心和大平原的牧场中建立起来了。但正如上面提到的，1890年人口调查局局长宣称，西部移民在这一带地区非常分散，所以再不能说有一条边界线了。

从这些接连改变的边疆里，我们发现作为标志甚至构成边疆特点的自然界线，最初是"瀑布线"；其次是阿勒格尼山脉；其次是密西西比河；其次是和流向大致从北到南的密苏里河；再其次是大约处在西经90°的干旱地带；最后是落基山脉。瀑布线是17世纪的边疆；阿勒格尼山脉是18世纪的边疆；密西西比河是19世纪第一个二十五年的边疆；密苏里河是19世纪中叶的边疆（向加利福尼亚移民的运动除外）；落基山脉和干旱地带则是现在的边疆。每条边疆都是通过一系列对印第安人的战争而获得的。

人们从大西洋边疆可以研究出在迭次改变的边疆中所重复的发展过程的根源问题。我们复杂的欧洲生活因为处在荒原的缘故，急剧地陷入原始生活的简单状态。第一个边疆就碰到印第安人的问题，处理公共土地的问题，和旧殖民地来往办法的问题，推广政治组织的问题，以及开展宗教和教育活动的问题。前一个边疆的这些问题和类似问题的解决，就成为后一个边疆的指南。美国学生用不着到"最初的小城镇——斯列斯威克"去寻找发展过程的连续性和规律性的实例。第一个例说，他可以研究一下我国殖民地时期土地政策的缘起；他也可以考察一下在法令适应各个边疆的风俗习惯时制度是如何完备起来的。他也可以了解威斯康辛、伊利诺和爱荷华的铝矿地区的开采经验如何应用到塞拉山区的开采法律上面，以及我国对付印第安人的政策如何在历次边疆中成为一系列的试验。每一个新成立的州都从旧州方面找到它要制定宪法的材料。所以，每一个边疆都对美国的特点作出了同样的贡献，这在下面将要详细加以讨论。

但是，除了这些相同之点以外，还有由于地方和时间的原因而产生的根本不同之点。显然，密西西比河流域的农业边疆和落基山脉的矿业边疆就有许多不同的情况。这个太平洋铁路可以到达的、被测绘成许多长方形的、受美国军队守护的、经常有移民船只运来补充人口的边疆，比过去用桦皮船或者驮马所能达到的边疆，其进步在速度上要快得多，在方式上也很不同。地质学家耐心地探寻着古代的海岸，用地图表明它们所在的区域，然后拿旧的和新的反复加以比较。这种工作值得历史学家学习，历史学家应该努力把各个不同的边疆记录下来，详细地互相加以比较。这一来，不仅对美国的发展和特点可以得到一种更加适当的概念，而且还会对社会史作出非常宝贵的补充来。

意大利经济学家洛里亚（Loria），极力主张研究殖民地的生活，以便更好地了解欧洲发展的各个阶段的问题。他肯定说，殖民地之对于经济学就好比山岳之对于揭露原始成层作用的地质学。他说："欧洲枉费了好几个世纪的工夫去寻找一把揭开历史之谜的钥匙，原来这把钥匙在美国；这个没有历史的国家却辉煌地揭示了世界史的过程。"这句话有许多真理。美国的情形就像社会史里面的一大页。我们一行一行地读着这个大陆的一页，从西部到东部，我们都能找到社会进化的记载。一开始，我们读到印第安人和白人猎民的情形；接着，我们读到商人——文明的觅路者——的进入，从而促成野蛮状态的瓦解；我们也读到大牧场生活中的牧畜阶段的年代记；人口稀少的定居地的农业村社把土地开发出来生产不须轮种的谷类和麦子农作物的情形；比较稠密的人口的农业定居地从事精耕细作的经过；以及最后出现的建立起城市和工厂的工业组织。这一页的记载对于研究人口调查统计的人是颇为熟悉的，但是我们历史学家却对它利用得非常不够。特别对东部各州来说，这一页却重新写过了。现在是一个工业的州在十多年以前不过是一个精耕农业的地区。而在早些时候，这个地区是一个种麦区，在更早些的时候，它却是一个使牲畜牧人感兴趣的"牧场"。因此，威斯康辛现在固然工业很发达，但它仍然是拥有各种农业的一个州。但是在早些时候，它差不多完全是一个种谷区，像现今的北达科他一样。

每一个这样的地区对我们的经济史和政治史有很大的影响；每个地区在进化到较高的阶段时都发生了政治的改变。但是，立宪制度史家作了一些什么适当的企图来阐明这些社会地区和变化所表示的政治事实呢？

大西洋边疆过去聚集着下面几种人：渔民、皮货商人、矿工、养畜人和农民。除了渔民以外，其他各类行业的人受到一种不可抵御的魅力的驱使，都曾向西部移民。每一类行业的人波浪式地相继越过大陆。你站在昆布兰山峡上面，就看到文明的队伍单行地前进着——先是走在到盐泉去的小路上的水牛，接着是印第安人，接着是毛皮商人和猎人，再接着是养畜人，最后是农民拓荒者——于是边界就走过去了。在一百年以后，你站在落基山脉的南山口，就会看到这种文明的队伍，距离较大地前进着。由于前进的速度不同，我们不得不把边疆分为商人的边疆、牧场主的边疆、或是矿工的边疆以及农民的边疆等。当矿山和牧场仍然在"瀑布线"附近的时候，商人的运货火车已经驶过阿勒格尼山脉，同时大湖一带的法兰西移民，看见英国商人的桦皮船，就惊慌起来，正在加强他们的阵地要塞。当捕兽的人们为了取得毛皮而爬上落基山脉的时候，农民还在密苏里河口附近种地哩！

印第安商人跑得这样快，竟一下子越过大陆，其原因何在呢？商人的边疆产生了什么结果呢？商业和美洲的发现是同时代的东西。北欧人、未斯彪喜阿斯（Vespuccius）、魏瑞泽尼（Verrazani）、赫德逊（Hudson）、约翰·史密斯（John Smith），全都是做毛皮交易的人。普利茅斯移民在印第安人的玉蜀黍地里定居下来以后，他们送回家去的第一船货是獭皮和木材。新英格兰各殖民地的记载表明，这种贸易如何不断地促使探险深入西部的原野。可以设想，新英格兰是怎么样，其余的殖民地也是怎么样，甚至更清楚。从缅因到乔治亚沿岸一带的印第安人的贸易开辟了许多河道。商人利用法国人的旧商道始终不渝地向西部前进。俄亥俄河、大湖、密西西比河、密苏里河和普拉特河——都是西进的路线。商人们渡过这些河流，在落基山脉中找到道路，从而才有后来的刘易斯（Lewis）和克拉克（Clark）、弗利蒙特（Frémont）以及毕得韦尔（Bidwell）。西进速度快的原因是和商人给予印第安人的影响有关系的。这种贸易的结果是，没有获得武器的部落必然是由那些已经买到了火器的部落摆布的——这是易洛魁部族的印第安人用鲜血写下来的一条真理，所以，居住遥远的、和世人没有往来的诸部落也都殷切地欢迎商人。拉萨勒（La Salle）写道："这些野蛮人对待我们法国人比对待他们自己的子女还要好些；从我们身上他们才能得到枪和商品。"这就说明了商人势力之大和他们西进之快的原因。这一来，正在解体的文明就进入荒野里来了。每一个流域和印第安人足迹所到的每一个地方都对印第安人的社会造成一道裂缝，从而破坏了印第安人社会的整体性。远在拓荒的农民在舞台上出现以前，印第安人的原始生活就已经结束了。农民们遇到的是用枪武装着的印第安人。商业边疆由于使印第安人各部落完全依赖白人，曾不断地暗中破坏印第安人的力量，但是，通过卖枪给印第安人，却增加了他们抵抗农业边疆的力量。法国人的殖民统治是靠他们的商业边疆来维持的；英国人的殖民统治则是靠他们的农业边疆来维持的。这两个边疆是相对抗的，正如英法两国彼此敌对一样。杜康（Duquesne）对易洛魁人说道："难道你们不知道英国国王和法国国王不同么？去看看我们法国的国王所建立的碉堡，你们就知道，你们仍然能够在它们的城墙下面打猎。这些碉堡是为了你们的利益建立在你们经常来往的地方的。英国人相反，他们占据一块地方以后，就把猎物赶跑了。他们把在前进路上遇到的森林全都夷为平地，空空荡荡的一片，使你们想建一个窝棚过夜都很困难。"

不过，尽管商人和农民两方面的利益有这种冲突，印第安人的贸易却为文明开辟了道路。水牛踏成的路变成印第安人来往的小路，最后变成商"路"；小路扩大而为大路，大路扩大而为征收通行税的路，最后都成为铁路。南方铁路、远西铁路和加拿大自治领地铁路的起源都是如此。这些小路最初通往的商业地点是在印第安人村落的地方（这些地方自古以来就是天然场所）；这些商业地点因为位于全国水利系统的要津，所以——发展成为像阿尔巴尼、匹兹堡、底特律、芝加哥、圣路易、康西耳-布拉夫斯和堪萨斯城这样一些城市。因此，美国文明通过地质学构成的道路干线，像涨潮一样地源源而至，其结果，原来通行的小路都扩大起来，交织成为非常复杂的现代商业路线；蛮荒的地方已不复存在了，它已成为数目越来越多的文明道路所错综地穿过的地方。它正像原来简单，缺乏生气的大陆，由于不断的发展，终于成为一种复杂的神经系统一样。如果有人想了解为什么我们今天是一个国家，而不是一个由许多孤立的州聚合在一起的集团，他必须研究一下这个国家的经济和社会发展巩固的情形。从野蛮的状态到现在这种发展的地步，正是进化论者所要研究的各种题目。

印第安人的边疆是我国历史上一种起了巩固作用的因素，它产生的影响是很重要的。自17世纪末起，各殖民地间的代表大会相继召开，以对付印第安人，并且制定共同防御的办法。有一些殖民地没有印第安人的边疆，所以它们的排他性（particularism）的力量是最大的。这个边疆像一根产生联合作用的绳索一样，沿着西方边界展开。印第安人是共同的危险，所以需要联合行动。1754年的阿尔巴尼代表大会是鼎鼎有名的一次会议，这次会议召开的目的是讨论"六大族"（Six Nations）的问题和

"阿尔巴尼联盟"的计划。甚至粗略地读一读大会拟订的计划也看出它显示了边疆的重要性。全体会议和参加会议的官员的力量主要在于：决定对印第安人和战的问题，规定和印第安人的贸易，购买印第安人的土地，建立和管理新定居地来防御印第安人。显然，革命时期的统一趋向是由以前在处理边疆的问题中表现出来的合作所促成的。在这方面可以提到边疆的这样一个重要性：它从那时到现在都是一个军事训练的学校，使得抵抗侵略的力量总是蓬蓬勃勃，青春常在，并且发扬了边疆居民的倔强的性格和艰苦生活的品质。

从边疆生活的条件中出现了极其重要的思想面貌。自殖民地时期以来到各边疆旅行的人们所撰的著作，描述了某些共同的特点，虽然这些特点现在不突出了，但是，作为一种遗风，甚至在进入一种社会的较高发展阶段的时候，它们仍然在它们发端的地方继续存在。结果是，美国思想的显著特性是依靠边疆形成的。粗暴、强健、加上精明、好奇这种特性；头脑既切实际又能独出心裁，想的办法快这种特性；掌握物质一类的东西，手脚灵巧，不过艺术性差，但做出来的东西使人产生伟大有力的感觉这种特性；精力充沛，生气勃勃这种特性；个人主义突出，为善为恶全力以赴这种特性；同时热爱自由，华而不实这种特性——这一切都是边疆的特性，换句话说，就是因为有了边疆，别的地方才有的这些特性。自从哥伦布的船队驶入新世界的河流那个时候起到现在，美国是"机会"的同义语，因此美国人是在不断的扩张中养成他们的气质的，这种扩张对他们来说不仅是自由的，而且甚至是被迫的。如果有人一定断言，美国生活中的这种扩张性现在已经完全停止了的话，那么，他一定是一个冒失的预言家。向边疆迁移曾经是这种扩张的最有力的事实，除非这种训练对一个民族没有影响，否则，美国人势必继续要求一个更加广阔的领域，以便发泄他们旺盛的精力。但是，这种自由土地的礼物却再也不会出现了。在边疆，风俗习惯的约束没有了，毫无限制的情形占上风，这只是一时的事。世界上就没有 tabula rasa（一块白板）。在边疆，美国环境是难应付的，而且这种环境迫切要求人们顺应它的种种情况；同时，工作条件具有传统性，这也是事实；但是，无论环境如何顽固，也无论习惯势力多大，每一个边疆都千真万确地提供了机会的新领域，为解除过去的束缚而开方便之门；边疆推进到哪里，哪里就有一片新气象，人们的自信心也因而加强了，对旧社会则报之以如下的嘲笑：旧社会的限制和思想是不能忍受的，旧社会的种种教训是不必放在心上的。如果说，地中海对于希腊人产生了这样一些意义：打破了习俗的枷锁，提供了新的经验，建立了新的制度，出现了新的活动，等等，那么，不断向后退却的边疆对于美国的意义，也是如此，而且意义更大、更直接，至于对欧洲许多国家来说，就比较间接多了。在美洲发现后四百年和宪法公布后一百年的今天，边疆已经消失，同时也就结束了美国历史的第一个时期。

（选自杨生茂编：《美国历史学家特纳及其学派》，本篇译者为黄巨兴，商务印书馆 1984 年版）

1944 年 7 月 20 日事件①的背景

迈纳克

迈纳克（Friedrich Meinecke，又译梅尼克，1862—1954），现代德国历史学家。他饱经现代德国历史的剧变，不过始终是一名温和的保守主义者。在史学上，他是现代德国历史主义的主要代言人，其《历史主义的起源》被认为是德国历史主义的巅峰之作。迈纳克深受德国民族的文化传统的影响，也深爱着它，为此他作过许多深刻的反思，终在其垂暮之年写成《德国的浩劫》，劫后余生，痛定思痛，对德国历史与文化的重新思考，发人深省，颇具意义。本篇即选自该书，重在选择他在叙事方面的才能，题名是原有的。

---

① 以史陶芬堡（Stauffenberg，Klaus Philip Shank，Crafvon，1907—1944）伯爵为首的一群德国军官曾策划炸死希特勒（代号为"女武神"Walkyrie），并于 1944 年 7 月 20 日采取行动。希特勒本人受轻伤。随后即进行大规模镇压。——原译注。

如果德国人民在他们自己身上发现了可以挣脱希特勒的轭绊的力量，那会是一桩天幸。但是每一个在第三帝国之下体验过生活的人都知道，要通过一场一般的人民群众运动来达到这一点，实际上却是不可能的事。"只有通过一场战争，我们才能甩掉这伙人"，有一次我听到有一个人喃喃地在说；这些人最初曾经被他们所吸引，然后很快地就感到失望了。一切就都要看国防军的态度。它曾经出过力，帮助希特勒取得政权。但是在它那些更优秀和更成熟的分子中间，对希特勒运动的民族价值的幻念，当认识到它的无价值时，难道不可能消逝吗？难道不可能有一天国防军或许就根据这一点而行动吗？这就是许多爱国人士彼此之间秘密在谈论着的对未来前途的一种阴郁的希望。这就是希望着国防军能采取某种就其规模而言将不亚于一次军事政变的惊人之举，是某种普鲁士-德意志陆军传统中所绝对闻所未闻之举。但是希特勒和（纳粹）党所创造的国家局面也是闻所未闻的。一伙罪犯在统治着我们，于是国家就出现了一种紧急状态。在这样一种状况下，那些相信自己是站在同一个严肃的道德立场之上的人们，就可能突然一下感到他们之间分裂了。有的人被自己的良心所驱使，要谴责任何背叛对希特勒所宣誓过的效忠的行为；而另有的人则认为背叛他，把祖国从一伙罪犯手中解放出来，并保护它以免无法预见的不幸，才是更高一级的道德责任。席勒《威廉·退尔》中的这个伦理问题，再一次成为了活生生的问题。

就我所知，第一个向自己回答了这个问题的是冯·弗立契将军，他作为陆军司令部的参谋长，处于或许有可能领导一次反希特勒的武装政变的地位，所以不得不在1938年初递上辞职书。他抑制了自己。但是不久以后，希特勒方面却干了更多的伤天害理的事；和弗立契很有交谊的格罗纳有一次秘密地告诉我说，——现在这件事可以透露给历史了，——"弗立契现在惋惜当初没有采取行动。后来当波兰战争爆发时，弗立契只作为一名志愿军参加而并未担任指挥，他死在华沙城下的敌方炮火之下。关于他的结局流传着的各种说法，至少对于我来说，这一说法似乎是最为可信的。这是一个怀着一颗破碎的心的军人的结局。"

然后1941—1942年冰天雪地的严冬到来了，它几乎是威胁着我们要准备一场在俄国的第二次1812年，于是这个问题又一次逼迫到了那些在思索着的人们的唇边：为什么这些将军们不采取行动呢？为什么他们不肯为他们以往赞助希特勒运动所犯下的罪行而干点好事呢？为什么他们不推翻那个对于大家都危险的人物呢？然后到了 1941 年年终时，我才得知事实上确曾有些将军们在争论过这个观点，即只有通过一种正式看起来是应判死罪的行为，才能挽救德国不致于再进一步滑向深渊。那位可算是陆军中最有头脑的前参谋总长贝克将军，当时曾向我们的通讯人说过这样的话："这个难解的结只能是用挥刀斩乱麻的办法来解决。但是挥刀的人却必须懂得德国军队这个强大的机器，并且还能驾驭它。"

和贝克与戈德勒的名字相联系着的那场 1944 年 7 月 20 日的行动，是早已在准备着了。我的通讯人是西线最高司令部的赫尔曼·凯塞尔（Herman Kaiser）上尉。他原是一位历史学家，从那时起就常常来找我；他是一个炽热的理想主义者，一个有着深沉宗教性格的人，他把希特勒的统治看作是一种对上帝的罪恶，并坚决地和贝克与戈德勒一道工作，准备着一场发自武装力量中心的反希特勒起义。他第一次访问我，是有关一个纯历史学的问题，但它却是有预示意义的。他那时正在研究解放战争时期政治上的秘密联盟，于是我们就谈到了艾希霍恩和弗雷森所属的那个 1812—1813 年的"德意志联盟"（Deutsche Bund）。它是由一些只有三四个志同道合的人为小组的"细胞"所组成的，其中往往只有一个人才知道有关下一个细胞的一些事情以及它的秘密成员。我就问道，他弄这些是要干什么；于是凯塞尔便开始透露贝克和戈德勒的计划。对前者他是用艾森曼（Eisenmann）这个假名字，对后者则用麦塞尔（Messer）这个假名字。有一天他很满意地向我说道："今天在我们中间，也可以看到有一个'德意志联盟'了。"戈德勒说，一旦那主要的一击取得了成功，他就可以期待着有成千上万的人进一步来支援一切。

我和凯塞尔的谈话，属于我一生中心弦最激动的事件之一。我基本上同意他的意见，这对他来说就足够了。有关详尽的准备工作，我只知道很少的一点；而且（1944 年）7 月 20 日的事件，我事前一无所知。但是他安排了贝克和我互相联系并交换意见。所以我就认识了那些可惜是为数不多的高级军官之一，他们可以认为是沙恩霍斯特的真正继承人，他们不仅是严肃的和生气勃勃的军人，而且也是有很高教养的和目光远大的爱国者。

贝克和戈德勒的计划是以一种正确的政治考虑为基础的。德国的失败，——由于她的对手们更强大的潜力是被一种坚决的意志所引导，——仅仅是一个时间问题，尤其是在斯大林格勒的灾难和美国人在北非登陆以后。希特勒政权再延续下去就只能是延长德国的苦难，对方是绝不会和希特勒政权谈判的。因此，对希特勒所肯定能期待的，就只有无边无际的不幸。但是如果有一个能够进行谈判的新政府取而代之，并为一支虽说不能再取得胜利，但却仍能作战并能激起人们尊敬的军队所支持，那么我们就可以希望取得比希特勒统治之下的白血病更为有利的和平条件。

确实，对于这一想法可能会有许多的反对意见。毫无疑问，在事情成功之后，可以预期的是那种背后下手的流言，是纳粹方面的疯狂叫喊：最后胜利是被叛徒从我们（德国人）手里夺走了。难道人们不是在最后灾难的仅仅几个星期之前，还厚颜无耻地在散布着最后胜利的神话吗？这时，凡是要把保卫德国免于她历史上最大的浩劫这一重任置于一切之上的人，也就要能表现出道德的勇气来承受第二次背叛这一流言所必然会加在他身上的种种诬蔑。这种勇气，贝克和他的伙伴们是有的。

但是更为严重的则是另一种反对意见。我们有把握，在希特勒垮台之后，军队会跟着这批投石党的将军们走吗？其他的将军们不会挺身出来反对他们吗？而且大敌当前，不会在前线和国内点燃一场内战吗？当战争爆发时，军队的纳粹化就已经进行很久了；而军队是否会认识到德国的真正局势并听命于新的政府，这一点就不仅要以那些将军们，而且也要以那些年轻的中下级军官们为转移了。由于这种政治上的不成熟和直到此时为止这一代的军官团已被严重地引入歧途，所以整个这次举事在一开始就已经失败了。7月20日那一天柏林警卫队的态度，是否像戈培尔要使我们相信的那样效忠于希特勒，根据我最近得到的消息，却是很可怀疑的。他们曾架着枪站在那里"中立"了好几个小时。

7月20日的失败首先是出于一种偶然，即希特勒居然活了下来；因为那枚炸弹是针对地下室的水泥墙而设计的，在当天完全例外地在木制营房里召开的会议上，并没有能正当地发挥作用。如果希特勒是被炸死了的话，那么一切就要取决于陆军的新领导和武装党卫队之间斗争的结果了。军队会要求武装党卫队合并到军队里来，从而能继续对外部敌人作战，并将会仅只镇压武装党卫队中进行反抗的那部分。但是既然希特勒本人还依然活着，那么这个计划的成功前景就变得很渺茫了。

人们也可以为叛变者们作出如下有效的辩护：即他们认为由于希特勒政权的延续而对德国所造成的不幸必定要远甚于一场内战的不幸。内战可以预见得到，将会只是一个短暂的时期，而且反对外部敌人的战争这时也将会很快就告结束。许多城市都将会不受破坏，千万人的生命也将会得到保障；7 月 20 日的企图当时是会导致某种这类的结局的，假如希特勒的确是被推翻了而且引来了军队的分裂的话。

最后，还可以举出关于方式问题和准备时间过长问题这一最终的反驳。如果是要保守秘密的话，那么就已经有比适宜的数目更多的人（也许是必要的）卷入了这个秘密。还出现了一些无法预见的情况。举事之所以长期推迟，首先是由于贝克的重病造成的，那次病使得他在 1943 年进行了一次手术。然而，这时候被告密的危险却变得越来越大。事实上，1944 年初，凯塞尔就通知我说，这次举事是被出卖了并且必须加以放弃。而在 1944 年春贝克最后一次来访我时，他向我说："没有办法了，无可挽救了。我们现在只有把这杯苦酒饮干，直到最苦的结局为止。"我现在猜想，他们终于对这次密谋作孤注一掷，是因为它已经被出卖了，而且也因为他们要在迫在眉睫的大规模逮捕之前至少作一次拯救德国的最后尝试。

于是，正如众所周知的，就对那些真正的或者仅仅是被认为的同谋犯进行了大规模的处决，这场处决的意图是要打击尽可能之多的响应号召来帮助建设新德国的人。我们（德国人）由于这场处决而被夺去了许多有价值的和无可弥补的力量。在人民中间起初并没有透露，在那些被处决的人中包括有活跃的普鲁士财政部长波比茨；前驻罗马大使乌里希·冯·哈塞尔和前驻莫斯科大使舒伦堡伯爵等人。要说执行这次谋杀的人们是一个反动的军事集团，可就是无稽之谈了。许多古老世家出身的名字和社会民主党人的名字并列在现在已经查清的被处决者的名单上。而这份名单显然仅只提到实际上已被处死的人们中间的一小部分。贝克本人是多么地不可能反动，我从和他的谈话里是清楚的。在上述

1944 年 5 月我和他最后的一次谈话里，他的意见是：在预期之中的浩劫结束以后，一定要建立一个统一的反纳粹党，它将囊括从极右派直到共产党，因为，共产党人在民族的一些根本问题上的忠诚是可以信赖的，正如他在上西里西亚所曾体会过的那样。

关于 7 月 20 日那些人，人们或许永远也不会达到一个一致的判断，无论是赞成的还是谴责的。作为一个广义上的知情者，我只能说，我认为他们的动机是纯洁的和高尚的。他们向全世界证明了，在德国军队里、在德国人民中间，仍然有一种力量不愿意像哑巴狗那样地屈服，而是具有殉道者的勇气。

（选自梅尼克：《德国的浩劫》，何兆武译，生活·读书·新知三联书店 1991 年版）

这个时代的最大难题

鲁滨逊

詹姆斯·哈威·鲁滨逊（James Harvey Robinson，1863—1936），现代美国历史学家，引领 20 世纪前期美国新史学运动的代表人物之一，名著《新史学》流传甚广，在中国学界的影响迄今未衰。在他的治史理念中，始终关注的是把知识，特别是历史知识，如何为普通民众尤其是为青年人所接受，这是现代社会普通教育的宗旨，然而完成这一任务谈何容易，以至于被鲁氏认为是"我们这个时代的最大难题"。我们看到，正是在这种明白晓畅的叙述中，显示出一位史家的社会良知，一种深切的人文情怀。本篇题名出自于他在 1923 年写的《知识的人文化》一文，另选了《新史学》一书中与此题旨相关的一些文字。文内二节小标题均是原有的，选文有删节。

一、知识的人文化

普通教育的目标之一，至少是要帮助青年们最大限度地了解那些关于人类和世界的知识；这些知识，有的是已知的，而有的则是假想的。如果这一点毋庸置疑的话，那么它就要求青年们明白这一道理；那么就要将该问题提到议事日程，那就是鼓励他们去审视我们习以为常的观点和习俗，最好使他做好准备以走向更为明智的生活，比其前辈们更能聪明地处理诸多新老问题。

我过去曾在一些文章中简要地指出过存在着的巨大障碍；既然有这些障碍，又如何才能在上述教育目标这个方向上作出进步呢？人类的引路人和指导者们如何才能在这方面将人们的观念现代化，而使科学理智摆脱至今仍然困扰它的那些怀疑，从而保证科学理智具有其与生俱来的影响呢？这才是我们这个时代的最大难题；这里，仅就解决方法提出拙见，其余不敢奢望。

我们已经发现，近代科学的进步是由于我们所谓的"非人文化"。那些开展探索的人们，在其著作中似乎并不在意普通人对于功用、或优美、再或精神超越的渴望。他们致力于片刻和细微的研究，因为长期开展这种工作对于其所做事业的成功是必要的。这样一来，无论是科学探索的方法还是其结果，都不喜欢对专业研究人员之外的任何人提出基本要求。然而，就像已经显示的那样，深奥的研究和实验室里的操作，确实在重新创造人类和世界。恰如往昔，知识的非人文化是必要的；然而，时至今日，知识的重新人文化也是必需的。

为了实现，或者至少接近实现知识的重新人文化，我们关于人类及其世界的知识必须重新加以组合与阐述，必须被重新搁置在一起而充分关注平常人对于新知识的吸收。它必须被"重新综合"。当前，那些充满活力的知识被撕成碎片，被弄成一个又一个的杂乱无章的堆积，并被贴上历史学、哲学、心理学、语言学、人类学、伦理学、化学、生物学、地质学、地理学和植物学等标签。其中每一大堆又被分成更小的堆——天体物理学、生物化学、胚胎学、热力学、光矿物学、史前考古学、认识论、拉丁金石学等等。但是，这些甚至对于真正的专家而言都太杂沓、混乱不堪和令人发狂，他们发现自己的生命耗费在人体白细胞分类，花费在电波或者路德之前的德国音乐上了。

无论如何，许多事情无疑仍然与所谓的自然科学和社会科学之间适度的相互作用相冲突。人类知识的每一个重要分支，都是密切地连成为一个整体的，如其所是地关系着人类及其世界，但是竟人为地被古老的分界线所隔离，因嫉妒性的预设兴趣而反对有人明目张胆地闯入或者悄然溜进。这是把科学研究的技术性分解迁移进教育体系的必然结果。

我们的各门科学的课程都不大能够从自然科学和社会科学那里产生主要的预期结果。它们既没有让学生产生辨别力和正确的思想倾向——开放意识和谨严的结合——它应该是成功的科学训练的最佳结果；它们又没有培养对于自然运作的如此生动的理解，以至于发现新的疑惑的热情将容忍生活，缓解悲哀、厌倦与失望。当然，按照这一标准进行评判，教育在文学、历史学、语言和哲学领域中的失败也一样是显著的。

显然，这个问题有两个方面。第一，人类知识是怎样在中学和高校里被组合和展现出来，以产生永久作用和适合我们时代及其困惑的思想观念的。第二，知识是怎样普及和在那些不满于所知而渴望学到更多的成人中传播的。然而，尽管如此，绝大多数年轻人和老年人实际学习的方式，并没有很大的不同，这两方面不需要分头加以讨论。用于常规教学的教科书和指导手册，和为成人所写的各种流行的关于科学事实的表述，几乎全部毫无例外地倾向于按照上述被普遍接受的观念，对知识进行分类。他们有着似是而非的诉诸学术意识的逻辑路数。因此，他们相当适合教师，但不幸的是，对于学习者并无激励作用。

历史学是一个可以创造各种新的模式的领域，它是我们不折不扣的关于过去的全部信息。我已经花了多年时间选择证据，去支撑说得好听点我称之为"知识阶层"的发展和命运情况。在进行这种新的综合过程中，我发现自己粗暴地闯入哲学家、神学家、人类学家、比较心理学家、史前考古学家和历史学家的——还只是提到我所闯入中的几种——禁区。现已证明，这对我来说是愉悦和富有启发性的。我发现成千上万的姑娘小伙在跟随我漫游。

在行进之时，我们发现一个新世界，人类的过去和未来的可能性，再也不是我们所以为的那样。我之所做，其他人可以更好和更明智的方式去做。人类成就的历史和成长着的关于自己和世界的理解，可以被做成一系列的发轫已久和经历所有中学、高校的学习。因为正如弗兰西斯·培根所说：没有教育的世界历史，就像仅有一只巨眼的强壮巨人波里菲姆斯。

因此，我们需要新一类的作者和教师，已经有了一些楷模，他们充分关注这里所说的东西，他们看到知识的消耗应当由一体化、新奇和坦率、必要的暂时性加以补偿。他们应当暂时从事知识人文化的冒险。存在着这样的头脑：必要的性情、训练有素和文人式的机智。他们必须被搜出，受到鼓励，一起被带进一个尽管是非正式的但是有效的协同，去促成我们所有关于人类与世界知识的传布。在其生命中的某阶段他们应该是研究者，应该继续是另一种意义的研究者。其作用不再界定为在细节上增进知识，而是在探索中发现已知或者阻碍认知的新模式。

我们所最需要的，正如我力图弄清的是，新的学术状态、新的关于意见分歧的限度、知识在人类规划中角色的新评价。为了达到这一目标，考虑到展现在我们面前的进一步启蒙的可能性，我们能够比先辈们更加无畏，冒更大的风险。我们的知识必须重塑，变成我们日常生活的一部分。在许多方面，这是可以做到的。我们在这方向的努力首先必须是探索性的和暂时的，知识必须人文化，这样就使得知识的进步逐渐走向我们的思维训练，走向其自身力量之下的进步。假如可靠的知识在某种意义上能够同青少年的经历相一致，那么更为深刻的含义再也不会潜伏在我们幼年时期被告诉的传奇里，而是在"我们活着去学习的真理"中。

（李勇译自鲁滨逊：《知识的人文化》"The Problem of Humanizing Knowledge"，*The Humanizing of Knowledge*，New York：George H. Doron Company，1923，pp. 73-96）

二、普通人应该具有的历史知识

假使有人问历史家，近代最新奇的、具有最大影响的发现是什么？他可以回答说：近世最新奇的、具有最大影响的发现就是我们对于普通人和普通事物的重要性有了认识和兴趣。我们的民主精神和它所有的希望和志愿，就是以尊重普通人为根据；我们的科学和它所有的成就和希望，就是以尊重普通事物为根据。以上这几句话的正确性，我们不能在此地加以说明，而且也不必再加以说明。因为我们都承认这个真理了。我们现在应该研究的，就是对于那一大批将要过早地用自己的双手来养活自己的青年男女们应该用什么方法去教育他们。但是教育这件事，从来就不十分注意做普通事的普通人。因为从前以为受教育的人们，一定都是有闲的、不必自己去谋生的人们。

在今天，我们正应该大胆地、毫无保留地，立刻将我们的教育和现在大多数在公立学校读书的学生们的实际生活同他们将来所要担负的任务，密切地结合起来。

根据存在我的心中的上述信念，我想要说明历史学在将要于毕业后即到工厂中做工谋生的青年男女们的教育中的地位。当我最初开始教授历史的时候，我不能不承认我实在不十分明白学历史究竟有什么用处。这主要地是因为当时我没有十分明了人类过去对于我们的意义。后来我慢慢地觉得我们的知识和思想完全是依赖过去的；而且只有过去才可以解释我们自己的现状和我们的事业。历史是我们对过去的知识。我们要追问历史，就像我们要回忆自己个人的行为和经验一样。不过我们对自己过去的回忆是常常随着我们的态度和成见起着变化的。我们往往调整我们的回忆来适应我们当前的需要和希望，而且还往往利用它来分析我们现在的问题。历史也是如此，它并不是一成不变的，而是经常变化的。各时代的人都有权利去从人类历史里面选出和当时特别有关系的事实。

所以要讨论在工业教育中历史学科所占的地位，我说过我绝不主张采用那些普通历史大纲。我主张我们应该暂时放弃普通对于历史的庸俗观念，而将这个全部问题，重新加以研究。

我们先要问问我们自己，当我们想到工业学校里面的青年男女的需要、能力、兴趣和他们将来的职业，究竟他们最迫切需要哪些过去事实，以便把他们培养成将来在生活和工作中，成为一些有知识的、有能力的、而且幸福的人物呢？要好好地回答这个问题，我们首先要确定学生们所处的地位和工业教育所提出的要求。第二，我想提出一些工业学生应该知道的、应该就得的，而且我以为最可以增加他们知识的那些人类过去的事实。我认为这些知识对于他们更为有用。

工业教育当然是一种专门教育。它的直接目的是尽快地把十三岁到十六岁的男女儿童培养成为技术工人。关于这种专门教育，我们此地可以不必多说。但是工业教育的目的不只是专门训练一些工作效率很高的技术工人，满足雇佣者的要求，因而可以比没有受过专门训练的工人获得较高的工资和较快的升级。现在从事工业生产的这个阶级是一个巨大的阶级。社会显然应该对这个阶级的后备队予以极大注意。这班未来的工人应该知道他们的地位虽低，但对于进行世界的工作却担负着重要的责任。应该明白他们地位的将来；应该对于他们的地位充满无限希望。

历史这门学问，不但可以使工人得到一个社会进步和社会的未来的观念，并且可以对他提供某些事物的背景，使他可以在自己的环境里把这种知识利用起来，又可以丰富他的想象力，把他的思想扩大到工厂以外。在这里我只能列举几件人类发展史里最重要的事实叙述出来，这事件足以激起青年男女的注意，而且以后可以使他们对人生得到一种新的认识。我们可以先请这个熟知的事实，即世界上能够工作的并不只是人类。人类假使没有工具，他的工作能力比不过蜘蛛同蜜蜂或黄蜂。有几种鸟类能够为它自己和它的家庭造很复杂的巢。关于人类的祖先，照现存的人类相近的动物看起来，只能用树枝造粗糙的平台。当我们人类刚用后腿走路，前腿当手的时候，他的脑力才经过种种变化，使他们的脑筋超过最高级的类人猿。在这种长期的变化过程中，在人类文化的发达上，有两种极有力量的因素：那就是语言和工具的发明。

正如我们所深刻而悲惨地感觉到的，工业革命虽然增加了我们的幸福，扩大了我们的知识，因为交通方便的缘故，使我们世界各地更加容易到达，彼此接近，但是工厂里面工人的情况恐怕比希腊、罗马的奴隶更加恶劣。不过，我们不能过分地希望西欧一方面产出一种物质状况上的空前变化，另一方面又要免除了这些变化所引起的流弊。长时间的劳累，单调无味的工作，重复那些因分工制度而带来的琐碎工序，这种分工制度虽然提高了效率，但是降低了兴趣。再加以微少的而且不稳定的工资和种种连带而来的恶劣状况，这都是现代工业上的严重缺点。

对于这些缺点，以下的情况使我们有迅速改良的希望，那就是我们现在已经有了一种社会公平的观念，即对于经济和社会措施的更加重视和对民主教育的热心。中古时代那种没有思想的慈善事业到现在已经成为一种有组织的社会事业，这种事业是由人类的同情和科学的研究结合起来的产物。假使机器发明产生了一种新的奴隶制度，那么，机器发明也能产生一种消毒品。因为有机器的发明，对人类的贫困——即无衣无食无住所——有完全废除的可能。因为现在的人类拥有足够的蒸汽、电气等等能供给人类生活上的需要。如果加以适当的分配，就不会有人还缺乏日用必需品。更加重要的是和工业革命同时产生的尊重劳动的看法，这是亚里士多德所不明白的。托尔斯泰这班人不想有一种脱离劳动的一种完全无缺的生活，反想将劳动同余暇结合起来成为一种快乐的理想生活。生产的劳动，如果在适当的状况下，有计划地去进行，而且工作的期限要适合于工人的体力同其他生活上的责任，那对于身心性格都会产生最好的桔果。我们虽然还没有达到这个快乐的地步，至少我们再不会藐视劳动，我们也不以为体力劳动是耻辱的。

我们现在再研究以上所说种种问题和工业教育的关系。工业教育本身就是我们以上所追溯的长期历史过程的最近产物。据我看来，我们上面所述的那些事实，就是我们急需使工业学生知道的事实。这种教育可以使他们具有一种人生态度，这种态度不但可以使他们成为最好的工人，而且可以使他们对于他们的工作有个明智的理解，使他们协力帮助清除他们所遭受的那些工业上的流弊。怎么样能够将上面所述的种种的历史的研究很容易地、永久地而且很自然地印入学生的头脑之中呢？这种研究不但可以满足接受工业教育的学生们的特殊需要，而且可以提供一种最好的、唯一的方法去扩大他们的眼界，提高他们的道德知识水平和对于进步的热心，这种热心只有把现在和过去联系起来才能产生。

（选自詹姆斯·哈威·鲁滨逊：《新史学》，齐思和等译，商务印书馆1964 年版）

英 雄 梦

赫伊津哈

约翰·赫伊津哈（Johan Huizinga，1872—1945），现代荷兰历史学家。作为一名 20 世纪前期杰出的文化史家，他以《中世纪的秋天》（一译《中世纪的衰落》）和《游戏的人》等传世名著彰显对文化史研究的独到见解，并提出了"文化均衡论"和"游戏论"。本篇选自前书，它探讨 14 世纪和 15 世纪的欧洲文化史，聚焦于法国与荷兰。这是一个充满魅力的历史时期，中世纪行将结束，渐入迟暮，但仍精神矍铄，满枝硕果，呈现了向近代文明过渡时期的辉煌。该书英译本的题名"Autumn"（秋天），乃传神之词，恰到好处。本篇题名为编者另拟。

凡是号称骑士理想最纯粹形式的地方，表现的重点都放在其禁欲要素上。骑士精神在它兴盛的第一阶段自然甚至必然和僧侣理想结成对子，这就是十字军时期骑士团的精神。然而由于现实一而再再而三地揭穿了这种理想的虚假性，它就逐渐沉入幻想的背景之中，保存了高尚禁欲主义的特征，但现实生活里也难觅这样的特征。游侠和圣殿骑士穷困潦倒，但摆脱了尘世的羁绊。威廉·詹姆斯说，那种穷困而高尚的骑士理想仍然在"军人和贵族的生活观中占主导地位，即使不在实际生活中占主导地位，至少是在情绪方面占主导地位。我们美化那无牵无挂的士兵。除了一条命，他一无所有，每当事业需要时，他愿意随时牺牲，他是向着理想目标前进的无拘无束的自由之身的代表"。

由此可见，骑士理想和较高宗教情怀、同情、公正和忠诚的结合并非矫揉造作、肤浅皮相的手法。但从另一个方面来看问题，这些宗教因素也不是将骑士精神转换为美好生活形式的要素。骑士精神植根于男子汉渴望战斗的精神，倘若对女人的爱恋不是火一样的激情，倘若这火一样的激情没有被复杂的思想感情赋予生活的热情，男子汉渴望战斗的激情也不能得到升华。

勇敢牺牲这种深刻的禁欲是骑士理想的特征，禁欲和色欲是骑士人生观的基础，两者紧紧地联系在一起。也许，深刻的禁欲仅仅是未能得到满足的欲望发生的伦理转换而已。人们对爱情的渴望不仅在文学和艺术中表现出来，并形成一定的程式；此外，人们对高尚爱情风格和形式的渴望还在广阔的生活里展开，表现在各种生活形态里：宫廷爱情、社会游戏、玩笑和运动。在这里，爱情也不断被升华，并且被赋予浪漫的色彩。在骑士精神里生活模仿文学，但说到底文学的一切都是从生活中学来的。骑士的爱情观并非建立在文学中，而是建立在生活中。骑士与心上人的母题植根于真实的生活中。

骑士与爱人以及为爱情而爱情的英雄是首要而永恒的浪漫母题，这是无处不在、反反复复必然要出现的母题。这是肉体激情向伦理的或准伦理的自我克制情感的直接转换。它直接产生于男人的需要，即使是十六岁的少年都知道这样的需要，男人需要在女人面前显示他的勇敢且敢于冒险，显示身体强壮、不怕吃苦、不怕流血。但这种欲望的展现和满足似乎是难以实现的，于是它就被取代并升华为一种为爱情而完成英雄业绩的梦想。其必然结果是立即产生了这样一个假设：死亡是实现英雄梦想的另一种选择，于是所谓的满足在爱情和死亡两个方向上都得到了保障。

但为爱情而成就英雄业绩的梦想在心中激荡，它必然要像旺盛的花草不断成长。这一初始的简单主题很快就成为强弩之末，心灵又渴望为同一主题创造新的情景，激情给苦难和克己之梦境涂抹的色彩更加浓重。英雄业绩必须含有解救妇女的要素，男子汉要从最危险的环境中拯救妇女，于是原初的母题又受到更大的刺激。起初的母题是英雄希望为女性受罪，这个母题很快又加上了另一种渴望：英雄拯救渴望的女人，使她不受苦难。如果穷追到底，我们是否可以把这样的拯救欲望回溯到保持贞操的行为呢？是否可以把拯救者看成是击退竞争对手、夺取自己心上人的另一个男人呢？无论如何，最高调主题是骑士—色欲母题：年轻的英雄解救如花似玉的处女。即使敌人有时是没有猜忌心的恶棍，性的要素也处在可以触摸的表层。

解救处女是最富有原创性的浪漫母题，这个母题永葆青春。这个观点是人人每天都可以直接验证的观点，既然如此，如今已经过时的神话解释怎么可能在这个母题中解释自然现象的意象呢？由于过度重复，文学可以避开这个母题于一时，但它总是顽强地以新的形式再现，比如以电影牛仔的传奇故事再现。毫无疑问，在文学之外，个人爱恋的母题始终是强劲的母题。

英雄—恋人的观念在多大程度上揭示了爱情的男性观和女性观？这个问题难以断定。这个观念反映在男人自诩的受难形象中吗？男人的自我观念是女人的意志吗？第一种观念的可能性更大。一般地说，作为文化形式的爱情描写表达的几乎完全是男人的观念，直到最近才有所变化。女人的爱情观始终处在隐蔽的姿态，戴上了一层面纱。这是一种温柔而神秘的情感。男人的爱情观根本不必升华为浪漫色彩的英雄爱情观。通过自我牺牲的性质和难以切断的母性联系，女人的爱情观得到升华，根本就不必求助于英雄的幻想，也不必求助于自我的好色观。女人的爱情表达之所以不见于文学，不仅是因为文学主要在男人中萌生，而且是因为对女人而言，爱情的文学成分并不是不可或缺的。

为了心上人甘愿吃苦的高尚拯救者的形象主要是男人幻想的产物，这是男人喜欢的自我形象。每当男人的真实身份被隐藏起来、英雄业绩完成之后才得到确认的时候，拯救者梦想的张力就越大。英雄的身份被隐蔽起来这样一个浪漫母题肯定深深扎根在女人的爱情观里。男人的力量和勇武以骑马勇士的形式出现，在这个形象的终极实现里，女人崇拜力量的渴望和男人强壮的自豪感水乳交融地合流了。

中世纪社会用少年难以满足的渴望来培养这些原始的浪漫母题。较高的文学形式发展为比较轻盈、含蓄的表达，提炼为偏重精神的、吊胃口的表达；相反，骑士小说中有不少反复重现执著追求的例子，但这些追求并非总是容易理解的。我们常常认为，那个时代应该早已突破了这种幼稚的幻想，我们应该把傅华萨的《梅利亚多》（*Méliador*）或《开辟森林》（*Perceforest*）当作骑士冒险文学比较晚开的花朵，是时代错乱的产物。然而实际上，正如当代耸人听闻的小说并非时代错乱的产物一样，那时的骑士文学也不是时代错乱的产物。不过诸如此类的小说并非纯文学，而是所谓的应用型艺术。时代需要色情幻想的模式，这样的需要使中世纪的骑士文学生机勃勃，不断更新。到文艺复兴中期，骑士文学在阿玛迪斯的想象中得到了复兴。拉·诺厄（La Noue，1531—1591）说，阿玛迪斯的形象使16世纪后期那一代人"头晕目眩"，而那一代人已经过文艺复兴和人文主义的锤炼，如果此言不虚，我们就可以想象，1400年前后那一代不太世故的人富于浪漫色彩的接受能力真是了不起！

爱情传奇的魅力不仅可以在阅读中去体验，而且可以在游戏和表演中去体验。游戏以两种形式出现：戏剧表演和运动。在中世纪，运动是比表演重要得多的游戏。那时的戏剧还充满着许多其他的虔诚题材，戏剧中的传奇问题只能算是例外。相反，中世纪的运动尤其是竞技运动本身就极富戏剧色彩，同时又极富色情的氛围。任何时代的运动都具有这种戏剧性和色情性。今天的划船或足球竞赛保留了很多中世纪竞技运动的情感色彩，保留的程度超过了运动员和观众意识到的程度。现代运动回归到了自然的、希腊人那种质朴和美丽的运动，然而中世纪至少中世纪晚期的竞技运动却非常讲究装饰、非常繁缛，戏剧性和浪漫性都做了精心的安排，竞技运动本身就发挥着戏剧的功能。

中世纪晚期是一个文化期的结尾，社会上层的文化生活几乎完全成了社会游戏。社会现实粗俗、艰辛、残酷，人们回归骑士理想的美梦，把生活游戏建立在这个美梦的基础上。人们戴着圆桌骑士兰斯洛特的面具游戏。这一切都是自欺，人们之所以能够忍受这种显而易见的非现实面目，那是因为隐约的嘲笑使人不承认这样的自欺。15世纪的骑士文化的主调是一种勉强维持的平衡：伤感的认真和轻松的讥讽的平衡。人们以完美的认真态度看待荣誉、忠诚和高尚爱情那一套骑士的用语、不过不苟言笑的面孔偶尔也会绽放出一丝微笑。除了意大利之外，哪里还能够把这种情绪率先转换为刻意的戏仿呢？在这里，浦尔契的史诗《巨人摩尔干提》（*Morgante*）和博亚尔多的《热恋的罗兰》（*Orlando Innamorato*）就是这样的戏仿。但即使在彼时彼地的意大利，骑士—传奇的情感还是又一次占了上风。即使在阿里奥斯托的笔下，公开的嘲弄让位于神秘体验，超越痛苦和认真的神秘体验占主导地位。骑士的形象找到了最经典的表现形式。

我们怎能怀疑1400年前后法国社会里骑士理想的认真精神呢？在人格高尚的布锡考特身上，我们看见模范骑士的文绉绉形象。在他的身上，骑士生活理想的浪漫基础仍然非常强劲。他说，年轻人渴望高尚的骑士奋斗精神，爱是这种渴求最强大的动力。他自己就以传统宫廷的礼节呵护他的心上人："为了专一的爱情，他竭尽全力，尊重所有人。在他的心上人面前，他举止优雅、彬彬有礼、谦虚谨慎。"

布锡考特的生活态度颇有文人的气质，他的骑士生涯却很辛酸，今天的我们难以理解这样的反差。他参与政治，是领袖人物，常常卷入最棘手的政治问题。1388年，他首次踏上向东的政治冒险之旅，同行的几位战友是管家菲利普·德·阿图瓦（Philippe d'Artois）、身份不很清楚的克雷斯克（Creseque）。他们创作了《歌谣一百首》（*Le Livre des Cent ballades*）打发时光，捍卫宫廷骑士之爱。为何不呢？但仅仅七年之后，他就受到了重创。他担任年轻的内维尔的伯爵（后成为无畏者约翰）的老师时，他们没有谋划好就匆忙踏上了东征土耳其苏丹巴亚希德（Bajasid）的冒险之旅。他在尼科波利斯遭到惨败，他的三位诗友丧命，自己被俘，眼睁睁地看着法兰西年轻人被杀。在这样的情况下你不会想，严肃的战士对待宫廷游戏和骑士幻想的态度难道不会由热变冷吗？我们倾向于相信，他会吸取教训，不再用有色眼镜看世界。可是他不，他仍然一心一意地崇拜古代的骑士精神，为了保护被压迫的女性，他组建了捍卫妇女贞操会。在严肃爱情理想和轻浮爱情理想的文学论争里，他紧守严肃爱情理想的一方，1400年前后的法国宫廷把这样的论争视为令人兴奋的游戏。

文学和社会生活中高尚爱情的表达常常使我们觉得，那是难以容忍的陈腐和可笑套路。每当作为表现激情的浪漫形式失去力量时，任何浪漫形式都难免陈腐和可笑的命运。在许多诗艺高超的作品里，激情在昂贵的竞赛中业已消失，很难得听到富有激情的声音。这是美化生活、表达情感的低劣的文学艺术，除非你能够用激情去填补这缺失的声音，否则你是不能够理解其重要性的。那紧锁的眉头、闪亮的眼睛、纤细的额头尘封了数百年，但它们比碎石一样成堆的文学更加重要，如果看不见这样的眉头、眼睛和额头，从阅读宫廷爱情诗和竞赛文字里去了解历史事实那又有什么用呢？

偶尔闪光的诗歌使我们清楚地意识到这种文化形式富有激情的重要意义。在《白鹭之誓》（*Levoeu du Heron*）里，让·德·波蒙特（Jean de Beaumont）渴望宣誓自己的战斗誓言：

> 我们坐在客栈里，喝着烈酒，
> 看着过路的女人，她们也看着我们，
> 望着她们白皙的脖颈和紧绷的胸衣，
> 看着那闪光的明眸、灿烂的笑脸，
> 造化激起我们由衷的渴望。
> ……
> 那一刻，我们能够征服约蒙特和阿勾兰，
> 友军能够征服奥利弗尔和罗兰。
> 但我们撤退回营地时，战马却一路小跑，
> 我们用小圆盾护着脖子，我们的长矛举不起来，
> 天寒地冻，我们缩成一团，
> 我们的肢体磕磕碰碰，
> 敌人却紧追不舍，

我们渴望钻进地洞，

严严实实躲藏起来，

敌人千方百计也看不见。

在勇敢者查理位于诺伊斯附近的大本营里时，菲利普·德·克罗伊（Philippe de Cloy）写道："天哪，鼓舞士气的女人到哪里去啦？给我们鼓劲，给我们纪念品、勋章、肩章、面罩的女人到哪里去啦！"

骑士竞赛的色情成分直接表现在竞赛的习俗中，骑士佩带爱人的面纱、穿着爱人的衣服，衣服上散发出爱人头发或肌肤的余香。在观看竞赛的激情中，女人送给心上人一件又一件首饰，竞赛结尾时，她们头上的饰品已经送完，她们退下袖子裸露胳膊。这样的场面是 13 世纪下半叶关于"三骑士与衬衣"的诗歌里神情专注的象征。一位不喜欢上场竞技但君子风度十足的贵族把妻子的内衣送给三骑士，让他们扮演她宫廷恋人的角色。他则主持这场竞技，骑士们将穿他妻子的内衣上场，只能戴头盔，涂抹油脂，不能穿护身甲。第一位和第二位骑士谢绝了，第三位骑士是穷人，他整夜怀抱那件女人内衣，亲吻不停，心情激荡。第二天登场竞技时，他果然只穿那件内衣，不穿护甲，结果内衣被刺破，沾满血迹，他身受重伤。观者注意到他的勇武，他因此而获奖，贵族夫人献上芳心。反过来，他请心上人赏脸，要她收下这件内衣，再把内衣套在外衣上来参加他的庆功宴。她欣然从命，满目柔情地拥抱内衣，穿上内衣赴宴。观者多半指责她，丈夫处境尴尬。讲故事的人问道：这两位恋人谁对谁的贡献大？

教会坚持不懈地反对这样的竞技习俗，正是因为这种竞技显示的色情。实际上，这种竞技是轰动一时的通奸案的诱因。1389 年，圣丹尼为此作证，让·尤维纳尔（Jean Juvenal）将他的证言当作权威记录下来。教会法始终禁止这样的竞技。起初的竞技是为了培养战斗精神，到了弊端丛生时，教会再也不能容忍这样色情的竞技。道学家谴责这样的竞技。彼特拉克以考究的语气问：我们在哪里读到西塞罗和小西庇阿曾经举行过这样的比赛？巴黎市民让·尤维纳尔在点评一场著名的比赛时两手一摊说："他们为什么上竞技场去拼命呢？我不知道。"

贵族的圈子里却是另一番景象。凡是和竞技及骑士比武相关的一切都被赋予了重大的意义，现代运动也不曾享有这样的地位。他们在著名的角斗场刻石立碑以纪念这种古老的习俗。不来梅的亚当就记述了一块这样的纪念碑，该碑位于霍斯坦和瓦吉尔交界的地方，一位日耳曼勇士在这里击毙了文达人（Vends）的首领。直到 15 世纪，为著名的骑士决斗立纪念碑还很盛行。在圣奥梅尔附近有一块"朝圣者十字架"，纪念王室总管圣波尔的私生子霍特布尔丹（Hautbourdin）与西班牙国王的决斗。半个世纪以后，巴亚尔（Bayard）在决斗之前朝觐了这块纪念碑。事后，"泪之泉"决斗场的装饰和武士装都献给了波罗涅（Bolulogne）的圣母院，陈列在教堂里。

如上所述，中世纪的剑术和古希腊及现代运动的剑术都截然不同，其自然的程度大大降低。为了增强实战的调子，中世纪的剑术依靠贵族自豪和荣誉激发的亢奋，依靠浪漫—色情和艺术的绚烂色调。它承载着过多的艳丽和装饰，过多的色彩斑斓的幻想。它不仅是游戏和运动，而且是实用性文学。诗意的心灵的渴望和梦境寻求戏剧性的表现，这是生活本身完成的大戏。实际的生活不够美，生活是严酷的、残忍的、命运多舛的。宫廷生活和行伍生涯里没有足够的空间，爱恋生成的勇气没有多少用武之地，但贵族骑士的心灵里充满了自豪和荣誉，人们想要体验这样的豪情，想要在宝贵的游戏里创造更加美丽的生活。骑士竞技里的勇武要素绝不亚于古希腊五项全能竞技的价值。它那一望而知的色情性是其血腥味的原因。骑士竞技的动机接近印度史诗里的竞技。《摩诃婆罗多》（*Mahâbhârata*）的核心主题也是围绕女人的纠纷。

亚瑟王小说中表现骑士竞技的梦幻，也就是童话里的幼稚观念：梦里冒险的尺度在巨人和侏儒之间变换，这样的梦境和宫廷爱情的伤感又结合在一起。

15 世纪的决斗建立在狂放不羁的浪漫氛围之上。其核心是一个小说般的情景，且被赋予了恰当的名字："泪之泉"、"查理曼大帝之树"。喷泉是为决斗专用而修建的。一年之内的每月第一天，一位匿名的骑士在喷泉前扎帐篷栖身。帐篷里有一位女士的坐像（画像），她手握一只独角兽，独角兽又身佩三张盾牌。凡是手摸了盾牌的骑士或差遣使者触摸了盾牌的骑士都必须参加决斗。邀请书和竞技规则都规定得十分详尽，条件也规定得十分详尽。参赛者必须骑马触摸盾牌，马匹由主办者在现场提供。另一个例子是"龙之地"游戏：四位骑士守卫一个十字路口，路过的女子必须要能够令其中一位骑士为她折断两支长矛，否则她就必须留下一件纪念品。实际上，这种孩子气的罚物游戏就是古老的勇士和宫廷的爱情游戏。这种游戏和古老游戏的关系被明确地表述在"泪之泉竞技须知"的一个条款里：凡是在比赛中被摔倒的人都必须全年戴一只金色的手镯，直到手握钥匙的女士用钥匙打开那手镯上的锁头。条件是他必须允诺伺候她。又一个例子的主角是巨人，他被一位侏儒俘获，故事结尾有一棵金色的大树，一位神秘海岛上的女郎出场，或"一位高贵的骑士，他沦为美丽女巨人的奴隶和仆人，女巨人头戴金色的人世间最大的假发"。骑士的匿名是标准的特征。这位骑士叫作"白色的骑士"、"匿名的骑士"、"披斗篷的骑士"，他甚至可能是一部小说的主人公，名叫"天鹅骑士"，他可能佩带兰斯洛特、特里斯坦、帕拉墨得斯的兵器。

　　大多数情况下，这些故事有一丝格外的悲凉，我们从"泪之泉"这个名字已经看到了这样的悲凉，白色、紫色和黑色的三面盾牌上都粘着泪珠，骑士们出于怜悯"泪之女"而去触摸盾牌。勒内王在漆黑的凌晨在"龙之地"露面，这并非没有道理，因为他刚刚告别成了英国王后的女儿。他的坐骑是黑马，马鞍上披着葬礼上才用的黑布，他手执的长矛是黑色的，他的盾牌也是黑色的，而且画着银色的泪珠。在"查理曼大帝之树"里，盾牌的黑色夹杂紫色，散布着金色和黑色的泪珠。但阴郁并非一切骑士传奇的主调。在另一个故事里，无限热爱美的勒内王在索米尔附近的"欢乐堡"里大宴宾客，他娶第二位王后让娜·德·拉腊尔（Jeanne de Laral）的婚宴长达四十天，他与王后和女儿精心准备，婚宴的准备在秘密中进行。城堡经过盛装，重新油漆，挂上了壁毯。一切都红白相间。为了他的"比武和爱情"，所有人包括女士和骑士都装扮成牧羊人，都身着饰有乐谱和风笛的衣服。他们的衣服一律灰色，缀有金银色的线条。

　　竞技是美好生活的盛大游戏，表现高贵的勇气和忠诚的梦想。这是表现美好生活的一种形式。另一种同样重要的形式是骑士团。

　　（选自约翰·赫伊津哈：《中世纪的秋天》，何道宽译，广西师范大学出版社 2008 年版）

我的中国观

罗　素

罗素（Bertrand Russell，1872—1970），20 世纪英国思想家。著述甚丰，涵盖极广，其人生愿望是想成为一个"宇宙的公民"。罗素的名字为现代中国知识界所熟知，我们也不会遗忘他当年在华的历史足印和思想遗产。本书选择一位思想家的散文篇章，其理由是他对历史的识见同他对哲学的认识同样出色，这可以坊间流传他的《论历史》作证——在读者心目中确立了罗素作为一位历史学家的形象，此种情况，恐怕在 20 世纪的哲学家中再难找出第二人。本篇题名为编者所拟。

　　一个最近来到中国的欧洲人，倘若他思想开通，思维活跃，将会面临许多令人非常困惑的问题，因为其中一些问题是出乎他意料的。中国问题即使不对外国产生影响，也是至关重要的，因为中国拥有大约世界四分之一的人口。但事实上，中国事态的发展将对整个世界产生重大影响。未来的二百年，中国何去何从，将是影响世界的一个决定性因素。中国不仅对亚洲，而且对欧美，几乎都具有重大关系。因此，对中国问题应有一个明智的认识，即使尚难以作出定论。

　　当前中国存在的问题有经济、政治和文化三大类。不过，不能孤立地看待这些问题，因为它们之间具有密切的联系。在我看来，无论是对中国还是对整个人类来说，中国文化问题最为重要。倘若能解决中国文化问题，那么我将会比较平静地对待中国适应这一要求而建立的任何政治或经济制度。但不幸的是，普通人对文化问题无丝毫兴趣，而是把追求金钱和权力看作是国家和个人的理所当然的目标。在一个精明而讲究实际的商业社会里，画家的迂拙成为文人学士的谈柄，当收藏者在收购死于贫困的画家的作品时，这才使他们体会到画家的德行。中国可以看作是具有画家那种气质的国家，她具有画家那种美德和缺点：美德主要有利于他人，而缺点则主要有害于自己。中国的美德能否得以保存？或者，中国为了生存，是否必须舍弃美德而学习那种只顾自己成功而使他人痛苦的恶行呢？倘若中国完全照搬所有那些自己正在对付的国家所确立的模式，那么整个人类社会将会是怎样一种情境呢？

　　中国具有古老的文明，这种文明现正处于一个急剧变化的过程中。中国传统文明几乎是完全独立于欧洲而发展起来的，因而它具有与西方文明迥然不同的优点和缺点。试图判定中西文明的优劣，这是徒劳无益的；在总体上，今日西方文明与17世纪传教士在天朝帝国所见到的中国文明相比较，究竟孰优孰劣，对此明智之士不会贸然断言。但也不难指出，西方文明在某些方面比中国古老文明要好，而在另一些方面比之则很糟。倘若中西交往是有益的，那么我们切不可把自己看作是优等文明的传教士，或更糟的是，把自己看作是凌驾于"低级"种族的高级种族，认为自己有权利去剥削、压迫和欺诈中国人。我认为没有任何理由可以相信中国人比西方人低劣；我想大多数多少熟悉中国的欧洲人，都会持有和我相同的观点。

当一个人用本土文化同域外文化作比较时，他非得对自己提出一些问题不成，而这些问题较之通常的本国情况更具有根本性。他非得这样问不可：我最珍视的东西是什么？使我判断一种社会比另一种社会更令人向往的标准是什么？我最希望看到能得以在世界上实现的目标是什么？对这些问题，可以说是众说纷纭，莫衷一是。并且，我不知道有任何什么理由可用来说服和我看法不同的人。因此，我只能谈谈我个人的喜好，希望我的看法能引起读者的共鸣。

事物有主次之分，我认为有重要意义的主要事物是：知识，艺术，人生幸福，友谊和感情交流。就知识而言，我并非指全部知识；一系列枯燥的事实只是有用，没有进一步的欣赏价值。我们通过科学而得到的关于大自然的知识虽还不够充分，但其本身是有益的并使人快乐的。我认为，一些人物传记和某些历史记述可以说同样如此。就艺术这一主要事物而言，我并非只是指专业艺术家精心创作的作品，尽管其中一些伟大作品应备受尊崇。我也同样指俄国农民和中国苦力追求美的那种几乎无意识的创作，那种在英国清教徒时代以前以及在田园生活中存在的创作民歌的冲动。人生幸福或生活愉快这一事物最为平常，也最为重要，但工业化和生活的沉重压力使我们失去了它。而在中国，生活逍遥自在，随处可见，这就是我要赞美中国文明的重要原因。

在评价一个社会时，我们必须考虑的不仅是这一社会内有多少善或恶，而且包括它在促进善或恶的过程中对其他社会所造成的什么样的后果，以及它所享有的善在多大程度上取决于其他社会的不幸。在这方面，中国文明同样比西方文明要好。西方国家的繁荣，以及西方人所竭力获取的东西，只能是通过对孱弱国家大规模的剥削和压迫而获得，而中国则无力侵害其他国家，只是通过发扬长处和自身努力来获得它所喜爱的一切东西。

这些伦理上的总体思考，是与深入考察中国现实问题紧密相关的。西方工业和商业文明与某种尚不甚了了的价值观念具有因果联系。在中国，当一个人看到西方的价值观念在这一社会中遇到一种不同的价值观念的挑战时，他才对它有了明确的认识。例如，除了那些受到西方影响的人外，中国人对进步和效率不屑一顾。由于崇尚进步和效率，西方人获得了权力和财富；由于忽视它们，在西方干扰中国之前，中国人过着宁静淡泊、欢快祥和的生活。比较这两种截然不同的生活目的的优劣是困难的，除非我们在头脑中确立某种价值标准；除非这是一种比较理智的标准，不然我们将会低估对西方人来说比较生疏的中国文明的价值，因为我们对那些生疏的弊病比那些司空见惯的弊病的印象往往要深刻得多。

目前，中国文化发生着急剧的变化，这种急剧变化无疑是必需的。追溯迄今为止中国所发生的变化，它肇始于西方国家强大的军事入侵；但在将来，西方国家的经济优势可能是引起中国文化进一步变化的强有力的因素。我相信，倘若中国人能从容不迫地对待西方文明，取其精华，弃其糟粕，那么他们能够从自身传统出发获得一种有机的发展，并产生熔中西文明精华于一炉的灿烂成果。倘若不是这样，那么中国有可能陷入与前面相反的两种险境。第一种险境是，中国可能完全被西化，它保存至今的民族特征将荡然无存，对整个世界来说，只是多增加了一个争吵纷嚷、机谋狡诈、工业发达和穷兵黩武的国家，而这些国家现正折磨着这个不幸的世界。第二种险境是，在抵抗外来侵略的过程中，中国可能被迫走上盲目地激烈排外、一味地扩军备战的保守主义道路。日本已走上了这条道路，中国也很容易走上这条道路。中国文化的未来与其政治和经济问题紧密相关；中国政治和经济危机必将导致文化危机。

为了理解中国问题，首先，我们必须了解西方侵入以前的中国历史与文化；其次，了解近代中国文化及其内在发展趋势；再次，总体把握自1840年鸦片战争至《辛丑条约》西方列强与中国的军事和外交关系。

但是，仅仅考虑政治问题，并不能解释与中国相关的事态发展；经济问题可以说比政治问题更为重要。中国还根本谈不上工业化，中国确实是世界上剩余的最重要的不发达地区。中国的资源是由中国自己来开发，还是由日本或白人来开发，这一问题至关重要，它不仅影响整个中国文明的发展，而且将影响世界的均势、人类和平的前景、俄国的命运以及发达国家建立良好的经济制度的发展机会。

华盛顿会议或隐或现了想要控制中国的各国之间的矛盾冲突，而这些国家都明确保证中国的独立和领土完整。这次会议的结果表明，远东事态比以前更加扑朔迷离，尤其是涉及到这一问题：中国不大力推行民族主义和军国主义能维持真正的独立吗？我无意提倡民族主义和军国主义，然而面对寻求自强救国的爱国的中国人，很难知道应该怎样对他们说。到目前为止，我只找到一个答案。中华民族是世界上最有耐心的民族；其他民族考虑解决问题的时间是几十年，而中华民族则是几百年。中华民族坚毅沉着，坚忍不拔，始终不渝。世界上的"文明"国家搞封锁、施毒气、投炸弹、遣潜艇、雇佣黑人军队，互相残杀，从而很可能在未来的一百年内同归于尽，而把世界舞台让位于那些尽管贫穷孱弱但却由于信奉和平主义而得以生存的民族。倘若中国能避免受策动而卷入战争，那么那些压迫中国的国家在相互残杀中最终将两败俱伤，一蹶不振，从而使中国自由地追求人道的目标，而不是西方国家所喜好的战争、劫掠和破坏。这对中国来说也许希望甚微，而对西方国家来说则近乎绝望。但是，除非列强放下屠刀，立地成佛，不然的话，我看不到有任何更好的可能性，而事情的发展可能比我说的还要糟。

西方文明根源于好大喜功，而这在心理学家看来是狂热的心理病态。西方的工业主义、军国主义、帝国主义，西方人崇尚进步，热衷传教，醉心统治，迷恋组织，无不都源于一种狂热的好大喜功。一味地追求效率而不顾它导致的后果的信念，战后在欧洲产生了一定的怀疑，要是西方各国都不那么咄咄逼人，这场世界大战就不会发生。某些（尽管不多）从西方留学回国的中国学生相信，西方人的积极进取和努力奋斗是世界上最值得学习的东西。我现在不能赞同这一观点。我认为，从全人类的观点来看，中国由于消极遁世而产生的弊病无伤大雅，而欧美由于飞扬跋扈、不可一世而在世界上造成的罪恶则罄竹难书。这场世界大战表明西方文明出了毛病；在俄国和中国的经历使我相信，俄国和中国能帮助我们找到西方文明的病症。中国所显示的、绵亘数百年的一种生活方式，倘若能被全世界所采纳，那么将使全世界得到幸福。但欧洲人却没有这种生活方式。西方的生活方式要求竞争、开拓、嬗变、欲求和破坏。倘若西方不能学习一些它所藐视的东方的智慧，那么导致破坏的效率只能以毁灭而告终，西方文明正日趋没落。

在西方人中间，有一种观点认为，中国人不可思议，头脑里充满了神秘思想，令人难以理解。也许更为长久的在中国的经历会使我也同样持这种观点；但我在中国工作期间发觉这纯粹是无稽之谈。我与中国人交谈如同与英国人交谈那样，他们回答我，也非常像英国人那样回答他们认为一个有教养的中国人。我不相信"东方人阴险狡猾"的骗人鬼话。我确信，在相互欺骗的把戏中，一个英国人或美国人十有八九能赢一个中国人。但当许多相当贫穷的中国人与有钱的白人打交道时，通常只是单方面玩鬼把戏。那么，毫无疑问，白人受骗上当了，但不及中国官僚在伦敦那样。

中国人最显著的特点之一是和蔼可亲。无论是到中国旅游的，还是多年居住在中国的，几乎所有的欧洲人都喜欢中国。尽管英日为同盟国，但我想不起有哪一个在远东的英国人像喜爱中国人那样喜爱日本人。那些长期与中国人生活在一起的人，十分注重了解中国人的看法和行为准则。而那些初来乍到中国的人，则为显而易见的弊端所震惊：成群的乞丐，极度的贫穷，疾病的流行，社会的混乱，政治的腐败。目睹此情此景，西方人无不义愤填膺，欲革除这些弊端，当然，这些弊端应当加以革除。

但是中国人，甚至那些可以避免不幸的受害者，对外国人的这种激情则无动于衷，麻木不仁。他们等待这些弊端像苏打水的泡沫一样自行消失。这种奇怪的消极等待态度渐渐地影响了为此感到困惑的西方旅游者；经过一阵义愤之后，他开始怀疑所有那些他至今信奉无疑的信条。老是防范未来的不幸是否真正的明智？考虑未来灾难的不时降临而失去眼前所有的快乐是否深谋远虑？我们的一生应该在建造一幢我们永远无暇居住的大厦中度过吗？

中国人对这些问题的回答是否定的，因此他们不得不含辛茹苦。除了贫困、疾病和政治混乱等这些弊端之外，他们充分享有文明而欢快的生活，他们闲聊取笑，沐浴阳光，谈天说地，其乐融融，而这些工业化国家却没有。中国人，包括各个阶层的人，比我所了解的任何其他民族都更喜欢说笑；他们从每一件事情中寻求乐趣，而争论也常常以笑话来缓和。

中国人，从最高层到最低层，都有一种沉着冷静的尊严，即使是受过欧洲的教育，通常也无损这种尊严。无论是个人还是整个民族，中国人并不自高自大；他们不屑于自夸，因为他们内心深处具有无比的优越感。他们承认与外国列强相比中国军事力量是弱的，但他们并不认为这种杀人的高效率是一个人或一个国家的最重要的品质。我认为，他们心底里几乎都认为中国是世界上最伟大的国家，它具有最优秀的文明。不能要求西方人接受这种观点，因为它是建立在完全不同于西方人的传统之上的。但人们渐渐地觉得，无论怎样，这种观点并不是荒谬的；事实上，它是与价值标准相一致的，是其必然的逻辑结论。典型的西方人希望的是这样的奋斗目标，即尽可能多地改变其所处的环境；而典型的中国人则希望享受生活，尽可能使生活过得逍遥自在一些。这种差别形成了中国与英语世界之间鲜明的对照。

当然，中国也有雄心勃勃的人，只是不比我们那里多见。而且他们的雄心采取了一种不同的形式——不是一种更好的形式，而是一种迷恋权力的形式。这种对权力的迷恋的必然结果是使贪婪成为中国人的通病。金钱带来各种享乐，因而他们热衷于追求金钱。对我们来说，追求金钱主要是作为取得权力的手段；那些无须花很多钱而能取得权力的政治家，通常也依然过着清苦的生活。在中国，握有实权的督军几乎总是利用手中之权来达到聚敛钱财这一唯一目的。

中国人的"要面子"经常使在中国的外国人感到荒唐可笑，其实这只是中国人在社会生活环境中对个人尊严的维护而已。每一个人都有"面子"，即使是社会地位最低下的乞丐也是如此；倘若你不想违反中国人的道德准则，那么你就不能使中国人丢面子。倘若你用违反中国道德准则的方式同中国人交谈，那么他将付之一笑，因为你的话肯定被当作开玩笑，假如这些话没有冒犯他的话。

有一次，我认为听我讲课的学生学习不够勤奋，我就像说处于同样情况的英国学生那样向他们指出了这一点。但我很快发觉自己犯了一个错误。这些学生都很不自在地笑了，我感到很惊讶，后来才明白了其中的原因。中国人行事处世远比我们讲究客套，甚至在最具有现代意识的中国人之间也是如此。这自然影响了效率，而更为重要的是影响了人际关系的真实诚恳。如果我是中国人的话，我希望这种客套减少一些。但是对那些遭到西方残暴压迫的人民来说，中国人的温文尔雅令人感到无比的亲热。中国人的客套和西方人的直率相比，究竟孰优孰劣，我不敢贸然断言。

在我的印象中，中国人喜欢折中和妥协，并常常屈服于公众舆论。很少有冲突发展为严重事态，对清朝皇帝的处置便是一个最好的例子。在西方，一个国家一旦变为共和国，总是要砍掉被废黜的君主的头，或至少将其流放国外。但中国人却保留皇帝的称号，华丽的宫殿，大量的宦官，以及每年几百万元的贡奉。皇帝是一个十六岁的少年，安宁地住在紫禁城内。在一次内战中，他曾在名义上复辟过几天；但他又再次被废黜，并没有因他的复辟行径而受到任何惩罚。

没有什么比中国人的忍耐更令欧洲人惊讶的了。受过教育的中国人充分认识到外国人的威胁。他们敏锐地认识到日本人在满洲和山东的所作所为。他们认识到，在香港的英国人正在极力使广东建立一个好的南方政府的努力落空。他们知道，所有列强无一例外都贪婪地盯着中国尚未开发的资源，尤其是煤和铁矿。他们的面前有日本的榜样：日本通过推行野蛮的军国主义、铁一般的纪律和新的反动的宗教，已成功地抑制了"文明的"工业主义者对其的贪婪欲望。然而，中国人既没有模仿日本，也没有驯服地屈从于外国的统治。他们考虑解决问题的时间不是几十年而是几百年。他们以前曾被征服过，首先是鞑靼人，其次是满洲人；但这些征服者都为被征服者所同化了。中国文明未加改变地持续生存下来了；几代人之后，侵入者反比其臣民更为中国化了。

中国的力量来自于四万万中国人、坚强不屈的民族精神、坚忍不拔的反抗斗争以及无与伦比的民族凝聚力。中国人蔑视外国的军事手段，因为他们有时间，他们可以等待，直到那些压迫者的强大力量在自相残杀中消耗殆尽。

中国的统一性不在于政治而在于文明。中国文明是古代唯一幸存至今的文明。自从孔子时代以来，埃及、巴比伦、波斯、马其顿和罗马帝国都消亡了；但中国文明绵亘不绝，生存至今。中国也曾受到外来文化的影响，首先是佛教，现在是西方科学。但是佛教并没有把中国人变成印度人，西方科学也不会将中国人变成欧洲人。我接触过一些中国学者，他们对西方学术的了解丝毫不亚于我们中的任何一位教授；然而，他们并没有因此而自暴自弃，也没有脱离自己的人民。西方不好的东西，如野蛮残暴、贪得无厌、欺压弱小、物欲横流，他们认识到这些都是西方文化中的糟粕，不可吸取。他们希望吸取西方文化中好的东西，尤其是科学。

中国古老的本土文化已死气沉沉；其文学艺术已是明日黄花，儒家学说已经不能满足现代人的精神需要了，即使他是中国人。受过欧美教育的中国人认识到，振兴中国传统文化需要一种新的因素，因而他们转向西方文明来寻求这种因素。但是，他们并不希望创建一种同西方文明一样的文明；他们这样做是最理想的。倘若他们没有被迫走向军国主义，那么他们可以创造出一种真正的新文明，它比西方所能创造的任何一种文明都要好。

至此，我主要谈了中国人性格好的一面；当然，中国同其他任何一个国家一样，也有其不好的一面。我不想谈论这些，因为我感受到中国人是那么谦恭有礼、真诚善良，所以我想说的只是他们的好的方面。但是为了真实，同时也是为了中国，隐瞒那些不那么光彩的事实将是错误的。我只要求读者记住，总的说来，我认为中华民族是我所遇见的最优秀的民族之一，我准备起草一份严正的起诉书，控告每一个压迫中国的列强。在我即将离开中国之前，一位著名的中国作家硬要我谈谈我眼中的中国人的主要缺点。我有些勉强地提了三点：贪婪、怯懦、冷漠。说来奇怪的是，这位作家非但没有生气，反而还承认我的批评公正中肯，并和我继续讨论可能克服的办法。这体现了中国知识分子的正直，而这种正直是中国人的最大的美德之一。

给英国人印象最深的必定是中国人的冷漠。中国人没有人道主义者的冲动，这种冲动促使我们西方人用百分之一的精力来减轻其余百分之九十九所造成的不幸。

中国人给人的初次印象是怯懦，这是他们的缺点；但我不能肯定他们真的缺少勇气。然而，我认为与英国人、法国人和德国人相比较，中国人除了消极忍耐这一点之外，不能算是勇敢的人民。

应指出的是，贪婪是中国人的最大缺点。生活艰苦，挣钱不易。为了钱，除了极少数留学外国的中国人外，大多数中国人都会犯贪污罪。为了很少的一点钱，几乎每个苦力都会不惜生命，铤而走险。与日本作战的困难主要源自这样的事实，即很少有任何一个中国的政客能够拒绝日本人的贿赂。我认为这种缺点多半是由于这样的事实，多少年以来，诚实生活一直是到处碰壁，寸步难行；而只有当经济状况改善了，这种情况才会减少。我不相信贪污受贿在目前的中国要比 18 世纪的欧洲更为厉害。我没听说过任何中国的将军要比马尔伯勒更腐化，也没听说过任何中国的政客要比杜伯瓦更腐化。因此，很有可能，中国走上工业化道路将使中国人像我们西方人一样诚实——这不是说西方人已经非常诚实了。

我刚才谈的是日常生活中的中国人，除了有点懒散外，他们聪明而多疑。不过，他们的性格也有另外的一面：他们也很容易狂热，通常是那种集体性的狂热。我自己虽然没有亲眼看到过，但这一事实却是无可怀疑的。义和团运动即为恰当的例子，尤其是它影响了欧洲人。中国历史上也充满了多少与此相类似的动乱。正是由于中国人性格中存在着这样一种因素，从而使他们变得不可捉摸，甚至使我们难以预料他们的未来。可以想象，他们中一部分人会变成狂热的布尔什维克主义者、抗日爱国者或基督教徒，或效忠于某个最终将称帝的领袖。我以为，正是由于在中国人的性格中存在着这样一种因素，从而将使他们成为世界上最轻率的赌徒，尽管他们平时一贯谨小慎微。

总结中国人的性格并非易事。给外国人印象最深的仅仅是他们保存了一种非工业化的古代文明。在日本人和欧美资本家的压迫下，这种文明可能会消亡。

外国旅行者在中国看到的这种独具魅力的文明不可能被保存下来；它在工业化的冲击下必定会消亡。但有些东西也许可以保存下来，如中国人至高无上的道德品质，它们是为现代世界所最迫切需要的。在这些道德品质中，我最推崇的是他们的和平精神，它寻求以公正而不是以武力来解决争端。中国人是得以保存这种和平精神，还是被迫出于自卫改而推行疯狂的军国主义，就像日本现在的情况那样，这就要看西方的行动了。

（张广勇译自英文版《中国问题》）

文明史的做法

比尔德

查尔斯·比尔德（Charles A. Beard，1874—1948），20 世纪美国历史学家。一生著述甚多，其最著名的作品有《美国宪法的经济观》、《美国文明的兴起》（与妻子玛丽合作）等。从史学思想而言，他与特纳、帕林顿同为 20 世纪前期"进步主义史学派"的代表人物，其经济史观虽与马克思主义之说有异，但在学界却产生了重大的影响。不过，他后期也倒向历史相对主义，离进步主义越来越远了。本篇选自《美国文明的兴起》一书之"导言"。通读全书，叙事思辨，义理辞章，兼而有之，不愧为大家手笔。题名为编者另拟。

　　一国的文明史，如果论述精当，可以成为促进文明发展的手段。这种历史把生活作为一个整体来观察，而不是对它的局部作微观分析，因而应该比任何局部性的历史更符合阐发历史的需要。只要历史的各个部分被继续分隔开来论述，每一部分必然是不完整的，甚至会是牵强附会的；这是因为，正如巴克尔所说的那样，任何学科的哲理（就是它的真理）并不在它的中心，而是在它同所有其他科学有着紧密接触的边缘。一部文明史不仅论述战争和政治的各种表面现象，而且还探讨一个民族的内在力量的全部表现，因此，它基本上是能动的，既使人注意到尚待探索的人的才智，也暗示如何从外在必然性中求得解脱。通过它在各方面提出的尖锐问题，它可以为自我分析判断和创造能力指明新的方向，从而有助于形成一种更适宜的"思想气候"，有助于使制定高水平的计划、设计或理想确立权威性地位。除了这样表现出力求从多方面理解一个特定的社会戏剧外，一国的文明史还可以作为那种文明本身已达到一定成熟程度的象征。凡是有资格自称精神上成熟的成年人，哪一个会承认自己仅仅属于历史的一个范畴——如战士、政客、赚钱能手、小说家、运动员、殡仪业者、新闻记者、丈夫、妻子、父亲或母亲——而再无其他抱负呢？当大地上的尘土意识到尘土的作用的时候，大地表面就开始发生了变化。

　　这不过是用另一种方式重述沃尔特·佩特的令人信服的论点，即要使艺术、科学、哲学和生活本身"及其所具有的爱、欢乐和赞赏的全部能力"开放出最绮丽的花朵，专心致志是个先决条件。要开创一个启蒙和奋发的伟大时代，"多才多艺和专心致志的人物"是必不可少的，而且只要艺术家、思想家和领导人过着与外界隔绝的生活，潜心专业而漠视主流，他们便缺乏那种能使天才得到充分发展的知识和才能的全面性。如果把一个民族的过去仅仅描述为乡村闲谈或都市社会新闻那样水平的一连串插曲，那么，怎样能培养和激励全面发展的人物呢？他们能够依靠什么样的要素茁壮成长呢？依靠一种纯粹哲学的抽象概念吗？依靠从可能比自己优越的邻人方面的借鉴吗？依靠远离当代现实但为古代希腊人和罗马人珍视的事物吗？依靠玉米楂儿、电熨斗和专业研究中使用的术语表达出来的"价值"吗？

　　由于认识到甚至"美术"也必须生根于某种土壤之中，一位作家最近在我们的一份评论杂志上提出问题：画家是否也应以明辨事理为宜？这个问题与正在这里探讨的论题有密切的关系，因此至少有一个艺术团体对这样提出的问题进行了热烈而又有卓见的讨论。所有参加论战的辩论者都承认：仅仅临摹范本造就不出一个美术家，从来没有一件临摹作品在实质上是超过有创造才能的大师的作品的。大家也一致认为：虽然一个低能者在挥毫和着色方面可能很巧妙，可是任何一个低能者都不可能成为绘画大师。他必须懂得"某些东西"并具备某些鉴别力。所谓某些东西是什么样的东西呢？某些关于他所描绘的人物和题材的特性，某些关于描绘这些人物和题材所要达到的目的。这个论点不费唇舌就得到了人们的承认。总的结论似乎应是：一个画家只要能欣赏旧的艺术形式，个人又具有才能，那么，他对自己生活和工作于其中的文明世界、它前进的动力、它的主导体系、它所追求的目标以及它的明显前途了解得越透彻，就越有充分的准备去取得那种能使文明得以进一步充实的艺术方面的成就。可是，怎样才能提高鉴别能力呢？投之于五里雾中是不行的。如果一个民族的历史是能体现处于变化过程中的整个社会组织的一种基本原则，那么，它就应当提供用以砥砺人们鉴别能力的资料。这想必是埃默森曾有过的想法，他奉劝美国人，为寻求完美的人生，应坚守自己的岗位，并在历史为了充分发挥他们的才能而分派给他们的岗位上努力创造自己的命运。

如果艺术家必须懂得某些东西，那么，优美文学的作者和他们的评论家还用说吗？一个伟大的小说家，如果不了解"三"这个数字以外的任何事物，他能够环绕那永恒的三角关系，刻画出男主角、反面人物和女主角吗？甚至把遗传视为天才决定因素的最坚定的信徒，也为环境留下一个漏洞，而生物学领域里最审慎的理论家则认为遗传和环境是同一事物的不同方面。总之，遗传和环境一分开来就毫无意义。至少可以这样假设，如果一位小说家极想成为伟大的作家，或希望被人类的判断宣布为伟大作家，而除这种判断以外别无吁求之处，那么，他怎能忽视他自己所继承的东西以及他书中的人物和情节所继承的特征呢？如果不了解那些属于地主贵族、资产阶级或无产阶级的男女人物的出身以及在这几个阶级中普遍存在的各种冲突、典型和生活方式，他能够以卓越的技巧来描绘这些人物吗？从司各特的作品中抽掉封建主义，从狄更斯的作品中抽掉维多利亚时代的贫穷问题，从左拉的作品中抽掉近代城市的苦难，那么，还会留下什么东西呢？或者不管怎么说，那残余的东西还会有什么意义呢？难道今天的俄罗斯小说家是在按照1898年俄罗斯小说家的同样风格写作吗？到了1950年，他的后继者会用今天的方式写作吗？如果说不会，那么为什么说不会呢？我们不能避开这样的结论：随着文明的变化，哺育作家和伦理学家的营养物以及他们用以创作的素材也发生了变化。因此可以这样说，一种文明的一部理想的历史在揭示作家、观众和演员的相互关系的同时，还会有助于对作家本人解释作家，对观众解释观众，对演员解释演员。这部历史写得越深刻、愈广泛和愈符合现实，它对文学和文学批评作出的贡献可能也就愈大。

关于这方面，不妨着重指出这样的事实，即艺术家和作家是靠人们的赞助生活的。历来就是如此。那些为法老们雕刻大门的雕刻家，是注意到他们的保护人所存有的愿望、兴致、抱负和权力概念而进行创作的。中古时代的艺术家为贵族与贵妇、商人和教士而创作。近代小说家也必须把市场和文学批评家铭记在心。很难想象，美国革命女儿会会大量购买《埃尔默·甘特里》这种小说。因此，谁会并且的确长期追求那种纯粹、高雅和超凡脱俗的所谓为艺术而艺术的作品呢？最伟大的艺术，不论是造型的还是用文字表达的，有从虚构的现象中产生出来的吗？通过一国的文明史向艺术赞助人显示艺术如何从过去的状况演变成现在这个样子，也许可能为艺术创造出一种新的环境，从而有助于使所描绘和解释的文明获得有意识的发展。

然而，决不可以认为，一国的文明史主要同艺术和文学——所谓文化成就——有关，因而设想能把它们同有机体的其余部分分隔开来而不致造成实质性损害。固然，有一种传说的大致意思是：艺术和文学的创作者必定会用嘲笑的口吻谈论商业和工业，把它们看作有别于"精神努力"的"物质追求"。于是作为回敬，注重实用的人有时就惯于把艺术家和作家说成是为了体面而不妨予以容忍的纯粹奢侈品（非常接近疯狂的边缘）。但老实说，造型艺术是以实用手工艺为基础的，而近代的商业和工业也不能在一种智力的和艺术的沙漠中繁荣起来。在社会哲学史中，最有趣的莫过于不肯痛痛快快地承认这样的事实，即近代工商企业依赖西方文明的整个遗产——它的宗教戒律、它的法律和道德准则、它的工艺和技艺、它的科学和艺术，以及它的兴趣和抱负。举例来说，要是没有数学或设计，怎么能够经营这样的企业呢？假设一个精明的资本家在非洲的一处丛林中建立一所工厂，比如说制造电工器材吧，然后在那里附近寻找合格的劳动力供应和一个识货的市场，这该会出现什么样的局面！

工商企业一向是建立在文明的遗产之上的，它的经理很可能要具备的文化程度正好同他们对文明遗产历史的了解程度成比例，假如没有这种遗产，他们就会成为无知的经济幼儿。还不仅是这样。他们既是艺术的顾主，转过来又是文明的创造者。思想和生活资料是以某种不可思议的方式一同发展的。

关于这方面的典型例证就是火药的发明。乍看起来，火药似乎同文明无关——至少同那种狭隘地只从艺术和思想方面来研究的文明无关。但是，正如巴克尔所指出的，火药连同它那伴随而来的机械使得有必要培养胜任的军事专家，并使每个国家的一大部分居民摆脱了在以长矛和弓箭作为战争武器的时代落在全体自由民身上的战斗责任。"就这样，大批的男子逐渐捐弃了他们旧有的好战习性；似乎也可以说，由于被迫转入平民生活，他们的精力就得以用于社会的一般目的和从前所曾忽视的和平技艺的修养方面。其结果是：欧洲人的才智不再像以往那样不是专门用于战争就是专门用于神学，而是在这个时候开辟了一条中间道路，因而创造了现代文明赖以发端的那些重大的知识部门。"这个论点即使被过分强调了，也还是合乎实际的。此外，火药还促成了那些置身于城堡和城墙的护卫之中，闭关自守，严阵以待的封建贵族的没落，也导致了具有其本身世界观和推陈出新、丰富多彩的现代城市生活方式的兴起。如果说单单火药这样东西就能"对文明作出这么多的贡献"，那么，对于现代企业所掌握的电力可能作出的贡献又该怎么说呢？从现在起再过五个世纪以后，难道不可以把一种新的道德和思想体系的初创追溯到第一部旋转的发电机吗？

工商企业既然从复杂的文化遗产中产生，而其本身又是文化的一个创造者，因此如果没有文明，它就不能生存和发展。有时，人们毫无根据地认为劳动力的雇主只希望有机器人来照料他们的引擎和机轮。在一种非常有限的生产体系，比如说有些作家喜欢赞美的那种为显贵制造精品的生产体系中，资本主义无疑地有可能把工人当轮齿来使用而取得小规模的成功——假如轮齿能够遵循一项总设计的话。但大规模多样化的生产体系是决不能在一个纯粹由机器人操作的国家里出现的；即使偶然从国外引进，它也不能长期维持下去。人类机器人只需要食物和住处。商品的图案、色彩、款式和花样对于机器轮齿来说是毫不相干的。因此，假如现代的资本家真像人们通常所描绘的那样是实利主义的、幼稚的和对文化漠不关心的，那么，由于内在的矛盾，他们的社会制度是注定要消亡的。假如像人们所断言的那样，以机器工业为基础的某种形式的社会主义就在现行制度的前方，它也肯定需要一个有文化的民族来加以管理。

此外，妇女们无论在战时或平时，除了自上到下被卷入人类进化的整个进程而外，作为遗产的继承者和艺术与科学工作者，还同现代工业围绕它旋转的心理中心即商品市场，以及现代工业在那里影响全部文化的外围保持着一种特殊的关系。虽然从恺撒的时代起，坚强的男子一直在痛斥"那些助长女人气的事物"，但无情的事实是：如果没有那些事物，广阔的世界上就至多只有窑洞、兵营或简陋的寺院围墙了。不管从历史上看情况究竟如何，今天的妇女是包括文学和艺术在内的各种商品的主要买主，从而在广大的范围内也成为工商企业和时髦风尚的指导者。根据最近的估计，美国妇女每年按超过三十亿美元的个人收入缴纳所得税；接受由男子遗留下来的财产的百分之七十和由妇女遗留下来的财产的百分之六十四。一位统计学家曾忍不住预言说：假定现在的财产转移率持续不变，到了2035 年，国内的全部财产都将落入妇女之手！

那么，男女平等主义者所发表的文明的提高不会超过它的妇女地位这一名言，又会变得怎样呢？不管这一论点对于建立在战争和教士权术上的社会是否适用，对于为多样化的大众消费而实行大规模生产的工业体系来说，它似乎一定是适用的。暂且不谈妇女同艺术和文学的关系，但人们必须承认，她们作为商品买主的权力使她们在现代文明的开展中具有一种战略地位。因此，妇女也应该像思想一样被吸引到历史的主流中去。

关于一国的文明史可能提供的建设性贡献，就谈这么一些。在否定的作用方面，也有些东西是值得一提的。这一类型的历史按它的性质而言是立体的而不是平面的。如果被处理得恰当，它能排除这样一种想法，即国家是一些出于比较高超的智慧或较低的刚愎自用而已经选择了一种生活方式的有道德的个体。它对于有人把文明比作一种外衣，任性的男女由于无知或自负而坚持穿着或者会随意穿上和脱掉这一想法，同样起到摧毁性的作用。它并不称颂沙文主义的虚荣志趣和阴谋诡计，并经常提醒人们要提防叛逆对才智的危害。它把某一特定文明作为成长中的有机体来对待，因而对于以令人惊异和迷惘的所见所闻为根据的平面观测来说，它是一剂解毒药。它不假托新闻描述去支持国内的或国际的政治怨恨。

但对于所有这些概括意见，我们附有一个条件，那就是"如果设想明智和处理恰当的话"。一国的文明史是不能用拼凑法规、法令、政治演讲、报纸文章、私人信札、回忆录和外交照会的办法来写成的。这样一种著作的作者在开始时必须接受"历史是继往开来的哲学"这一原则，而在选材和解释时又必须同那种令人困惑难解的命题不断地进行斗争。犯错误的风险蹒跚而来；干出蠢事的危险却大一些。但是，可供那些不满足于把生活当作缺乏有机结构的相继发生的事情以及把历史当作一连串奇闻轶事来对待的人选择的，是什么办法呢？也许，那些在甚至没有途径的地方力图寻找途径的人，即使仅仅通过他们的错误，也能促进寻找途径的工作。那些为艺术家创造框架的人，并不是没有他们的作用的。竖立起某种能使潜心于专业的行家们看得见的水准基点或论点，可能有助于使各方的意见趋于一致的过程，而各国的文明史就可能从这过程中产生出来，为整个文明的充实丰富作出重大的贡献。

早在1752年，伏尔泰就曾为这一类型的历史发出过呼吁，并企图在他论"大帝王治下的法国"那部著作中作出榜样。就是他这本书的书名《路易十四时代》也含义深长。他没有把它称为《路易十四不可思议的奇迹般的功绩——摘自他的生平和事迹实录》，也没有把它命名为《路易十四：他的爱好》。他在序言中声明，他打算描写的"不是单独一个人的行动，而是整个社会的特征"。军事上的成就伏尔泰只扼要地叙述；国内政治大事占了适当的篇幅；也描绘了教会问题。但在旧的历史的主要内容之外，还加进了商业、财政、科学和美术的进步等部分。在另一卷研究历史的著作中，伏尔泰解释说："我想写的一部历史，不是关于战争的而是关于社会的历史；想弄清楚人们在自己的家庭之内是怎样生活的，以及他们通常有哪些艺术修养……我想知道人类是经过哪些步骤才从野蛮状态过渡到文明状态的。"尽管这一论点和论证都非常卓越，可是遵循传统的作家们至今一直不敢接受这一挑战。当新手亨利·托马斯·巴克尔试图应战时，他那令人伤感的失败比他显著的成就更广为人知。每一次这样的失败都增加了使探索者们感到烦恼的沮丧和气馁。

可是，不难想象，在一辆准备驶往某一目的地的快车上遭难比起在一辆停在栅栏围得很严密的贮木场旁轨上的货车里逐渐腐朽，也许要好得多。

（选自查尔斯·比尔德、玛丽·比尔德：《美国文明的兴起》，第 1 卷，许亚芬译，商务印书馆 1991 年版）

克丽奥：一位缪斯[*]

屈维廉

乔治·屈维廉（George Macaulay Trevelyan，1876—1962），现代英国历史学家。著作甚多，以英国历史研究为最。这里选择的是他于 1913 年发表的一篇著名的文章，其旨意在于批驳英国历史学家伯立的"历史是科学，不多也不少"的论点，阐发其文史不分的见解。屈维廉在该文中指出，史家撰史应当注重"叙述的艺术"，倡导一种"明白晓畅的风格"，让普通读者"读起来有趣"，惟其如此，历史才能起到"教育心智"的作用。他的这篇文章，不仅有一个诱人的题目，且行文畅达而又生动，足可为他的上述论见作注。篇名是原有的，文有删节。

---

* 缪斯（Muse）希腊神话中司诗歌及其他文艺的女神，共有九个；克丽奥（Clio）是其中之一，司历史。——译者注

有一天，当我正在沿着大伽博山的旁边散步，想到历史而忘记了我所走的山路的时候，我偶然抬起头来，看见在蔚蓝色的天空里衬托出来的一脉绵长的、苍翠的山峦的峰顶。有半分钟之久，我伫立着，万念俱无，欣赏这个新的境界，注视其中的美的形式和传奇式的景色，直到我突然记起，我是在望着希尔维林山的峰顶！立刻，好像是有魔术一样，它的形状在我的眼前好像变了，我赋予这座我不认识的山的景色消失了，因为我这时知道它的隐藏的山麓和转过去的那一边是像什么样子的，紧紧同它联系在一起的又是些什么名字和回忆。在它这方面发生的变化好像是物质上的，但是我想，这只是我思想上的一个幻觉。的确，假如我们能够把从滑铁卢战役以来所发生的一切事都暂时忘却，那么我们看待它的时候，就不会像我们现在看待它那样联想到由于时间久远而被尊崇的、与它有联系的那些东西，想到它在历史上的固定化了的地位；而是像我们的祖先最初看待它那样，那时他们并不知道：我们现在所称为的"百日"是否会延长到一百年。每一部真实的历史都必然会通过它对于事件的具有人性和生命力的表述，促使我们记起，过去既是像现在一样活生生的，又是像将来一样捉摸不定。

甚至在我们个人的经验中，我们也可能注意到这种奇怪得不可思议的差异：有些事最初看来很火热，但是从以后发生的事平心静气地加以回顾，却是僵冷而无生气的。有些时候，我回想——每一次都感到震惊——当布尔战争和1906 年的选举还只是预兆，还没有决定我们以前的思想和期望的方式的时候，我是怎样看它们的。在正常的情况下，我记不得我当时的感想。只是当我偶然忘记在以后的日子里加在它上面的一切形式和压力的时候，我才想起了它。这并不是我的无价值的"意见"从那时起已经改变了。我说的是远比"意见"微妙和有力的某些东西；我指的是当某种奇怪的欢乐或恐怖——它的面目还有一半隐藏着——所向无敌地前进的时候，精神在仓促适应新环境时所感到的剧痛。我对它已大部忘却了，但是有些时候，我还记得一些，就好像在一个梦中一样。

这样，假如在几年之内，在同一个人身上可以发生对一件事件如此大的情感上的变化；那么，我们对于滑铁卢战役和1832 年国会改革法案的看法，同它们最初给予我们的祖父和曾祖父——他们与我们是很不相同

的，他们是在现在早已消失了的思想和行为的习惯中长大的——的印象比
较起来，一定会是何等不相同啊。它们已在我们的视线之外，深深地埋葬

> "在多年的树叶做成的
> 被践踏的棺罩下面"，

有些时候则更深深地埋葬在传统的历史的公式下面。

恢复我们祖先的某些真实的思想和感受，是历史家所能完成的最艰
巨、最微妙和最有教育意义的工作。反映我们自己的时代的思想或意见的
过程，比起罗列臆测性的概括论断来要困难得多。要对过去的任何一个国
家、一个人或一群人加以真实的描绘，需要勤劳和学识；因为只有文献能
够告诉我们真实的情况，但是它也需要最敏锐的眼光、同情心和想象力，
最后——但不是最不重要——还需要有使我们的祖先在现代的叙述里重新
获得生命的艺术。卡莱尔在他的少有的最精彩的地方，能够做到这一点。
假如你想知道法国革命中某个大事变日子的前夜是什么样子，可以读题为
"中夜里教堂的高塔"那一章中他对于 8 月 10 日的前夕的叙述。不论它在
细节方面是否全部正确，它实际上是真实的：久已消逝的那个时刻的精神
又从过去的黑夜里呈现在我们面前。梅特兰对于英国中古思想中的法律方
面也做到了这一点——除了我们通过乔叟有魔力的小窗看到的以外，这是
英国中古思想中迄今已被清楚地揭示给我们的唯一方面。

波拉尔德教授在向我们展示都铎王朝时代的人对于他们的政治事务和
宗教事务是如何想法的时候，在想象力稍低的水平上有着惊才奇妙之笔。
这是重大的创新，因为在此以前，讲述英国宗教改革的都是从教士、牧师
或 19 世纪的奥兰治党人的观点出发的。波拉尔德教授的著作对于晚近的
史学是一项功绩，比起弗鲁德或他的反对者的著作都要真实得多。但是，
虽然波拉尔德教授是现存的最受人欢迎的历史家之一，他却并没有引起像
与他对立的那些人经常唤起的那样大的公众兴趣。无疑，这一方面是因为
现代的公众对于宗教纠纷的兴趣比较小。但是另一方面也是因为现代的公
众对于历史的兴趣比较小，并且由于现在本来有的一种想法，认为一个职
业历史家写他的最好的书，一定不是给一般人读而是给他的同行学者看

的。而最坏的是，在上一代里，历史家们自己犯了这个可悲的错误，当时他们把他们同行中任何一个与文学有关系的人——不论是活着的或死了的——都摈斥于祭坛之外。

但是，因为历史并没有真正的科学价值，它的唯一目的乃是教育别人。如果历史家忽略了教育公众，如果他们不能够使公众明智地对过去发生兴趣，那么，除了教育他们自己之外，他们对于历史的一切学问都是无价值的。

那么，历史有些什么不同的方法可以教育心智呢？

历史的第一种——或者至少是最为一般人所承认的——教育作用是训练公民的心智，使得他对于政治问题能有一种公正的看法。但是，即使在这种作用方面，历史也不能够预言将来；它也不能够提供一套无处不可适用的规律来作为政客的指南；它不能够用历史类比的演绎法指出在我们自己的时代的任何争执中哪一方是正确的。它能够做一件比所有这些事都小，但却比所有这些事都重大的事。那就是它能够陶冶心智，使其具有了解重大事务和同情他人的能力。历史所提供的知识本身是没有价值的，除非它产生一种新的心智状态。莱基的爱尔兰史的价值，并不在于他在一本书里记述了许许多多大屠杀和谋杀案件的详细情形，而在于他启发了同情心和羞恶之心，使得我们之中所有的人更好地了解：祖先所犯的罪恶如何经常降罚及于子孙，直到他们的第三代和第四代还彼此仇恨。他并没有证明自治是对的还是错的，但是他锻炼统一党人和自治党人的心智去明智地思考这个问题或其他问题。

因为正是在历史的政治功用这方面，对于因果的研究才有某些实际的用处。虽然这样的研究既不可能是科学的，也不可能是准确的；但是有些时候，常识却指出一种明显的因果联系。这样，甚至在科学的历史产生以前，就有人推想，阿尔伐的政策与尼德兰的暴乱有某些因果上的联系，布伦斯威克的宣言与九月大屠杀有关系，而九月大屠杀又与反动势力的扩大有关系。对于过去的因果关系的这些提示，有助于启迪政治上的智慧。当一个懂得人情世故的人读历史的时候，他就需要在没有成见，又对已经发生的事的延续很久的最后结果有一些知识的情况下，对一个社会问题或一个政治问题下一个判断。他的心智在这样不平常的情况下所受的锻炼，使得他在回到现代政治社会尚未决定的问题上去的时候，就能有比较开阔的见解、比较清楚的头脑和比较好的克制。对于最后结果已明的过去的纠纷的研究，会消除偏袒之心。它使我们深切著明地认识到在对反对者缺乏了解的情况下的粗暴政策所容易产生的弊害。当一个人已经研究了科西拉的民主派与贵族派的历史、英国人与爱尔兰人的历史、雅各宾党人与反雅各宾党人的历史的时候，他的政治见解也许仍同以前的一样，但是假如他能受到影响的话，他的政治风度和他对于政治的思想方法也许就会有所改进。

这样，在比政治大的范围内，对于历史演进过程的回顾，也能教导一个人把他自己的时代置于其他时代之中，在正确的背景下去看他自己的时代以及这个时代特有的思想意识和兴趣。假如他能够从学习中懂得，其他的时代不仅有与他自己的时代不同的社会的和经济的结构，并且也相应地有与他自己的时代不同的思想意识和兴趣，那么他的心胸就会真正地开阔了。我希望，在不久的将来，《工人教育协会》会教导它的学习历史的人不问这样的问题："莎士比亚对于民主政治的态度怎样？"而会教导他们明白，这个问题也正如问："但丁对于新教的态度怎样？"或"阿基米德对于蒸汽机的态度怎样？"同样是无从回答的。

对于因果的研究绝不是开拓心智的唯一方法，也许也不是开拓心智的主要方法。历史如果能够使一个人通过阅读关于过去的人物或运动的事迹了解他以前从来不知道的观点，尊重他前此轻视的思想意识，那就是对于纠正一个有政治偏见的人尽了最大的努力了。伽丁纳的《内战史》提示我们的民族生活丰富多彩，比单纯的一致高贵得多，对于使英国人相互了解有很大的帮助。理想主义的形式，政策的考虑和智慧，如果是来自政治上的反对者或自命的哲人，有些人在思想上是要拒绝的；但如果是由历史家提出来，这些人在思想上是可以接受的，至少是可以理解的。

但是历史不应该仅是消除偏见，它还应该孕育热情。对于许多人来说，它是鼓舞他们的生活的思想的一个重要源泉。除了少数有创造力的心智之外，人们要靠他们自己无所依傍的想象飞越出那些统治他们所处的世界的思想范围，力量是太微弱了。而因为没有一个时代的思想意识的本身就足以说明生活，所以研究过去的学者能够汲取古代思想感情的最纯洁的源泉，乃是一件幸事。人们将会联合起来，一同传播新旧兼有的思想，把社会重新投入古代的范模里，如像对于普鲁塔克和古代历史家的研究在近代欧洲重新恢复了自由和公民道德的精神一样，如像在我们自己的时代里，人们企图恢复中世纪宗教的或集体的生活的理想，或者建立希腊的个人行为的准则一样。我们可以喜欢或者不喜欢这样的复古，但是它们至少证明，历史的功用是与科学迥异的东西。而且，在这些较大的影响范围之外，历史还为我们每一个人提供个人的理想，只是这些理想过于繁多而不能完全实现罢了。一个人可以怀抱具有一个雅典人或一个罗马公民、一个12世纪的教士或一个16世纪的宗教改革家、一个旧派的骑士党人或一个独立派的清教徒、一个卡斯莱尔时代的急进党人或一个庇尔时代的公仆的最优良品质的大志。个别大人物更其是小人物的模范和鼓舞力量。要在新的环境下借鉴这些古人的主要品德是困难的；但是不论什么事物，只要我们是以强烈的爱慕之心去研究它，把它视为一件其本身就良好——而不仅是对于它的目的或它的时代良好——的事物来赞美，那么我们在某种程度上确是能够将其加以汲取的。

这种对于其他时代的理想和英雄的揭示，在历史的教育作用中也许是最重要的一种作用。为了这个目的，比起为了启发政治上的智慧的目的来，在撰写和阅读历史事件的时候都应该更具有心智上的热情。真理本身将会得到收获，因为创造历史的那些人在他们的时代都是热情洋溢的。

历史的另一种教育作用是能使读者了解文学本身与历史彼此相互关联之处。无疑，即使读者对于历史毫无所知，他也能够欣赏文学的最精彩之处。但是在那种情形下，文学就不能被完全欣赏；而有很多地方，文学就完全不能被欣赏。因为在文学中有很多比喻，或是明确的，或是含蓄的。而就比喻来说，即使维多利亚时代的，到现在也成为历史的了。例如，勃朗宁的《佛罗伦萨的古画》的最后六节，他的《情人的争吵》的第五节，以及他的妻子的最好的诗中的一半，都已经是没有意义的了，除非我们知道一些当时欧洲大陆上的历史。政论家如柏克、西德尼·史密斯和柯里叶、弥尔顿的散文，斯威夫特的一半作品，德莱登的最好的作品以及拜伦的最好的作品（他的讽刺作品和书信），如果其他的情形相同，则其能为我们欣赏的程度恰与我们对于他们当时的历史知道的多少成比例。因为引用古代历史和神话的比喻，甚至引用《圣经》的比喻，都不再——像它们经常那样——是所有受教育的读者所熟知的东西；这就更有理由认为，从文学方面着想，引用近代历史的比喻应该被普遍了解。历史和文学除非相互联系起来，是不能被充分理解的，更不能被充分欣赏。我承认，对于"文学史"或者像牛尾一样附在历史书卷末的"这时期的文学"的章节，我都不喜欢。我倒是以为，撰写和阅读一个时期的历史的人应该沉潜于那个时期的文学之中，阅读和注解文学的人则应沉潜于历史之中。把历史当作"科学"的看法阻碍了这样的交流，要求像政治史家所作的那种极严格的专门化，对于我们晚近的文化造成了很大的损失。维多利亚中期的人的见解，无论如何要比这种看法来得正确。

在历史范围内用假科学的气氛来代替文学的气氛，不仅对于使历史同外界公众脱离关系起了很大的作用，并且也削弱了历史对于学校和大学里热心研究它的人的感化力。不少的大学教师已经意识到这一点，正在想法补救，他们看到，对于大学生来说，历史"科学"就意味着教科书——那就是印成书的"速成教学的教师"。我知道在一个大学里——并且我敢说在其他一些大学里也是这样——文学在历史教学和阅读中所占的地位已经比它前些年所占的要来得重要。学历史的学生现在被鼓励去阅读晚近被视为"禁忌之物"的旧的"带有文学味道的"历史家的作品，尤其被鼓励去阅读大家所研究的时代的文学作品。但是，尽管如此，还有一段很长的落后的路程要赶上。

历史知识使旅行——无论是国内的或国外的——的价值和乐趣倍增。因为地方和书籍一样，有一种绝对的或美学上的美，也有一种趣味或联想的美。牛津大学圣约翰学院的花园的正面对每一个人说来都是美的；但是对于爱好历史的人来说，它的外表上的魅力又交织着他自己内心的深切的感受，交织着这个学院在大内战时期的形象。当时它的人行道和方形庭园被弃置了，改而供一个在位日子为数无多的王室之用。当末日临近的时候，这些地方充满了将要把悲愁当作终身命运的男人和女人：有野心的人放弃掌握权势的希望，有钱的人磨炼他们自己忍受贫困，爱英国的人准备出发到外国去，情人们要永远分离。当无望的夜晚降临的时候，他们在园中徘徊走动，细心地听着，到了最后，外面围攻的枪炮声像预兆重复出现一样，打破了寂静。在北面那些矮山上的大炮后面，坚决无情的人们列成了阵势，要来袭击这美的一切，希望把它变成力量和更坚强的品质。当胜利者看到王政复辟所恢复的不是旧日的欢乐——那对于他们是太欢乐了——和旧日的忠诚——那对于他们是太忠诚了，而是没有国家也没有国王的腐化和自私的时候，他们的灾难不是死亡，而是生活，并且差不多是丧失他们对于上帝的敬畏的信仰。圆颅党的炮声久已消失了，但是这个花园的寂静仍然带有控制着围攻者和被围者的不可变更的命运，当时他们都急欲消灭对方而只让邪恶的人留存。圣约翰学院不仅是别具匠心地堆砌起来的石头和泥灰，并且也是那些现在看见它的人和那些过去曾一度看见过它的人之间的恰当而哀伤的见证者。对于读历史的人来说，全欧洲辽阔的、茫茫的土地上的每一座荒芜的城堡和古老的教堂都是这样的见证者。

战场的凭吊是我的亲爱的老师爱德华·波文最热心而又最成功倡导的一种活动，是历史对每一个步行的和骑脚踏车的人都能给予的乐趣之一；甚至对于一个在汽车里的人，假如他能够活动一下而出来看看他疾驰而过的地方，历史也能给他这种乐趣。一个历史上的战场的魅力是它的偶然性。偶然的机会从许多地方中选择了这个地方：一堵矮墙，一个微微倾斜的长满青草的斜坡；一个风磨，一个农圃或一条蔓延伸展的栅栏——来转变战争的局势决定许多国家和信仰的命运。看看这种恢复到它的朴素的寂静状态（那种寂静状态是在绵亘万古的岁月中的某一天被粗暴地打断的）的景象吧；看着，并嘲笑"历史科学"吧。但是为了在这次环绕那座乡村的尖阁的决定性屠杀中某些诚实的士兵的勇敢或运气，失败的一方现在会被欢呼为没有任何事物能够加以转移的"不可避免的趋势的潮流"。像罗斯巴黑、瓦尔密、森拉克和马尔斯顿原野这些荒僻而以偶然的机会著名的地方是多么令人心醉神迷啊。或者我们以摩拉特来说。那里，在那座低地的枞树林覆盖的苍翠的小山上，从高山上和冰川下面来的山民，吹着嘹亮的号角，跨着大步长驱直上；排列成阵的勃艮第的骑兵，都穿戴着文艺复兴时代的甲匠所制造的华丽的戎装，看见他们的整齐的枪矛，就仓皇地逃到下面的摩拉特湖去。从那天起，瑞士的民主制度击败了萨伏依公爵，奠基于日内瓦湖畔，于是欧洲在其全盛时代也就产生了加尔文和卢梭。这一串精细的因果的锁链，我谨把它放在"科学"的脚下。

在一个战场上没有游览指南的帮助而辨认位置的巧妙的游戏——在那里一个人必须自己把每一个位置都找出来，最好是以前从来没有一个人曾经正确地这样做过——差不多是最大的户外智力活动的乐趣。但是军事问题解决了，并不就是一切问题都解决了。假如无动于衷的游客把在那里作过战的人仅仅当作一局棋中的小卒，假如他不了解或不关心那次战争的道义问题，他就失去了一半他可以得到的东西。要把这种游戏做得完美，他必须知道而且想到攀登加拉台菲米的台地的或猛攻米兴奈利岭上藏来复枪的地窖的是什么样的人；响应鼙鼓之声而向布伦海姆的栅栏进发的又是什么样的人；那天晚上在马尔斯顿原野上互相砍杀的是什么样的人。最好是那次战役决定了直到现在仍然值得我们感谢的某些重大事情。

……

在历史是艺术还是科学的这个议论纷纭的问题上，让我们认为它两者都是或者两者都不是。因为它有两者的因素。并不是在猜测历史的"因果"上出现了科学；而是在收集和检验关于史实的证据上，一个历史家需要有一些科学精神的东西，正如一个侦探或一个政客也需要这样的东西一样。

照我看来，历史有三种不同的任务，我们可以称为科学的、想象的或推测的和文学的。首先是我们可以称为科学的任务，假如我们把"科学的"这个字眼仅限于指这种狭窄而重要的功用的话，即每一个历史家想成为他的行业的一个严肃的工作者，都必须好好地认真踏实从事的日常工作——史实的积累和证据的检验。斯塔布斯说，"每一个伟大的历史家都做过他自己的枯燥无味之事"，并且举卡莱尔为例。其次是想象或推测的任务，这时他研究已经搜集的史实，选择和排比它们，并且作出他的推测和概括。最后，但不是最不重要的，是文学的任务，即用一种能吸引和教育我们同胞的形式把科学和想象的结果表达出来。对于最后这个过程，我用"文学"这个字眼，因为我想比现代历史家们更为强调对历史事件加以有力描述的构思和写作的困难和重要性。布局、谋篇和风格都不是像打字技术那样轻而易举的。任何一个人如果要文学供他驱使，那么，除非他愿意做她的忠实的助手，否则文学决不会帮助他的工作。因此写作不是历史家的一项次要任务，而是他的首要任务之一。

我所以宁可用"文学"这个字眼来指历史家的表达方面的工作，另外一个理由是：在我们今日，文学本身已经由于那些想把它同学力和严肃的思想割裂的企图而变得贫乏了。假如一般的读者竟至于不把文学视为一位端庄淑慎的贤妻良母，而仅仅把它视为一个寻欢作乐的女子，那是很不幸的。直至临近 19 世纪末的时候，文学还是被认为不仅指戏剧、小说和文艺，而且也指所有在一定优秀标准以上的作品。小说如果很坏，就不是文学。小册子如果很好，就是文学——例如弥尔顿、斯威夫特和柏克的小册子。赫胥黎的散文和梅因的论著是文学。甚至梅特兰对于中世纪法律的论述也是文学。的确，梅特兰写得好，与其说是他重视结构、形式和风格，毋宁说是由于他的才力富健、天资卓越。但是对于我们这些小人物来说，我要提倡的倒正是要有意识地注重全书的布局、结构和风格。

凡是将来有一天可能会写历史、而且无论如何一定会评论写出来的历史的学生，都应该被鼓励去对过去英国历史文学的大师们进行批判的研究。但是在不久以前，有许多地方对于一个对斯塔布斯以前的英国大史家毫无所知的学历史的学生，还默认为是可以及格的，甚至是值得称赞的。而就我所知，现在还有这样的地方。

……

有一种说法，认为读起来有趣的历史一定是资质浅薄的作品，而晦涩的风格却标志着一个人的思想深刻或工作谨严。实际情况与此相反。容易读的东西向来是难于写的。写和重写、修改和再修改的工夫是每一本好书要求其作者应做的分内之事，即使他自始就确切地知道他要说的是什么。明白晓畅的风格一定是艰苦劳动的结果，而在安章宅句上的平易流畅，经常是用满头大汗取得的。

现在就历史而论，学术修养的本身已经够毕生以从事了，而在这上面还要加上一切艺术工夫，历史的建筑师必须采掘他自己的石头，用他自己的手建筑，只是在有限的程度上才可能分工。这样，无怪乎在历史家中，真正达到与他们的重大课题的有利时机相适应水平的，向来是如此之少；而除了吉本以外，他们之中的每一个人都是有缺陷的——或是在科学方面，或是在艺术方面。这个双重的任务尽管艰巨，但在目前缺乏天才的情况下，我们这些小人物却必须尽力肩负起来。如果我们能够使新兴一代的最优秀的才智之士认识到历史的任务是如何艰巨，那他们之中将会有更多的人成为历史家。

写好历史并非儿戏。每一句和每一段的锤炼琢磨都必须符合许许多多史实，这些史实之中有一些是只有作者知道的，有一些可能是他在最后一刻发现或记起的，因而就要全部破坏他精心建造起来的一些艺术结构。在这些情况下，艺术家无疑就会有忽略事实真相的不方便的细枝末节的念头。我想，这就是学者们大声疾呼反对"文学的历史"的一个有力的论点；但是如果我们想游泳，我们就必须到水里去；遁世的道德是很少有用的，而回避问题的学术修养也不会有更多的用处。在现在所写的历史中，因科学而牺牲艺术的情形十倍于因艺术而牺牲科学的情形。

（选自田汝康、金重远编：《现代西方史学流派文选》，本篇译者为施子愉，上海人民出版社 1982 年版）

情系莱茵河

费弗尔

　　吕西安·费弗尔（Lucien Febvre，1878—1956），20 世纪法国历史学家。1929 年，他与马克·布洛赫共同创办《经济与社会史年鉴》（简称《年鉴》），是为年鉴学派之始，初时只有少数几个人，然而在以后发展的进程中，它却改变了世界尤其是西方史学的方向。本篇选自费弗尔的《莱茵河》一书。作者高瞻远瞩，以超越民族和国家的视野，把莱茵河作为一个人，在痴迷的"河山之恋"中，其字里行间，处处显现出强烈的人文情怀。本篇题名为编者所拟。

不必担心我们追溯得太远，以致越出了历史的范围。早在 1907 年，卡米伊·茹里安就发表了与梅叶的意见相似的看法。梅叶认为，在语言研究中如果将史前时代的史实与此后的史实分割开来，就有"经常割裂属于同一趋势的众多事件"之虞；茹里安则在一篇铿锵有力的"史前辩护词"中指出，与古老的历史学相比，一个尚在蹒跚学步的学科也许从现在起就能对人类真正的命运作出更多的回答，他说："史前史中丝毫没有关于这些个人、战斗和革命的记载。摆脱了充斥于历史学的超人之后，科学才终于认识了人类。"心灵和精神、信仰和对未知的征服、技术和社会，总之，人的这些创造正是人的主要特征，它们的起源和某些最初的确认已经相当古老，以致人们只知其然而不知其所以然了；莱茵河这样的大江大河便是如此。

一、通道：一条大河的形成

莱茵河，当代人诵读着这个短促的名字时，一幅图景就会涌现在眼前，这条古老大河的全部流程就会异常清晰地显现在人们的脑海中：它发源于阿杜拉山，蜿蜒曲折，渐渐形成河床，起初水流湍急，然后穿行于峡谷之间，最终以其宽阔的河面将丰沛的水量注入北海。当我们想到这些时，既没有丝毫的神秘感，也不觉得有任何问题。莱茵河犹如一个人，从源头到入海口，我们对它如此熟悉，以致把它当作站在眼前的一位交游已久的老朋友。

可是，问题还是有的。一个人出生之后才能成为我们的朋友，河呢？河显然也是一个个体，人们在久远的年代就把它人格化了。大自然在造化个体的过程中，并非不曾有过迟疑和求索；莱茵河曾经与奔腾在布鲁瓦河和阿勒河峡谷中的罗讷河上游相连，后来不是彼此隔绝了吗？它曾经流经勃艮第的边缘，经由杜河、索恩河和罗讷河中游的河床流入地中海，可是后来它不是改道了吗？重新穿过阿尔萨斯平原流向北方以后，它不是不再经由威悉湾流出美因茨盆地了吗？作为新来的客人，它从巴塞尔悄悄地进入那个同样以莱茵为名的峡谷，从宾根附近的一条斜路流出这个峡谷后，终于成为一条宽阔的大河。此处是它的主流，是名副其实的莱茵河，彼处是它的支流，是汇入莱茵河的小河；挺好，可是，依据谁的规定说这是主流，那是支流呢？是大自然还是人？是一个个体，也就是这条河。不过，大自然并没有为莱茵河规定最终的模样，是人依据合理的选择和自觉的意志为它确定了如今的模样。

从罗腊西人的奥古斯塔到各个岛屿、卢克马尼尔山口，到巴达维人的克莱蒙山，只有一支水流和一个河床可供主流使用，别无选择，这一点非常清楚。但是，巴塞尔以上地段呢？河水来自康斯坦茨湖，河床突然被无法穿越的沙夫豪森瀑布切断；或者说，河水来自四州湖的罗伊斯河和从哥达湖流出的古老的阿勒河，来自土恩湖和芬斯特腊尔霍恩湖；水量充沛的阿勒河与莱茵河汇合之处，水量大于传统的莱茵河，可是，为什么要保持主流的尊严，用莱茵河来称呼这许多水流呢？在习惯面前没有惊愕。我们从孩提时代起就看惯了将山川河流分成等级的地图，习惯于把河流当作现成的地理现象，谁也不曾讨论过它们的必要性。再说这有什么用呢？就莱茵河而言，我们甚至不曾觉得以下两点有什么奇特。据我们所知，许多河流（我们只举两条河作为例证）曾多次更换名字。例如，波河在被称作帕杜斯河之前，曾时而被称作伯丁古斯河，时而被称作埃里达努斯河；索恩河则曾经有过三个不同的名字：布里古诺斯河、阿腊尔河、索戈纳河；可是莱茵河从它出现在希腊文献之日起，就与现在一样叫作莱茵河。就是说，不为我们所知的先辈们在两千余年之前就像现在这样称呼它了。从那时起，这个名字所指的是从雷蒂山到巴达维亚湿地的那条河流的全部流程，沿途的地理特征也与现在几乎完全一样，变化极小。在凯尔特语中，莱茵河的第一个名字雷诺斯的含义是流水、河流或大海，古爱尔兰语为此提供了佐证。莱茵河获得这样一个普通得无以复加的名字，是在公元前的哪个世纪呢？现在当然不必为此确定年代，而是要知道人们如何和为什么将选定的若干条水流头尾相接，使之成为一条河，成为我们传统上的莱茵河。我们把目光投向地图，便能作出一种推测。

对于人来说，山的重要之处不在于山顶而在于山口，更重要的是山谷的两种功能，其一是人们可以从朔风劲吹的山脚向上攀登，其二是可以沿坡下山，去往兴趣和信仰吸引的地方，满足一下看一看外面世界的热烈愿望……如今地图上的每一个点都有详细的标注。可是，在绘制地图尚未成为科学之前，人们感到有必要（通常很少感到）给每个山顶竖一块名牌；

为山顶命名的想法自然来自居住在山麓的乡民，山这边和山那边的乡民给同一座山各自起一个名字，一些雄伟的山峰于是往往就有两个名字；比如，同一座山峰，南麓的乡民称作切尔维诺峰，北麓的乡民却称作马特峰。为一些较大的河流命名也是这样，一条河流过一段距离后往往会与另一条河交汇，为了能够始终辨认主流，不因远离源头而混淆主流和支流，人们只用一个名字来称呼主流的全部流程，这样一来，大河与它们的支流便得以区别。莱茵河就这样诞生了。

阿杜拉峰脚下，一望无际的芦苇……不，莱茵河并非发源于充满诗意的芦苇丛中，它诞生于一些比较便于通行的山口，这些山口俯视着莱茵河的一些源流，其中有布雷诺河与雷诺河之间的卢克马尼尔山口，控制着莱茵河下游的圣贝纳迪诺山口、斯普吕根山口、塞普蒂默山口和狭窄凶险的维亚马拉峡，以及俯视着哈尔伯施塔特的尤利尔山口；这些可以通行马车的大山口常令我们忘却了一些较小的山口，比如南方的马伊拉河与北方的马德尔河交汇处的马齐奥山口；三个相似的名字：马伊拉、马德尔和马齐奥启发了聪明的乔治·德·曼泰耶，他依据地名学理论，逐一审视了那些刚刚形成的河流和许多山口，无畏的商人们翻山越岭经过这些山口贩运商品……莱茵河就诞生于这些通道和通道那边的马乔列湖、科莫湖和伦巴第平原，方便的水路交通为贸易创造了良好的条件，为这些地区的居民带来了长期的充裕和富足。不必试图在各个山口之间进行选择，不必试图弄清各条河流的源头有什么关系。例如，罗讷河与莱茵河之间，分别发源于阿尔贝格山口两侧的莱茵河与因河之间；因河这条巨大的水上通道本身又被布伦纳山口和阿迪杰河谷割断，然后流到交汇处，哈尔施塔特人从这里离开特劳恩河，走向下奥地利平原。也不必试图确定美丽的康斯坦茨湖在莱茵河的形成中究竟扮演了什么角色，康斯坦茨湖简直就是中欧的一个小型内海，从飞艇上往下俯瞰，可以清晰地看到它的周遭分别是瑞士、奥地利和德国。我们不妨概括地说，莱茵河像是一条导线，一目了然地径直伸展在波河平原和北方地区之间。确切地说是哪些地区呢？从历史上看，就是皮莱讷以极其敏锐的历史感称之为第二个意大利的那些低地地区；这个地区港湾众多，河道密布，围成无数小岛，其作用恰如威尼斯地区之于航行在地中海上的水手，史前时代的北方民族曾在这里波涛不兴的水边捡拾琥珀，在他们看来，众神之中最了不起的光明之神与一缕阳光，一同被禁锢在这些神秘而奇妙的琥珀里面，而在此后的漫长岁月中，人们把琥珀看得远比黄金和宝石更加珍贵。

琥珀大概产于维斯杜拉河与涅曼河（梅默尔河）之间遥远的萨姆兰。很久很久以前就有一些水路通向萨姆兰，水路周围散布着扼守埃斯科河和马斯河河口的神圣的瓦尔赫伦诸岛，这些水路还控制着易北河、赫尔果兰岛及其险峻的岩石。费马恩岛监视着后来分别被称作基尔湾和卢卑克湾的两个海湾……可是，长长的商队从黑海沿岸缓缓走来，穿过德涅斯特河和南布格河河谷，然后登上这块令人垂涎的"海泡石"。这条走向东部的路线把莱茵河渐渐抛在身后了；不过，琥珀也可以在弗里斯兰地区西边找到，商人们沿着祖先迁徙时走过的老路，在神甫和上帝的佑护下向蕴藏着琥珀的地方前进，用他们带来的金首饰、铜制品以及后来的铁制兵器等珍稀之物，交换无价之宝，然后把琥珀如同战利品那样带回到地中海边的神庙，一直带到多多纳和提洛岛。路线当然不止一条，长期以来最常用的路线是这样的：从波希米亚和莫尔道河来到易北河，然后从马格德堡附近的拐弯处抵达威悉河，直到威悉河流出赫西尼安山的那个地方。然而，莱茵河不久就担当起了通向弗里斯兰路口的向导角色，莱茵河从北海导向阿尔卑斯山脉、特辛以及众多的湖泊，最终到达波河河谷。德尼斯在 2 世纪用一系列富有教益的彼此混杂的手法，向我们展示了在白杨树下嬉戏、在河边采集琥珀的……凯尔特人儿童。这是一条十分久远的路线，记载在罗得岛的阿波罗尼乌斯诗中的驾驶阿尔戈号的英雄们，走的也是这条路线。据这位诗人神秘而奇特的地理记述，当时叫作罗达诺斯河的罗讷河分为三支，有三个入海口：一支是注入大洋的今日的莱茵河，另一支是注入爱奥尼亚海的今日的波河，第三支是注入撒丁海的今日的罗讷河；罗讷河的入海口几乎面对着斯托察德，即耶尔群岛，在第一铁器时代，一条向大陆输送珊瑚的通道以耶尔群岛为起点。被赫拉弄得晕头转向的阿尔戈号上的船员们最终到达的地方便是这里……如果这里说的是三条路线，而不是三条河流，那么，这个观念从各方面来看都是合乎逻辑的。

其实，三这个数字一点也不算大。早在我们所知的第一批商人之前，许许多多人已经发现并使用这几条古老的商路了，他们当时使用的语言如今再也听不到了……三这个数字远远不足以说明这些古老商路之多。注入莱茵河谷的水流同样作出了贡献，它们使它终于成为莱茵河，使它为人们所熟知，使它能为人们提供服务，使它有一个确定的流向，对此怎能不置一词呢？

水路可以分为两组。南面是多瑙河的一条或多条水流，也就是从雄伟的伊斯特洛斯河（后来才叫作达努比奥河，况且仅指其上游）谷地中看到的那些水流。事实上，这条水流不单为商人及其商品指明了方向，他们来自亚洲的十字路口黑海和也许对形成新石器时代的生活方式作出过贡献的黑海沿岸平原，最终到达我们这个世界的中心。水路也许不止一条，其中之一通过康斯坦茨和阿尔河，直达潮湿的沿岸布满了史前人类栖居地的那几个湖泊，拉泰纳这个史前人类栖居地有力地说明，这些遗址当年的规模十分巨大。另一条则通过突兀在前的蒙贝里亚尔山崖脚下的隘口和环绕着弯弯小河的贝桑松卫城，直达很早就有人类居住的索恩河和罗讷河地区。这条水路不仅提供了水流和河谷南部湿软的河泥，为那些外来者向前推进提供了方便，外来者带来巨大破坏，也带来了新习俗和新发明，他们深入欧洲中部走廊，在那里你追我赶地展开厮杀；这条水路还得益于与之交叉的另一些水路的特殊贡献，这些水路有的与之垂直相交，经由纳布河和萨尔河通往易北河及其早已被发现的各个河口；有的则经由赫芬根、瓦尔茨胡特和森德哥河或者内卡河，从罗滕堡到坎恩施塔特和海德堡，从而得以绕过黑林地区抵达莱茵河；所经地区的各类产品扩大了这条水路上的商品交易量。

这些通道还用来运送食盐。水路两侧散布着一些著名的盐矿，其中包括一些声名远扬的盐产地，诸如哈尔施塔特和哈莱因、科赫尔河畔的哈雷、斯塔斯富特南边萨尔河畔的哈勒；在日耳曼尼亚战役中，朱利安在这里见到了勃贡德人和阿勒曼人手持刀剑争夺盐矿的情景。这些水路还用来运送金属、青铜和黄金从欧洲东南部经由这些水路运往欧洲西北部，诺里库姆的铁沿着多瑙河上游和内卡河，以接力方式运到罗讷河和莱茵河。下面这一事实颇能说明问题：第一铁器时代早期特有的巨剑，不见于高卢南部和瑞士西部，却可以在巴登地区、阿尔萨斯、洛林和勃艮第等地找到。但是，只谈产品在这里是否就够了呢？在水路交织的森德哥，在内卡河的各个入海口，在北面的美因茨盆地，人们彼此交换的不只是工具、武器或首饰，而且还有思想，是的，彼此交换的还有文明前进的脚步。美因茨盆地从新石器时代人在河边建造茅舍起，直到成为青铜和铁的重要集散地，始终如一地得到人们的培育；青铜和大量的铁经由尼达河和韦特河来到这里，然后去往富尔达河和威悉河方向。剑能够驯服地听从持剑者的直接命令和他的瞬间直觉，因而被看作"用以延长血肉之躯的铁臂"，当剑开始分享人们对于斧头这种粗笨的杀人凶器的青睐时，难道仅仅是一种工具或一种行为方式的传布吗？由此而形成的难道仅仅是更加灵巧的举止吗？在舒马赫一部漂亮的著作中，有一张地图为这些后来的水路勾勒出了轮廓；通过今日的人口分布状况，我们不难发现这些水路在当年的重要性；事实上，借助这些古代水路，不同地区和不同人群之间的接触不断扩大；这些地区包括莱茵河沿岸、中欧平原、较早得到开发的波希米亚和诺里库姆、稍远处的庞尤克辛（今黑海——译者）沿岸；这些人群包括哥特人、斯拉夫人和上百个其他人群，他们后来以密集的方式组成为日耳曼部族，成为不安于现状的杂乱而喧嚣的一大人群。

还有多瑙河通道；北方的通道同样以其伸向远方的触角通向各个人类聚居中心，尤其是日德兰半岛，那个地方简直就是产生人群和部族的熔炉……有两条路，一条是威斯特伐利亚路，另一条是滨海路。它们的走向应该从以下两部著作中去辨识：一部是维达尔·德·拉布拉什"为欧洲土地占有史所著"的《法国全图》，书中附有一幅著名的地图；另一部是埃马纽埃尔·德·马托纳的《世界地理》，此书的第四卷"德国"中也附有几幅很说明问题的地图。

第一条路沿着赫西尼安山脉北麓延伸在呈阶梯状和便于挖掘的黄土地上，从马格德堡地区的博尔德到威斯特伐利亚的黑尔韦格，它悄无声息地来到莱茵河，在利珀河和鲁尔河之间经过了一些令人浮想联翩的地方：帕德博恩、埃森、杜伊斯堡、高级神职人员的驻地和军事古堡，这些地方后来成了浓烟滚滚的煤铁之都。这条路在芬洛与马斯河相交，第一铁器时代的一个巨大的墓群表明，此地曾是一个繁华的大地方。从这里开始，这条路线稍稍改变方向，避开皮尔，经由埃沃的湿软河泥地带和埃斯拜高原，来到埃诺、皮卡第和明净的香槟土地上。内安德塔尔峡谷中的居民从他们的洞穴就可以看到这条路与莱茵河交汇的地方。斯普罗克霍夫的一幅地图清晰地标明，早在第一青铜时代，这条水路流经的地段上就散布着二十个货栈。德鲁苏的第二次战役就是沿着这条路进行的。

德鲁苏在公元前 12 年也利用了另一条路，这条路沿着盛产鱼类的海岸延伸在冲积滩地上，这片低洼的冲积滩地异常肥沃，人口比较密集，一大片贫瘠的砾石地和沼泽地将它与内地隔开。由此从波罗的海到英吉利海峡，从维斯杜拉河到埃斯科河，然后再到索姆河，一块又一块受着海浪威胁的坚实的土地，与一些岛屿、湿地和沼泽中的绿洲连成一片，居住在这些绿洲上的是过着两栖生活的弗里斯兰人和冷漠的巴达维人；进入新石器时代之后，这些绿洲的居民便是那些经常成群结队地前往南方贫瘠的赫西尼安土地上进行殖民活动的部族了。不过，这里依然是十字路口，依然是居住中心。例如，通格尔和巴韦便是如此，巴韦附近的一条罗马时代的大道表明了这个地方对于人类生活的重要性，而安特卫普、根特和布鲁日则证明了通格尔的重要性。一位古代历史学家提及的唯一的一座日耳曼古城，恰恰是只能在这个地区找到的阿希布吉乌姆（今埃森堡——译者），这难道是偶然的吗？塔西陀声称这座城市是尤利西斯及其父亲列尔泰斯建造的（见《日耳曼尼亚志》第三章），也许这是因为他错读了一则碑铭而产生的误解。近年进行了一些考古工程，旨在搞清莱茵地区的琥珀贸易输送路线的起点和储存库；大胆而审慎的马萨里奥特人不愿贸然进入波涛汹涌的北海，于是从公元前 6 世纪到公元前 1 世纪，就利用储存库从居住在易北河与莱茵河之间的中介人坦科特人手中，接收用船只从阿邦库尔岛运来的珍贵的商品……

过于详尽的细节并不十分重要。我们应该牢记的，或者说，自古以来照亮莱茵河的命运的，是这样一个事实：是人，是将众多的水流集为一条大河的人，把山口、激流锻造成为一条通道，而不是一堵屏障；是一条纽带，而不是一条鸿沟。

二、天然边界

也许是南北之间的一条纽带；如果愿意，也不妨说是两个荷兰、两个威尼托之间的一条纽带。然而，是否也可以说是东西之间的一条纽带呢？

除了莱茵河这个名字，我们对于这条河所知甚少，所以若想了解它所扮演的角色，就需要从它作为一条交换通道的历史着手。是不是一条和平的通道，这是另一个问题，既然是交易，当然就会有盈利，就会你争我斗，就会经常动武。这些河流往往起到了息事宁人，让商人们和平相处的作用，直到有一天为了这些河流本身，人们彼此争斗起来，那是埃迪恩人与塞夸尼人，他们因索恩河的过河费而伤了和气，发生争执……总之，自从学者开口之后，情况就不一样了，这是一些令人尊敬的学者，他们所提供的不再是诗篇或传说，而是历史学家和地理学家的论述，这些学者宣布说，莱茵河不只是一条纽带，还是一条界线。是这样吗？不。因为古希腊人，例如大约公元前440年的希罗多德，并未谈及莱茵河，他们知道阿尔卑斯山以北只有一条河，这条河的河谷似乎是为了将东部的产品和思想运送到西部人的心脏地带而定制的，此河便是伊斯特罗斯河，即今日的多瑙河。可是，以后到来的那些人把多瑙河叫做雷诺斯河，在他们迅速提出的各种体系中，莱茵河扮演了界线的角色。

当然，他们让我们猜的谜起初含混不清；例如，狄奥多罗斯在公元前1世纪提出，莱茵河是分隔凯尔特人和加拉西亚人的界线，前者居住在莱茵河左岸，后者居住在莱茵河右岸；这种区分十分令人惊异，因为狄奥多罗斯的前辈，例如波利比乌斯，认为凯尔特人和加拉西亚人是两个相当含混的称谓，彼此可以交替使用。不久以后，大约在公元前30年，哈里卡纳苏的狄奥尼修斯在描述凯尔特时宣称，莱茵河是仅次于多瑙河的欧洲第二大河，它将这个广大的地区均分为二，一部分是日耳曼尼亚，与斯基泰相近；另一部分是加拉西亚，靠近南部，朝向比利牛斯山脉。这与我们今日的习惯性说法比较接近，但是，恺撒的《高卢战记》那时已经出版，此书提到了高卢的凯尔特，成为法兰西正式形成之前存在的证据；在这部首次向地中海地区的居民提供有关凯尔特可靠资料的巨著中，恺撒谈到比尔及人时说，他们与"居住在莱茵河那边的日耳曼人为邻，永不休止地与他们作战"，此类名言多达二十句。恺撒在别处谈到这些比尔及人时说，他们"大部分"来自不久前渡过莱茵河的日耳曼人，与真正定居在大河这边的日耳曼人联手对付罗马。"那边"与"这边"的变化值得注意，是不是由于知识不足而在不经意间写下的呢？恺撒虽然拥有信息机构，却早已停止运转了。再则，他刚刚接替败在他的军团手下的高卢人，如今驻扎在河边的是这些军团；它们已经渡河，而且打算守卫这条河。由此在历史上产生了第二个观念，其影响之严重甚于第一个观念。由于征服者刻意所为，莱茵河是边界的说法出现在征战的一片嘈杂声中，它不再是一条纽带了。

我们姑且就此打住，转过头来看看当代资料，但不讨论细节。处在比尔及人和日耳曼人中间的恺撒犹如一条分界线，引导他走向莱茵河的，不正是以标明在土地上的界线将游移不定的人群固定在一定范围之内这种需要吗？而他这位杰出的苏丹社会观察家实际上同样被这些人群引导着。首先，他在一部厚厚的著作中告诉我们，说不清有多少部族毕恭毕敬地在尼日尔河的某条支流边上止步，他以一位受过书本和外交传统熏陶的优秀欧洲人就此说道："这是他们名副其实的天然边界。"可是，仅隔数页却出现了一句无意之中扇自己耳光的话："除了尼日尔河和下乌埃梅河，其他河流在旱季完全不是障碍，因为河床里一滴水也没有了……"

莱茵河无缘享受这份失宠的滋味。曾有一段时间，莱茵河完全不像我们所知的那样，航道很深，到处都有人工堤岸；冬季和冬季的冰冻，夏季和夏季的干旱，都可能令罗马人忧心忡忡。他们不能不忧心忡忡，因为尽管没有桥，却可以涉水而过；众多的部族扶老携幼，带着行李，拉着夜间可以宿营的大车，一直在涉水渡过莱茵河。"渡过莱茵河"这几个字出现在《高卢战记》中有多少次？在《日耳曼尼亚志》第三十二章中，塔西陀不是将河床坚实、可以当作边界的莱茵河，与无法用来当作界线的莱茵河作了明确的区别吗？此外，他不是在《历史》第四章第一百二十六节中向我们指出，为了阻止蛮族涉过无法载舟的河流，一些军团不得不在岸边构筑工事吗？

在我的脑海中浮现这样一幅图画：在孚日山脉和黑林之间的平原上，在树木和芦苇后面，在河狸和候鸟经常光顾的沼泽地后面，远比今日更加严实地隐藏着一条河，河水不那么深、水流不那么急，流沙在河中涌动，树干横躺在河泥中；灌木丛散发出腐烂的气味，蚊子成群成堆，莱茵河几乎被稠密的灌木丛彻底孤立了，它与有人居住的土地、农田、农庄和村落之间的联系几乎完全被割断了，只有少量过着两栖生活的渔人、猎人或在河中洗沙的淘金人，能够在这里出入。既然无人监视河流，渡河便是轻而易举的事，于是，性喜冒险的好战部族麇集在河边，看准合适的时机，涉水或者踏冰越过河面，突然扑向诱人的庄稼和富足的茅舍。

上面说到的是阿尔萨斯地区的莱茵河，可是，稍稍掉换几个词，同样可以用来描述其他地段的莱茵河；正是这些不同地段的莱茵河，首尾相接连成了我们的莱茵河。

现在让我们来看一看莱茵河的众多的支流和支流的支流，有什么更令人惊奇的吗？最初的源头是无数的小溪以及连成网状的小河和湖泊；在瓦尔茨胡特对面，莱茵河不是汇集了瑞士的几乎所有水流，其中包括阿勒河吗？可是，此后什么也没有了，在巴塞尔上游，某些地段的支流流域宽度不足五十公里……此后什么也没有了，在阿尔萨斯和巴登之间，莱茵河奔腾而下，伊勒河将它与孚日山脉隔开，近在咫尺的黑林地区只把几条很短的小河投入莱茵河。此后什么也没有了，直到内卡河、美因河、纳赫河、兰河和摩泽尔河从东西两面汇聚过来，在莱茵河主流两侧重新形成稠密的支流网。再往前去直到汇入大海的漫长路程上，支流全都集中在一侧，其中有锡格河、鲁尔河和利珀河，还有埃里特和尼尔斯两条小川，于是，莱茵河与另一侧的联系再次中断……这幅图景其实很能说明问题：与其说莱茵河所呈现的是同一性，毋宁说是多样性。这样一条明显地在不同时期由不同源头形成的大河，它的每一个河段都与众不同，各有特点；不同河段的河岸呈现不同的面貌，它们向人们所提供的支点价值也各不相同，难道不是这样吗？

激流从巴塞尔直泻斯特拉斯堡，像一头猛兽闯入它流经的地区；莱茵河不但没有把不同的地区连成一片，反而把同一地区分隔开来了，从科隆到注入大海，莱茵河沿岸的背景呈现出幻觉般的力量，高炉、炼钢炉、炼焦炉和轧钢机向天空喷吐着混有金属的浓烟，后面不远处便是一幅三角洲的景象，我们不妨称它为莱茵河边的美索不达米亚，下面是稠黏的黏土平原，农庄孤零零地散落在平原上，就像是伦勃朗的油画一般。除了都叫莱茵河以外，激流和莱茵河还有别的共同点吗？河岸变得模模糊糊，顺流北上的游客犹如向着永不枯竭的海洋水库走去，映入眼帘的只有架在波光粼粼的河面上的苍穹，天际不时有一行行大雁划过，一缕金光满含不宜示人的希望，在形状不断变化的灰色云层中，把整个天空染红。各个河段各不相同，流速不一，景色迥异，文化和居民状况也各具特色。这些条件造成了各个河段的景观，也可以用来解释，何以在这个普通生活之风劲吹的山谷里，总能见到各种独特的关系，其中有的偏于传统，有的更富人情，而不管前者或后者，都显现出当地的勃勃生机……因此，如果想要广泛结交，那么莱茵河总共只有一条；如果想要画地为牢或者与人争斗，那么莱茵河就有若干条，若干条时而将人们聚拢时而将人们分开的莱茵河；一言以蔽之：两个世界。

一个是我们的世界：西欧的端部。这是一大片由众多的河流浇灌的土地，交织着平原和高山，既有湿润的溪谷，也有干燥的高原，还有有人经管的树林和种满庄稼的盆地，在维达尔·德·拉布拉什所说的"善意的力量"——"善意的力量"超脱于地区多样性之上，从而弥补了地区多样性的缺陷——的秘密作用下，这片土地逐渐组成为一个容貌匀称端正的法人，这便是高卢和后来的法兰西；这是两个强有力的人群，然而他们的总体生活的营养却来自地方生活，在他们独一无二的火焰中，融入了成千上万个小家庭和个人的灶火……

面对这个面目清晰、向着早已开发的海洋开放的世界，还有另一个截然不同的世界，那便是广阔无垠的中欧，这片土地的大部分或是与东欧相接，或是与更远的无边无际的亚洲大地相连。这是一块密布森林的土地，经由荒原和草原上长长的路径与东面连通；在漫长的历史上，混杂着众多的民族或部族的巨大人群不间歇地活动在这块土地上，其中包括桑布里人、条顿人、哥特人、日耳曼人、斯拉夫人和另外许多人；他们的差异虽然被一些表面的相似之处所掩盖，他们共同的无能却无法掩饰，那就是说，他们始终未能从森林的腐殖土和沼泽的淤泥中清理出一种明晰的政治制度来，以至于他们的政治制度长期处于模糊不清和半消失状态。

可是，北方的大海与南部地区之间有一个中介，这便是莱茵河；我们本能地这样看，历史也要求我们这样看。它是欧洲的半岛部分与大陆部分之间的鸿沟吗？我们有时候这样说，但是并不确切，或者说仅在某些时候确切。许多宽大而便于通行的隘口沟通了多瑙河河网与莱茵河河网；也许确实是一条鸿沟，可是请问，不是有许许多多的桥梁架在这条鸿沟上面吗？莱茵河地区诸国便是桥梁，尤其是如下这样一些国家，它们各自把政治或宗教的罗泰尔公国未定型的后续者，安插在两个明显有别的世界之间。

这是一些起着界线作用的地区吗？是的。从此岸到彼岸，从此地到彼地，人们并不采用同一方式进行接触。有一些生活节奏缓慢的孤立地区，受着发酵的腐烂物、节节上升的狂热和不断孳生的虫子的保护。还有一些令人厌恶的林带，四周奔跑着迅速繁殖的狼，林子深处如同天然储存库，生活着第四纪遗留下来的各种野生动物：有爪子的驼鹿、凶狠的原牛、披着长毛的野牛、北方的棕熊等等，这还不包括那些个体较小的动物：猞猁、野猫和狼獾……粗壮结实、踽踽独行的樵夫时常光顾生长着山毛榉和松树的树林，哈尔特对面大片阴暗的森林，把奥登瓦尔德山遮盖得严严实实，在右岸更高处的绍尔兰山上，艾费尔高原与之遥遥相对；两侧陡峭的山坡把河的世界围在当中，河流则拐成大弯，每隔一段距离后才为河畔的居民提供一些方便。

这是一些令人止步的地区吗？我们见到的情景却是这样的：胡子上挂着芦苇的族长从未令任何不愿停留的人在此止步。如果说，狄奥多罗斯、德尼和恺撒笔下的莱茵河将人群分裂了，这里是高卢人，那里是日耳曼人，那么请别忘记：同一位恺撒曾说，塞纳河把比尔及人与真正的高卢人分隔开来，而加龙河则把后者与阿基坦人分隔开来。其实，这只不过是简便实用的划分范围的分类方法和让人对现实快速作出想象的手段而已，实际上，现实远远复杂得多。想要知道各个民族在地球上分布状况的人们，通常只有一些粗略的地图，而地图上的河流和几条著名的"山脉"，恰恰勾勒了出于实用目的而划分的范围。千万别以为一些定居的部族会手持长矛，以疑惑的目光盯着大路，警惕地"看守莱茵河"，而且不要求换岗。是边界线吗？不，是区域。有时走向分离，但并非处处都是如此。各个区域之间存在着一些纽带。正如我们这里有人所说的"长桥"，桥面平坦，支架稳定；高卢和后来的法兰西，日耳曼和后来的德意志，经由这条"长桥"彼此融合，高卢和法兰西饱受大洋和地中海的影响，日耳曼和德意志则在很长时期中，始终把森林的潮湿气味保持在自己身边，并向周围扩散。

（选自吕西安·费弗尔：《莱茵河：历史、神话和现实》，许明龙译，辽宁教育出版社2003年版）

在黄昏的时候……

斯宾格勒

　　奥斯瓦尔德·斯宾格勒（Oswald Spengler，1880—1936），20 世纪德国历史学家。文化形态史观的创始人。他以其传世之作《西方的没落》闻名世界。其作不仅阐发了文化形态说，更在于它问世后，犹如一块燧石，敲打着万千读者的心田，产生了不灭的思想火花。本篇即选自上书最能体现其思想的"导言"部分，题名摘取文首第一句六字组成，这是借用我国儒家经典《论语》命篇的做法。这篇散文，通过对花开花落、日出黄昏的自然景观的透视，也许可使读者悟出一点斯宾格勒对文化尤其是对西方文化的忧虑与悲怆。

在黄昏的时候，你看到百花一株一株地在落日中合闭起来。那时，不由你不发生一种奇异的情感——在这蒙昧的、朦胧的、固着于土地的存在面前，一种莫名其妙的恐惧情感。沉默的森林，静寂的草地，这一丛矮树，那一条细枝，它们自己并不摆动，而戏弄它们的却是微风。仅有那小蚊虫是自由的——它在傍晚的微光中仍旧在舞蹈，它愿意到哪儿，就往哪里移动。

一棵植物就其本身而论是无足轻重的。它形成景色的一部分，机遇使它在景色中生了根。曙光、凉爽、每株花草的合闭——这些并不是原因和结果，也不是危险和对危险的有意的回答。它们是一种单纯的自然过程，这种过程在植物邻近、与植物一起并在植物身上自我完成着。个体植物为了本身是没有期待、希冀或选择的自由的。

反之，动物能够选择。它从世界一切其余事物的奴役中解放出来。这群蚊虫不停地飞舞，那只孤鸟傍晚时仍旧在飞翔，狐狸鬼鬼祟祟地走近巢穴——这些都是另一大世界中的它们自身的小世界。一滴水珠中的小动物，小到人类目力不能觉察的程度，虽然仅持续秒许的生命并仅占水珠中一角的地方，在宇宙面前仍是自由而独立的。而那在它的一片叶子上悬挂着这滴水珠的大橡树，却不是这样的。

奴役和自由，就最终与最深刻的意义而论，是我们借以鉴别植物生活与动物生活的区别素。然而，仅有植物完全是本来面目的；在动物的本质中，就有了某种双重的东西。植物仅仅是植物；动物既是植物，又是某种别的东西。面临危险而挤在一起颤抖的兽群，偎贴母怀而哭泣的幼儿，绝望地力图向上帝求救的成人——所有这些都是企图从自由生活中，重新回到植物性的奴役境地，他们本来已经从这种奴役境地解放出来，获得了独立存在。

一棵开花植物的种子，在显微镜下面，现出两只形成和保护即将朝向光亮的幼芽的子叶并附有生命循环器官和生殖器官，此外还现出第三只子叶，这只子叶含有未来的根并告诉我们：这株植物注定不可避免地要再一次变成景色的一部分。反之，在高级动物中，我们看到受胎的卵从其个体化的存在的最初时刻起就形成一只外鞘，把循环和生殖部分的内部容器——即动物体内的植物因素——封闭起来，并使之与母体以及世界上一切其他事物隔离开来。这只外鞘象征着动物生存的基本特征，并将大地上出现的两种生存加以区别。

它们有高雅的名称，那是古典世界想出并遗留下来的。植物是宇宙一类的东西，而动物则除此以外还是与大宇宙关联的小宇宙。生物单位一直到这样与万有分离并能规定它在万有中的地位时，才变成一个小宇宙。就连在大循环中的各行星也在受奴役，与一个大世界相比能自由运动的只是这些小世界，在它们的意识中大世界就是它们的周围世界（环境）。只有通过小宇宙的这种个性，那种光所呈现于其目前——我们的目前——的事物才获得"实体"的意义，而即使对行星来说，我们从心里也不愿意承认它们具有实体的特性。

一切宇宙的东西都有周期性的标志；它有"节拍"（节奏，拍子）。一切小宇宙的东西都有极性；它具有"紧张"。

我们谈到紧张的注意和紧张的思维，然而一切醒觉的状态在本质上都是紧张的。感觉和对象，我和你，原因和结果，事物和属性，在这些对立物中的每一对之间都存在着一种张力，而当意味深长地被称作"松弛"的状态出现时，代替生活的小宇宙方面，疲倦立刻来临了，不久睡眠也来临了。一个睡着的人，解除了所有的紧张，仅仅过着一种植物性的生活。

另一方面，宇宙节奏是可以用方向、时间、节奏、命运、渴望这样的字眼解释其意义的万事万物——从一队骏马的蹄声和傲然前进的士兵的沉重步伐，到一双情侣的默默无言的情谊、使社交集会高尚的被感觉到的机智以及"知人论世者"的锐敏的、迅速的判断，此种判断我在前卷曾称之为相术的机智。

尽管小宇宙在空间自由运动，宇宙循环的这种节奏仍然持续进行，并时时打破醒觉的个体存在的紧张，使之成为一种被感觉到的完全的和谐。如果我们曾经注意小鸟在高空的飞翔——它如何始终同样地上升、旋转、滑翔、消失于远方——我们就定会在这全部的运动中感到"它"和"我们"的植物性的确实性，这是无须理性的桥梁把你对它的感觉和我对它的感觉联结在一起的。这就是人和兽中的战争舞蹈和爱情舞蹈的意义。如此，一团突袭的骑兵在炮火下结成一体；如此，群众在某种奋激的场合下聚集起来，变成一个团体，在顷刻间能够可悯地、盲目地、不可思议地思考和行动，但旋即重行分散开来。在这样的情况下，小宇宙的墙垣被拆除了。它争夺、恫吓，它推进、拖曳，它逃跑、闪避并摇摆不定。肢体交错，驰足疾进，众口一呼，万众同运。从许多单个小世界的总合中突然产生了一个完全的整体。

我们称宇宙节奏的知觉为"感觉（Fühlen）"，称小宇宙的紧张的知觉为"情感（Empfinden）"。"感觉性（Sinnlichkeit）"这个词的含义不清，将生活的普遍的和植物性的一面与动物的特殊一面之间的清晰区别混淆了。如果我们主张一个是种族生活或性生活，而另一个是感觉生活，那么它们之间的深刻联系便显示出来了。前者的标记始终是周期性、节奏，甚至是与星辰的大循环的谐和、阴性与月亮之间的关系以及这种生活一般地同夜、春、温暖的关系。后者存在于光和被照明的事物之间、认识和被认识的事物之间、创伤和致伤的武器之间的张力、极性中。在种属发展到较高级阶段时，生活的这两方面的每一方面都形成了特殊的器官，而且发展的程度越高，每一方面的意义也就越加明显。我们有宇宙存在的两种循环器官，血液系统和性器官；还有小宇宙的可动性的两种区别器官，感官和神经。我们必须假定：整个身体在最初既是一种循环器官又是一种触觉器官。

血液对我们来说是生存的象征。从出生到死亡，从母体输入子体再由子体输出，在醒觉的状态中和睡眠中，血液不停地流动，永不止息。祖先的血液流过后代的子子孙孙，把他们联结成由命运、节奏和时间构成的巨大连锁。最初，这只是由循环的区分、再区分和永远更新的区分过程所完成的，直到最后出现了一种性生殖的特殊器官，使刹那成为持续的象征。此后，生物如何生殖和怀孕，它们体内的植物特性如何驱使它们为了在自己身后保持永恒的循环而自行进行生殖，一种伟大的脉搏跳动如何通过所有分离的心灵发挥作用，充实着、推进着、抑遏着、并往往毁灭着——这是一切生活秘密中的最深刻的秘密，是一切宗教秘仪和一切伟大诗篇企图洞察的秘密，这种秘密的悲剧激发了歌德创作他的《幸福的爱慕》与《亲和力》，在这里，孩子必须死亡，因为从不调和的血液循环中出生的孩子是一种宇宙罪恶的产物。

这样的小宇宙，当它对大宇宙具有运动自由时，给这些宇宙器官增加了"感觉"器官，这种感觉最初不过是触觉而已。甚至今天在我们发展的高级阶段上，我们仍旧很普遍地使用"触觉"一词去表示由眼、由耳、甚或由理解所产生的接触，因为这是一种需要和周围世界经常建立联系的生物在感动性上的最简单的表现。但是，"建立"在这里意味着固定位置，因此一切感觉，不论它们看来是如何地矫饰而与原始的感觉相差悬殊，本质上都是积极的感觉；此外再没有其他的感觉了。各式各样的感觉都区分固有的事物和外来的事物。为了确定外来的事物对固有的事物的位置关系，猎狗的嗅觉同雄鹿的听觉以及飞鹰的视觉所起的作用是一样的。颜色、光亮、音调、气味等等一切可以想象得到的感觉方式都含有分离、距离、扩张的意义。

像血统的宇宙循环一样，感觉的区别活动本来是统一的。活泼的感觉始终也是一种理解的感觉。在这些简单的关系中，寻觅和发觉是一件事，即我们最宜于称之为"感触"的东西。只是到后来，当对于发展了的感觉提出相当的要求时，感觉和对感觉的理解才不再是等同的，于是后者开始日益清楚地同前者分开。在外鞘中，鉴别的器官同感觉器官分开，如同性器官同血液循环的器官分开一样。但是我们所使用的"敏锐的"、"敏感的"、"洞察力"、"置喙"、"眼力"等字眼，更不必说逻辑的术语，都是取自视觉世界的，这充分地说明，我们认为一切理解都是由感觉得来的，而且甚至在人类中，二者仍然是共同起作用的。

我们看见一只狗漫不经心地静卧着，随后立即紧张起来，听着、嗅着，凡是它所仅仅感觉到的，它也企图去理解。此外，它也能反省——在这种状态中，几乎只有理解在起作用，并利用那些粗糙的感觉。古代语言十分明确地表示了感觉等级的这种区别，把每一等级鲜明地区别为一种特殊的活动，予以特殊的标记——即，听、倾听、谛听；嗅、嗅出、力嗅；看、察、观察。在这样的系列中，理性的内容比感觉的内容变得越来越重要了。

然而，最后在其他一切感觉中发展出一种最高的感觉。在我们的理解意志永远难以接近的万有中，某种事物为自己唤起了一种肉体器官。眼睛出现了，在眼睛之中而且与眼睛同存的还有作为它的对立的极、光。关于光的抽象思维可以导致（而且已经导致了）一种理想的光、表现为由光波和光线构成的一幅总图，但这种发展的意义实际上在于，从此以后生活就通过眼睛的光亮世界去加以把握和理解。这是最大的奇迹，它使人类的万事万物成为它们现在的样子。只是由于这种眼的光亮世界，远景才作为色彩和光亮而出现；只是在这种世界中，夜和日、事物和运动，才在被照明了的空间的广袤中成为可见的，才有在地球上空旋绕的无限遥远的众星所组成的宇宙，才有远远伸张到身体附近以外的个体生活的光的视野。

在这种光的世界中——不是科学借助于心理概念间接演绎出来的光，这些概念（希腊意义的"学说"）本身也是由视觉得来的——发生了这样的事情：观察着的人群在这个小小的星球上漫游；光的环境（照耀埃及和墨西哥文化的强烈的南方光流、北方的微明）有助于决定人群的全部生活。人类由于他的眼睛才发展了他的建筑的魔力，在其中，触觉所提供的各种构造因素在光所产生的关系中重新予以规定。宗教、艺术、思想都是为了光的缘故才兴起的，一切区分都可归结为一点：诉诸肉体的眼，还是诉诸精神的眼。

与此同时，还发生了另外一种很明显的差别，由于使用"意识"（Bewusstsein）这个含义暧昧的词，这种区别通常都被弄模糊了。我把存在或"在那里（Dasein）"同醒觉的存在或醒觉的意识（Wachsein）区别开来。存在具有节奏和方向，而醒觉的意识则是紧张和扩张。在存在中命运统治着，而醒觉的意识则区别原因和结果。前者的根本问题是："何时与何以？"后者的根本问题是："何地与如何？"

植物过的是一种没有醒觉意识的生活。在睡眠中，一切生物都变成了植物，对周围世界的极性的紧张消失了，而生活的节奏则在持续进行。一棵植物只知道对于何时与何以的关系。初生的绿芽从寒冷的大地中滋生出来，蓓蕾的饱满、百花怒放、香气馥郁、争奇斗艳和瓜熟蒂落的全部有力的过程——这一切都是实现一种命运的愿望，都是对于"何时"的经常的渴求。

另一方面，"何地"对于一棵植物的存在是不会具有意义的。那是醒觉的人每日重新决定自己对于世界所采取的方向的问题。因为只有存在的脉动是世代迭传的，而醒觉的意识对于每一个小宇宙都是要重新开始的。在这当中，就存在着生殖和诞生之间的区别，前者是延续的一种保证，后者则是一个开端。因此，植物是繁殖起来的，而不是被诞生出来的。它"在那里"，既无醒觉，也无诞辰，它扩大一个围绕自己的感觉世界。

（选自斯宾格勒：《西方的没落》，齐世荣等译，商务印书馆1963年版）

《宽容》序言

房 龙

　　亨德里克·房龙（Hendrik van Loon，1882—1946），荷裔美国现代作家，历史学家。他生于荷兰，后在美国求学，屡经漂泊，历练人生，刻苦写作，于1921年完成《人类的故事》，就此一举成名，饮誉世界。房龙当然算不上是位严格的历史学家，本书编者入选他，其因在于他写的通俗的历史著作，犹如有"一种魔力"（郁达夫语）吸引了万千读者。房龙的作品深深地影响了我国几代人，在中国新时期又掀起了新一轮的"房龙热"，迄今未衰。本篇选自他的《宽容》一书的序言，该书在20世纪80年代曾风靡一时，不失为是一本具有世界影响的名著。

在宁静的无知山谷里，人们过着幸福的生活。

永恒的山脉向东西南北各个方向蜿蜒绵亘。

知识的小溪沿着深邃破败的溪谷缓缓地流着。

它发源于昔日的荒山。

它消失在未来的沼泽。

这条小溪并不像江河那样波澜滚滚，但对于需求浅薄的村民来说，已经绰有余裕。

晚上，村民们饮毕牲口，灌满木桶，便心满意足地坐下来，尽享天伦之乐。

守旧的老人们被搀扶出来，他们在荫凉角落里度过了整个白天，对着一本神秘莫测的古书苦思冥想。

他们向儿孙们叨唠着古怪的字眼，可是孩子们却惦记着玩耍从远方捎来的漂亮石子。

这些字眼的含意往往模糊不清。

不过，它们是一千年前由一个已不为人所知的部族写下的，因此神圣而不可亵渎。

在无知山谷里，古老的东西总是受到尊敬。

谁否认祖先的智慧，谁就会遭到正人君子的冷落。

所以，大家都和睦相处。

恐惧总是陪伴着人们。谁要是得不到园中果实中应得的额份，又该怎么办呢？

深夜，在小镇的狭窄街巷里，人们低声讲述着情节模糊的往事，讲述那些敢于提出问题的男男女女。

这些男男女女后来走了，再也没有回来。

另一些人曾试图攀登挡住太阳的岩石高墙。

但他们陈尸石崖脚下，白骨累累。

日月流逝，年复一年。

在宁静的无知山谷里，人们过着幸福的生活。

*　　　*　　　*

外面是一片漆黑，一个人正在爬行。

他手上的指甲已经磨破。

他的脚上缠着破布，布上浸透着长途跋涉留下的鲜血。

他跌跌撞撞来到附近一间草房，敲了敲门。

接着他昏了过去。借着颤动的烛光，他被抬上一张吊床。

到了早晨，全村都已知道："他回来了。"

邻居们站在他的周围，摇着头。他们明白，这样的结局是注定的。

对于敢于离开山脚的人，等待他的是屈服和失败。

在村子的一角，守旧老人们摇着头，低声倾吐着恶狠狠的词句。

他们并不是天性残忍，但律法毕竟是律法。他违背了守旧老人的意愿，犯了弥天大罪。

他的伤一旦治愈，就必须接受审判。

守旧老人本想宽大为怀。

他们没有忘记他母亲的那双奇异闪亮的眸子，也回忆起他父亲三十年前在沙漠里失踪的悲剧。

不过，律法毕竟是律法，必须遵守。

守旧老人是它的执行者。

＊　　＊　　＊

守旧老人把漫游者抬到集市区，人们毕恭毕敬地站在周围，鸦雀无声。

漫游者由于饥渴，身体还很衰弱。老者让他坐下。

他拒绝了。

他们命令他闭嘴。

但他偏要说话。

他把脊背转向老者，两眼搜寻着不久以前还与他志同道合的人。

"听我说吧，"他恳求道，"听我说，大家都高兴起来吧！我刚从山的那边来。我的脚踏上了新鲜的土地，我的手感觉到了其他民族的抚摸，我的眼睛看到了奇妙的景象。

小时候，我的世界只是父亲的花园。

早在创世的时候，花园东面、南面、西面和北面的疆界就定下来了。

只要我问疆界那边藏着什么，大家就不住地摇头，一片嘘声。可我偏要刨根问底，于是他们把我带到这块岩石上，让我看那些敢于蔑视上帝的人的粼粼白骨。

'骗人！上帝喜欢勇敢的人！'我喊道。于是，守旧老人走过来，对我读起他们的圣书。他们说，上帝的旨意已经决定了天上人间万物的命运。山谷是我们的，由我们掌管，野兽和花朵，果实和鱼虾，都是我们的，按我们的旨意行事。但山是上帝的。对山那边的事物我们应该一无所知，直到世界的末日。

他们是在撒谎。他们欺骗了我，就像欺骗了你们一样。

那边的山上有牧场，牧草同样肥沃，男男女女有同样的血肉，城市是经过一千年能工巧匠细心雕琢的，光彩夺目。

我已经找到一条通往更美好的家园的大道，我已经看到幸福生活的曙光。跟我来吧，我带领你们奔向那里。上帝的笑容不只是在这儿，也在其他地方。"

＊　　　＊　　　＊

他停住了，人群里发出一声恐怖的吼叫。

"亵渎，这是对神圣的亵渎。"守旧老人叫喊着。"给他的罪行以应有的惩罚吧！他已经丧失理智，胆敢嘲弄一千年前定下的律法。他死有余辜！"

人们举起了沉重的石块。

人们杀死了这个漫游者。

人们把他的尸体扔到山崖脚下，借以警告敢于怀疑祖先智慧的人，杀一儆百。

＊　　　＊　　　＊

没过多久，爆发了一场特大干旱。潺潺的知识小溪枯竭了，牲畜因干渴而死去，粮食在田野里枯萎，无知山谷里饥声遍野。

不过，守旧老人们并没有灰心。他们预言说，一切都会转危为安，至少那些最神圣的篇章是这样写的。

况且，他们已经很老了，只要一点食物就足够了。

＊　　　＊　　　＊

冬天降临了。

村庄里空荡荡的，人稀烟少。

半数以上的人由于饥寒交迫已经离开人世。

活着的人把唯一希望寄托在山脉那边。

但是律法却说："不行！"

律法必须遵守。

*   *   *

一天夜里，爆发了叛乱。

失望把勇气赋予那些由于恐惧而逆来顺受的人们。

守旧老人们无力地抗争着。

他们被推到一旁，嘴里还抱怨自己的命运不济，诅咒孩子们忘恩负义。不过，最后一辆马车驶出村子时，他们叫住了车夫，强迫他把他们带走。

这样，投奔陌生世界的旅程开始了。

*   *   *

离那个漫游者回来的时间，已经过了很多年，所以要找到他开辟的道路并非易事。

成千上万人死了，人们踏着他们的尸骨，才找到第一座用石子堆起的路标。

此后，旅程中的磨难少了一些。

那个细心的先驱者已经在丛林和无际的荒野乱石中用火烧出了一条宽敞大道。

它一步一步把人们引到新世界的绿色牧场。

大家相视无言。

"归根结底他是对了，"人们说道。"他对了，守旧老人错了……"

"他讲的是实话，守旧老人撒了谎……"

"他的尸首还在山崖下腐烂，可是守旧老人却坐在我们的车里，唱那些老掉牙的歌子。"

"他救了我们，我们反倒杀死了他。"

"对这件事我们的确很内疚，不过，假如当时我们知道的话，当然就……"

随后，人们解下马和牛的套具，把牛羊赶进牧场，建造起自己的房屋，规划自己的土地。从这以后很长时间，人们又过着幸福的生活。

      *   *   *

  几年以后，人们建起了一座新大厦，作为智慧老人的住宅，并准备把勇敢先驱者的遗骨埋在里面。

  一支肃穆的队伍回到了早已荒无人烟的山谷。但是，山脚下空空如也，先驱者的尸首荡然无存。

  一只饥饿的豺狗早已把尸首拖入自己的洞穴。

  人们把一块小石头放在先驱者足迹的尽头（现在那已是一条大道），石头上刻着先驱者的名字，一个首先向未知世界的黑暗和恐怖挑战的人的名字，他把人们引向了新的自由。

  石上还写明，它是由前来感恩朝礼的后代所建。

      *   *   *

  这样的事情发生在过去，也发生在现在，不过将来（我们希望）这样的事不再发生了。

  （选自房龙：《宽容》，迮卫、靳翠微译，生活·读书·新知三联书店1985年版）

历史有什么用？

布洛赫

马克·布洛赫（Marc Bloch，1886—1944），20 世纪法国历史学家，与吕西安·费弗尔同为年鉴学派的创始人，第二次世界大战期间，因参加反法西斯运动而被盖世太保枪杀，史界为之震惊，时为 1944 年 6 月 16 日。治史理念与费弗尔同道，认为历史是一门人的科学，而他更致力于从精神心理层面来研究人。"告诉我，爸爸，历史有什么用？"这是布洛赫的幼子对父亲的发问，也是《历史学家的技艺》（又名《为历史学辩护》）开篇之句。在这本文约事丰、言简意赅的名作中，作者力图回答这个问题。

"告诉我，爸爸，历史有什么用？"

几年前，我十分宠爱的小儿子，居然向他身为历史学家的父亲提出这样的问题，但愿本书能够作为我的答案。对一个作者来说，至高无上的评价，莫过于赞扬他对学者和学童都能以同样的口吻说话。然而，"纯真'是何等崇高的境界，臻于此道者实在寥若晨星。当时，我虽未能给那个求知欲极强的孩子以圆满的回答，现在，他的问题却可以作为我的起点。无疑，有人会认为孩子的问题未免太幼稚了，可在我看来，这个质问切中了要害，童言无忌，他的发问恰恰是针对史学存在的理由而言的。

注意，这样的话，史学家就必须作出解释，而要作出解释，内心未免有些惶恐不安。一位年迈的工匠扪心自问：花一生的精力来从事这个行当值得吗？这时，他心中难道不会忽然产生一阵疑惑吗？"历史有什么用？"这个问题已远远超越了职业道德之类的枝节问题，事实上，我们整个西方文明都与之有关。

与其他文明不同，我们的文明总是与它的过去密切相关，万事万物都追溯到同一源头——基督教和古典遗产。我们的前贤往哲——古希腊和古罗马人就擅长撰写历史，基督教就是历史学家的宗教。其他宗教体系的信仰和礼仪都源于接近洪荒时期的神话。基督教的圣书包括：史书、礼仪祀典，还包括上帝的现世生活情节、教会纪年、圣徒行传。从另一种更深的意义来说，基督教是历史性的宗教。基督教将人类命运视为在堕落和最后审判之间的一次漫长的历险。每一个生命，每一次个体的朝圣，都是这种天路历程的表象。正是在时间，也就是在历史的过程中，全部基督教思想的轴心——原罪与救赎，上演了一幕幕壮观的活剧。在我们的艺术，在不朽的文学名著中，都激荡着历史的回声，我们的政治家也不时把那些真假难辨的历史教训挂在嘴边。自然，我们要注意团体心理之间的差别。例如，库尔诺早就观察到，法国的民众总是倾向于按照理性来重组这个世界，但在保存其集体记忆方面远不如德国人来得强烈。无疑，文明不是一成不变的，或许有一天我们的文明会与历史背道而驰，这也不是不可想象之事。好在史学家会对此可能性加以深思，而如果他们掉以轻心，伪历史就会殃及信史。不过，倘若我们真的沦落到这种地步，那肯定是以严重脱离我们最珍视的思想传统为代价的。

到目前为止，我们的探索仅仅涉及到良知这个层次。确实，尽管处在持续不断的生存危机中，每当西方社会对自身产生疑惑之时，我们都会反躬自问：西方社会曾否努力向历史学习？究竟我们学得是否正确？请读一读战前人们所写的那些文字吧，同样，也请读一读可能在将来会形成文字的今天人们的见解吧，在当今纷纷扬扬的牢骚声中，你肯定能听到人们对历史的抱怨。在一次重大的事变中，我就正好听到这种声音。那是在1940年6月，如果我没记错的话，正是德军进入巴黎的那一天，在诺曼公园，法军被迫缴械，我们参谋本部的成员苦思灾难的原因，以此来消磨无聊的时光，其中一人哀叹道："难道历史已经背叛我们了吗？"这样，一位苦恼的成人以悲伤的语调所提出的问题，竟与那天真好奇的幼童随口的发问殊途同归了。两者都要求回答：

"历史有什么用？"

"用"这个词，在此究竟有什么含义？在展开这个问题之前，请允许我先表示一下歉意，在目前的处境下，我不可能利用任何大型图书馆，藏书的丢失迫使我只能依靠笔记和记忆。我本想在此论述治史的技艺和法则，而正是这些法则所要求的辅助性的间接研究条件，我都不具备。会不会有一天能允许我来弥补这些缺憾呢？看来希望渺茫。因此，我不得不请求宽恕。尽管罪不在我，还是必须说"我服罪"。这样一来，似乎我竟然胆大妄为到要为厄运而承担罪责了吧。

即便不能证明历史的其他用途，至少还可以肯定，人各有所好，历史无疑具有娱乐的价值，或者更确切地说，至少人们确实对历史感兴趣，我本人就多年乐此不疲。我想，所有的史学家都不例外，要不然，他们为什么要选择历史为职业呢？只要不是白痴，任何人都会对所学的东西产生兴趣，然而，每一个学者必然对某一门学科特别感兴趣，他们选中这门学科，以便为此奉献自己的一生，这就是所谓"使命"和"天职"。

历史这种不容置疑的魅力，促使我们静下心来对此加以深思。

历史的魅力首先触发人们对历史的兴趣，继而激励人们有所作为，它的作用始终是至高无上的。单纯的爱好往往先于对知识的渴求。人们往往是在一种本能的引导下从事自己的工作，事先并不完全意识到它的结果，这在思想史上不乏其例。甚至物理学也是源于小屋里的好奇，古董迷一开始也只是为了好玩，而并非打算进行严肃的研究。考古学和民俗学的起源概莫能外。在我看来，大仲马的读者很可能成为潜在的史学家，他们只是缺乏系统训练，缺乏便于从事真正的研究所必需的更为纯正、更为强烈的兴趣。

系统严谨的研究一旦展开，历史的魅力也不会因此而大为逊色，相反，所有真正的史学家都能证明，无论在研究的广度上还是在深度上，都可以感受到这种魅力。其他任何脑力劳动同样如此，而历史自有其独特的美感。历史学以人类的活动为特定的对象，它思接千载，视通万里，千姿百态，令人销魂，因此它比其他学科更能激发人们的想象力。伟大的莱布尼兹对此深有同感，当他从抽象的数学和神学转向探究古代宪章和德意志帝国的编年史时，和我们一样，亲身感受到探幽索奇后的喜悦。我们要警惕，不要让历史学失去诗意，我们也要注意一种倾向，或者说要察觉到，某些人一听到历史要具有诗意便惶惑不安，如果有人以为历史诉诸于感情会有损于理智，那真是太荒唐了。

然而，如果说，普遍永恒的魅力几乎是历史唯一的存在理由，如果说，历史像桥牌和钓鱼一样，仅仅是一种有趣的消遣，那么，我们费尽心血来撰写历史是否值得呢？我这里的意思是，秉笔作史决非易事，要讲究史德，实事求是，尽最大的可能探究历史潜在的因素。安德烈·纪德曾写道："我们的时代已不容纯粹的娱乐，哪怕是有益于心智的娱乐。"他是在1938 年讲这番话的，在1942 年的今天，他的话更显得何等语重心长啊！确实，当今世界已跨入原子化学的门槛，已开始探测宇宙的奥秘。然而，这个可悲的世界尽管可以为科学的进步而自豪，却并没有为人类自身创造多少幸福。历史包罗万象，任何一个烦琐的枝节问题都可能虚耗人一生的光阴，如果其目的仅仅是为了给一种娱乐罩上令人难以信服的真理外衣，那么，理所当然要被斥为滥用精力，滥用精力则近于犯罪。否则，要么只有劝说有能力从事更好职业的人不要去搞历史学，要么就必须证实历史作为一种知识的存在理由。

不过，这样又引起了一个新的问题。确切地说，究竟是什么构成了求知的合理性？

正统的实证主义认为：一种研究的价值必须以它是否能促进行动来衡

量。我想，今天是不会有人以这种口吻来说教了吧。经验告诉我们，不可能在事先确定一项极抽象的研究最终是否会带来惊人的实际效益。否认人们追求超物质利益的求知欲望，无疑会使人性发生不可思议的扭曲。即使历史学对手艺人和政治家永远不相关，它对提高人类生活仍是必不可少的，仅这一点也足以证明历史学存在的合理性。然而，即便加上这样的界定，仍没能直接解决问题。

激发人类思维的，不仅是力求"知其然"的欲望，而且是想"知其所以然"的欲望。因此，唯有成功地解释想象王国相互关系的科学，才被认为是真科学，除此之外，正如莫尔布拉克所言，不过是卖弄学问而已。现在，人们把卖弄学问当作一种娱乐或癖好，不过，同莫尔布拉克时代一样，这根本不是知识分子所追求的东西。即使历史学不具备任何促使行动的功能，它也有充分的理由跻身于值得我们为之努力的科学之列。它不是一个支离破碎、难以阐释的学科，而是一门分类适度、日益言之成理的科学。

当然，不容否认，如果一门科学最终不能以某种方式改善我们的生活，就会在人们眼中显得不那么完美。而且，就历史学而言，不正是这种情绪使我们感到更特殊的压力吗？因为，史学的主题就是人类本身及其行为，历史研究的最终目的显然在于增进人类的利益。事实上，一种根深蒂固的秉性使人们几乎本能地要求历史指导我们的行动，因此，一旦历史在这方面显得无能为力之时，我们就会感到愤慨，就像上文提到的那位被征服的战士一样。历史的用途（指严格的实用意义上的"用途"一词），这个问题不应与历史的严格意义上的理智合法性混为一谈。而且，按理说，我们应当首先了解它，其次才谈得上"用"。常识表明，我们不再回避这个问题了。

某些希望成为仲裁者的人，已经交出这些问题的答案。他们试图指责我们的乐观主义。他们中最宽容的人说，历史学既无益处又不完善；而那些苛刻的、毫不妥协的人断定历史学是有害的。其中一位知名度不算很低的人声称：历史学是"最危险的混合物，即便其中糅合着理智的成分"。这些指责带来一个可怕的诱惑，预先就给无知作了辩解。万幸的是，对我们这些仍然保持理智的好奇者来说，似乎还可从他们的裁决中找到上诉的理由。

但是，如要重新辩论，重要的一点在于这种辩论必须以可靠的资料为依据。

一般来说，贬低历史学的人似乎失之武断，他们高谈阔论，妙语连珠，但最重要的是他们忘了问问自己，到底在谈论什么东西。他们为自己所描绘的历史研究的形象，并不是以历史研究的实际情况为依据的，这种形象更适合论坛而不是书斋。首先，历史研究的情况已今非昔比，因此，他们的所作所为不过是在浪费精力，类似于用魔法去斩断幻象。我们做法应当完全不同。我们试图在此评估的，是那些在研究中实际应用的具体而微的方法，评估它们的价值和确定性。我们要探讨的问题，和那些成天与史料打交道的史学家所遇到的问题是同一类型的。总之，我们旨在阐述史学家为什么及怎样来从事历史研究的。至于是否值得干这一行，就得由读者来决定了。

然而，我们还得小心，既使经过如上限定，事情还不像看起来那么简单。假如我们要探讨的是一种实用的工艺，事情可能简单明了，因为计时的手工劳动可以一一列举计算清楚。但历史研究既不同于造钟表，又不像做家具，它力图最终能更确切地了解运动中的事物。限定自己只去描绘一门科学的现状，多少可以揭示出一点真实情况，也总会有点曲解，更重要的是，要说出这门学科在时间的长河中将怎样加以改善。这样，难免会带有许多个人的看法。确实，一门科学在其发展的每个阶段中，都会受到各种相反倾向的干扰。几乎不可能确定，当时占主导地位的倾向是否有前途。我们不要回避这个问题。理论问题和其他事情一样，怕负责任是有损信誉的。在此，不过是要向读者坦诚相告而已。

任何一种方法论的研究，所遇到的困难因本学科的发展阶段而异，学科的发展过程像一条不规则的曲线，方法论的研究便更是如此。例如，十年前牛顿力学仍是至高无上的权威，那时，以精确的体系来构思一篇力学的论文要比今天容易多了。而目前历史学仍处于那种热衷于实证的阶段。

历史学不仅仅是一门变动中的科学，和那些以人类精神为对象的学科一样，这位理性知识领地的新到者还处在摇篮中。也就是说，在胚胎时期，历史只是叙述而已，那时的历史著作充斥着传闻轶事，在更长的时期内，历史主要记载重大的事件。作为一门注重理性分析的科学，它还十分年轻。现在，它终于力图深入人类活动的表层，不仅拒绝谣传和卖弄辞藻的诱惑，而且要防止近代因习以为常而墨守成规的学问和经验主义的标榜，那才是更为危险的毒素。在一系列最关键的方法问题上，史学尚未超出初步尝试性的摸索阶段。所以，浮士蒂尔·德·古朗治和先于他的贝尔都认为，史学"在所有科学中难度最大"。这话不无道理。

这仅仅是一个幻想吗？尽管道路曲折，然而在我看来，我们现在正处于比前辈更为有利的地位上，已可以看到前方的一线曙光。

我们的前辈，如 19 世纪最后十年的人，甚至包括 20 世纪初的那一代人，似乎已完全沉溺于孔德的自然科学概念。这种迷人的先验图式侵袭了思想每一个领域，人们似乎以为，如果最后不能通过直接的、雄辩的证明，达到以至高而普遍的规律为形式的十分确切的公式，就算不上真正的学科。这在当时几乎是毫无异议的看法，而当这种观念应用于历史研究时，就因个别的史学家气质形成了两大对立的学派。

一派认为将实证主义套于历史学是切实可行的，他们力图建立一门与泛科学的理想相吻合的有关人类进化的学科。他们打算把许多明显的人类现实活动排斥在真正的人类科学之外，因为，这类活动在他们看来难以接受理性的解释。他们不无蔑视地将事件或偶发事件称为渣滓，大多数内在的、个人生活的诸多方面也是渣滓。总之，这就是涂尔干创立的学派的立场。（自然，早期的这种刻板原则，在实践中已渐渐有所松动，尽管不情愿，这些人还是明智地服从了事实的压力。）涂尔干学派这种科学化的巨大努力，使我们的历史学得益匪浅，它教会我们分析，使之更为深刻，更善于抓住问题，甚至可以说，使我们的思想更为充实。在此，我是怀着无比的感激和敬意来谈论涂尔干学派的。如果说这种学说在今天已趋僵化，那也只是任何思想运动在硕果累累之后迟早要付出的代价。

另一学派的研究者则持完全不同的观点。由于无法把史料组织得像自然科学那样章法井然，由于他们早期所受训练的局限，他们对考订资料所需的新知识，以及由此产生的困难和疑问尤其感到棘手，所以，从研究中他们得出虚无而谦卑的道德教训。到回顾总结之时，他们感到自己在为一门学科贡献才华，而现在既不可能对这门学科作出十分肯定的结论，也看不到它在今后会有所进步的希望。他们倾向于把历史学视为一种美的消遣，或是一种有益于心智的健身操，而不是一种真正的科学知识。这派人物曾被称为唯历史的历史学家，具有真正的"历史的"观点。但这种论断有损于历史学，因为它以否定史学发展的可能性来发现史学的本质。就我而言，我宁可在与此有关的法兰西思想中找出他们更明显的象征。

那位可爱又多疑的西尔韦斯特·博纳尔是个与时代格格不入的人，他很像中世纪作家用有时代特色的幼稚笔调所描绘的那种年迈圣徒（假设我们接受阿纳托尔·法朗士的作品对他的生涯所划定的年限），博纳尔（如果我们同意这一虚构的人物一度是个有血有肉的人）"真正"生于第一帝国，他属于浪漫主义史学家那一代人，他本来会具有他们那种昂扬充沛的热情，像他们那样对历史"哲学"的前途坚信不疑。法朗士虚构了他的生平，如果略过假设的主人公所处的时代，而在作家生活的时代复活这一角色，我们就可以把他看成庇护全体历史学家的圣人，传主几乎成为法朗士思想上的同道。他们都堪称为地道的工匠，只是有点中气不足。我们可以把他们比喻为醉鬼的孩子，浪漫主义历史学的狂欢滥饮削弱了他们的体质。与实验室里的同事相比，他们自惭形秽，谨小慎微，不敢越雷池一步。连我可敬的老师瑟诺博斯那样思维敏锐的人也曾无意中说道："向自己提出问题是有用的，但回答这些问题却是十分危险的。"此言堪称这派人的口号。确实，吹牛大王是不会讲这种话的，但如若当年的物理学家没有显示出更大的勇气，那么物理学的现状又会如何呢？

我们所处的思想氛围已今非昔比，气体动力学、爱因斯坦的相对论以及量子力学，已使科学的概念发生深刻的变化，而那些概念在过去曾是人们一致公认的。爱因斯坦等人的理论并没有淡化这些概念，而仅仅使之更富有弹性。他们常以无限的或然性取代确定性，以永恒的相对可测性概念取代绝对的可测性。无数人的思想受到他们的影响（嗨！我也不例外），由于智力或教育的欠缺，像我这类人只能远远地尾随这种伟大的思想，就像光的折射现象一样。因此，我们似乎更有理由认为，即使一门学问不具备欧几里得式的论证或亘古不易的定律，仍无损于其科学的尊严。我们发现，还是将确定性和普遍性视为"度"的问题更为妥当。我们感到，没有必要再把从自然科学那里引进的一成不变的思维模式强加给每一门知识。

因为即使在自然科学界，这种模式也不再通行无阻了。我们不知道人的科学前景如何，但我们确知，为了生存，它无疑会与理性的基本规律相一致。它没必要舍弃自身的特色，更没必要因其特色而自惭自卑。

我但愿，职业历史学家，尤其是年轻的一代，能就史学的徘徊和不断的自我反省问题加以深思，他们必定因此而得到训练，通过审慎的选择，理智地确定自己努力的方向。我尤其希望，在年轻一代中有愈来愈多的人能开拓历史学的深度和广度。我们中一些人早就开始酝酿这类设想。假如我的书能对他们有所帮助，我就算没有白费精力，我得承认这也是本书的部分目的。

但是，本书并非完全，也不是主要为同行而写的。我认为，面对着大众的好奇心，应当把史学的不确定性公之于世。史学的不确定性正是史学存在的理由，它使我们的研究不断更新。由于全新的开拓，我们肯定可以理直气壮地声称自己将更执著于历史。只要不懈地努力实现自身价值，史学的不完善性与完美无瑕的成功，同样是富有魅力的。借用贝玑的话来说，一个好农民在播种耕耘时的喜悦并不亚于收获时的欢欣。

这个简短的导言行将结束之时，有必要再表白几句。每一门科学本身，仅代表了知识海洋的一点一滴。我在前面已举例说明，无论你从事什么专业，为了了解和正确评价自己的研究方法，就必须看到它们与其他领域同时代的发展趋势之间的关系。方法论是一种专门的学问，从事研究者被称为哲学家，我可不敢觊觎这一头衔。笔者才疏学浅，这本小册子难免有行文不当和一偏之见的地方。我所呈献给读者的，只不过是一位喜欢推敲自己日常工作的手艺人的工作手册，是一位技工的笔记本，他长年摆弄直尺和水准仪，但决不至于把自己想象成数学家。

（选自马克·布洛赫：《历史学家的技艺》，张和声、程郁译，上海社会科学院出版社 1992 年版）

历史学家的人文情怀（三则）

汤因比

　　汤因比（Arnold Joseph Toynbee，1889—1975），20 世纪英国历史学家。一生经历丰富，著作等身，西方文化形态史观的继承者与发扬光大者，其论其作对现代西方史学产生了深刻的影响。作为 20 世纪一位"最伟大的人道主义者"，他在其著作中体现出来的人文情怀是一以贯之的，且深受西方史学传统的影响，对比请参看代前言，不赘。本篇所选，出自于汤因比与池田大作的对话，以题旨从中辑录三则。本篇题名及三则小标题均为编者所拟。于是，这篇题名"历史学家的人文情怀"也就成了本书的书名。

一、人的价值至高无上

汤因比 正如您（池田大作）说的，生命的尊严才是普遍的绝对的基准。但在这种情况下的"生命"一词，不能限定为"生物的生命"，其中包括人这一从宇宙中分离或者半分离出来的生物。宇宙全体，还有其中的万物都有尊严性。它是这种意义上的存在。就是说，自然界的无生物和无机物也都有尊严性。大地、空气、水、岩石、泉、河流、海，这一切都有尊严性。如果人侵犯了它的尊严性，就等于侵犯了我们本身的尊严性。

我想这个问题的真实性，对日本人来说，是十分明了的，因为他们具有古老的传统。尊重植物界、动物界，当然人类就更不用说了。甚至对无生的自然，也加以尊重。这种传统在神道中已经制度化。并且和这一传统一起，日本人还培育起强烈的美感和敏锐的审美能力。然而，大约一百年前，从西欧引进近代科学技术以来，尤其是第二次世界大战以后，增加了令人惊异的技术知识，产值爆发性地猛增，日本人也开始侵犯了无生物自然的尊严。

今天，人们的技术所带来的对自然的污染，遭到全世界的反对。现代的一代人已经知道了，由于人对自然尊严的侵犯，最终还是侵犯了自己的尊严。仅就我所知道的日本历史、日本人的尊严观（这是日本人生活的特征，并使外国人深为铭感）来看，在日本似乎正在出现（不然也可以说即将出现）反对环境污染的强大潮流。

池　田 正如您所说，日本的环境污染已成为深刻的社会问题。反对环境污染，作为当地居民的抗议运动已经表面化。但在法律上，对杜绝污染的来源，还没有采取有力措施。

包括生物界和无生物界的自然，肉眼看不见的"生命之线"，像蜘蛛网一样张挂着。并且从整体上巧妙地保持着平衡。虽说是人，也仍然是自然中的一部分。如果人用技术损害了自然，就意味着损害了人本身。佛法是把包括一切的自然——不，把大宇宙本身，作为"生命"来理解的。

康德说："在目的王国里，一切或者有价值，或者有尊严。有价值的东西，能够作为某些东西的等价物而代替它。相反，超过一切价值的宝贵的东西，因之也不承认任何等价物的东西，就是有尊严的东西。"

生命是尊严的。就是说，它没有任何等价物。任何东西都不能代替它。现在人们已经各有自己的价值基准了，这叫价值的多样化。人们从国家主义狭隘的价值观中解放出来。这是可喜的现象。但是，即或承认价值的多样化，是否还需要一个包括多样化的共同基础的价值观呢？没有这样一个基础，人与人之间的相互信赖和协调就建立不起来。如果深究一下，这个总括的、根本的价值观，归根结底，还是作为人的价值，生命的尊严。

汤因比 在这一点上，我对您的信念和佛教的生命观也有同感。刚才您从康德著作中引用的那一节关于价值和尊严的区别，也很有启发。价格是相对的，一切有价格的东西，都能与其等价物交换。当然，这里要有货币的功能。

相反，尊严（叫荣誉感也好）并不是相对的，而是绝对的。任何有价值的东西，都不能代替尊严和荣誉。人为了获得财产和社会地位，不，即或为了保卫自己的生命，如果出卖自己的尊严和荣誉，不仅要受到别人的蔑视，而且也要受到自己的蔑视。丧失尊严和荣誉，换来的只是道德上和肉体上的怯懦。尊严是任何东西也代替不了的。尊严一旦失去，就再也无法挽回。

《新约圣经》的下边一节，就是这个意思。"人若赚得全世界，赔上自己的生命，有什么益处呢？他还能拿什么换回生命呢？"（《马太福音》第十六章，第二十六节；《马可福音》第八章，第三十六到三十七节）

人如果出卖了自己的尊严，他将永远失去尊严。就是说，让别人作出可耻的行为，不管是迫害还是行贿，这本身就是不光彩的。这样的迫害或者诱惑者，在违反伦理的压力下，不管对方能否保卫自己的尊严和荣誉，他自己已经失去了尊严和荣誉。

池 田 您说得很对。归根结底，支持什么价值体系，这决定一个人对人生的看法。所以应该确立怎样的价值体系，和如何实现这一价值体系，正是问题之所在。

汤因比 关于尊严与其他价值不同，任何东西都代替不了尊严这一绝对价值的命题，我也有同感。我想进一步从这一命题中得出如下结论：人要想对自己的尊严有所觉悟，就必须谦虚。的确，人性是尊严的，但这样说还是不甚明确的，也是不完整的。说人是尊严的，这只限于没有私心的、利他的、富于怜悯的、有感情的、肯为其他生物和宇宙献身的这样情况。只要为贪欲而进行侵略，人就不会有尊严。为贪欲而进行侵略是人间的常事，但这是可耻的。我们在伦理行为上的这种贫困，跟技术上的光辉业绩相比，就更加感到耻辱。

　　池　田　人的生命是没有什么东西可以代替的。这本身就是尊严的。并且正如博士所说，为了使生命成为真正的事实上的尊严的东西，还需要个人的努力。应该说，自己的尊严要自己负责。

　　生命是尊严的，是不可代替的。这种意识似乎从人具有高度意识能力之初就有了。但是在现实中，人经历的往往还是相互憎恨、相互损伤、丑恶的对立斗争的历史。总而言之，只有把自己生命的作用变为美好的东西，去怜悯一切其他生命，不作损害他人的丑事，才能使人的生命在事实上成为尊严的。除此之外，别无他法。

　　汤因比　迄今为止，人的伦理行为的水准一直很低，丝毫没有提高。但是，技术成就的水准却急剧上升，其发展速度比有记录可查的任何时代都快。结果是技术和伦理之间的鸿沟空前增大。这不仅是可耻的，甚至也是致命的。

　　面对这种现状，我们应感到耻辱。同时，我们不要失掉这种耻辱感。为确立尊严（没有它，生命就没有价值，人生也不会是幸福的）必须作出进一步的努力。人所熟习的东西，的确是在技术领域，但那里是不会确立尊严的。评价是否达到这种伦理上的目标，要看我们的行动在多大程度上不受贪欲和侵略心所支配，在多大程度上把慈悲和爱作为基调。

二、世界宗教　任重道远

　　汤因比　您说在今天这个世界上，武力统一世界的尝试，只能是自取灭亡，达不到统一的目的。我也认为是这样的。在战斗方式上，处于一个极端的游击队和另一个极端的核战争，已使武力统一成为不可能的事情。

　　然而就我所知，在过去的政治统一中——都没有达到全世界的统一——没有一个不是用武力完成的。但是我同意您的见解，即过去用武力统一所取得的成功，也是跟广大群众要求政治统一的愿望相结合的结果，没有这种广泛的愿望，只用武力恐怕是完不成统一的。

如您所说，16 世纪日本的统一、19 世纪意大利的统一，都是通过民众的感情和武力相结合而实现的。但是如果没有武力，真的能实现政治统一吗？

古代希腊的例子是最恰当的。希腊各国国民，最晚已在纪元前 8 世纪，就在文化上有了强烈的整体感了。这或者作为全希腊宗教中心地或作为全希腊祭典等重要的非政治的各项制度中表现出来。然而从纪元前 480 年开始的三个世纪里，有些城市国家为了避免被波斯帝国合并，暂时也进行了合作。从那以后曾几次力图实现政治上的统一，但始终没有成功。最后希腊被非希腊势力的罗马以武力征服，陷于被迫统一的困境。

看看希腊的历史，我不能不对今天世界自发进行政治统一的可能性，感到悲观。虽说如此，如不尽早实现政治统一，人类肯定是不能继续存在下去的。这样看来，我对人类的未来也不能不感到悲观。然而通过宗教方面的革命，使人的思想感情急剧地广泛地发生变化，也不是不可能的。这也许会使事态好转。

池　田　我想这也是很难的事情，而要解决这一困难的课题，使人类继续存在下去，唯有依靠宗教热情和宗教理念。

例如，中国统一的基础，过去是儒教和道教，现在是毛泽东思想在起作用。欧洲在中世纪的某一时期，比今天更紧密地统一成了一个整体，也是靠基督教的力量。伊斯兰世界的统一，也可以说是靠穆罕默德的力量，靠《可兰经》的力量吧。

在基督教、伊斯兰教、儒教、道教都衰落的现代，赋予世界人类统一以力量的新宗教又是什么呢？这是一个问题。当然宗教不能用权力去推行。没有人们自发的求道心和信仰热情的支持，是没有意义的。现代人所开拓的理性，对不科学的，不合理的教义的强烈反抗是压制不住的。由于不合理只是部分的，所以也许对一些人还有些吸引力，但不能吸引大多数人。如果得不到大多数人的信仰，那个宗教就不能成为时代的潮流。

对这种新宗教——世界宗教——的必要性以及这种宗教应该具备的条件，我想听听博士的看法。

汤因比　在过去实现的部分统一中，武力称霸的同时，宗教也是一股强有力的力量。在帝制中国和罗马，武力统一之后，接着就是宗教统一。帝制中国采用儒教作为国教，罗马采用基督教作为国教。在伊斯兰历史上，也是传教和武力征服相辅相成进行的。但是中世纪的西欧世界，既不是宗教统一和政治统一同时进行，也不是二者相继进行的。估计将来在全球规模进行人类自发统一中，总要有一个共同宗教在世界推广，由此来完成这一重要任务的。

人类向宗教寻求关于人生的目的、意义和命运等问题的答案，人的头脑还没有足够的知识和理解力，能对这样的根本问题作出经得起考验的回答。我们对这些问题的答案只能是试验性的，假说性质的。传统的各个宗教对这些问题作出了自己武断的回答。而这些似乎真实可信的地方，恰是这些宗教本来所具有的魅力之一。但是现代人发现这些似乎真实可信的东西，实际上错误百出，对这个宗教教义的幻想破灭了，结果对该宗教本身也都不再相信了。

我想自以为是的宗教是不会再为人们所接受了，倒不如坦率地宣布"我们对人生根本问题的答案，始终不过是一种推测"。这样的宗教，因为它的坦率，反而可能受到尊重。然而仅仅回答关于宇宙本质问题，还不是宗教唯一的任务，甚至也不是最重要的任务。

宗教在揭示宇宙构图的同时，还要给人类的行动指出方向。正是宗教的这种作用，才能满足人们精神生活中的一部分要求。传统的各种宗教的教义，各自都有很大差别。但是有关人类行为的宗教戒律，在很多重要地方都大体上一致。就是说，虽说教义本身已失去信任，可是那些宗教戒律仍然有效。我猜想未来人类信仰的任何宗教，大概都会主张同样的宗教戒律。

宗教主张的最重要的戒律就是"克制自己才是人类的第一课题"。我们必须克制贪欲和自满。并且现在由于技术进步的结果，人把自然环境跟自己的关系给完全颠倒了。而人类这两个决定性的缺点，恐怕也空前地蔓延开来了。最近由于人类征服自然，结果增长了骄傲自满，同时也增强了放纵贪欲的力量。

现代人自满的根源是科学技术上的成就。科学成就虽然解决了一些老问题，但是作为代价也带来了不少新问题。在所谓发达国家中，物质虽然丰富了，但却污染了自然环境，引起了生产者间的财富再分配的社会抗争。

今天，产业革命的结果，证明了现代人虽然在科学技术方面具有卓越能力，但还不能控制自己周围的环境。这一点跟原始人没有什么两样。现代人之所以不能控制环境，原因就在不能克制自己。克制自我才是避免自己失败的唯一方法。以前的传统宗教也都明确过这条真理。相信将来具有真实性的宗教，也一定要明确这条真理。

自我克制才是宗教的真髓。主张自我克制这一传统宗教戒律的宗教，才是未来能使人类皈依的宗教。因为我相信，我们作为人类享受现世的人生，会面临种种挑战，只有自我克制才是应付人生的唯一有效的手段。

三、"酣睡的巨人"，醒了

汤因比 对于中国的状况，我基本赞成您刚才的分析。对过去的中国，拿破仑曾说，"不要唤醒酣睡的巨人"。英国人打败了拿破仑，马上就发动了鸦片战争，使中国觉醒了。

1839 年即鸦片战争爆发以来，您说和中国有关的战争完全是自卫战争，这是完全对的。然而按中国人的解释，自卫的意义也包含着想恢复清朝的鼎盛时期——即乾隆皇帝统治的后半期——帝政中国所达到的国界。

中国围绕喜马拉雅高原上很小的一块领土就跟印度关系决裂。这个地区本身对中国没有什么价值，战略上也没什么意义。尽管如此，我推测对中国来说，这个地区是有某种象征意义的。因为印度主张的国界是在中国衰微、无力争辩的时期由英国决定的。

现在没有任何征兆表明中国要越过 1799 年即乾隆皇帝逝世当年的国界进行扩张。实际上，在黑龙江沿岸，最近虽跟苏联发生了冲突，但一点也看不出中国要认真考虑恢复黑龙江右岸和乌苏里江右岸的广大地区。这一地区是从 1858 年到 1861 年期间，中国被迫割让给俄国的。但是那里居民的中国色彩，无论当时或现在都是微乎其微的。

然而，鸦片战争以后中国的对外关系中，出现了一些以前中国历史上没有过的新东西。1839 年鸦片战争以前，中国在占世界一半的东亚是名副其实的"中华王国"。虽说只有日本在政治上没有从属于中国，但周围所有国家，也包括日本在内，都在吸取中国文明。从这个意义上可以说，中国是统治着"天下万物"。

中国开始和旧大陆西部其他文明的各国民族接触，是纪元前2世纪的后半叶。然而在近代西欧冲击之前，对中国给以很大冲击的只有一个印度。而来自印度的冲击又采取了传播佛教的和平形式。并且佛教一旦传入中国，就被中国化了。这正和从匈奴到满族这些北方民族几次征服整个中国或一部分中国而最后被中国化了的原理是一样的。

然而，进入17世纪，代替这些民族而出现的北方的新邻居俄国人，中国没能使其中国化。16世纪侵略过中国，19世纪暂时控制过中国的西欧各民族，也没被中国化。西欧短时间的统治虽已成为过去，但其影响至今还存在。像过去来自印度的影响一样，它想把中国变为信仰非中国的宗教国。可是中国已经把佛教中国化了。这次似乎要把共产主义中国化。然而中国化了的共产主义和中国化了的佛教一样，会对中华民族的世界观和生活方式有很深影响，并会使其有很大的改观。

1839年以前，中国和其他文明世界的关系，除了一个较大的例外即和平地向佛教改宗，这个来自印度的冲击外，一般地说都不过是表面上的东西，没什么重要的。然而在过去五百年里，因为西欧各民族想通过向世界扩张势力，在技术和经济方面把人类统一为一个整体，所以这个以西方为主导的，本来是在西欧范围内统一的过程，也把日本和中国引进到新的全球的文明网中来了。这样，从1839年鸦片战争以来，中国在世界的结构中，在军事、经济、政治、文化、技术、宗教等所有人类活动的领域中，加深了国际关系。今天虽然已经摆脱了西方在军事上、政治上、经济上暂时的统治，但已经无法托故再隐居孤立了。由于西方的冲击，世界之于中国，已经从旧大陆的东半部扩展到全球。中国再也不能退回到东亚孤立的"中华王国"了。

池　田　想一想国际社会中的中国立场，以前那样推迟恢复北京政府在联合国的代表权，硬使中国陷于孤立，责任完全在以美国为首的自由主义国家。让中国本身负此责任是没有道理的。

不管那个国家多少都有这种倾向，特别是中国，对自己接受席位的性质极为敏感。由于战后四分之一世纪里遭受到不合理的对待，所以对新获得的席位是否正当地评价了中国的国际地位，中国是极为重视这一原则的。

总而言之，中国大概对作为西欧化结果的美苏两大强国统治世界，感到难以忍受。当然法国或者英国对此大概也抱有强烈的反感。然而这些国家似乎能够顺应现实，采取妥协性外交上的灵活策略。比起这种妥协来，中国似乎坚持原则的色彩更为强烈。

我们从中国恢复联合国席位时表现的态度上也能看到，如果不安排好符合这一原则的席位，中国可能宁作国际社会的孤儿。他们有决心一直等到获得正当的评价为止。尽管如此，随着中国回到国际社会中来，今天对全世界的动向将会产生很大影响。

汤因比　中国今后在地球人类社会中将要起什么作用呢？由于西欧各民族势力的扩张和暂时的统治所形成的地球人类社会，已经摆脱了这种统治力量，今后仍会按现在的状况继续存在下去。在最近新形成的地球人类社会中，中国仅仅就停留于三大国、五大国或者更多的强国之一员的地位吗？或者成为全世界的"中华王国"，才是今后中国所肩负的使命呢？

这是全人类所关心的事情，特别是与中国毗邻的苏联，和一衣带水的邻国日本最为关心的。美国可以从东亚大陆沿岸和海上诸岛撤到关岛，再从夏威夷撤退。一旦需要撤回到北美西海岸，美国和中国之间就可以相隔整个太平洋。不过在今天，单纯地理上的距离已经没有什么重要意义。制导火箭的发明，使辽阔的太平洋宛如一条小溪那样狭窄。包括中国在内的所有国家，相互都在对方的直线射程之内。这就是今天的现实。

因此按我的设想，全人类发展到形成单一社会之时，可能就是实现世界统一之日。在原子能时代的今天，这种统一靠武力征服——过去把地球上的广大部分统一起来的传统方法——已经难以做到。同时，我所预见的和平统一，一定是以地理和文化主轴为中心，不断结晶扩大起来的。我预感到这个主轴不在美国、欧洲和苏联，而是在东亚。

由中国、日本、朝鲜、越南组成的东亚，拥有众多的人口。这些民族的活力、勤奋、勇气、聪明，比世界上任何民族都毫无逊色。无论从地理上看，从具有中国文化和佛教这一共同遗产来看，或者从对外来近代西欧文明不得不妥协这一共同课题来看，他们都是联结在一条纽带上的。并且就中国人来说，几千年来，比世界任何民族都成功地把几亿民众，从政治文化上团结起来。他们显示出这种在政治、文化上统一的本领，具有无与伦比的成功经验。这样的统一正是今天世界的绝对要求。中国人和东亚各民族合作，在被人们认为是不可缺少和不可避免的人类统一的过程中，可能要发挥主要作用，其理由就在这里。

如果我的推测没有错误，估计世界的统一将在和平中实现。这正是原子能时代唯一可行的道路。但是，虽说是中华民族，也并不是在任何时代都是和平的。战国时代和古代希腊以及近代欧洲一样，也有过分裂和抗争。然而到汉朝以后，就放弃了战国时代的好战精神。汉朝的开国皇帝刘邦重新完成中国的统一是远在纪元前202年。在这以前，秦始皇的政治统一是靠武力完成的。因此在他死后出现了地方的国家主义复辟这样的反动。汉朝刘邦把中国人的民族感情的平衡，从地方分权主义持久地引向了世界主义。和秦始皇带有蛊惑和专制性的言行相反，他巧妙地运用处世才能完成了这项事业。

将来统一世界的人，就要像中国这位第二个取得更大成功的统一者一样，要具有世界主义思想。同时也要有达到最终目的所需的干练才能。世界统一是避免人类集体自杀之路。在这点上，现在各民族中具有最充分准备的，是两千年来培育了独特思维方法的中华民族。不是在半个旧大陆，而是在人们能够居住或交往的整个地球，必定要实现统一的未来政治家的原始楷模是汉朝的刘邦。这样的政治家是中国人？日本人？还是越南人？或者朝鲜人？

……

汤因比　从鸦片战争到中国共产党统一大陆之前，世界各国都以轻蔑的态度对待中国，无所顾忌地欺负中国。从物质方面说，就是现在中国和西欧各国、苏联、日本等相比，也不比过去受屈辱的那个世纪强大多少。虽然如此，像今天高度评价中国的重要性，与其说是由于中国在现代史上比较短时期中所取得的成就，毋宁说是由于认识到在这以前两千年期间所建立的功绩和中华民族一直保持下来的美德的缘故。中华民族的美德，就是在那屈辱的世纪里，也仍在继续发挥作用。特别在现代移居世界各地的华侨的个人活动中也都体现着这种美德。

东亚有很多历史遗产，这些都可以使其成为全世界统一的地理和文化上的主轴。依我看，这些遗产有以下几个方面：

第一，中华民族的经验。在过去二十一个世纪中，中国始终保持了迈向全世界的帝国，成为名副其实的地区性国家的榜样。

第二，在漫长的中国历史长河中，中华民族逐步培育起来的世界精神。

第三，儒教世界观中存在的人道主义。

第四，儒教和佛教所具有的合理主义。

第五，东亚人对宇宙的神秘性怀有一种敏感，认为人要想支配宇宙就要遭到挫败。我认为这是道教带来的最宝贵的直感。

第六，这种直感是佛教、神道与中国哲学的所有流派（除去今天已灭绝的法家）共同具有的。人的目的不是狂妄地支配自己以外的自然，而是有一种必须和自然保持协调而生存的信念。

第七，以往在军事和非军事两方面，将科学应用于技术的近代竞争之中，西方人虽占优势，但东亚各国可以战胜他们。日本人已经证明了这一点。

第八，由日本人和越南人表现出来的敢于向西方挑战的勇气。这种勇气今后还要保持下去，不过我希望在人类历史的下一阶段，能够把它贡献给和平解决人类问题这一建设性的事业上来。

在现代世界上，我亲身体验到中国人对任何职业都能胜任，并能维持高水平的家庭生活。中国人无论在国家衰落的时候，还是实际上处于混乱的时候，都能坚持继续发扬这种美德。不过中国也并不是总处于混乱状态。1911 年到 1949 年是动乱时期。在这以前也有过几次混乱时期。这都是事实。然而从纪元前 221 年最早的政治统一以来，在政治上大体上都保持了统一，有效地统治下来了。

纪元前 221 年以前的中国政治史跟旧大陆最西部分的政治史有些类似。中国也被不少好战的地方国家群雄分割过。但是纪元前 221 年以后，政治上的分裂和无政府状态的逆流是极为少有的并且是短暂的。从整体上看，帝政中国的历史是一部在政治上富有成功经验的历史，而且今天还在以"人民共和国"的形式继续存在着。这跟在西方企图实现持久的政治统一和和平而没有达成的罗马帝国的历史，形成了鲜明的对照。

罗马帝国崩溃后，西欧世界再也没有能够挽回原来的政治统一。当然西欧世界在人们活动的所有领域，都发出了巨大的能量。过去五百年间，在经济和技术方面而且一定程度上在文化方面，把全世界统一成为一个整体了。然而在罗马帝国解体后，西方本身或在世界其他地区，都没有实现过政治上的统一。不仅如此，西方对政治上的影响是使世界分裂。西方对自己以外地区推行的政治体制是地方民族主权国家体制。罗马帝国解体后，西方的政治传统是民族主义的，而不是世界主义的，由此看来，今后西方也似乎不能完成全世界的政治统一。不过今天之所以在政治上要求世界统一，从起因来说，也是因为西欧各国国民把势力扩展到全世界的结果，在政治以外方面已经实现了世界统一的缘故。这也是不能否认的。

将来统一世界的大概不是西欧国家，也不是西欧化的国家，而是中国。并且正因为中国有担任这样的未来政治任务的征兆，所以今天中国在世界上才有令人惊叹的威望。中国的统一政府在以前的两千二百年间，除了极短的空白时期外，一直是在政治上把几亿民众统一为一个整体的。而且统一的中国，在政治上的宗主权被保护国所承认。文化的影响甚至渗透到遥远的地区，真是所谓"中华王国"。实际上，中国从纪元前221年以来，几乎在所有时代，都成为影响半个世界的中心。最近五百年，全世界在政治以外的各个领域，都按西方的意图统一起来了。恐怕可以说正是中国肩负着不止给半个世界而且给整个世界带来政治统一与和平的命运。

（选自《展望二十一世纪——汤因比与池田大作对话录》，荀春生、朱继征、陈国梁译，国际文化出版公司1985年版）

赞美海洋吧!

布罗代尔

　　费尔南·布罗代尔 (Fernand Braudel, 1902—1985),20 世纪法国历史学家,法国年鉴学派第二代代表人物。他继承第一代年鉴派史家的业绩,在史学思想上作出了开创性的贡献,也就是他所提出的"三种历史时段理论":长时段、中时段和短时段。布罗代尔著作甚丰,最为著名的有:《菲利普二世时代的地中海和地中海世界》、《15 至 18 世纪的物质文明、经济和资本主义》等,本篇选自前书之序言,现题名取自序言中引用的普罗旺斯的谚语(截取前半句)。作者把"地中海"视为一个"颇不寻常的人物"(这一点与吕西安·费弗尔在《莱茵河》一书中之见相同),在难以泯灭的"地中海的记忆"中,显示出他那强烈的人文情怀。

　　我极其热爱地中海，这无疑因为我随许多其他人之后，同他们一样从北方来到这里。我十分高兴能把长年累月——比我整个青年时代还要漫长的岁月——的研究奉献给它。作为报答，我也希望我的一点欢乐以及地中海的灿烂阳光能够照亮本书的各个篇章。如果能像小说家那样随意塑造人物，永不忘记这个人物，并且不断使人想起他的强大存在，这当然十分理想。不幸的是，或者说幸运的是，我们的行业不能有写小说那种令人赞叹的灵活性。因此，愿意以我希望的方式阅读本书的读者，最好带着他自己对这个内海的回忆和想象，并赋予我这部作品以色彩，帮助我再现这个巨大的存在。这一点正是我尽力去做的……我认为，人们现在见到的和喜爱的这个地中海，本身就是关于它的过去的最重要的文献资料。如果说我从巴黎大学地理课老师的教学中只记住了地中海这一课。我却执著地记住了。这种执著使我从事的整个事业有了意义。

　　人们一定会以为，一个比地中海更简单的例子肯定会使我能更好地阐明历史和地理空间之间的联系，特别因为用人的尺度来衡量，16 世纪的这个内海比今天还要大。这是一个复杂的、庞大的、颇不寻常的人物。他超出了我们的计量和分类的范围。对于他，只写"他生于……"这样简单的历史是无济于事的；对于他，单纯就事论事地加以叙述也是无济于事的……地中海甚至不只是一个海，而是"群海的联合体"，那里岛屿星罗棋布，半岛穿插其间，四周的海岸连绵不绝。地中海的生活同陆地结合在一起。地中海的诗歌多半表现乡村的田野风光。地中海的水手有时兼事农耕。地中海既是油橄榄和葡萄园的海，也是狭长桨船和圆形商船的海。地中海的历史同包围它的陆地世界不可分割，就像不能从正在塑像的匠人手中把黏土拿走一样。普罗旺斯的谚语说：

　　"赞美海洋吧！但要留在陆地上！"

　　因此，我们不下工夫就无法知道地中海到底是怎样一个历史人物。要做到这一点，就需要耐心，需要作很多尝试，当然也免不了会犯一些错误。海洋学家、地质学家乃至地理学家眼中的地中海，已经十分清楚明了。这是一些公认的、有名称的、标明方位的领域。但是，历史学怎样看待地中海呢？很多权威见解提醒我们：地中海既不是这样，也不是那样；既不是个自给自足的世界，也不是个为强国独占的禁区。认为这个先决问题并不存在，认为地中海是个不需要说明其特性的人物（因为他的特性早已被说明，已经很清楚，一眼即可辨认），认为根据地理轮廓的虚线分割世界通史就可以把地中海手到擒来，持这些见解的历史学家必定倒霉。因为，这些轮廓对我们的调查又有什么价值呢？

如果让地中海的历史的一端止于埃库莱斯山门口，另一端止于古城特洛伊周围的海上走廊，人们能够写出即使为期只有五十年的历史吗？地中海历史的框架范围问题，作为首先提出的问题，引出所有其他的问题。划定地域界限，就是确定、分析、重建，从而选择和采纳某种历史哲学。

可以帮助我们的有关文章、回忆录、书籍、刊物、调查报告浩如烟海。其中一些是纯历史学著作；另一些同样重要，是由邻近学科的学者——民族学家、地理学家、植物学家、地质学家、工艺学家——撰写的。世界上再没有任何别的地区，比这个内海及其光芒普照的陆地，被如此清楚地阐明过和清查过。但是，我们不怕冒对前人忘恩负义的危险，敢于说：这一大堆出版物就像铺天盖地的尘埃一样，把研究者压得简直喘不过气来。使用过去的因种种原因已经过时的语言的论著太多了。这些论著感兴趣的不是浩瀚的大海，而是这幅镶嵌画上的某一块小小的方砖；不是地中海宏伟壮观、动荡不定的生活，而是王公富豪的丰功伟绩和大量的杂闻轶事，它们与我们关心的强有力的、缓慢发展的历史不可同日而语。这些论著中需要修订，需要推倒重写，需要加以提高使之复活的地方委实太多了。

对大量原始档案资料没有确切的了解，也无法写出一部地中海的历史来。这项任务看来不是单独一个历史学家所能胜任的。在 16 世纪，地中海国家无不拥有收藏丰富的文献资料馆。这些文献资料逃脱了火灾、围城以及地中海世界遭到的各种灾难。然而，要清查和发掘这些毋庸置疑的资源，这些最丰富的历史金矿，需要的不是一个人的一生，而是一个人的二十次生命，或者二十名研究人员同时为此贡献他们的一生。也许这样的一天将会来到：在历史的工地上，人们不再用这种小手工业作坊方式工作……到那时，或许可以不再根据仅仅包含部分第一手材料的书籍，而是根据原始的文献资料，来编写通史。不言而喻，尽管我作出了多么巨大的努力，我仍然没有整理完我从档案中所能找到的全部文献资料，我的书是建立在必然不完备的调查基础上的。我预先知道，本书的结论将被检验，被推敲，并被其他结论所代替。这正是我希望的事。历史学就这样前进，而且应当这样前进。

此外，由于 16 世纪下半叶的地中海处于不利的历史地位，文艺复兴和宗教改革已如回光返照，随之出现的将是 17 世纪这个严峻的退缩的时代。因此，正如吕西安·费弗尔所写的那样，这是一个"徒具虚名的好题目"。这个题目难道就不值得去研究了吗？了解地中海在近代初期的演变并不是没有用处的，虽然在那时候，世界不再以地中海为中心，不再为地中海的利益和按照它的节奏生活了。人们一直谈论的地中海的迅速衰落，在我看来并未得到证明，或者不如说，事实似乎证实一切恰恰相反。但是，撇开这场衰落不谈，我认为地中海提出的所有问题在人类历史上具有非同寻常的丰富含义，因而使历史学家和非历史学家都感兴趣。我甚至认为，这些问题直到今天还给人启示，不乏严格意义上的"用处"，而这种用处正是尼采对历史学本身的要求。

我不想就这个题目的吸引力和诱惑力大发议论。这一题目的虚假性——请理解为它的困难——以及它所包含的危险性，我都已经一一列举。我再补充一句：任何历史著作都没有帮我指引正确的方向。一部以辽阔水域为中心的历史论著诚然令人神往，但更加可以肯定的是，它像任何新事物一样，会冒种种风险。

既然天平两边的托盘都装得很沉重，我倾向于冒险的这一边，并且贸然认为值得大胆一试。我这样做对吗？

为我辩解的理由正是这本书自身的历史。当我 1923 年着手撰写时，这是一部探讨菲利普二世地中海政策的论著，其形式是传统的，毫无疑问比较谨慎。我当时的几位导师非常赞同。在他们看来，这部论著应列入外交史的范围；外交史对地理学的成就相当冷漠，并且往往同外交本身一样，对经济和社会问题很少关心。外交史对文明、宗教以及文学艺术等货真价实的重要历史见证人，都采取相当鄙视的态度，而且囿于成见，绝不允许自己观察外交档案之外的真实的、丰富的和充满生机的生活。阐明谨慎国王①的政策，这首先意味着认准这位君主和他的谋士在根据变化不

---

① 指菲利普二世。——译者

定的形势制定这项政策时所负的责任；确定谁起主要作用，谁起次要作用；再现西班牙的世界政策的总图，而地中海只不过是这幅总图的一个局部，而且还不是始终占有特殊地位的局部。

到了 16 世纪 80 年代，西班牙的势力事实上一下就转移到了大西洋。不管菲利普二世的庞大帝国是否意识到危险，它必须在那里迎接挑战，必须捍卫其蒙受威胁的存在。猛烈的钟摆运动把这个帝国推向与海洋相联系的命运。重视这种内在运动，研究西班牙政策的实质，而不是为菲利普二世或奥地利的胡安评说千秋功罪，此外还认为，菲利普二世或奥地利的胡安虽说野心勃勃，却往往既是施动者又是受动者，这样做已经脱离了外交史的传统框架。最后，透过西班牙时断时续的远征活动（如果把令人惊心动魄的勒班陀战役排除在外，西班牙的活动几乎暗淡无光），思考一下地中海是否还有自己的历史、自己的命运和自己的强大的生命，思考一下地中海的生命除了展现引人入胜的画面以外，还起着什么值得人们重视的作用；就这样，在终于吸引我的这个巨大题目面前，我受到了诱惑。

我怎么能够不瞥见地中海呢？我怎么能够逐一研究大批醒目的档案资料，而对地中海千姿百态和生动活跃的生活视而不见呢？在这么多关于基本经济活动的记录面前，我怎么能够不改弦更张，转向经济史和社会史的研究呢？在法国，只有少数历史工作者努力把这种史学研究提高到庄重的地位，而在德国、英国、美国，甚至在近在咫尺的比利时，或者在波兰，人们已经不再拒绝给予它这种地位了。要从地中海的复杂整体中了解它的历史，也就是要遵照这些工作者的建议，接受他们的经验的指点，助他们一臂之力，从而为推广一种崭新的、经过重新思考和设计制作的、值得超越我们国境的史学形式而奋斗。当然，这将是一种意识到自己的使命、自己的可能性，也渴望打破旧形式的——因为必须同旧形式决裂——跨学科的历史学。这样做虽然并不完全公平合理，但那又有什么关系！抓住地中海这样一个历史大人物，利用它的庞大题材，它的种种要求，它的反抗、圈套以及冲动，以期创建一种崭新的史学，不同于老师所传授的那种历史，这是个好机会。

任何著作者都以破旧立新为己任，都希望有所建树，并力图做到这一点。即便地中海仅仅迫使我们摆脱了原来的习惯，它也已经给我们帮了忙。

本书共分三部分。每部分自成整体，单独阐明一个问题。

第一部分论述一种几乎静止的历史——人同他周围环境的关系史。这是一种缓慢流逝、缓慢演变、经常出现反复和不断重新开始的周期性历史。我不愿意忽视这种几乎置身于时间之外的、与无生命物打交道的历史，也不愿意仅仅满足于为这种历史撰写地理性质的导言；这种导言照例毫无用处地放在书的开头，浮光掠影地描绘矿藏、耕地和花卉，随后就永远不再提及，似乎花卉不是每个春天都重新开放，似乎羊群在迁移途中停止下来不再前进，似乎船只并不在一个随着季节变化而变化的真正的海面上航行。

在这种静止的历史之上，显现出一种有别于它的、节奏缓慢的历史。人们或许会乐意称之为社会史，亦即群体和集团史，如果这个词语没有脱离其完整的含义。这些深海暗流怎样掀动了地中海的生活，是我在本书的第二部分需要加以思考的。首先是依次对经济、国家、社会、文明等进行研究，最后是试图显示所有这些根深蒂固的力量在战争这个复杂的范畴内怎样起作用，以便更好地阐明我的历史观。因为我知道战争不是一个纯属个人责任的范畴。

最后是第三部分，即传统历史的部分，换言之，它不是人类规模的历史，而是个人规模的历史，是保尔·拉孔布和弗朗索瓦·西米昂撰写的事件史。这是表面的骚动，是潮汐在其强有力的运动中激起的波涛，是一种短促迅速和动荡的历史。这种历史本质上是极端敏感的，最轻微的脚步也会使它所有的测量仪器警觉起来。这是所有历史中最动人心弦、最富有人情味、也最危险的历史。对这种现在仍燃烧着激情，对这种当时的人在他们和我们同样短暂的生命中亲自感受过、描述过和经历过的历史，我们应持怀疑的态度！这种历史反映着那个时代的人的愤怒、愿望和幻想。在16世纪，随着真正的文艺复兴而来的，是穷人和卑贱者的文艺复兴。他们渴望写作，渴望叙述自己，渴望谈论别人。这种珍贵的文字材料却往往歪曲事实真相，侵占业已流逝的时间，并在其中据有不真实的重要位置。假如历史学家设身处地去阅读菲利普二世的文件，便会觉得仿佛生活在一个奇怪的、缺少某个量纲的世界，这当然是个充满激情的世界，是个像任何其他活的世界和我们的世界那样盲目的世界，但这个世界对历史的深层只是蜻蜓点水，就像最轻捷的小船在激流的表面飞驶而过。这也是个危险的世界。为了躲开它的魔法和巫术，我们必须事先弄清这些隐蔽的、往往无声无息的巨大水流，而长时期的观察才能揭示它们的流向。引起轰动的事件往往只是这些宽阔的命运的瞬间和表象，而且只能用这些命运予以解释。

因此，我们终于能够把历史分解为几层平面。或者也可以说，我们终于能够在历史的时间中区别出地理时间、社会时间和个人时间。或者不如说，我们终于能够把人分解为一系列人物。这也许是人们最不能原谅我的地方，即使我断言传统的划分也是把生动的和完全合为一体的历史分解成好几段；即使我同兰克或卡尔·布兰迪相反，断言叙述性历史远不是一种客观的方法或者特别好的客观的方法，只是一种历史哲学；即使我断言，并接着指出，这些平面只是阐述的方法，我在本书的叙述进程中不会禁止自己从这一平面走到另一平面……但是，为自己辩护有什么用呢？如果有人指责我的这本书结构混乱，我希望他们能够承认，本书的各个部件还是符合制作规范的。

我也希望人们不要责备我抱负过大，不要责备我有高瞻远瞩的愿望和需要。历史学也许并不注定只能研究围墙内的菜园子。否则，它肯定完不成它现时的任务之一，即回答当前使人焦虑的问题以及保持它与各种十分年轻而又咄咄逼人的人文科学的联系。如果没有雄心勃勃的、意识到自己的义务和巨大的权力的历史学，难道在 1946 年会有现代的人文主义吗？埃德蒙·法拉尔在 1942 年写道："对伟大历史的恐惧扼杀了伟大的历史学。"但愿这种伟大的历史学复活！

（选自费尔南·布罗代尔：《菲利普二世时代的地中海和地中海世界》，唐家龙、曾培耿等译，商务印书馆 1996 年版）

当代史之精义

巴勒克拉夫

　　杰弗里·巴勒克拉夫（Geoffrey Barraclough，1908—1984），20 世纪英国历史学家。我国新时期伊始，他的《当代史学主要趋势》一书的中译本即风行于学界，成为当时征引最多的西学著作之一。"放眼世界，展示全球"这是他的名言，也是他倡导"全球史观"、显示其宏观的世界史体系的集中表现，与陈腐的"西欧中心论"形成了鲜明的对照。本篇选自他为实践"全球史观"而写的《当代史导论》，此书被学界评论为巴勒克拉夫最成功的一本著作，题名为编者另译。

当代世界的基本时势几乎完全不同于俾斯麦所处的那个时代。所有这些变化是如何发生的？当代的显著特征，即它不同于以往时代的格局和本质是什么？这就是本书所要研究的问题，也是我为什么要把它称为当代史导论的原因。本书不是通常那种侧重记叙过去六十或七十年来欧洲及其以外地区历史事件来龙去脉的导论。因为仅仅记述各种事件的过程，即使这种记述扩及世界范围，也未必能使人很好地理解当今世界，而只有同时考虑各种基本结构的变化，方才能使人更好地理解当代世界的运动。在这里，我的首要任务是探讨当代社会新的框架和彼此依存的各种新的联系，这些就是本书的主要内容。

我们的探讨将涉及某些我们在历史研究中不涉及或很少涉及的领域。在很大程度上，当代历史学家都认为，倘若他们对导致旧世界解体的各种因素作出了解释，他们也就自然而然地提供了新的世界何以形成的解释。所以当代史基本上是记述两次世界大战，1919 年的和平协定，法西斯和国家社会主义的兴起，以及自 1945 年以来共产主义同资本主义世界之间发生的冲突。在我看来，这种线型的历史研究方法是不完善的，甚至在某种程度上会把人引入歧途，理由容后细说。在当代史研究中，我们更应关注的是新世界的降临，而不是已消逝的旧世界，只要环顾一下我们这个世界，我们就可发现当代世界某些最显著的特征已在远离欧洲的地区所发生的各种运动和发展中显露端倪。当代史的一个显著的事实是，即它是世界史，而不是某些地区的历史。因此，如果我们不采用全球性的眼光，就不能够理解塑造世界史的诸种力量。这意味着，采用全球性的眼光并不仅仅是通过增加论述欧洲以外地区事务的章节来补救我们关于当代史的传统观点，而是对有关整个世界格局的各种传统看法和论断予以重新审视与修正。正是由于美洲、非洲、中国、印度和其他欧洲之外地区的历史从另一个角度改变了以往的格局，所以它们已超越了传统的线型历史发展过程；面对这一历史事实，再用传统的历史发展模式来解释显然已不合时宜，因此有必要提出新的整体历史格局来取而代之。

本书的一个主要论点是，无论是性质还是内容，当代史与众所周知的"现代史"截然不同。从现在的立场出发来回顾一下，我们发现俾斯麦退出政治舞台的 1890 年与肯尼迪就任美国总统的 1961 年之间是两个不同时代之间的分水岭。分水岭的一边是当代，它仍处在开始阶段，分水岭另一边是源远流长的包括文艺复兴、启蒙运动和法国大革命人们所熟悉的三次历史发展高潮的"现代"史。本书主要探讨的是分割人类历史发展两个不同时代的这个巨大的分水岭，因为塑造当代世界的诸种力量就是在这一时期形成的。

首先应该说明的是，许多历史学家（也许是大多数当代历史学家）会怀疑我对"现代"史和"当代"史所作的区分的正确性，并会否定这两个时代之间存在的巨大的分水岭。之所以会产生这种情况，原因很多。首先，正如通常所使用的那样，"当代"一词概念模糊，几乎缺乏明确的含义。其次，当前，历史编纂存在着强调历史连续性因素的倾向。因为，在大多数的历史学家看来，当代史并不以其本身显著的特征构成一个独立的历史时期；相反，他们把当代史看作是连续不断历史进程中的最近的阶段，颇有保留地承认当代史与早于它的历史具有本质的区别，而根本上只把它作为最接近于我们的"现代"史的一个组成部分。

在这里，我不想用更多的篇幅来陈述我为什么难以接受上述这种看法的理由。在我看来，连续性决不是历史的最显著的特征。罗素曾经说过："世界全是各种点和跳跃。"我对历史的看法与此大致相同。在每一个伟大的历史转折点，我们面临各种偶然的、未预见到的、新的、生气勃勃的和革命性的事件；正如巴特费尔德所指出的，处于这样的时代，通常关于历史发展因果联系的理论"已不足于解释历史发展的下一个阶段，以及各种事件的下一次转折"。事实上，当人类走出老路而步入新的康庄大道时，即当人类历史的发展离开了原定的路线而走向新的方向时，确定历史发展的各个阶段是不很困难的。人类历史上有过很多这样的根本转折时代，如11世纪末和12世纪初的社会和思想大变动（我们一些历史学家很不恰当地称之为"主教叙任权之争"），以及众所公认的文艺复兴和启蒙时代。20世纪上半叶具有历史性转折时代那种相同的革命性的变革和危机的所有标志。在这一点上，我们又涉及到历史编纂的一个中心问题——历史分期问题，由于这一问题涉及范围很广，所以很难集中讨论它所引起的各种理论问题。但是，倘若我们根据这种历史分期的原则来看待1890年左右开始的五十或六十年的历史，就不可避免地得出某种重要的结论。首先，不能把20世纪仅仅看作是19世纪的延续；其次，"近来的"历史或者"当代"史不只是通常所谓"现代"史的后段，就如传统的历史分期，把现代史看作是开始于西欧的以文艺复兴和启蒙运动为标志的时代的最近的阶段。倘若上述观点正确的话，我们会很自然地提出进一步观点，即我们使用的衡量当代史的标准必须有别于衡量早于它的各个时代所使用的那些标准。我们所寻求的有意义的东西不是两个时代的相同点而是它们的不同点，不是它们连续性的因素而是非连续性因素。总之，我们必须把当代史看作是一个不同于先前时代的独特的历史发展时代，它具有区别先前时代的自身的各种特征，正如所谓"中世纪史"显然有别于现代史至少大多数历史学家是这样看的一样。

倘若上述这些观点具有一定的正确性，就会很自然地得出结论；研究近来的历史的史学家的一个首要任务应是阐明近来的历史的显著的特征及其范围。当然，我们在这样做的时候必须谨防各种假的范畴（即适用于一切历史研究的范畴）；我们也必须记住，正如被视为"典型的中世纪"的各种事物一直延续到伊丽莎白时代的英国一样，所有各种事物也都是从一个时代延续到另一个时代；我们也不要去确定发生各种转变的具体日期，因为转变只是总体的和宏观的。但是，这样的看问题的方法依然是正确的，我们只有对新的和不同的东西保持警觉，才会不致于轻易地放过本质性的东西，即新时代的充满活力的动向。只有在心中完全把握了分割两个时代的真正鸿沟时，我们才能够着手建造跨越这道鸿沟的桥梁。

不言而喻，只有当我们明确了"当代"一词的含义时，我们才能够以上述这种方法来考察当代史。显然，由于内容含糊和界限不明，当代史研究面临了很大的困难。其中一个必然会遇到的困难是，各人对"当代"一词具有各自不同的理解；我说的当代未必就是你说的当代，反之亦然。一方面，我们仍然可能会遇到曾同俾斯麦交谈过的人；另一方面，时光虽过一代，但希特勒俨然已成了像拿破仑和恺撒一样的历史人物。总之，当代一词是灵活多变的，如说（也是通常所说的）当代史是现在活着的一代人的历史，这个定义之所以不能令人满意，原因十分简单，因为世代是重叠的。而且，如果我们以此来确定当代史，那么我们就只得不断地变化界限和变化内容，以及变化游移不定的主题。在某些人看来，当代史开始于

1945 年，也许可以回溯到 1939 年；在另外一些人看来，当代史基本上是两次世界大战之间的历史，或稍微扩大一些范围，是 1914 年到 1945 年这一时期的历史，而 1945 年以后则属于尚未形成历史的阶段。例如，德国当代史研究所主要是研究国家社会主义，魏玛共和国时期的国家社会主义运动的起源，以及因国家社会主义引起的反抗运动。我们可以发现他们关于编纂当代史各种具体问题的有胆识的论述，但却未见他们对第二次世界大战后的历史事件置之一词，这不是偶然忽略，而是有意不写。

这些问题不仅涉及到历史编纂，而且涉及到当代史的概念，而自 1918 年以来，关于当代史的概念引起了长期各执一端而没完没了的令人厌烦的论争。论者指出，众多关于当代史争论的唯一相同的看法是认为用词的矛盾。在我们采用历史的眼光之前，我们务必对所研究的事件保持一定的距离。而要使自己"超然于"物外，不偏不倚地以历史学家批判的眼光来考察历史，这在无论何时都是很难做到的。何况对于就在我们眼鼻子底下的各种事件，又如何可能坚持这些原则呢？必须马上说明的是，我无意加入对这些方法论的问题的讨论。编纂当代史无论会有什么问题，事实是，正如塞顿—沃森很久前曾指出的，自修昔底德时代以来，大多数最伟大的历史著作都是当代史。确实，如果有人指出，如一些历史学家有时所说的，当代史观念是 1918 年之后提出来的一种迎合觉醒的大众急于了解"以战争结束所有战争"的错误的需要的时新看法，那么我们完全可以有理由说，这种时新看法并不是一种与现在密切相关的历史概念，而是一种与过去紧密联系的 19 世纪的历史观点。换句话说，这种时新看法是一种当时代的产物，即一个特定时代同一环境的产物，而不加区别地认为所有的当代各种事件或产物都属于当代历史学家的研究范围，而这种看法却是一种出于"为了了解过去"而对过去进行客观和科学研究的历史观念。

另一方面，一些历史学家认为当代史因缺乏科学性而不是一门严谨的学科，事实上他们这种看法总是被证明是正确的，而我们武断地加以否定也是没有道理的。现今大多数的所谓当代史，无论是中国人写的，还是苏联人写的，或是英美人写的，通常其实只不过是一些反映了热衷于从各个方面打"冷战"的宣传物或"时事"漫谈。这种著作所包含的危害性是显而易见的。例如，如果我们把古巴的卡斯特罗的革命仅仅看作是"国际共产主义运动"的表现，既不把它与不发达世界其他地区相类似的运动联系起来加以考察，也不考虑1901年以来长期纠缠的美国和古巴关系史，那么对这场革命的真正评价会是怎么样呢？显然，其危害性是不言而喻的。所以，如果要使当代史具有永久的价值，那么对当代各种事件的分析就必须具有"深度"，而这种深度分析丝毫不亚于（甚至于要超过）任何非当代史的研究。我们认识在当今世界起实际作用的各种力量的唯一希望是严格从历史出发来加以探求。遗憾的是，这样做的简直是凤毛麟角。例如，当1950年朝鲜战争爆发时，时事分析家把这场战争仅仅看作是第二次大战后共产主义国家和自由世界之间一系列冲突对抗中的一个事件，但是这场战争的爆发是有其历史原因的，它至少可以追溯到一个世纪之前，实际上就是为了占据在西太平洋的统治地位的具有悠久历史的冲突的一个组成部分，对此，未见有分析家片言只字的论述。无须多说，正确的评价必须考虑上述两方面的因素。在对近来的历史的分析中，如果我们不能认识到更深的历史趋向"在解释人们的活动和各种事件中通常所具有的深远的意义"，如果我们不能认识到通常构成当代史编纂主题的共产党统治方面的因素在很大程度上"只具有象征性的重要意义"，那么我们便无法看得深，吃得透。

归根到底，如果当代史旨在阐明塑造当代世界各种基本结构的变化，那么它只能证实它是一门严谨的学科，而不是当代景象浮光掠影的考察。这些变化之所以是根本的，是因为它们构成了政治行为赖以发生的骨架或框架。举其要者，这些变化是：欧洲的世界地位的改变，美苏"超级大国"的兴起；英国、法国和荷兰老牌帝国主义的崩溃；亚洲和非洲的觉醒；白人和有色人种之间关系的重新调整；战略革命或热核革命。对于这些变化，人们会有各种不同的看法；每一个人都可以自由地作出各自对这些事件意义的评价。但是，意识到这些事件构成了当代史区别于先前时代的显著特征而把它们联系起来加以考察，我们把它们看作是客观的趋势却是顺理成章、无可非议的。而且，所有这一切都必须进行深入研究和分析；它们是整个历史过程的各个部分，倘若脱离了历史的来龙去脉，那我们也就不可能充分理解它们。

在这一方面，当代史的研究方法与其他各种历史的研究并无任何不同。而在其他方面，情况就不一样了。尤其是，历史因果联系方法或发生论方法（在德国历史主义的影响下，这一方法已成为历史编纂的传统方法）就不是一种适合于作为研究当代史的工具，而当代史学家则谋求确定当代史的特性，并确立当代史有别于先前时代历史的准则。对研究当代史的历史学家来说，重要的并不是论证历史女神的长袍是无缝的天衣，而是辨别所编织的各种不同的图案。下面我将简单举例来说明这两种研究方法的具体区别。

传统方法研究历史是从历史的特定时刻着手的，这种特定时刻如法国大革命，工业革命，1815 年协定，并有条不紊地铺叙自那时以来依次发生的事件，以勾勒历史连续性发展的过程。当代史则遵循或应遵循与此几乎截然相反的研究程序。这两种方法都会使我们追溯过去，但这种对过去的关注将是不同的。这是因为，如关于近代工业社会的发展，对研究当代史的历史学家来说，他关注的更多的是第一次工业革命和第二次工业革命的本质区别，而不是通常以哈格里夫的珍妮纺纱机、阿克赖特的水力纺纱机、克伦普敦的缪尔纺纱机（或称骡机）、瓦特的蒸汽机、卡特赖特的水力织布机为开端的工业革命过程的逐步发展；在研究当代史的历史学家看来，后者要比连接 18 世纪和 19 世纪不可否认的连续性因素更有意义。在国际政治史领域中，这种不同也是非常明显的。例如，如果一位历史学家从 1815 年的形势出发并依次铺叙那时以来的史事，那么他总是围绕着欧洲的事件打转，因为 1815 年协定所直接引起的问题主要是欧洲的问题。因此，对他来说，主要问题将是德意志和意大利的统一，所谓"东方问题"，民族主义的冲击、尤其是对哈布斯堡王朝和奥斯曼帝国的冲击，以及泛斯拉夫主义（这些问题所引起的矛盾冲突在 1914 年的世界大战中达到了顶点），除了可能在"欧洲扩张"标题下论及的事件外，世界其他地区的事件往往都被视为边缘事件，它们均自郐以下，可置勿论。与上述研究方法相反，站在现在立场上的历史学家，对同一时期的历史的关注将与那位以 1815 年协定为出发点的历史学家不同。他的出发点将是当今国际政治的全球体系，他主要关注的将是解释这种体系是怎样形成的。因此，他既要关注俄勒冈和黑龙江，也同样关注黑塞哥维那和莱茵河，既要重视横跨西伯利亚的铁路，也同样重视柏林至巴格达的铁路；对于帝国主义的种种冲突，无论是在中亚和西太平洋，还是在巴尔干半岛，或是在非洲，他都将置于其视野之内。上述两位历史学家虽然都考察同一段时间的历史，但他们的出发点和评价标准却迥然不同。

尽管研究当代史的历史学家必须注重各种不同的事物，但我们不能由此得出结论，认为他们的探索和眼光就一定要比其他历史学家来得肤浅和短浅。例如，由于要正确理解从欧洲中心到世界范围的政治体系的转变，我们就要追溯到被称之为"近代第一次世界冲突"的七年战争。又如，当苏联 1945 年占领柏林被说成是史无前例的斯拉夫人西进时，难道我们非得要追忆俄国早已在 1760 年占领过柏林的史实吗？显然，这一史实不是当代史，正如苏沃洛夫在拿破仑战争时期率军在意大利和瑞士征战也不是当代史一样；但话说回来，倘若我们用历史的眼光来观察近来的各种事件，认识和考虑到这些历史事件乃是非常重要的。正如美国越过美洲大陆向太平洋扩张的史实，是我们认识现代历史的一个重要的前提条件一样，要认识俄国在亚洲的地位，我们就必须追溯 16 世纪 80 年代初期叶尔马克·季莫费耶维奇率军对西伯利亚的远征，以及 1649 年以俄国探险者和冒险家为先导的越过亚洲向太平洋海岸的急剧扩张，尽管这种追溯是简短的，但却是十分必要的。再如，想要认识今日美国的政策，除了回顾 19 世纪 90 年代和美菲战争、美西战争外，不去了解美帝国主义早期发展阶段的历史，这显然是幼稚可笑的。

上述这些例子足以表明：当代史并非如一些历史学家有时所蔑视的那样，意味着仅仅是对近来发生的各种事件进行肤浅的探讨，以及根据时下思想观念来加以曲解。更为重要的是，这些例子也说明了我们为什么不把 1898 年、1917 年、1939 年、1945 年或任何其他特定日期作为当代史"开端"的原因。能说明当代史不是现代史的延续而是一个新时代的开始的史料是大量的，通过这些众多的史料我们不难得出紧接着 1890 前后的年代是一个重要的转折点，但是我们务必谨防注明确切日期。这是因为，当今世界的各种问题初次显露之时，也就是当代史的开端之日；当代史是随着变化而开始的，但这种变化不是一般的变化，而是使我们或迫使我们认为我们已进入一个新时代的那种变化。这种变化，正如我已指出的，也是一些历史学家以 15 和 16 世纪之交来划分中世纪和现代之间界线时所强调的那种变化。正如文艺复兴时期所产生的这些变化的根源可以追溯到腓特烈二世的意大利一样，当代所产生的这些变化的根源也可以追溯到 18 世纪；但这并不影响或削弱我们对两个时代所作的区分。另一方面，这种变化也说明了，一个时代的特征完全为另一个时代的特征所取代之前，具有一个相当长的过渡时期；事实上，我们的探讨在很大程度上涉及的是这种过渡时期。在这一时期中，"当代"和"现代"是错综复杂地混合在一起的。我们现在似乎只能描绘进入世界新时代的这种转变，而不能描画出这一新时代的完整图景。

（选自杰弗里·巴勒克拉夫：《当代史导论》，张广勇、张宇宏译，上海社会科学院出版社 1996 年版）

八月炮火（节选）

塔奇曼

　　巴巴拉·W.塔奇曼（Barbara W. Tuchman，1912—1989），20世纪美国历史学家。她的名字是与这部获得"普利策奖"的《八月炮火》联系在一起的。这部书也许并不足以为读者展示第一次世界大战的全景，仅描写了1914年8月战争爆发头一个月的战况（"八月炮火"），但却能打动万千读者，获得了空前的成功，其因在于作者那高超的叙史艺术：散文化的叙事手法，栩栩如生的人物形象，玲珑剔透的语言文字等。本篇节选《八月炮火》一书中被读者誉为经典的"引子"及叙述"一战"爆发首日（8月1日）这一章，两者相加字数过两万，为本书选目字数之最。可以这样说，该书章章精彩，颇为引人入胜，我想最好的办法是找来通读，不知以为如何？

引子　葬礼

1910 年 5 月的一个上午，英国国王爱德华七世出殡，骑着马在队伍中前进的有九个帝王，多么宏伟的一个场面！穿着丧服，肃穆伫候的人群，都不禁惊叹不已。这些君主，服色斑斓，嫣红姹紫，宝蓝翠绿，三骑一排联辔出了重重宫门，在阳光照耀下，羽翎头盔，金丝衣镶，绯色绶带，嵌着珠宝的勋章闪闪发光。他们后面是五个王储，四十多个皇室贵胄，七个皇后——未亡人四，执政者三——以及为数不多的来自非帝制国家的特派大使。他们总共代表七十个国家。王公贵族，达官显贵，在类似场合云集一起，这是盛况空前的一次，也是最后的一次。灵柩离开王宫时，议会塔尖沉闷的钟声报时九下，但在历史的时钟上则是日薄西山的时刻。旧世界的太阳正在西坠，虽日华灿灿，但已奄奄一息，行将一去不复返了。

前排居中一骑，是新登极的英王乔治五世，他左侧是康诺特公爵，故王唯一的在世兄弟，右面的一个人物，是《泰晤士报》认为"属于所有前来吊唁的外国人士中的翘楚"，是一个"甚至在关系最紧张的时期，也从没有失掉他在我们中间的声望"的人物，他就是德国皇帝威廉二世。这位皇帝，骑着青灰马，穿着嫣红的英国陆军元帅服，手执元帅杖，在他举世闻名的翘胡子的脸上，显现着一种"严肃、甚至严酷"的神色。他百感丛生，心绪激动，思潮澎湃，波痕浪迹，在他的信中斑斑可见。在母后故居温莎堡的寓所度过一夜之后，他写信回去说："这个地方，称它为家，这个皇室，以它为族，我引以为荣。"他悲喜交集：和英国亲戚在一起的这些黯然神伤的丧礼时日，使他不禁情意缠绵和怀旧思故；冠盖云集，唯他独尊，他又不禁倨傲自得，他舅父从欧洲舞台上消失殡没了，他更是感到个中的不尽滋味。他是前来埋葬他的心头祸患爱德华的；威廉认为爱德华是策划包围德国的元凶；爱德华，他的这个舅父，是他既不能吓倒，也无法感动的；他这个舅父的肥硕身躯，在德国和太阳之间投下了阴影。"他是个魔王，你们想象不到他是怎样的一个魔王！"

对爱德华的这个论断，是德皇 1907 年在柏林招待三百名宾客的午宴上宣布的，是爱德华怀着昭然若揭的包围德国的恶毒阴谋的一次大陆之行惹起的。爱德华在巴黎花了一周时间，从事煽动挑拨，并且莫名其妙地访问了同他侄女结婚不久的西班牙国王；最后还访问了意大利国王，显然是想诱使他脱离跟德、奥的三国同盟。而这个德皇在欧洲是个信口开河的人，他登基以来的二十年间，每过一段时候总要发表一通议论，叫那些外交家们极度神经衰弱；这次，他越说越激动，收尾时又疯狂地发表了这样一通议论。

所幸，主张包围他的这个人现在溘然长逝了，而接位的乔治，按德皇在葬礼前几天对老罗斯福的说法，则是"一个听话的小伙子"（四十五岁，比德皇小六岁）。"他是个道地道地的英国人，他恨所有的外国人，不过这在我倒并不介意，只要他对德国人不比对其他外国人更恨些就行。"威廉王踌躇满志地同乔治并骑而行，经过他任名誉上校团长的皇家第一重骑兵团的时候向团旗行着军礼。有一次，他曾分送穿着重骑兵军服的本人照片，在他的签名上面写了一句诡秘莫测的话："吾守吾时。"今天，他的时机到来了；他成了欧洲的至尊。

策马跟在他后面的是寡后亚历山德拉的两个兄弟，丹麦国王弗雷德里克和希腊国王乔治；她的侄儿挪威国王哈康；以及三个后来逊位的国王：西班牙的阿方索，葡萄牙的曼努埃尔和缠着穆斯林丝头巾的保加利亚国王费迪南德。费迪南德此人，自称沙皇，并且在箱子里藏着从戏装商人那里弄来的拜占庭大帝的全副王权标帜，以备有朝一日把拜占庭的版图重集在他御杖之下的时候穿戴。这就使得和他同为九五之尊的其他君主不免耿耿于怀。

给那些为《泰晤士报》称作"御辔执鞭，英姿飒爽的王孙公子"弄得眼花缭乱的观众，很少有人注意第九个国王，而他却是他们中间后来立下丰功伟绩，不失为顶天立地大丈夫的唯一王孙。虽然他极其魁伟轩昂，并且擅于骑术，但是这个并不喜爱这种皇家礼仪浮华排场的比利时国王艾伯特，在这行列里，总是显得局促不安和心不在焉。这时候，他才三十五岁，登基仅一年。日后，他的容貌成了英雄主义和悲剧的象征而闻名于世，可仍然还是那副茫然若失的样子，似若另有所思。

艾伯特右侧一骑，是老奥皇约瑟夫的继承人，奥地利大公费迪南德。他高大肥硕，身着紧身胸衣，头盔上绿色羽翎招展，是未来悲剧的根源。艾伯特左侧是个永远登不上王位的另一个王裔，尤素福王子，土耳其苏丹的继承人。继帝王之后是皇室贵胄：日本天皇的兄弟伏见亲王；俄国沙皇的兄弟米哈伊尔大公；意大利国王的兄弟，穿着天蓝衣着、戴着翠绿羽翎头盔的奥斯塔公爵；瑞典国王的兄弟卡尔亲王；荷兰女皇的丈夫亨利亲王；再就是塞尔维亚、罗马尼亚和蒙的内哥罗的王储们。最后一名是达尼洛亲王，"一个和蔼可亲，俊秀非凡，举止悦人的翩翩公子"，他不是徒有"风流寡妇"情侣之名，而是确肖其人。瞧他上一夜到达时伴同他一齐来的竟是一个"姿色倾城、艳丽妩媚的妙龄淑女"，他向人介绍说是他夫人的一个侍女，到伦敦来采购一些东西的。英国官吏给弄得无不为之目瞪口呆。

再后面是一队德国的小皇族：梅克伦堡-什未林、梅克伦堡-施特雷利茨、石勒苏益格-荷尔斯泰因、瓦尔德克-皮尔蒙特的大公们，科堡、萨克斯-科堡和萨克斯-科堡哥达的大公们，萨克森、黑森、威尔腾堡、巴登和巴伐利亚的大公们。最后的这个大公——鲁普雷希特王储，不久就将率领一支德军转战沙场。此外有暹逻的一个亲王，波斯的一个亲王，前法国奥尔良皇族的五个亲王，戴着金流苏土耳其帽的埃及总督的兄弟，穿着浅蓝绣花长袍、其古老王朝只剩两年寿命的中国载涛亲王。还有代表德国海军总司令的德皇兄弟普鲁士的亨利亲王。在这绚丽壮观的行列中有三个穿着便装的人士：瑞士的加斯东-卡兰先生，法国外交部长皮雄先生和美国的特使、前任总统老罗斯福。

爱德华，这个各国领袖盛况空前地为之云集的人物，素有"欧洲之伯"的尊称。从欧洲统治家族这方面来说，这个头衔可说是名副其实的。他不仅是德皇威廉的舅父，而且由于其妻的姊妹俄国玛丽皇太后的关系，还是沙皇尼古拉二世的姨父。他的侄女阿利克斯是沙皇的皇后；他女儿莫德是挪威的王后；另一个侄女埃纳是西班牙的王后；第三个侄女玛丽，也即将成为罗马尼亚的王后。他妻后的王族，除据有丹麦王位外，还为俄国生养了沙皇，为希腊提供了国王。其他的亲戚，维多利亚女王子女九人各支的后裔，则充斥欧洲宫廷。

他驾崩后，前来哀悼吊唁的，势如潮涌，非始料所及。这不仅出于家族之情，也不在于他的突然逝世，噩耗顿传——公众知道他只病了一天，第二天就与世长辞了。事实上，这是对爱德华雄才大略的悼念。他是一个善于结交的国王。他纵横捭阖，对国家起了不可估量的作用。他在位短短九年期间，英国的"光荣孤立"，在压力之下业已放弃，让位于它和两个夙敌法国和俄国以及一个正在崛起的新强国日本达成的一系列"谅解"和友好关系；虽然英国不喜欢对事情过于肯定，同它们并不是真正的结盟，但结果是均势为之改变，波及整个世界，且影响了各国之间的关系。爱德华既不创立也不左右英国的政策，但政策之得以改变，他个人的外交手腕却起了推波助澜的作用。

他童年被带往法国访问时，曾对拿破仑三世说："您有一个美丽的国家，我愿做你的儿子。"他偏爱法国事物，同他母后偏爱德国事物显然是志趣异殊，但也可能是对她的分庭抗礼。他的这种偏爱，历久不变，在他母后崩殂后且付诸行动。德国1900年的海军计划，对英国包藏挑衅之心，英国日益惴惴不安，于是决心弥合跟法国的旧隙。这时候，爱德华的所谓"有魔力的国王"的才能，为此铺平了道路。1903年，他不顾进行正式国事访问将会遭到冷遇的忠告，径往巴黎。到达时，群众面带愠色，默不作声，有人还奚落性地叫喊了几声"布尔人万岁"和"法绍达万岁"，但这个国王毫不介意。忧心忡忡的副官低声地说："法国人不喜欢我们。"他回答说："凭什么他们该喜欢我们？"他继续从马车上向群众点头微笑。

他抛头露面四天。在方森检阅了军队，在隆尚观看了赛马，参加了歌剧院的特别演出盛会，出席了爱丽舍宫的国宴和外交部的午餐会。他在剧院幕间休息时间同观众打成一片，并在休息室里向一个著名的女演员用法语表示祝贺，大献殷勤，使冷漠的气氛化为笑脸相迎。他所到之处都发表演说，讲得谦和有礼，机智圆通。他谈论着对法国人，对他们的"光荣传统"，对他们的"美丽城市"的情谊和仰慕。他表白说，"很多愉快的记忆加深了"他这些方面眷恋之情，而他对这次访问的"由衷喜悦"。他对旧嫌的"欣然冰释，不复介怀"，对法英的彼此繁荣、唇齿相依的深信不疑，以及对两国的友好在他的心目中"常居首要地位"的信心，也无不增强了他的这种眷恋之情。他离开巴黎时，群众大呼"吾王万岁！"了。一个比利时外交官报告说："这个国家所出现的这种态度一百八十度的转变是少见的。他赢得了所有法国人的心。"德国大使认为英王的访问是件"不可思议的事情"，认为英法的言归于好是出于一种"对德国的共同反感"。不出一年，经过排难解纷的大臣、部长们艰苦努力化为和好终于变成了英法协约，1904 年 4 月签了字。

倘不是德国领导人怀疑英国动机不正，先于 1899 年，继之又于 1901 年断然拒绝了英国殖民大臣张伯伦的建议，德国本也可以跟英国缔结一份协约的。至于他们怀疑英国究竟居心何在，这不论是幕后操纵德国对外事务的影子人物霍尔斯泰因，或是风度翩翩、博学宏通的首相比洛亲王，或是德皇本人，都头绪不清；但是，他们都肯定其中必有奸诈。德皇又总是希望在既能到手而看来又似无心于此的情况下同英国达成协议。一次，在参加维多利亚女王葬礼时，在英国环境和家族情谊的感召之下，他曾情不自禁地向爱德华倾吐了他的这种心愿。"没有我们的首肯，在欧洲一只老鼠也不能乱动一下"，他就是这样设想英德同盟的。可是，美国人一表示有意的时候，他和大臣们又立即改变主意，怀疑其中有什么阴谋诡计。他们担心在会议桌上为人所乘，宁愿干脆避而远之，而凭借日益强大的海军来吓唬英国人就范。

俾斯麦曾告诫德国要以陆上力量为满足。但是他的那些继承人，不论就他们个人而言，或是就整体而言，都不能与俾斯麦相提并论。俾斯麦所追求的目标，看得清楚，且志在必得；而他们则海阔天空到处伸手，究竟想要什么又无定见。霍尔斯泰因是个马基雅维里式的人物，没有一定的政策，赖以行事的唯一原则是怀疑一切。比洛则根本没有什么原则；他非常油滑，他的同僚蒂尔皮茨海军上将曾为他哀叹，说泥鳅比起他来还不过是条水蛭。而锋芒毕露、反复无常、一贯见异思迁的德皇，则是一时一个目标，玩弄外交手腕，犹如搞永恒运动的练习。

他们谁都不信英国会和法国和解，所有有关的警告，霍尔斯泰因全都置之不理，斥之为"幼稚"，甚至对于他派驻伦敦的使节埃克哈德施泰因男爵明确不过的警告也是如此。1902 年，在马尔巴勒大厦的一次宴会上，埃克哈德施泰因曾注意到法国大使保罗·康邦和张伯伦消失在弹子房里，他们在里面兴致勃勃地交谈了二十八分钟之久。他所能偶然听到的只是"埃及"和"摩洛哥"这几个字（这个男爵的回忆录中没有说明弹子房的门是开着的，还是他从钥匙孔里窃听到的）。后来，他奉召去英王书斋，爱德华敬他一支 1888 年的厄普曼雪茄，告诉他英国即将同法国达成一项解决所有殖民地争端的办法。

协约成了事实，德皇威廉怒不可遏。这里面，使他更为肝胆俱裂的是爱德华在巴黎的胜利的旧痛。这个向以出行频繁著称的"旅游皇帝"，对仪式隆重地进入外国首都，常甘之如饴，可是他最向往的巴黎却可望而不可即。他走遍各地，甚至去过耶路撒冷，在那里，为了让他骑马入城，曾不得不砍削雅法城门；然而巴黎，这个无美不备，无不令人神往，柏林无一可与之同日而语的中心，他却始终不得其门而入。他想受到巴黎人的欢呼，他想获得法国荣誉勋章，他曾两次让法国知道陛下的这个心愿，但邀请从不见来。他可以到阿尔萨斯发表演说，颂扬 1870 年的胜利；他可以率领游行队伍穿过洛林的梅斯；可是这个德皇活了八十二岁，至死也没有看到巴黎，这也许是帝王命运中最为辛酸的一段史话。

对于立国较久的国家怀有嫉妒，这种心情啮咬着他。他向老罗斯福埋怨英国的达官显贵，说他们访问欧陆时从不光临柏林，而老是前往巴黎。他感到不为人所赏识。"我在位多少年以来，"他对意大利国王说，"我的同僚们，欧洲的那些君主，总是把我的话当做耳边风。要不了多久，有我伟大的海军做后盾，我的话就会有人洗耳恭听了。"这样的情绪，遍及他整个民族。他们同他们的皇上一样，全都迫切需要得到器重。他们血气方刚，野心勃勃，他们意识到实力的强大，他们是尼采和特赖奇克之道哺育起来的。因而，他们认为理应称王称霸，他们感到为人所负，世界没有承认他们为盟主。军国主义的发言人伯恩哈迪写道："我们必须在整个地球上为德国的民族性和德国的精神赢得崇敬，这是它们应得的……可是迄今未给它们。"而要达到这个目的，他直言不讳；只容许采用一种办法；从德皇以次的一些伯恩哈迪追随者，于是力图使用威胁和显示力量的办法来取得他们梦寐以求的尊敬。他们挥着"包着铁甲的拳头"，要求获得"日光下的地盘"，他们歌颂"热血和钢铁"和"闪闪发光的甲胄"，宣扬刀剑的功德。罗斯福先生当时关于跟邻国相处的格言已被条顿化为"提高嗓门，挥舞大枪"。当德国人挥舞大枪，当德皇吩咐军队为义和团之乱开往中国像匈奴王阿提拉那样行事（把匈奴人作为德国人的榜样是他自己选择的），当泛德意志同盟和海军联盟纷纷建立，集会要求别国承认它们扩张的"合法目的"时，别的国家便以结盟相报了；而当这些国家结成同盟的时候，德国于是嚎叫"这是包围！全德国被包围啦"这句副歌给咬牙切齿唱了整整十年。

爱德华的出国访问照常行事，去罗马，去维也纳，去里斯本，去马德里，且不仅限于拜访王室。他每年都去马里安温泉疗养，并在那里与"法国之虎"交谈，互抒己见。此人与他同岁，在他在位期间任总理四年。爱德华生平有两个癖好，一尚衣着得体，一爱与异端为伍。但他不计较前一个癖好而敬仰克列孟梭先生。这个"老虎"跟拿破仑所见略同，认为普鲁士是"炮弹里孵出来的"，并且看到这个炮弹正迎面飞来。"德国贪求权力……已把消灭法国作为定策"是他的主导思想，在这种思想的笼罩下，他运筹帷幄，纵横捭阖。他对爱德华说，有朝一日法国需要帮助的时候，靠英国的海上力量是不够的，他提请爱德华注意，拿破仑是在滑铁卢被打败的，而不是在特腊法尔加尔角受挫的。

1908 年，爱德华乘御用游艇去雷维尔做国事访问，会见沙皇，英国臣民不以为然。英国的帝国派认为俄国是克里米亚战争中的夙敌，新近又是虎视印度的觊觎者；而在自由党和工党看来，俄国是鞭笞苛刑，屠杀犹太人和 1905 年大批残杀革命党人之乡。至于沙皇，按麦克唐纳先生说法，则是个"卑贱的杀人犯"。这种厌恶是相互的。俄国人痛恶英国同日本结盟，憎恨它是使俄国对君士坦丁堡和达达尼尔海峡地区历史性的觊觎不能得逞的强国。尼古拉二世一次曾把他最乐道的两个偏见并为简单的一句话："英国人是犹太人。"

但是，旧的敌对情绪毕竟没有新的压力那么强烈，同时法国人也殷切希望他们的两个盟国能言归于好，就在法国的敦促下，1907 年缔结了英俄协议。爱德华认为，为了去除可能还萦回脑际的疑念，进行王室的个人友好接触实属必要，于是登舟前往雷维尔。他同俄国外交大臣伊斯伏尔斯基进行了长谈，同沙皇皇后在《风流寡妇》的舞曲旋律中跳起了华尔兹舞，收效之大，居然使她嫣然一笑。自这个郁郁寡欢的妇人戴上罗曼诺夫王朝的王冠以来，完成这一年丰功伟绩的，他还是第一人。这个成就，看起来可能是不足道的，其实不然。沙皇治理俄国，虽很难说是名实相符，但他毕竟一面统治国家，俨然是一个专制君主，一面却被治于人，受制于他那才识浅薄但意志坚强的老婆。她美丽，她歇斯底里，她病态性地多疑，她憎恶每个人，只有直系亲属和一群癫狂怪诞的江湖骗子除外，这些骗子抚慰着她绝望的心灵。而这个沙皇既天禀不厚，又没有受过很好的教育，在德皇看来，他"只配住在乡下草房里种种萝卜"。

德皇认为这个沙皇属于他的影响范围，企图施用妙计，诱使他脱离与法国的同盟。这个同盟原是德皇自己的不智造成的。德皇把俾斯麦的准则"与俄国为友"以及贯彻这个准则的再保证条约，连同俾斯麦一并抛到九霄云外，铸成了他在位期间第一个也是最糟糕的一个大错。昔日的那个魁伟而严峻的沙皇亚历山大三世，立即改弦易辙，于1892年同共和政体的法国结成了同盟，甚至不惜对《马赛曲》肃立致敬。而且，他很瞧不起德皇，认为他是个"没有教养的家伙"，同他谈话时也总是把脸别向一旁。自尼古拉登基以来，德皇一直想设法弥补他所铸成的大错，他给这个年轻的沙皇（用英文）写了许多长信，有忠告，有闲谈，有政治性的长篇大论，称他为"最亲爱的尼克"，自己则署名"你亲爱的朋友威利"。他对沙皇说，一个玷污着几个君主鲜血的、漠视宗教的共和国不适合做他的伙伴。"尼克，请您相信我，上帝的诅咒已叫那个民族万世遭劫。"威利还对他说，您尼克的真正的利害关系在于缔结三皇同盟，即俄、奥、德三国皇帝的同盟。老沙皇冷淡轻蔑的态度他记忆犹新，然而，他不得不屈尊俯就地关怀老沙皇的儿子。他会拍拍尼古拉的肩膀对他说："我对您的忠告是多发表演说，多举行阅兵，多多演说，多多阅兵。"他表示愿意派遣德国军队去保护他，防范乱臣贼子。可是他的这个建议却激怒了沙皇皇后。她憎恨德皇，每互访一次，她就恨他三分。

在这样的情况下，德皇没有得逞，没有能使俄国断绝同法国的关系。他于是拟了一个巧妙的条约，约定俄德双方在一方受到攻击时有义务相互支持。这项条约在沙皇签字以后要通知法国，并邀请法国参加。德皇是在俄国同日本作战惨败（他曾竭力怂恿俄国与日本开战），继而革命兴起，沙皇政权处于最低潮之时，邀请尼古拉在芬兰湾的布页科，在没有大臣们随从下进行秘密会谈的。德皇非常清楚，俄国不可能接受他的条约而不背盟失信于法国；但是，他认为，只消双方君主签字，问题就能迎刃而解。尼古拉签了字。

德皇欣喜若狂。他弥补了致命的失检错误，使德国的后门安全牢靠了，包围圈打破了。他写信给比洛说，"我热泪盈眶"，他深信他的祖父（威廉一世，临终时犹挂念着两线作战问题）正在从天国注视着他。他认为他的这份条约是德国外交上的一个杰作。要不是存在权限问题的缺陷，这倒确实是或者本可以成为一个杰作的。沙皇将条约带回俄国，大臣们一看之下惊恐万状，向他剖析指出，在一场可能爆发的战事中承担参加德方的义务，那他就抛弃了与法国的同盟，这个细节，"无疑是在威廉皇帝口若悬河、能言善辩的情形下，逃过了陛下的注意"。于是这份布页科条约只不过昙花一现，就寿终正寝了。

现在是爱德华到雷维尔来同沙皇亲切交谈了。关于他们会晤的情况，德国大使报称爱德华真正有心和平。德皇阅后，不禁怒气冲冲地在页边挥笔批道："这是谎言，他要的是战争。但是我得发动战争，好让他不致沾有臭名。"

这一年终了时，德皇发表了他生平最具有爆炸性的、最为失检的谈话。他接见了《每日电讯报》记者，谈了他当时对于谁将同谁打仗的见解。这一次可不仅使得他的一些邻国神经紧张，而且也弄得国人坐立不安。公众的非难直言不讳，以致德皇卧床不起，一病三个星期，而且在以后一段时间里也比较寡言、慎行了。

此后没有爆发什么新的惊人事件。那十年中的最后两年是最太平的两年。欧洲享受着午后的悠闲，富足安乐。1910 年是平静的繁荣的。摩洛哥的第二轮危机和巴尔干战争还没有到来。诺曼·安吉尔的一本新著《大幻想》刚刚出版，它力图证明战争是不可能的。他以令人信服的例证和颠扑不破的立论，说明在当时各国财政经济相互依存的情况下，胜者和败者同样遭殃，所以，战争已成为无利可图；所以，没有一个国家竟会愚蠢到乃至发动一场战争。这本书经译成十一国文字，成了崇拜的偶像。在曼彻斯特、格拉斯哥以及其他工业城市的一些大学，忠实信徒组织了四十多个研究小组，致力宣传该书的教义。安吉尔的一个最热忱的门徒是伊谢尔子爵，一个对军事政策颇具影响的人物，英王的朋友和顾问，陆军委员会主席，这个委员会受命对布尔战争中作战受挫后的英国陆军进行改造。这个勋爵在剑桥大学和巴黎大学讲授《大幻想》，他在那里阐明如何"新的经济因素一清二楚地证明侵略战争是荒唐愚蠢的"。他说，一场 20 世纪的战争，其规模之大当使"商业遭劫，财政崩溃，人民遭殃"。这些不可避免的后果，将"包含着克制力量"，使战争毫无可能。他在总参谋长约翰·弗伦奇爵士任主席的三军俱乐部里，向听讲的军官们说，由于各国利害关系的相互交织，战争"已成为日益困难和不可能的了"。

至于德国，伊谢尔勋爵很有把握地说："是和大不列颠同样善于接受诺曼·安吉尔的学说的。"他曾奉赠给德皇和王储几本《大幻想》。这或者是他设法给他们的，但不论怎样，他们对学说的接受程度如何，则无报道，也没有证据可资说明他也曾赠送伯恩哈迪将军一本。这个将军在1910年正埋首写作《德国人与下一次战争》，该书于第二年出版，和安吉尔的书具有同样巨大的影响，不过是出自相反的观点。"发动战争的权利"、"发动战争的义务"和"或为世界强权或是没落"，这三章的标题概括了全书的论点。

伯恩哈迪，1870年是个年方二十一岁的骑兵军官，是德军进入巴黎时第一个乘骑突入凯旋门的德国人。自此以后，军旗和荣誉，已不再像他在另一章"德国的历史使命"中所运用的有关战争的理论、哲学和科学那样使他感兴趣了。他曾任总参谋部军事史部门的负责人，是这个苦思苦干的组织中的智囊之一，是一部关于骑兵的经典著作的作者。尔后，他集毕生精力从事研究克劳塞维茨、特赖奇克和达尔文，并将研究所得倾注到后来使他的名字等同战神的这本书里。

他说，战争"是生物的需要"；战争是"自然界一切法则所依存的自然法则亦即生存竞争法则"在人类社会的体现。他说，各个国家，不是发展就是衰退，"不可能有静止状态"。德国必须选择，"或为世界强权，或是没落"。在各国之中，德国"在社会政治方面，是所有文明进步国家之冠"；但是，它却"被挤压在狭窄的、非自然的境域之内"。没有日益强大的政治权力，没有一个扩大的势力范围，没有新的领土，它就不可能达到它的"伟大的道义目的"。这种权力的增强"是同我们的重要性相称的"，"是我们有权要求的"，是一种"政治需要"和"国家的首要任务"。他宣称："凡我们现在所希望达到的，均必须力争"，他自己把"力争"两字写成斜体字，由此，他驰笔归结："征服遂成为一条需要的法则。"

既证明了"需要"（这是德国军事思想家爱用的词儿），伯恩哈迪便进而谈论手段问题。发动战争的义务一经确认下来，使战争胜利这第二项义务便随之而来了。而要取得胜利，一个国家必须在它自己选择的"最有利时刻"发动战争；它有"公认的权利……掌握发挥这种主动性的可贵特权"。进攻战于是成了另一个"需要"，再一个结论也就免不了是："采取攻势和打出第一枪，这是我们义不容辞的责任……"德皇对于附在侵略者身上的"臭名"还有所顾忌，伯恩哈迪则毫无此感，并且在这一枪将打向何处的问题上，也毫不闪烁其词。他写道，以为德、法总可以通过谈判解决它们的问题的想法，是"不可思议的"。"法国必须化为齑粉，使它再也不能越我雷池一步"；它"必须予以毁灭性的打击，使之永不复为列强"。

爱德华国王未能看到伯恩哈迪的这本书就逝世了。1910 年 1 月，在前往马里安温泉和比阿里茨以前，他向德皇致以一年一度的生日祝贺，并送了他一根手杖作为贺仪。几个月后他逝世了。

伊斯伏尔斯基得此噩耗，便说："我们失去了我们外交政策的支柱。"这可说得过分了些。对于形成新的联盟格局，爱德华不过是一个工具，而不是一个建筑师。在法国，据《费加罗报》的报道，英王逝世引起了"深切的哀痛"和"真心的惶恐不安"。该报说，巴黎失去了一个"伟大的朋友"，像伦敦一样感到深切悲痛。和平大街的灯柱和店家的橱窗，同伦敦皮卡迪利大街一样披着黑纱；马车夫在鞭子上都系着黑绉纱蝴蝶结；甚至在外省城镇，也像悼念法国的伟大公民逝世一样，可以看到挂着黑纱的英国故王相片。在东京，不忘英日同盟之功，家家户户挂着两国国旗和在旗杆上缠着黑纱。在德国，不论感情如何，是按常规办事的。陆、海军全体军官奉命服丧八天！在领海内的舰队鸣炮致哀并下半旗，帝国国会全体肃立谛听议长宣读唁电，德皇亲自去英国大使馆吊唁，拜会了大使，历时一小时又半。

在伦敦，王室在英王逝世后的整个一周里都忙着在维多利亚车站迎接前来的王公贵族。德皇是乘坐"霍亨索伦"号游艇，在四艘英国驱逐舰护送下前来的。他将船停泊在泰晤士河口，到伦敦的最后一段路程改乘了火车，同一般的王公贵族一样来到维多利亚车站。月台上铺着紫红地毯，在停放他乘坐的马车的地方还放着紫红地毯覆盖的踏脚。钟报正午，火车入站，德皇为人熟悉的身躯走下车来，受到他表弟乔治国王的欢迎，他吻了乔治的双颊。午饭后，他们一齐来到停放爱德华遗体供人瞻仰的威斯敏斯特大厅。上一夜的雷暴雨和整个早晨的倾盆大雨，没有阻碍得了爱德华的子民们成群结队肃穆耐心地等待着穿过大厅。这一天是 5 月 19 日，星期四，队伍绵延，长达五英里。这一天，地球将合该通过哈雷彗星的尾部。彗星的出现，总叫人想起历来是灾难的预兆——不是曾预兆过诺曼人的征服吗——并使报界感慨系之，文艺栏的编辑们刊印了《儒略·恺撒》中的诗句：

> 乞丐死了的时候，天上不会有彗星出现；
> 君主们的凋殒才会上感天象。

宽敞的大厅里，停放着灵床，一片庄严肃穆。灵床周围摆着王冠、王徽、御杖。灵床四角由四个军官守护着，他们来自帝国不同的团队，按传统致哀仪态站在那里，低着头，戴着白手套，两手相交按在剑柄上。德皇以同是帝王的切身兴趣注意着帝王殡殓的全部礼仪。他印象深刻，多少年后，对这"令人叹为观止的中世纪情景"的场面，犹能一一道其细节。他看到狭长的哥特式的窗户透进来的一道道阳光使王冠上的珠宝光芒四射；他观察着灵床四角警卫的换班情况，四个新警卫举着剑正步走来，到达岗位的时候将剑头掉转向下，下班的警卫则缓慢而又悄悄地从隐在暗处看不见的出口处消失了。他将紫白两色的花环放在灵柩上，随即同乔治国王跪下默默祈祷。他站起身来，紧紧抓住这个表弟的手，有力地、深表同情地握着。这个姿态，得到广泛的报道，博得了很好的评价。

他在公开场合，举止得体，无懈可击；但在私下，见到玩弄新阴谋有机可乘时就按捺不住。那天晚上，当英王在白金汉宫设宴招待前来吊唁的七十个王公贵族和特使时，他在宴会上老是缠着法国的皮雄先生谈个不休，并向他提出一旦德国在一场冲突中处于同英国对立的地位，法国就该支持德国。鉴于当时的场合和地点，这个皇上新发作的这次心血来潮，引起了和以往同样无谓的纷扰。前此，英国那个忧心忡忡的外交大臣爱德华·格雷爵士曾一度深有感触、若有所思地说过："别的君主们要安静得多。"德皇后来矢口否认，说他根本没有讲过这类话。他声称只谈了摩洛哥问题和"其他一些政治问题"。皮雄先生也只好小心策略些，说德皇当时的言语是"友善的、温和的"。

第二天上午，德皇在置身送葬行列不能开口的当儿，他的举止堪为楷模。他紧勒缰绳，走在乔治国王一肩之后。他在这次葬礼的专访记者柯南·道尔眼中，显得"如此崇高，要是英国今天再不把他搂回自己的怀抱，就不免有损于它固有的仁慈之心"。送葬队伍到了威斯敏斯特大厅，他第一个跳下马来，在亚历山德拉王后的马车走近的时刻，"他奔向车门，敏捷非常，赶在王室侍从前面到了"。不过，看到王后正准备从另一边下车，德皇又矫捷如燕，转奔过去，仍然赶在侍从前面第一个到达车门，伸手把这个寡后搀扶下来。他吻着她，充满着外甥痛伤舅父的悲痛激情。幸好乔治国王这时赶来为他母后解围，亲自护送了她。她之嫌恶德皇，既出于对他本人的憎恨，也为了石勒苏益格-荷尔斯泰因的缘故。德国夺取丹麦那些公爵领地的时候，德皇虽年仅八岁，但她从没有饶恕过他和他的国家。当她的儿子1890年访问柏林被授予普鲁士团队名誉上校团长的时候，她写信给他说："这样吾儿乔治就成了一个活生生的穿着令人作呕的蓝军服，戴着尖顶头盔的德国兵了！！！唉！我从没有想到我活着的时候竟看到这个！但是，不要介意，……这是你的不幸，而不是你的过错。"

鼓声低沉，笛声泣诉，灵柩裹着王旗，由二十名身穿蓝衫、头戴草帽的水兵抬出大厅。阳光下突然闪烁着一片剑光，骑兵在立正致敬。四声刺耳的哨音信号一发，水兵将灵柩抬上紫、红、白间饰的炮车。两面是密层层黑压压的人群，鸦雀无声；阻拦人群的近卫军警戒线，纹丝不动。送葬的行列就在这两堵红墙似的警戒线之间徐徐前移。伦敦从没有这样倾城倾巷，从没有这样万籁俱寂。灵车由英国骑炮兵队曳着，伴随灵车和在车后走着的是已故陛下的六十三名侍从副官，不是陆军上校就是海军上尉，并且全部都是贵族，其中有五个公爵，四个侯爵，十三个伯爵。英国的三个陆军元帅：基钦纳勋爵、罗伯茨勋爵和伊夫林·伍德爵士并骑前行。他们后面是六个海军元帅，再后是独自一人行走着的约翰·费希尔爵士，前任第一海务大臣，爱德华的挚友。此人不仅脾气急躁，性情怪僻，而且有着一副非英国人所有的那种官气十足而古怪的面孔。来自各方面的著名部队的特遣队，云集一起，有科尔斯特里姆军、戈登高地军、近卫骑兵和一般骑兵、近卫骑兵第三团、枪骑兵和皇家火枪兵，有德国、俄国、奥国显赫的轻骑兵和重骑兵，以及爱德华曾任名誉官长的其他国家的骑兵部队，还有德国海军的将军们——这个军事场面，在一些不以为然的观众看来，对于一个有"和平缔造者"之称的人的葬礼来说，未免过于庞大了。

故王的坐骑，由两个马夫牵着，鞍在人不在，马镫上马靴倒置；故王的鬃毛猎犬踟蹰在后面，更增添了睹物思人的伤感。后面走来的是英国的盛大队伍：穿着中世纪纹章战袍的传令官们，银杖侍从，白官仗侍从队，王室侍从武官，苏格兰弓箭卫队，假发黑袍的法官们，深红法衣的高等法院的首席法官，紫色长袍的主教们，黑丝绒礼帽和伊丽莎白式饰边衣领的王室卫队，一队随行的号手。接着就是帝王的队伍。他们后面是一辆玻璃车厢的马车，载着新寡的王后和她的姊妹俄国皇太后，再后是十二辆马车，载着各国的王后、贵妇以及东方各国的王公显贵。

沿着白厅、林荫大街、皮卡迪利大街和海德公园一直到帕丁顿火车站——遗体要从那里用车送往温莎去安葬——长长的出殡队伍缓缓而行。皇家近卫骑兵队的乐队奏着《扫罗王》清唱剧中的送葬曲。人们缓缓而行，在哀乐声中感到曲终永诀的时候了。葬礼之后，伊谢尔勋爵在日记中写道："如此烟消云散，前所未有，所有指示我们生活航向的老航标看来都被席卷而去了。"

第五章　8月1日：柏林

8月1日星期六正午，德国给俄国的最后通牒限期截止，俄国没有答复。不出一小时，一份电报发给了驻圣彼得堡的德国大使，令他于当天下午5时宣战。5时整，德皇颁发了总动员令，但一些先遣部队在上一天根据面临战争危险公告已先出发。5时30分，首相贝特曼—霍尔韦格，手里拿着一份文件，整个心思沉浸在这份文件上，在矮小的外交大臣雅戈陪同下，急急忙忙地走下外交部的台阶，招呼了一辆普通出租汽车，向皇宫疾驶而去。不多久，忧郁快悒的总参谋长毛奇将军，口袋里带着德皇签署的动员令，在返回总参谋部途中，座车突然被拦住，乘着另一辆车子带着皇宫紧急命令的信使赶上了他。他又回到皇宫，聆听德皇作最后一分钟铤而走险的建议。这个建议弄得毛奇潸然泪下，这个建议也几乎改变了20世纪的历史进程。

尽管参谋部保证在俄国全面动员之前，尚有六周时间的回旋余地，可是德皇不可避免地要冒可能丢失东普鲁士的风险的时刻现已到来。他曾向一个奥地利军官承认："我憎恨斯拉夫人，我知道这样做是一种罪恶，我们不应憎恨任何人。但我免不了还是要恨他们。"不管怎样，圣彼得堡的罢工、骚动，暴徒捣毁窗户以及"警察和革命党人之间的激烈巷战"等等令人想起1905年情景的消息，都使他感到慰藉。他那驻俄七年之久的年老大使普塔莱斯伯爵断定，并一再向政府保证：俄国畏惧革命，不会打仗。武官埃格林上尉也一再重复要到1916年才会备战就绪之说的信条，及至俄国毕竟动员了，他还报称俄国计划的"不是采取顽强攻势，而是像1812年那样逐步退却"。在德国外交官爱犯错误的问题上，这些判断开创了纪录。这些判断鼓舞了德皇，所以时至7月31日，根据使者们提供的迹象，他还写了一份"指导"参谋部的手谕，犹津津乐道笼罩着俄国宫廷和军队的情绪，有如"患病的雄猫"。

8月1日，柏林街头人群扰攘，皇宫前哄聚了成千上万的人。他们焦虑不安，情绪紧张，心境沉重。柏林多数工人承认，社会主义在他们思想上，还比不上他们对那些斯拉夫游牧民族的出于本能的恐惧和仇恨那样深刻。上一天晚上德皇在阳台上宣布面临战争危险的演说中已晓谕他们"我们已被迫拿起武器"，不过他们仍抱着最后一线希望，等待俄国答复。最后通牒的截止时间过去了。人群中一个新闻记者感到气氛紧张，"谣传四起。人们奔走相告，说俄国已要求延长时间。证券交易所则惊恐万状，人心惶惶。整个下午是在差不多令人无法忍受的忧虑焦急中度过的"。贝特曼—霍尔韦格发表的一项声明结尾说："如果铁骰子滚动了，愿上帝保佑我们。"5时整，一名警察出现在皇宫门口，向人群宣读了动员令，人们便开始恭敬地唱起了国歌："让我们大家感谢上帝吧！"站满着军官的车辆沿着菩提树下街飞驰而去，他们挥舞着手帕，高呼着："动员起来！"人们顿时从马克思变成了马尔斯，他们欢欣若狂，并且一哄而散，冲向那些有俄国间谍嫌疑的人泄愤去了。以后几天中，有几个嫌疑分子痛遭拳打脚踢，死于非命。

动员的电钮一经按动，征召、装备和运送二百万人员的庞大机器便整个自动地运转起来了。后备役军人到指定的兵站集中，领取制服、装备和武器，先编成连，再编成营，然后加上骑兵、摩托兵、炮兵、医疗队、炊事车、修理车以及邮车，按预定的铁路时刻表，被送到邻近国境的集结地点。在那里，他们再编成师，再由师编成兵团，由兵团而集团军，待命出征。单调运一个兵团——德军共有四十个兵团——军官就需要火车车厢一百七十节、步兵九百六十五节、骑兵二千九百六十节、炮兵和给养车一千九百一十五节，总共需要六千零一十节，分别组成一百四十趟列车，同时还需要同等数量的列车运送兵团的军需品。从命令下达那一时刻起，一切都在按预定时间表规定的时间运行，时间表订得非常精细，甚至对于多少对火车轮子将在什么时候通过什么桥梁，都作了具体规定。

副总参谋长瓦尔德泽将军对他这宏伟不凡的组织系统满怀信心，很有把握，甚至在危机开始时也没有返回柏林，只是写了一封信给雅戈说："我将留此准备猛攻，我们的总参谋部一切都已准备就绪，现时我们在那里将无所事事。"这是从老毛奇或"大"毛奇继承下来的光荣传统。1870年动员那天，老毛奇还躺在沙发上阅读《奥德莱夫人秘事》呢。

但老毛奇的这种令人景仰的镇定自若，今天并不见之于皇宫。两面作战已不再是幽灵般地使人忧惧，而已成为现实。面对这种情况，德皇也同样接近陷入他认为俄国已接近陷入的那种"病猫"情绪。他与其说是个地道的普鲁士人，倒不如说是个着眼全世界而又胆怯的人。他从不曾真心想打大仗，他要的是更大的权力、更高的声望，尤其是要德国在国际事务中具有更多的权威，而且只想用恐吓别国而不是攻略别国的手段以遂其图。他想不斗而获得斗士的奖赏。所以每当到了战争一触即发的时刻，就像阿耳黑西拉斯和阿加迪尔事件爆发时那样，他就畏缩不前了。

当危机终于到达沸点时刻，他在电文上的批语愈来愈激动："吓！恬不知耻的欺骗！""混蛋！""他撒谎！""格雷先生是条骗人的狗！""废话！""这个无赖不是疯子就是白痴！"俄国动员了，他突然间脱口发表了预感大难临头的激动的长篇大论，他不是针对那些斯拉夫叛徒，而是遗恨于他念念不忘的那个人物，他的狡黠的舅父。他说："全世界将卷入极为可怕的战争漩涡，这些战争的最终目的是想毁灭德国。英国、法国和俄国狼狈为奸，图谋消灭我们……这就是爱德华七世慢条斯理、踏踏实实一手造成的局面的真相……包围德国终于成为事实。我们已把脑袋伸进绞索……爱德华已死，但比我这个活人还强！”

一想到死去的爱德华的影子，任何可以摆脱既要与俄、法两国，又要与在法国背后至今尚未公开露面然而已隐约可见的英国交战的出路，德皇总是欢迎的。

就在最后时刻，一条计策献上来了。贝特曼的一个同僚，前来恳请他尽可能设法使德国不致陷于两线作战境地，并向他提出一个办法。几年来，对于是否可按照自治方式，将阿尔萨斯作为德意志帝国的一个联邦国的问题，一直在进行讨论。这个办法如果提出来并为阿尔萨斯人民所接受，就可使法国收复失地的任何理由站不住脚。近在 7 月 16 日，法国社会党大会还公开宣布赞成这一办法。但德国军方始终坚持这些省份必须驻防，其政治权利必须服从“军事需要”，所以，直到 1911 年，既未准予制定宪法，自治更无从谈起。贝特曼的同僚现在敦请他立即公开正式建议召开会议讨论阿尔萨斯自治问题。这种会议可以让它一无结果地拖延下去，但在道义上它的影响将可迫使法国不得进攻阿尔萨斯，至少使它在考虑这一建议期间有所克制。德国就此可以在西线保持平静无事，并使英国置身局外，从而赢得时间将兵力调过去对付俄国。

提这一建议的人，至今姓名不详，也许是个伪托，但这无关紧要。这种机会本来是存在的，首相本人也是可以设想到的。但要抓住这个时机得要有胆略，而贝特曼，尽管器宇轩昂，目光深沉，须髭整洁，但如老罗斯福对塔夫脱的看法那样，“他是个非常脆弱的人”。德国政府非但不向法国投之以饵，诱它中立，反而在向俄国递交最后通牒的同时也向它递交了最后通牒。他们要求法国在十八小时内答复它在俄德战争中是否保持中立，并说如果法国保持中立的话，德国“要求将土尔和凡尔登两地要塞交由我们占领作为保持中立的保证，待战争结束后归还”。——换句话说，就是要法国把大门的钥匙交出来。

德国驻巴黎大使舍恩男爵感到难以递交这份“蛮横”要求，在他看来，此时此刻的法国如果保持中立，对德国具有莫大好处，本国政府大可以为此主动付出代价而不应采取惩罚手段。他递交了要法国声明中立的要求，而没有提出对要塞的要挟。但法国人截获和破译了给他的指示，对实情还是清楚的。所以当舍恩于 8 月 1 日上午 11 时要求法国答复时，他得到的回答是法国"将按自身利益行事"。

在柏林，5 时刚过，外交部的电话铃响了，副外交大臣齐默尔曼接了电话，随即转身对坐在他办公桌旁的《柏林日报》编辑说："毛奇想知道可否开始行动。"可在这时，刚译好的一份伦敦来电，一下子打乱了计划部署。它带来了希望，如能立即停止对法国的行动，德国就可以安全地一面作战。贝特曼和雅戈就是带着这份电报乘上出租汽车奔向皇宫的。

这份电报是由驻伦敦大使利希诺夫斯基亲王发来的，汇报英国的建议。据利希诺夫斯基的理解，这个建议是说"如果我们不进攻法国，英国将保持中立，并保证法国也保持中立"。

这个大使，在德国属于讲英语，模仿英国人的举止、消遣方式、服饰，千方百计要成为英国绅士模式的那类人物。与他同侪的贵族，如普勒斯亲王、布吕歇尔亲王和明斯特尔亲王，都娶了英国夫人。1911 年，一个英国将军在柏林为他举行的宴会上发现，在座的四十个德国人，包括贝特曼—霍尔韦格和海军上将蒂尔皮茨在内，都讲一口流利的英语，感到惊讶。利希诺夫斯基还跟他的那类人物不同，他不仅在举止上，而且在内心世界也是一个诚挚的亲英派。他是决心到伦敦来使自己、使祖国都博得英国人的欢心的。英国社会是个恣情乡间欢度周末的社会。对这个大使来说，最大的悲剧莫过于生我育我之邦和我所钟爱之邦发生战争，所以他抓住一切时机避免两国兵戎相见。

因此，那天上午外交大臣爱德华·格雷爵士在内阁会议休息时间打电话给他的时候，他出于自己的迫切愿望，将格雷的话理解为英国的建议，即如果德国答应不进攻法国的话，英国愿在俄德战争中保持中立并使法国也保持中立。

事实上，格雷根本没有那么说。他说话一向简略而含糊，他所表示的不过是：如果德国答应对法国和俄国保持中立，就是说对两国都不发动战争，静待各方为解决塞尔维亚事件努力的结果，英国将答应使法国保持中立。格雷在比洛称之为慢性病的"波斯尼亚问题"时期做了八年外交大臣之后，已把他那种尽量做到言之无物的说话方式锤炼得炉火纯青；据他的一个同僚说，他那种回避直截了当的说话方式，几乎已成为规律。那天被即将来临的悲剧弄得晕头转向的利希诺夫斯基，在电话中也就不难误解他的话了。

德皇紧紧抓住利希诺夫斯基的这个通向一面作战的通行证。现在是分秒必争的时候。已经大军辐辏，在无情地开赴法国边境。卢森堡的中立是由德国在内的五大国保证的，而第一个敌对行动就是夺取它的一个铁路枢纽站，并将按照预定时间表于一小时内开始行动。这必须停止，必须立即停止。但如何着手？毛奇又在哪里？毛奇已离开皇宫。于是派了一名副官，乘着汽车一路上响着刺耳的警报器，将他半途找回来。毛奇被找回来了。

德皇恢复了常态，这个尘世的至尊、军阀又心花怒放，有了一个新的设想，又筹划，又拟议，又安排。他给毛奇念了电报，并且得意洋洋地说："现在我们可以只同俄国作战了。我们干脆全军挥戈东进！"

毛奇想到他神奇的动员机器将要倒车逆转，不禁愕然失色，他断然抗旨。毛奇这十年来，先是史里芬的助手，随后又是史里芬的继承人，他的工作一直就是计划这一天的到来，为这一天，已把德国的全部力量集中起来了，在这一天，要开始向最终主宰欧洲进军。这是个压得他喘不过气来，几乎难以肩负的重任。

他身材高大，魁伟，秃顶，现年六十六岁。他常常愁眉苦脸，使得德皇总是称他为悲伤的恺撒（也可称为"忧郁的古斯"，实际上他的名字是赫尔穆特）。他健康不佳（他每年都得去卡尔斯巴德治疗），和他伟大的伯父的影子，也许是他忧郁的原因。从坐落在柯尼希广场上的总参谋部红砖大楼——他工作和生活的地方——的窗外望去，他每天可以看到 1870 年的英雄，与俾斯麦同是德意志帝国奠基人的他的祖先的跃马塑像。而他这个侄儿，则是个不高明的骑手，在参谋人员乘骑进行战术作业时，惯常从马背上摔下来。更糟的是，他是个主张信仰疗法的基督教科学派的信徒，此外，对于人智主义和其他的一些迷信也感有兴趣。身为一个普鲁士军人，有了这些不相称的弱点，也就被认为是"软弱的人"。更有甚者，他绘画，拉大提琴，口袋里常带着歌德的《浮士德》，而且还在着手翻译梅特林克的《卑丽亚与梅丽桑德》。

他善于反省，又是个生性多疑的人。1906年就任时，他曾禀告德皇："一旦发生战争，我不知道将如何是好。我对自己很不满意。"不过不论在个性上或在政治上，他都不是个懦夫。

1911年，他深恶德国在阿加迪尔危机时的退缩，写信给赫岑道夫说，如果事情弄糟的话，他就辞职，建议解散军队，"并把我们置身于日本保护之下；这样我们就可以太平无事地去挣钱，索性做无能之辈"。他曾毫不犹豫地犯颜直谏，1900年他曾"相当蛮横地"对德皇说，他的远征北京之举是个"疯狂的冒险"。当提出要任命他为总参谋长时，他问德皇是否奢望"一张彩票中两次头奖"——这种想法肯定要影响德皇的选择的。他拒不任职，除非德皇丢弃凡进行军事演习都想得胜使演习弄成儿戏的恶习。出乎意外，德皇竟顺从了。

现在在这8月1日深夜，毛奇不愿再让德皇干预重大军务和任何既定安排。把部署到西线的百万大军，在开拔的关键时刻一百八十度地转过头来调运到东线，需要更大的、远非毛奇力所能及的铁的毅力。他脑海中浮起一个幻影：整个部署垮了，一片混乱。这里是军需给养，那里是士兵，中间是丢失的弹药，连队没有军官，师部没有参谋，那些都作了精确安排的每隔十分钟将咔嗒而过某条指定的轨道的一万一千列火车，则是紊乱不堪；有史以来计划得最完善的军事行动就此荒谬地毁于一旦。

"皇帝陛下，"毛奇这时进谏说，"这不可能办到。成百万大军的调动部署是不可能临时急就的。如果陛下坚持要把全军带往东线，那这支军队将不再是一支枕戈待旦的军队，而将是一群带枪而没有给养供应的乌合之众。单单安排他们的那些给养，就花了整整一年艰巨复杂的劳动才完成的。"而毛奇最后一句关门的话则更为僵硬。他说："凡事一经决定，就不能变动。"这句话是德国每次犯大错误的根源。正是由于这句话，发动了对比利时的入侵，发动了对美国的潜艇战，这句话在军事计划支配政策的时代，是必不可免的。

其实是可以变动的。德国总参谋部虽自1905年以来就在从事拟订首先攻打法国的计划，但在它的档案里却另有一份所有列车东进攻打俄国的计划。这份计划在1913年以前还年年修订。

"不要再筑要塞了，要多铺设铁路，"老毛奇下令说。他把战略部署放在铁路分布图上，并为后人留下了铁道是战争胜负关键的教条。德国的铁路系统是军方控制的，每条线路都派有一名参谋；不经总参谋部许可，不得铺设或改变任何线路。每年的战事动员演习，使铁路官员经常受到训练，并考验了他们根据线路被切断、桥梁被毁坏的电报随机应变，更动运输线路的能力。据说军事学院培养出来的脑子最灵的人，都被送到铁路部门工作，最后在疯人院归天。

毛奇"这不可能办到"这句话，在战后见之于他的回忆录之后，铁道兵师师长施塔布将军认为这是对他主管的铁路局的谴责，非常气愤，特为此写了一本书，证明这是可以办得到的。他以大量篇幅的图表和图解，说明他如果在8月1日得到通知，他可以在七个集团军中留下三个集团军守卫西线，把余下的四个集团军于8月15日前调运到东线。马蒂亚斯·埃茨贝格尔，这个德意志帝国议会议员和天主教中央党领袖，提出了另一个证明。他说，在事发后半年里，毛奇本人曾向他承认，一开始就袭击法国是个错误，"应该先将我军大部分兵力派到东线粉碎那部俄国压路机，而把西线的军事行动限于击退向我国境进犯的敌人"。

8月1日夜，毛奇缺乏必要的勇气，死死抱住既定计划不放。"你伯父肯定会给我一个不同的回答，"德皇无可奈何地对他说。这一谴责"深深地刺伤了我"，毛奇后来这样写道："我从没有自命可同这位老元帅相提并论。"但他当时还是继续抗命。"我坚决认为德法两国既然都已动员，要维持两国之间的和平是不可能的。但我这异议没有收到效果。大家愈来愈激动，只有我孑然一人坚持己见。"

最后，毛奇终于说服了德皇，动员计划不能变动，由贝特曼和雅戈参加的小组起草了一份给英国的电报，表示了歉意，说德军开向法国边境的行动已"无法改变"，但提出一个保证，在8月3日下午7时前将不越过边境线。这对德国是毫无损失的，因为时间表上并未安排在这时间以前越境。雅戈还赶紧给驻巴黎大使发了一份电报——巴黎已在4时颁发了动员令——指示他助一臂之力，请他"务必暂时稳住法国不动"。德皇还加发了一封给英王乔治的私人电报，对他说，因"技术原因"，要撤回动员令已为时过晚，但"如法国向我表示保持中立，我自当勒马不进攻法国，而将军队用于别处，但英国必须以海陆军为它担保。深望法国不必紧张"。

现在离第十六师向卢森堡挺进的规定时间 7 时只有几分钟了。贝特曼很激动,坚持在等候英国答复时,不管怎样都不得进入卢森堡。德皇没有征询毛奇意见,也立即命令副官用电话和电报通知设在特里尔的第十六师司令部取消这一行动。毛奇又一次看到计划破产。借道比利时进攻法国,卢森堡的铁路事关至要。"那时,"他在回忆录中写道,"我想我将五内俱裂。"

德皇对他的请求无动于衷,寸步不让,反而在给英王乔治的电报末尾加了一句"正在用电报电话命令我国境在线的部队停止行动,不使越境进入法国"。这里,对事实真相玩了一个微小的、但属重要的手法,这是因为德皇不能向英王承认他所企图的和正在阻止的正是侵犯一个中立国的行动。而且那也会流露他侵犯比利时的企图,而这会成为英国参战的原因,何况英国当时尚未打定主意。

"完啦!"毛奇在该是他的事业登峰造极的这天,不禁自我哀叹,并在回到总参谋部后,"凄惨失望之泪夺眶而出"。当他的副官将取消卢森堡行动的命令拿来要他签署的时候,"我把钢笔扔到桌上,拒绝签字"。这是动员令后的第一道命令,他知道签署了这道会使精心准备的一切工作化为乌有的命令,将被认作"犹豫不决和优柔寡断"的证据。"这份电报你爱怎么办就怎么办罢,"他对副官说,"我是不会签字的。"

晚上 11 时了,他还在苦苦思索,这时皇宫又来召见。德皇在宫中的卧室接见他。皇帝在睡衣外面罩了一件军大衣,是特地为这次接见穿的。原来是利希诺夫斯基的电报来了。他和格雷进一步交谈之后,发现自己错了,现在伤心地来电说:"英国的积极建议已基本无望。"

"现在你可以为所欲为啦,"德皇说完就去睡了。毛奇,现时势必要指挥一场决定德国命运的战争的这个总司令,从此就永远心绪不宁。"这是我对战争的第一个感受,"他事后写道,"我一直没有从这次事件的震动中恢复过来。我的机体一定有所失灵,从此以后与过去就判若两人。"

他还可以加上这么一句,整个世界也是如此。德皇给特里尔的电话命令还未及时到达。7 时整,部队按预定时间在这次战争中首次越过国境,这个荣誉属于一个叫"费尔德曼"中尉所率领的六十九团的一个步兵连。在卢森堡境内不远,离比利时的巴斯托尼仅约十二英里的阿登山脉的山坡上，有一个德国人称为"乌尔弗林根"的小镇。它周围的山坡草地，是乳牛牧场；斜坡上的鹅卵石小街，即使在 8 月的收获季节，也不容许有一小捆干草失落在地，否则就有违这个大公国严格的市政清洁条例。小镇下面是个车站和一个与德国、比利时电报线路衔接的电报局。这就是德国的目标，费尔德曼中尉的那个连驾着摩托车按时占领了这个地方。

德国人对付不圆通的人有着毫不留情的才能，他们选中了一个当地名称和正式名称都叫作"三贞女"的地方入侵卢森堡。三贞女实际上代表着忠信、希望和仁爱，但是历史以其切合实际的联系，为这时机作了安排，使这三贞女在人们心目中代表了卢森堡、比利时和法国。

7 时 30 分，第二批人乘着摩托车来了——他们也许是接到德皇的通知而来的——他们命令第一批人撤走，他们说："犯了一个错误。"在这期间，卢森堡的国务大臣艾申已将消息电告伦敦、巴黎和布鲁塞尔，并向柏林提出了抗议。三贞女达到了她们的目的。午夜以前，毛奇纠正了撤出的命令，及至第二天 8 月 2 日终了时，按照德国动员第一天的预定计划，全部占领了这个大公国。

倘若德国人在 1914 年出击东线，而对法国采取守势，那会是什么样的结局？从那时起，史学年刊上对这一问题总是纠缠不休。施塔布将军表示，掉转头来攻打俄国在技术上是可能的。在"那一天"已经到来的时刻，德国人能否在精神上克制自己而不进攻法国，则是另一回事了。

7 时整，就在德国人进入卢森堡的同时，在圣彼得堡，水汪汪的蓝眼睛眼眶发红，花白的山羊胡子颤动着的普塔莱斯大使，两手哆哆嗦嗦地向俄国外交大臣萨佐诺夫递交了德国的宣战书。

"全世界将咒骂你们！"萨佐诺夫大声嚷着。

"我们是为了维护我们的荣誉，"德国大使回答说。

"这与你们的荣誉无关。上天自有公道。"

"是呀！"普塔莱斯喃喃自语："上天自有公道，上天自有公道。"他蹒跚地走向窗口，倚着窗，不禁潸然泪下。"好啦，我的使命到此结束了，"说到这里，他就再也说不下去了。萨佐诺夫拍着他的肩膀，相互拥抱。普塔莱斯踉跄地走向门边，抖着的手好容易才把门拉开，出去的时候，低声地道着："再见，再见。"

这一幕动人的场面是萨佐诺夫的记录留下给我们的，但有着法国大使帕莱奥洛格的艺术加工之处，那很可能是萨佐诺夫告诉他的。因为普塔莱斯的报告只是说，他曾三次要求对最后通牒作出答复，在三次遭到萨佐诺夫否定的回答之后，"我就按指示递交了照会"。

为何一定得要递交宣战书呢？海军大臣蒂尔皮茨海军上将在前夜起草宣战书的时候就曾忧心忡忡地问起这个问题。他想知道，如果德国不打算入侵俄国，是不是有必要宣战和担当战争发动者的臭名？他说，这些话他是"从本能而不是从理智出发"的。这个问题是极其中肯的，因为德国的目的就是想把发动战争的罪责强加在俄国人身上，好使德国人民相信他们确实是在为自卫而战，而且这样做更可以使意大利和三国同盟所规定的它应承担的义务紧密地联系起来。

意大利只是在防卫战争中才有参与其盟国作战的义务，并且早已动摇，存有离心，一般地都认为它一有空子可钻，就会溜之大吉。贝特曼颇为这个问题所苦。他警告说，如果奥地利在塞尔维亚问题上拒不让步，"那就难以把引起欧洲大战的罪责加在俄国人身上"，而且会"使我们在本国人心目中处于无法立足的境地"。可是，没有人听从他的警告。动员令下达那天，按德国外事工作规定，需要正式宣战。据蒂尔皮茨说，外交部的法学家们坚称：这样做在法律上是正确的。"在德国之外，"他黯然神伤地说，"决不会有人欣赏这种想法。"

然而在法国，对这种想法的欣赏却比他所知道的要深刻得多。

（选自巴巴拉·W. 塔奇曼：《八月炮火》，张岱云等译，新星出版社2005 年版）

人类的未来命运

斯塔夫里阿诺斯

斯塔夫里阿诺斯（L. S. Stavrianos，1913—2004），20 世纪美国历史学家。20 世纪 60 年代以来，西方史家纷纷采用全球史观编纂世界史，以适应全球一体化的需要，他的代表作《全球通史》乃当今颇具影响的世界史体系的创新之作。其作关注的是整个人类，而非某一国家或某一地区的历史，这与传统的欧洲中心论相悖。《全球通史》开始以英文原版在我国学界流传，自 20 世纪 80 年代首次出版中文本后，更是在广大读者中流行，迄今未衰。本篇出自该书之最后部分，题名为编者另拟。

从世界历史看人类的前景

　　天外来客将会发现我们的星球首先是一个自相矛盾的星球。例如，1985年，谷物产量可以为全世界每个人提供三千卡路里的热量，或提供远远足够有余的营养。然而，那年营养不良或忍饥挨饿的人数比以往任何时候都要多。世界银行的研究表明，全世界每年有三千五百万人死于与饥饿有关的疾病，而另外有七亿人营养不良。再如，1985 年 7 月 16 日出版的《纽约时报》报道说，现已研制出一种药物可以治愈"处于死亡边缘"的那些非洲嗜眠症患者。但是，同期的这份报纸又报道说，"各种新的核武器正在高速设计、研制和试爆"，其中包括各种钴弹、中子弹、X 射线弹头、低残留炸弹、反卫星武器、X 射线激光器、电磁脉冲炸弹（EMP）、微波武器、粒子束武器、γ 射线激光器、反物质炸弹以及"自动制导炸弹"。

　　为什么我们生活在如此触目惊心和危机四伏的自相矛盾之中呢？一个基本的原因在于，我们没能适应为第二次产业革命所迅速改变的世界。对于人类来说，这并不是什么新的困境。至今世界历史在很大程度上是连续不断的技术革命的历史，技术革命要求进行相应的社会革命，而同时代人则不愿进行这样的革命。多少世纪以来的根本问题是，技术革命一直受人欢迎，因为它促使了生产率和生活水平的进一步提高。但是，世界历史上所有的技术革命——无论是一万年以前的农业革命，还是二百年以前的第一次产业革命，抑或是今天的第二次产业革命——都导致社会分裂，这种分裂要求在制度、思维方式以及人际关系等方面实行变革。然而，这种社会变革总是遭到人们的拼命抵制，其激烈程度一如人们之热烈欢迎技术变革。正是由于技术变革和社会变革之间所产生的时间滞差，才造成了几千年以来世界历史上众多的苦难和暴行。

　　为什么这种时间滞差持续如此之久呢？归根结底，人类的显著特征在于其大脑，尤其是大脑皮层的前部，这一部分的容量在过去几百万年增长了一倍。正是大脑皮层赋予了人类特有的判断能力，预见其行为后果和按照目的支配其行为的能力，这赋予人类以巨大的生存优势，并使人类战胜其他数千种与其竞争的物种，尽管其体质虚弱。

　　从理论上说，人类这种判断能力不仅可促进人类擅长的技术变革，而且也可促进其迟滞不前的社会变革。但是，现存的体制和习惯总是受到历史传统、启蒙教育以及社会秩序的维护。因此，对社会现状提出挑战总要遇到排斥、恐吓甚至迫害，很少有人能够或者愿意忍受这些。另外还存在既得利益集团的作用，这种集团顾名思义必然会因社会变革而丧失既得利益，因而通常总是反对变革。他们的反对通常总能成功，这不仅是因为他们具有雄厚的财力和良好的组织，而且因为他们利用人们对于社会革新的普遍厌恶态度。因此离经叛道者就被轻易地孤立起来，并且身上被打上亵渎神圣、颠覆或者在其他情况下对社会构成危险的烙印。

社会变革迟滞性这一不利影响在过去之所以被人们所承受，是因为技术革命并非迅猛到势不可当的地步。然而这种情形已经一去不复返了，因此混过去的传统策略已经过时。首先，现在的技术变革像一股汹涌的急流，不仅新发明的数量急遽增加，而且从发明、应用到市场销售的整个过程大大缩短。其次，当今的技术变革正在全球范围内展开，而不是像过去那样仅局限于西欧。再次，最新的科学发现，如核能、计算机以及遗传工程的动力和破坏性远远超过两个世纪以前英国发明的纺纱机和织布机。因此，1969 年 5 月，联合国秘书长吴丹发出警告说，立即在全球范围内采取行动是当务之急。他说："我并不想耸人听闻，但从我在联合国秘书长这个职位上所能获得的信息来看，我只能得出这样的结论：联合国各成员国还剩下大约十年时间来缓和他们各自之间由来已久的争端，开展全球合作以控制军备竞赛，改善人类环境，防止人口爆炸以及提供各种发展项目所必需的经费。如果这样的全球合作在下一个十年里还没有迅速开展的话，那么恐怕我所提及的这些问题将会达到令人吃惊的地步，以至于超出我们的控制能力。"

吴丹宽限的十年期早已过去，而他所警告的环境问题、人口问题以及军备竞赛问题从那时起已变得十分严重。可以这样说，我们的地球不仅是一个充满矛盾的星球，而且是一个岌岌可危的星球。

未来的前景如何呢？历史学家像气象学家一样，面前只有一个变幻莫测的水晶球。尽管未来的特定事件无法预见，但是，倘若对世界历史具有正确的认识和解释，我们就能根据各种历史模式来洞察未来的一般趋势。所以，倘若同意吴丹提出的警告并接受他提出的适度的目标，我们就能得出关于 20 世纪末人类前景的若干结论。

首先，所有的人类社会都正受到第二次产业革命和政治革命的冲击，前者以不断加快的速度正在改变着社会，而后者正在唤醒和激励人们去把握自己的生活。在可以预见的将来，这两种革命将成为影响世界历史进程的最重要的力量。

其次，这两种革命都明确反映了西方的胜利，因为它们都是近代早期科学革命、产业革命、政治革命的继续和扩大。但同样清楚的是，这两种革命也造成了西方的衰落，因为西方所创造的这种新世界已不再显示其在全球军事和经济事务中的优势地位。就在数年前，报纸上还充斥着关于英国、法国和美国的大标题新闻，而今日的电视屏幕已尽是关于那些二次世界大战以前还不存在的国家的革命、饥荒和财政危机等情况的报道。

第三，在全球的大动荡中诞生的新世界将因其多重政治格局而呈现出前所未有的局面。纵览世界历史，大英帝国统治下的和平持续了整整一个世纪，而二次世界大战后，美国统治下的和平至多也不过持续了二十五年。粗看起来，跟着到来的似乎是美苏两极对立的时代，但是这种局面原来更为短命。随着中国形成对苏联的挑战，美国在越南的挫败，西欧和日本的经济复兴，以及正为第三世界其他地区所重演的伊朗、津巴布韦和尼加拉瓜的动乱，美苏两极对立业已烟消云散。取代全球霸权或全球两极对立格局的，正如周恩来总理一语破的所指出，就是我们目前所处的"空前大混乱状态"。这种混乱状态遍及一切方面，包括北南矛盾（发达国家与不发达国家的对立）、西西矛盾（美国和正在蓬勃发展的西欧与日本之间的经济竞争）、东东矛盾（苏联和中国，苏联和东欧诸国以及中国和越南之间公开和非公开的冲突）以及东西矛盾（第二次世界大战以后的第一次冷战以及80年代的第二次冷战）。

第四，初生的新世界的特征不仅表现为政治格局的多重性，而且表现为文化发展的多元性。世界历史表明，西方文明在19世纪实际上已成为全球社会的典范。即使是那些倡导反对西方统治的殖民地领导人，他们都要求用以欧洲母国为典范建立起来的独立国家来取代西方的殖民统治。然而今天，再也不能断定只存在一条西方资本主义的发展道路，也许要加上第二条苏联马克思主义的道路。人们已不再同意诸如延续持久的家族结构、庇护关系、氏族和部落忠诚以及像中东地区伊斯兰原教旨主义和拉丁美洲的解放神学那样土生土长的宗教运动之类的"传统"制度注定是历史的糟粕的观点。1980年伊朗人质危机时，墨西哥外交家兼小说家富恩特斯（C. Fuentes）针对当时情况所说的一段话反映了这种文化发展地区自主的坚定态度，他说："我了解今天的伊朗，并且我能够了解1915年的墨西哥。我们有潘乔·维拉、查巴塔以及拉戈斯·查萨罗。当时是一片混乱，并且经过数年才得以安定下来，但是却得到了某些教益……如果有什么事在今天世界上正在发展的话，那就是人民决定不再简单接受两种进步发展必由之路的模式——西方的资本主义和苏联的社会主义——而是寻找能将技术力量与他们自身传统的活力结合起来的发展道路。"

地区自主的优势是不言而喻的。一个聚居着五十亿……的世界，必定还有许多有待完善之处。幸运的是，世界历史的趋势是向全球多样化发展而不是走向同一化。当前的各种问题困扰着所有的社会，已经到了非进行改革不可的时候了。纵览当今世界，无论是在资本主义世界内部，从美国到瑞典，再到日本，还是在共产主义世界内部，从苏联到阿尔巴尼亚，再到朝鲜，抑或是在第三世界内部，从秘鲁到坦桑尼亚，再到印度尼西亚，都广泛存在着差异。在这样一个活跃多变的世界里，任何地方所取得的任何创造性成就都可能成为大家共同的知识财富，人们加以讨论、学习、采用或予以抛弃。最终结果将是全球范围的相互作用和相互交融。生物学领域中杂交优势的法则在文化领域中也会起作用。

然而，当前对人类未来的思索更多地集中于核毁灭的危险，而不是杂交优势的期望。因此，诸多战略的推行都是为了避免危险而实现希望。从全体人类的观点而不是某一民族或某种意识形态的观点出发来考察这些战略，它们可以归纳为两种截然对立的哲学。倘将这两种哲学简化到标语口号的程度，则分别可称之为"大体尚好"哲学和"悬崖勒马"哲学。持前一种哲学的乐观派对当前趋势一般表示满意，持后一种哲学的悲观派则认为当前人类发展趋势会走向自我毁灭，因而必须悬崖勒马以避免全球大灾难。这两种哲学的直接对立明显地表现在对待两大基本问题，即生态环境恶化和核威胁问题的态度上。

关于生态环境，乐观派坚持认为技术造就了现代文明，并且可以依赖技术来解决当前和未来的各种问题。

与此针锋相对的那些持"悬崖勒马"哲学的斗士们认为,技术确实有作用,但是它不能单独承担生产和消费的无限增长。发达国家的公民现在能享受到前所未有的财富和舒适,但他们这样的生活并不仅仅是得益于技术事业。同样不可缺少的是,他们不但利用了过去已贮藏几百万年的有限矿物能源,而且以矿石、表土和地下水的形式支用了未来的资源。我们今天之所以生活得很好,是因为我们不久前学会转化和消费过去和未来的资源。然而在这样做时,我们便在生态账户上不断地赊账,这生态环境是自古以来大自然对我们的恩赐,但是未来我们不能继续无限止地享受这种恩泽。甘地曾表述过这种观点,他说大自然能满足人类的所有需求,但不能满足人类的所有欲望,尤其是在漫无节制的消费主义恶性膨胀的时候。《致总统(吉米·卡特)的 2000 年全球报告》在对本世纪末的世界情况作如下的预测时也表述了这种观点:"如果目前的发展趋势持续下去,2000 年时世界的人口拥挤、环境污染、生态失衡以及社会混乱将比现在更为严重。……如果要避免日益严重的贫困和人类的痛苦,防止环境的恶化,缓解国际紧张关系和冲突,那么就必须具有新的充满活力的、坚定不移的主动创业精神。而这并不是可以一蹴而就的。"

乐观派和悲观派的直接冲突不仅表现在生态环境问题上,而且反映在战争与和平问题上。在这里,乐观派同样赞成"维持原状",而这种看法意味着遵循古老的遗训,即"维护和平、防止战争"。广岛和长崎的创伤曾使某些人一时犹豫不决,但冷战又迅速恢复了他们备战的信心。两个超级大国很快发现他们都已陷于行动——反应的恶性循环中。当一方研制出一种新的武器系统,另一方则尽可能快地研制出一种类似的武器系统加以回击——其结果是,由于军备竞赛,今天全球武库中已积聚了五万件核武器。

原子弹:美国 1945 年,苏联 1949 年。

洲际轰炸机:美国 1948 年,苏联 1955 年。

热核炸弹:美国 1952 年,苏联 1953 年。

洲际弹道导弹(ICBM):苏联 1957 年,美国 1958 年。

人造卫星:苏联 1957 年,美国 1958 年。

照相侦察卫星:美国 1959 年,苏联 1962 年。

潜艇发射的弹道导弹（SLBM）：美国 1960 年，苏联 1968 年。

多弹头导弹（MRV）：美国 1966 年，苏联 1968 年。

反弹道导弹（ABM）：苏联 1968 年，美国 1972 年。

多弹头分导式导弹（MIRV）：美国 1970 年，苏联 1975 年。

远程巡航导弹：美国 1982 年，苏联 1984 年。

新型战略轰炸机：美国 1985 年，苏联 1987 年。

自动升级军备竞赛的最新进展是发起战略防御或称"星球大战"计划。这代表了最终的"一揽子解决方案"——一种旨在抵消迄今为止的所有核武器的新型武器系统。1983 年里根总统宣布："我要求我国科学界提供使所有这些核武器变为无效和过时的方法。"但是，正如甲的恐怖分子对乙来说是自由战士一样，因此，乙的战略防御武器对甲来说则是战略进攻武器。苏联科学家宣称，星球大战武器系统刚一建立，他们就已掌握"一种有效对抗手段"的技术。

这种狂热的、自动升级的战争准备在"悬崖勒马"哲学倡导者看来，并不是和平的序曲而是核毁灭的前奏。这一结论是基于他们与技术乐观派看法根本不同的对当今世界发展趋势的分析。这种分析的基本主张首先是，在现代，人类已经从"零和关系"①发展到"非零和全球关系"。也就是说，以往人类始终生活在短缺世界中。由于技术的落后，所有工业化之前的文明社会需要有四分之三的劳动力用于粮食生产，而只剩很少的劳力从事其他劳作或应急。这种状况不可避免地导致个人之间和国家之间为了生存而进行损人利己的争夺。它造成了一个"零和关系"的世界，即一国胜利，另一国就失败。在这种世界中，战争准备是不可避免的，而且战争本身就是国家政策的一种合理工具，因为战胜国通常能够依靠成功的战争而崛起成为强国。所以，德国在打败法国（1870—1871）及吞并阿尔萨斯-洛林地区之后，美国在打败墨西哥（1846—1848）及吞并得克萨斯、新墨西哥和加利福尼亚之后，便都自然成为强国。

相比较而言，20 世纪的世界则完全不同，因为它已成为一个"非零

---

① 所谓"零和关系"，就是一方之所失与另一方之所得相等。——译者注

和关系"的世界。在这种世界中，大家不是都赢就是全输。之所以发生这种转变，是因为有两项重大的事态发展。首先，早期的产业革命及其节省劳力的技术，当前的产业革命及其替代劳力的技术，已使世界能够生产足够的农业和工业产品以满足所有人类的需求，尽管还不能满足所有人类的欲望。其次，发动战争将使胜利者和失败者同归于尽，因为其前景是一场核毁灭。在这种根本变化的新形势下，"悬崖勒马"哲学的倡导者坚持认为，倘人类停留在从1945年广岛的原子弹爆炸到未来可能爆发的星球大战的升级过程中，就不啻是从第二次世界大战的种族灭绝升级到第三次世界大战的全体灭绝。

爱因斯坦早在1946年5月的公众演讲中就曾这样认为："原子释放出来的能量已改变除我们思维方式之外的一切事物，因此，我们将日渐走向空前未有的大灾难。"为了制止人类这种发展趋势，爱因斯坦在其晚年除了撰写科学论著，还撰写了大量关于伦理道德和社会问题的文章。他这样写道："光有知识和技能并不能使人类过上幸福而优裕的生活，人类有充分理由把对高尚的道德准则和价值观念的赞美置于对客观真理的发现之上。人类从像佛陀、摩西以及耶稣这样的伟人身上得到的教益，就我来说要比所有的研究成果以及建设性的见解更为重要。"

这位原子时代之父的观点是众所周知的。而不为众人所周知的是美国参谋长联席会议主席布雷德利（Q. Bradley）将军提出的相同的观点。1948年11月10日，他在波士顿商会举行的第一次世界大战停战纪念日午餐会上的演讲中指出："我们有无数科学家却没有什么宗教家。我们掌握了原子的奥秘，但却摒弃了耶稣的训谕。人类一边在精神的黑暗中盲目地蹒跚而行，一边却在玩弄着生命和死亡的危险的秘密。这个世界有光辉而无智慧，有强权而无良知。我们的世界是核子巨人、道德侏儒的世界。我们精通战争远甚于和平，熟谙杀戮远甚于生存。"

这就是今天全体人类面临的困境和前景。这种困境和前景令人不安而不是令人快慰，使人感到焦虑而不是使人感到安然。但世界历史上所有伟大时代的情况无不如此，并且必然如此，因为伟大的时代顾名思义就是转折的时代。这是急剧变革的时代，其时旧观念和旧制度迟迟不愿退出历史舞台，而新观念和新制度则逐渐而痛苦地成长起来。世界历史上所有的黄金时代都是紧张和恐惧的时代，伯里克利的雅典，文艺复兴的意大利，伊丽莎白时代的英国，无不如此。

当今时代同样如此，虽然存在两个重大区别：一是当今时代的变革不仅仅影响像英国这样的小岛，以及像希腊或意大利这样的狭小半岛，而是影响整个地球及其所有的居民；二是当今时代的希望和危险远远超过世界历史上的任何时代。人类还从未看到展现在他们面前如此灿烂夺目的前景，但人类同样也从未见识过潜伏在这种景象后面的蘑菇云。

（选自斯塔夫里阿诺斯：《全球通史》，本篇译者为张宇宏、张广勇，上海社会科学院出版社 1992 年版）

法国大革命赋

索布尔

阿·索布尔（Albert Soboul，1914—1982），20 世纪法国历史学家。当代法国著名的马克思主义历史学家。其主要研究领域为法国大革命史，继承了从米什莱到勒费弗尔的进步传统，致力于下层民众在历史上的作用。余（编者）生也晚，本书选编的诸多历史学家无缘识别，唯有索布尔（还有伊格尔斯），曾亲聆他的演讲，一睹西方"左派"史家之风采，时为 1981 年秋日，复旦园内。本篇原题"什么是法国大革命？"，观其内容通篇都是歌颂这次革命的，故编者另拟了一个散文化的篇名，曰："法国大革命赋"，不知当否？

1789 年 7 月 14 日，在巴士底狱被攻下的当晚，路易十六忧心忡忡地问道："难道发生了一场暴乱吗？"利昂库尔公爵回答说："不，陛下，那是一场革命。"对于最有远见的人来说，这场革命早就预见到了。卢梭于 1762 年在《爱弥儿》一书中写道："我们正接近危机状态和革命时代，那时候谁知道你会变成什么样子呢？"伏尔泰于 1764 年 4 月 2 日在致肖夫兰的信中说："种种迹象表明，种子已经播下，革命必将到来，但我大概不能是目击者了。"哲学家们和政治家们都曾隐约地看到、甚至希望会发生相似的事件。现在，革命终于从观念的范畴转变成为现实。但革命一旦脱离了思辨的领域，进入了形成的生活和历史的领域，这个词便具有了崭新的意义：它激动着人们的心，使一些人产生希望和信念，使另一些人怀有恐惧和仇恨。对长期生计艰难的人民来说，那整整五年是充满着期待或威胁的活生生的现实，它以不可抗拒的威力，使所有的人不能不接受它。从那以后，革命这个词始终没有丧失其价值和力量。它引起狂热或仇恨、恐惧或希望，它一直活在我们时代的人的意识里。

一、"你们期待一场没有革命的革命吗？"

米什莱在他的《法国革命史》（1847 年）的导言中，把大革命解释为："法律的来临，权利的复活，正义的反抗。"又说："什么是大革命？这是公正的反抗，永恒正义的为时已晚的来临。"这是一个令人赞叹的定义，不过，这个定义对革命这个词，毋宁作了类似于索雷尔式的含义的神话的解释。就乔治·索雷尔来说，神话涉及到以一种令人神往的独特形式所展示的未来，并通过一种具体行动预示着这个未来的实现。神话诱发想象，激励热情，鼓动组织和宣传，促使人民群众以充分的能量行动起来。正如乔治·勒费弗尔所指出的，法国大革命在这个意义上确实具有神话的性质。三级会议的召开像"好消息"那样传开了，它宣告一个美好的时代即将到来，从此，生活将更加符合正义。在共和二年，同样的神话和同样的希望激励了无套裤汉。他们曾一直活在我们的历史中，1848 年 2 月、1871 年 3 月、1936 年春季和 1968 年 5 月的历次事件都是明证。他们至今还活在我们的人民的心里。

请听听当时的人是怎么说的吧。在开始时，他们曾乐于设想大革命是一个独一无二的事件，是使人民迅速从奴役走向自由的一次自发的爆炸。对于这个轻而易举和突然会取得成功的信念，拉斐特作出了最好的表述："人民一旦愿意自由，就立即是自由的。"大革命前夕，马拉在《献给祖国》一文中也展示了法国在自由获得胜利后将同样立即出现变革的图景。在卡米耶·德穆兰的《自由法国》中也可以找到相同的思想。《将一切顺利》[Ça ira]这支歌在某种意义上表达了这种天真的信念。尼维尔内省的一份陈情书写道："更加纯洁的日子即将到来。"

但是从1789年夏季起，一些远见卓识之士开始犹豫起来了。罗伯斯比尔在给他的朋友比萨尔的一封信中问道："我们将是自由的吗？我以为这还是问题。"卢斯塔洛更加悲观，他在《巴黎的革命》（第八期，1789年8月29日—9月5日）中说："我们已迅速地从奴役走到了自由，我们正在更加迅速地从自由走向奴役。"现在看来，革命并不是一次独一无二的爆炸，并不因为它符合理性的法则而能立即建立起一种完美的和永恒的体制，它是通向希望的乐土的一个渐进的过程和一条漫长的道路。米拉波在给他的委托人的第十九封信中写道："迦太基没有被摧毁。"旧制度的反抗，不仅在坚持，而且还在随着革命的进展而扩大。1793年3月26日，由于物价上涨，群众不满，尼尔温顿的溃败，杜木里埃的叛卖，旺代的暴乱，危机达到了顶点。让·蓬·圣安德烈写信给巴雷尔说："现在，经验证明革命一事无成……我们应该把国家这条航船引向港口，或者和它同归于尽。"

突然的爆发也罢，漫长的过程也罢，最有远见和最彻底的革命家们都竭力作出进一步的分析。他们十分懂得，革命不仅仅是夺取政权，而且是深刻地改造社会结构。革命在向前发展的同时，其本身对革命过程放射出新的光芒，向政治家们——至少向那些正视现实的政治家们——展示出了整个革命过程的不同的方面。由此，从1789年到1793年，再到1796年，对大革命进展的分析，也从西哀士发展到罗伯斯比尔，再发展到巴贝夫。

在三级会议召开之前，西哀士在《什么是第三等级?》这本著名的小册子里，就用阶级这个词鲜明地提出了当时的政治问题和社会问题：第三等级反对贵族阶级。他指出："谁敢说第三等级本身没有具备组成一个完整的国家所需要的一切呢？它是一只胳膊还被捆缚着的壮健的大汉。如果废除特权等级，国家不会缺少些什么，反而会增多些什么。因此，第三等级是什么？它是一切，然而是受束缚和受压迫的一切。没有特权等级它又会是什么呢？它是一切，然而是自由的和昌盛的一切。没有第三等级就一事无成，没有其他等级，一切都会无比完美……贵族等级并不参加在社会组织以内，对国家来说，它确实是一个负担，却不能成为国家的组成部分……在所有［国家］中治理得最坏的国家是：不但那些孤立的家伙、而且是公民中的整个阶级在普遍的努力中以无所事事为荣的国家，他们并未因为无所生产而遭到责难，却要消费生产品中最好的那部分。这样的一个阶级，由于它的游手好闲，肯定是处于民族之外的。"说得更明确的是：如果认为教士"担负一种为公众服务的职业"的话，那么，对贵族就只能认为是"一个不担任职务、没有用处、只靠享有属于他们个人的特权来生存的那些人的阶级了……这些名不副实、不能靠自己来生存的人，依附于一个实际的国家，就像植物身上的那些瘿瘤一样，只靠消耗和吸干植物的汁液来活下去"。再没有别的定义比寄生阶级能更好地说明贵族了。因此，在西哀士看来，革命如果不是废除贵族特权，摧毁作为统治阶级的贵族阶级，又该是什么呢？

四年的政治斗争和社会斗争使罗伯斯比尔能作出更加深入的分析。他比其他人更有远见，看到了革命的总的路线：从1789年起，他就揭露贵族的阴谋。的确，革命的实践使他逐渐认识到革命在政治、道德和社会等方面的必然性。

政治的必然性：革命的成功要求摧毁旧秩序，必要时得使用非法手段和暴力。1792年11月5日，罗伯斯比尔就8月10日起义和推翻国王一事回答吉伦特派的卢韦的攻击时问道："公民们，你们难道期待一场没有革命的革命吗？"……"非法逮捕吗？出于救国的需要采取一些预防措施，难道要拿起刑法典来加以评估……吗？你们不是也可以指责我们非法地粉碎了以传播诈骗和咒骂自由为职业的雇佣文人吗？……你们不是还可以指责我们解除了嫌疑公民的武装，把被确认了的大革命的敌人从讨论救国事宜的议会中驱逐了出去吗？……因为，所有这些事情都是非法的，同大革命、推翻国王、攻占巴士底狱一样地非法，也同自由本身一样地非法。"罗伯斯比尔毫不掩饰暂停实施在正常时期用以维护人权和公民权的合法保障所带来的危险性，但他又坦率地肯定了革命暴力的必要性，"难道暴力只是用来保护罪恶的吗？"

道德的必然性：存在有一种革命的伦理。共和二年雨月 17 日（1794年 2 月 5 日），罗伯斯比尔曾向国民公会提出一个《关于国民公会的政治道德的指导原则》的报告。正因为实行革命暴力会导致一些过火行为，罗伯斯比尔向国民公会建议用美德，即公民道德作为矫正剂，"这种美德不是别的什么而是热爱祖国及其法律"，而这，离开了正直的私生活是行不通的。在共和二年芽月 26 日（1794 年 4 月 15 日）的报告中，圣茹斯特勾画了革命者的形象：革命者是不屈不挠的，"但他是通情达理的，俭朴的；他平易近人，而不假意谦虚；他是一切谎言、一切宽纵、一切徇私行为的不调和的敌人……一个革命的人是一个明理的和廉正的英雄"。

社会的必然性：圣茹斯特于共和二年风月 8 日（1794 年 2 月 26 日）曾宣称："事态的力量也许会把我们引向我们所没有想到过的结果。"事态的力量指的是：革命的逻辑，不可分地连结在一起的国防和保卫革命的无上命令。圣茹斯特进一步明确指出："如果公民关系（即社会关系）弄成和政府形式背道而驰的关系，你们是不是设想一个帝国能够存在下去呢？"圣茹斯特在这里肯定了社会关系同政府形式必须一致的法则：仅仅夺得政权是不够的，还必须变革社会结构和社会关系。"搞半截子革命的人只是为自己挖掘坟墓。"这一预见直到 20 世纪下半期的今天还作出了悲剧性的说明。

热月的倒退，共和三年（1794—1795）严冬期间的通货膨胀和群众的难以形容的穷困，牧月的平民起义和随之而来的镇压，决定了真诚的革命的实干家和理论家巴贝夫的思想发展中的最后阶段。他在《人民的保民官》第三十四期（共和四年雾月 15 日，即 1795 年 11 月 6 日）中阐明了自己的见解："什么是一般的政治革命？什么是特殊的法国大革命？那是贵族和平民、富人和穷人之间的一场公开的战争……当多数人的生活艰难到不能维持下去的时候，通常便爆发被压迫者反对压迫者的起义。"法国大革命在本质上是阶级斗争。但这场富人和穷人的战争并不只从宣战的那时起才存在。"它是持续不断的，在政治制度倾向于让一些人占有一切，而其余人一无所有的时候起，战争就开始了……但宣战书一经宣布，斗争便激烈地展开，双方各自使用一切手段使自己赢得胜利。"

在共和四年霜月9日（1795年11月30日）《人民的保民官》上发表的《平民宣言》说得更加清楚。革命的停顿就是倒退："法国大革命到热月9日止曾是前进的，虽然有种种障碍和阻力；从热月9日起，它便后退了。让人民在希望中振作起来吧。""让他们推翻所有那些野蛮的旧体制，并用合乎自然和永恒的正义的体制来代替"；"必须经过一次天翻地覆的变化，才能消除人民的苦难。一切有良知的人都将宣扬内战"。"同样是内战，难道有比一方面都是杀人犯，另一方面都是没有防卫的受害者的内战更令人愤慨的吗？……让两方面都能进行保卫自己的内战不是更好些吗？"《宣言》最后发出了以下预言般的号召（革命是不是没有预言的呢？）："让我们再说一遍；一切苦难都已经达到它们的顶点，它们坏到不能再坏下去了；只有经过一次天翻地覆的动乱，苦难的糟害才能得到纠正！因此，让全部混乱吧！让各种成分都互相搅乱、互相混合和互相冲突吧！让一切都变得乱七八糟，从乱七八糟中，出现一个崭新的重生的世界吧！"

从这些亲身经历和从事革命斗争的人的证词中，可以看到革命是一个涉及到动乱和变革、破坏和建设的相当漫长的过程。必须把旧制度连同它的基地一起摧毁，才能在新的基地上建立起未来的社会。暴力通过阶级斗争产生历史。

二、必然的革命

罗伯斯比尔和巴贝夫都未能把对革命过程的这种分析更深入下去，这项工作由其他人承担了起来。从大革命时期的巴纳夫到复辟王朝时期的米涅和基佐等历史学家，特别是到马克思，他们对大革命的思考，随着时间的推移在不断地深化。

首先，巴纳夫对法国大革命所作的解释，远远超过了所谓特殊榜样这个说法，并引起了历史学家的注意。大家知道，饶勒斯在其《法国革命的社会主义史》第一卷中曾予《法国革命导论》以何等重要的地位。《法国革命导论》是巴纳夫于1791年末写的，当时制宪议会根据罗伯斯比尔的建议，决定原有议员不得再次被选，巴纳夫便退出了政治生活。饶勒斯认为，巴纳夫是第一个"最明确地提出了法国大革命的种种社会原因和人们可以称之为经济理论的人"。

根据工场督察罗朗 1785 年的书面报告，多菲内省的企业密集而又多样，冶金和纺织业的产量在全王国名列前茅。巴纳夫曾在工业十分发达的这个省内生活，因而想到工业所有权会导致掌握这种所有权的阶级上升。他提出了这样一个原则，即：由土地贵族为自己的利益而建立起来的种种体制阻碍和延缓着新时代的来临。但是，"久而久之，人们也许可以说，政治体制要接受地方的特性"，换句话说，政治体制必然要同某一个特定地区的新的经济条件相适应。"一旦工艺和贸易终于渗透到人民中去，而且为劳动阶级创造一种获得财富的新的手段时，就按政治规律准备一场革命；财富的新的分配产生权力的新的分配。正像土地占有曾提高贵族的地位那样，工业所有权正在提高人民的权力。"人们不难猜测到，这些原则被应用于法国大革命，既不是偶然事件，也不是地方性事件。"这正是所有欧洲政治的一个共同的进步，它在法国安排了一场民主革命，并且使它在 18 世纪末爆发。"饶勒斯评论说："可见，革命的资产阶级对它自己的力量，对它所体现的经济的和历史的运动，具有令人赞叹的现实的和深刻的认识。"巴纳夫在出色地阐述和解释多菲内省资产阶级的想法的同时，又曾明确宣称工业阶级同从暴力中诞生的、拥有封建土地所有权的地主阶级的对抗。这种对抗是大革命本身的不可克服的冲突。

就这样，巴纳夫的分析上升到了历史的普遍规律的高度。"人们脱离围绕着我们的和在我们以前几个世纪的历史的影响，孤立地去观察法国刚发生的革命，想得出对这场革命的正确的认识，这是徒劳的。要判断这场革命的性质，确定这场革命的真正的原因，有必要把眼光放远些……只有考察从封建制度到今天引导欧洲政治的普遍运动……人们才能清楚地看到我们已经达到的那一个点，以及把我们引导到这个点的普遍原因。"

巴纳夫的《法国革命导论》，到 1843 年才由他的同乡、德龙郡的贝朗热发表，复辟时代的历史学家都没有读到这一著作。然而在投身于反对极端反动派、争取自由的斗争中，他们把历史当作一件政治武器，凭着他们的资产阶级意识，他们强调了大革命的阶级性和历史必然性。夏托布里昂在其《历史研究》中指出，梯也尔于 1823 年出版的《法国革命史》和米涅于 1824 年出版的同名著作都属于"宿命论学派"。的确，这两部书，在大革命及其连续的各阶段中都看到了那些特定原因的逻辑的发展。它们都认为恐怖是一件必需的坏事。没有恐怖，就挽救不了国家。

梯也尔把"宿命的力量"放在他的这部《法国革命史》的中心，认为它曾推动革命前进，并曾克服种种障碍，直至终于达到革命的目的。"共和主义产生了无套裤汉主义，无套裤汉主义产生了委员会制，接着又产生了十头政治和三头政治，所有这些，无非是自由思想——大革命的不变的却又并非不是多变的思想——所要不断经历的各个连续的阶段。"梯也尔又说："革命还具有军事的性质，因为在同欧洲进行的不断斗争中，革命必须建立起强有力的和稳固的机构"……"雾月18日是必要的。"然而，历史必然性并不排斥自由意志，人完全保持对他自己的行为的责任。

米涅为《法兰西信使报》写的文章，无疑比他的《法国革命史》更加清楚地阐明了他的革命哲学。他坚信革命都有"一种共同的行程和某些不同的意外事故，因而能够解释一次革命也就能够解释所有的革命……同样的现象根据同一条法则反复重演"（1822年5月25日）。两种必然性规定着革命：变化的必然性和暴力的必然性。宿命论的这两条基本原则贯穿着米涅的整部《法国革命史》。

变化的必然性：变化是存在的本质，静止的历史是没有的。革命服从于这样一种合理性："［革命］从来不是一种心血来潮的结果，一个民族决不会为了无足轻重的细故而闹得天翻地覆。"

暴力的必然性：暴力是同革命分不开的，是同社会阶级的冲突紧密相连的。指陈暴力的猖獗，就是说明"革命的进程"。找到暴力的伦理学说，就是"证明革命的正当性"。在米涅看来，革命暴力是一件坏事，但这是一件必然的坏事；不过，如果对这件坏事追根究源，便会给它找到合理的根据。"要是革命在世界经济中是一种完全的必需，那么，随之而产生的不幸，就不能成为反对革命的一种论据……应该受责备的与其说是那些成为革命的工具的人，不如说是那些抗拒这个必然性的人……必须把血和泪抛到拿起武器进行压迫的人的身上，而不应该抛向为正义而战的人的身上"（1822年12月8日）。

米涅的《法国革命史》（1824）的基调是阶级斗争。作为历史的必然，不仅革命的爆发，而且革命所经历的各个阶段，都是不可避免的。"当改革已经势在必行，实行改革的时机又已经到来时，就什么也不能加以阻挡，一切事物都将促成改革的到来。"作为中产阶级、亦即资产阶级的业绩的第一次革命——1789—1791年革命，对使法国的体制同"新的利益和需求"，即同这个阶级的利益和需求本身相协调是必要的。作为平民阶级的业绩的第二次革命——1792—1794年革命，则是由国内外贵族阶级的反抗所引起的；它服从于暴力的必然：革命政府和恐怖统治的"可悲的必然"。"特权等级曾经想制止革命；欧洲也曾经试图降服革命；而在被迫战斗时，它既未能量力而行，也未能在取得胜利时适可而止。国内的反抗导致了群众的最高主权，国外的入侵则造成了军事统治。然而，尽管出现了无政府主义和专制主义，目的还是达到了：旧社会在大革命期间被摧毁了，新社会在帝国时期建立起来了。"

泰纳认为，"哲学学派"和"思辨的历史"的最著名的历史学家基佐也遵循了同一条思路。

基佐在其《法国史论集》（1823）第四篇中着重指出，政治体制是由"社会状态"、"不同阶级的关系"和"人的状况"所决定的，最后分析起来，后者又是由"土地状况"所确定的；土地所有权的性质规定了阶级关系、人的地位和国家的结构。

1826年，基佐开始发表他的《英国革命史》。他说："对于这些革命〔1640年革命和1789年革命〕，不管有人表示庆贺，或有人感到遗憾，不管为之祝福或加以诅咒，所有的人全都忽略所面对的革命〔1640年革命和1789年革命〕，全都把这些革命同历史绝对地孤立开来……全都让它们单独去承受咒骂或享有荣誉，现在该是消除这些无谓的、虚假的浮夸之词的时候了。"这两次革命全都深深地扎根于民族的历史之中，"〔革命〕所说的、所想望的、所做的，没有一样不在革命爆发前早已成百次地说过、想望过、做过或尝试过"。基佐在其1823年的《法国史论集》中曾强调"革命的原因总比人们所设想的要更为广泛……事件比人们所知道的要更为重大，那些似乎由一种偶然因素、由某一个人、由外界的特殊利益所促成的事件，具有深远得多的根源和一种完全不同的意义"。这些根源主要应该到阶级利益所引起的斗争中去寻找。

　　基佐于1828—1830年间在巴黎大学讲授的《法国文明史》课程中认为，法国社会的基本特征之一是资产阶级的出现、壮大和最后胜利；资产阶级在人民群众和贵族之间缓慢地建立起新社会的架构，并阐明新社会的观念，1789年的革命是对这种新社会的确认。"大家知道第三等级（即资产阶级）在法国曾起了巨大的作用，它是法兰西文明最活跃和最具有决定性的因素，说到底，正是它确定了法兰西文明的方向和性质。从社会的角度和从它同国内存在的不同阶级的关系来看，被称为第三等级的那个阶级在逐渐扩大、提高，而首先是有力地改变了、随后又超出了、最终是吞并了或几乎吞并了所有其他阶级"（第四十六讲）。对社会冲突的具体分析，使基佐指明了法国大革命与上世纪的英国革命相比所具有的特殊性。"上层阶级的盲目敌对使自由政体的尝试在我国遭到了失败。贵族和资产阶级不是团结起来维护专制制度，或确立和实行自由体制，而是彼此分离，热衷于互相排斥，一方拒不接受任何平等，另一方拒不承认任何优势"（1857年序）。整段话都可以引用。基佐最后说，贵族和资产者"没有懂得一致行动，共同争取自由和强大；他们使自己连同法国一起陷进了革命"。

　　就这样，复辟时代的历史学家从对法国大革命的研究中，明确地得出了阶级斗争的理论。大家知道马克思于1852年3月5日致魏德迈信中的一段话："无论是发现现代社会中有阶级存在或发现各阶级间的斗争，都不是我的功劳。在我以前很久，资产阶级的历史学家就已叙述过阶级斗争的历史发展。"马克思所暗示的正是基佐，还有奥古斯坦·蒂埃里（一译梯叶里），他于1854年7月27日给恩格斯的一封信中称之为"法国历史编纂学中的'阶级斗争'之父"。大家还知道，马克思曾怎样喜欢研究法国大革命，曾怎样对国民公会有兴趣，从而曾有一个时期渴望写这一段历史。他的产生于法国大革命的看法，有助于他的革命观念的逐步形成，并最终纳入到他的整个思想体系中去。

　　既然已经明确地得出阶级斗争的概念，对法国大革命的研究便引导马克思去考察那个能够要求实行普遍统治的"特殊阶级"的特征。他在《〈黑格尔法哲学批判〉导言》（1844）中回答了这个问题。"只有为了社会的普遍权利，个别阶级才能要求普遍统治。要取得这种解放者的地位，从而在政治上利用一切社会领域来为自己的领域服务，光凭革命精力和精神上的优越感是不够的。要使人民革命和市民社会个别阶级的解放相吻合，要使一个等级成为整个社会的等级，社会的一切缺点就必须集中于另一个阶级，一定的等级就必须成为一般障碍的化身，成为一切等级所共通的障碍的体现……要使一个等级真正成为解放者等级，另一个等级相反地就应当成为明显的奴役者等级。法国贵族和法国僧侣的普遍消极意义决定了和他们最接近却又截然对立的阶级即资产阶级的普遍积极意义。"过后几行，明显地引证了西哀士的那本小册子里的话。

但什么是这种"一般障碍"呢？《共产党宣言》（1848）作出了答复。马克思在其著名的一段中提出"资产阶级赖以形成的生产资料和交换手段，是在封建社会里造成的"以后，强调：在18世纪末期，现存的生产关系，仍然是封建所有制的制度，农业和手工工业组织，已经不再适应正在充分发展中的生产力了，并且构成了经济发展的种种桎梏。束缚生产的桎梏"必须被打破，而且果然被打破了"。可见，阶级斗争无非是区分社会经济形态的各种矛盾的表现。贵族和资产阶级的对抗是旧制度下社会的特征之一，它在18世纪末期更趋激化，因为生产力的迅猛发展和传统社会关系的始终存在使矛盾加深了。

马克思主要根据对法国大革命的研究，终于得出了他认为的历史运动的普遍规律。他于1859年在《〈政治经济学批判〉序言》中阐述了这条规律，并作出结论："社会的物质生产力发展到一定阶段，便同它们一直在其中活动的现存生产关系或财产关系（这只是生产关系的法律用语）发生矛盾。于是这些关系便由生产力的发展形式变成生产力的桎梏。那时社会革命的时代就到来了。"

三、革命的道路

根据历史编纂学的这一简略的论述，我们也许可以设法阐明革命的概念，并进而指出法国大革命的基本特点。有些人滥用革命这个词或任意抛弃革命这个概念，这两种情况都引向贬低革命的价值并成为一种愚弄人的行为。滥用革命这个词，如：人口革命、经济革命、知识革命、物价革命、饮食革命、性的革命，等等。抛弃革命这个概念，如：形形色色的修正主义者用改良和过渡的概念来代替革命的概念。以此，必须努力予以澄清。

从语义学的角度看，人们从一开始就将注意到革命这个词的奇怪的巧合。就其词源来说，"révolution"［革命］被理解为回到原来的出发点去。根据《利特雷辞典》所提供的第一个含义："一个星体回到原来的出发点。"人类历史和人类运行［révolution］的循环观，从柏拉图的《蒂迈欧篇》到维科的《凡人时代》，都和天体运行的这个定义有关。因此，可以把革命理解为返回到在世纪的行程中被阻断了的原始秩序去。这个原始秩序，按照博絮埃、博纳尔或约瑟夫·德·梅斯特的说法，是神授的秩序；按照启蒙哲学家的说法，是自然法。总之，曾经有过一种原始秩序：révolution［革命运行］的目的是要尽可能找同这个业已失去的天堂。在"革命的战斗结束时，亦即当历史终了时，神国或出现在苦难的社会之前的人国就将重新建立起来。1789年8月26日的宣言说："无视、遗忘或蔑视人权是造成公众不幸和政治腐败的唯一原因。"自然权利——天赋人权，即先于一切社会而存在的权利是不可转让的和神圣的。这种权利的重新确立，将导致人类的新生和"所有的人的幸福"。

为了达到这个目的，首先必须同旧秩序决裂，把它彻底推翻，也就是柏拉图在《共和国》中所说的变异［métabolé——推翻、彻底变换］。为了防止人的不幸，苏格拉底要求推翻支持希腊公民体制的三个堡垒：财产、家庭、民政官和司法官制度（即国家机器）。法国大革命开始后不到一年，米拉波根据同一条思路，秘密写信给国王说："请把新的情况同旧制度比较一下吧……现在不就比以前少了高等法院，少了三级会议，少了僧侣、特权和贵族集团吗？"托克维尔评论说："由于法国大革命的目的不仅在于改变一个旧政府，而且在于消除旧的社会形式，它不得不同时向所有现存的权力进攻，摧毁人所共知的全部影响，扫除传统，更新风俗习惯，并且以某种方式清除人的头脑中所有以尊重和服从旧的一套为基础的思想。"真正的革命不仅意味着破坏现有的国家机器，而且还是一种对社会组织结构的破坏，并破坏设置这种组织的各项原则。

然而，同历史和革命的循环观相反，革命决裂的概念意味着在革命之前已经存在着某种结构和某种轮廓，而革命后建立起来的新秩序，在本质上不同于以往的结构和轮廓。破是为了立，但能不能把业已消逝了的东西重新立起来呢？卢梭的两《论》就是探讨这一前景的。关于《论科学和艺术的复兴》和《论人类不平等的起源和基础》，卢梭假定有一种社会混沌初开时的原始状态，由于剧烈的变动引起爱好财产、贪图享受，紊乱了这一状态。不过，卢梭对历史进程的矛盾的性质十分敏感："人们不久就看到了奴役和苦难在萌芽，并像雨后春笋般地生长"（《论人类不平等的起源和基础》第二部分）。因此，循环的会合只是表面现象。正是在这里，"结束循环并接触到我们原来的出发点的终极点"；然而，从现有的法则回到最强者的法则，实际上又引回到"一个新的自然状态，这个状态，不同于我们曾经由之开始的那个状态"。卢梭正是为了更明确地阐述这个新的自然状态的特点，才写了《社会契约论》。

可见，破是为了立，为了再建立：归根到底，革命不是要回到什么神秘的黄金时代，而是要朝着更合理和更公正的未来前进。从1789年到共和二年，革命这个词的含义就是这样演变的。把革命理解为动荡和决裂，导致了1789年事件，这个词很快转向一种相反的理解，即：当然是激烈的行动，然而是有节制的行动，是果断的，然而是有着有条不紊的指导的。共和二年霜月14日（1793年12月4日）革命政府的《组织法令》，其内容和名称本身都充分表明了这一点。在这以前的霜月11日，丹东也曾强烈地指出："如果人们推翻［旧制度］用的是长矛，那么，建造和巩固这座有组织结构的大厦，人们只能用理性和才能的圆规。"

然而这是一座什么样的大厦，又是建筑在什么样的基础上面的呢？这里，人们应该更加仔细地确定革命这个词的含义，政治科学的词汇往往会造成混乱。只有社会革命才是革命：一次政变不是革命。在这方面，比较一下19世纪的《利特雷辞典》和20世纪的《罗贝尔辞典》，对于了解词义朝着更精确的方向发展，是很有意义的。前者认为革命是"一个国家的政治和政府"的突然的和猛烈的变化；后者认为那是"在社会和道德领域中的"突然的和猛烈的变化。在革命过程中，旧的社会关系，在包括恐怖和内战在内的激烈的阶级斗争中遭到了破坏，革命的阶级用专政来强制推行自己的统治。社会关系终于同生产力的性质和水平相适应了。

因此，革命是在一种更新了的生产方式的基础上社会关系和政治结构的彻底变革。革命涉及到经济结构和社会结构的变化，而生产方式的变化，是以社会关系为一方、以生产力的性质和水平为另一方之间的无法解决的不协调所引起的。生产力的水平越高，革命阶级的觉悟水平也越高，团结得越紧，能量也越大，革命也进行得越彻底。这正是法国大革命的情况。

革命：不能从上面强加。如果改良可以从上面施行，革命却必然是由下面推动的。改良不会打乱社会的基础结构，相反，却谨慎对待占统治地位的社会阶层的持久利益：它在力图予以加强的现存社会的架构内显示出来。改良不是革命在时间上的拉长；改良和革命的区别不在于时间的长短，而在于它们的内容的不同。改良还是革命？这不是为达到同一种结果而选择一条较快或较慢的道路的问题，而是确定一个目标的问题，即：究竟是建立一个新社会还是对旧社会作一些表面的改变。从杜尔阁到洛梅尼·德·布里安的改良运动并不想要建立一种新的社会秩序，而是要改善旧秩序，不是要取消封建特权，而是要减少滥用封建特权。只有革命才是取消特权。如果法国资产阶级在1830年决定性地掌握了政权，这是因为革命（而不是改良）在确保社会从业已过时的历史阶段过渡到面向未来的另一个阶段以后，资产阶级已经有可能占有这个国家。

革命：它也不能在长达一个多世纪的过渡时期中减弱下来。有人提出一个假设，认为过渡时期同革命的暴力阶段一样构成一个过程，也带有在两种对立的生产方式之间进行决定性较量的必然性。米歇尔·格勒农和雷吉纳·罗班写道："提出过渡时期问题，并不消除资产阶级革命在导向资本主义的过程中所占有的战略地位，远远不是这样。相反，它为它重建……在过渡阶段中的关键性的政治时期的中心地位，这个政治时期可以进行政治和法律方面的调整，实行权力的再分配和建立所有足以巩固资产阶级权力的政治和法律体制的形态。"因此，革命"现象"只是德尼·里歇所说的新生的资本主义的"缓慢的，然而是革命的演变"的一种表现，一种波折，是最终去打开上层建筑大门的门闩，是对封建主义残余的清扫。其实，用独立的方式提出过渡时期问题，甚至把它同革命和革命必然性问题对立起来，这就导致使用一种方法来否定革命的决定性的和必不可少的特质。断言法国大革命大不了只是拔去了上层建筑的门闩，或者只是改善了业已建立起来了的体制的适应性，那就把大革命的作用降低到像执政府和第一帝国改建各种体制一样，只是对当时的社会进行了简单的修整了。

"过渡"的主张者和改良的支持者，在意识形态的前提方面，出奇地接合在一起。因为，如果在 1789 年只是"上层建筑和社会"大门有门闩需要打开，只是资本主义的平衡要搞得"更好一些"的话，那么，用托克维尔的话来问：为什么会发生"这场奇怪而可怕的革命呢？""在摧毁了各项政治体制以后，革命废除了各项民事体制，随后，又用法律改变习俗、惯例直至语言；在破坏了政府机器以后，革命正在摇动社会的各种基础，而且最后似乎还要指责上帝本身似的。"因为，如果［1789 年］只是"政治和法律方面的调整"，那么，又可以用托克维尔的话来问：为什么会出现这场"可恶的动乱呢"？为什么会产生这种"空前的威力，打破了那些帝国的壁垒，砸碎了好些王冠，挫伤了人民，同时却又奇怪地赢得了人民对它的事业的支持呢"？

（选自阿·索布尔：《法国大革命史论选》，王养冲编，本篇由顾良译，华东师范大学出版社 1984 年版）

孔子的冷淡

布尔斯廷

丹尼尔·布尔斯廷（Daniel Boorstin，1914—2004），20世纪美国历史学家。第二次世界大战后，美国史学的"进步学派"已成明日黄花之势，新保守主义史学派风靡一时，他亦为该流派代表人物之一。从史学自身的风格而言，布尔斯廷当可归之于文化史家之列。他的作品译成中文的甚多，其中有脍炙人口的三卷本《美国人》，另有《创造者》、《发现者》等，均深受中国读者的欢迎，其中原因之一就是他以散文的风格来述史，这里从他的《创造者》一书中择其一节，以见一斑。题名是原有的。

在世界上有些地方，即使思想最深刻的人对创造的奥秘也无动于衷。对日常生活的关切耗尽了他们的思想，占据了他们的哲学。他们很少注意起源和命运的难题，对前生或来世的可能性也很少操心。它们比今生今世更糟吗？对创造奥秘的冷淡节省了他们的精力以用于今生今世，但这也是怀疑变革和不愿想象新生事物的一种表现。

孔子（公元前551—前479）曾告诫说："未能事人，焉能事鬼？"当被问到死的时候，孔子反问道："未知生，焉知死？"中国人未给我们留下多少创世神话，难道还有什么奇怪吗？在中国民间神话中保存下来的孤单的创世神话，就像是后来从苏美尔或《梨俱吠陀》那儿借来的。

在伟大的创造者和道德理想的伟大代言人中，没有一人比孔子本人更令人不可思议。他的教诲既不凭借任何神明，也不依赖人所不知的启示。与摩西、佛陀、耶稣或穆罕默德不同，他并未宣布什么戒律。正像印度教是印度种种宗教的名称一样，儒教也是中国家庭传统信仰的一个名称。他们的"宗教"仪式或祭祀不是由职业祭司而是由家长主持的，国家的祭祀则由皇帝主祭。孔子坚持说他仅仅是要恢复古礼而已。

孔子既未被钉过十字架，也未曾殉道。他从未把一个民族领出旷野，也未曾在战争中统率过军队。他对同时代的生活影响不大，有生之年也未招收多少门徒。他想成为有雄心和改革思想的官僚，但直到临终也未能施展其抱负。人们很容易把他比作古代的堂·吉诃德。但他一生对同时代列国纷争的罪恶的抨击，尽管当时并未奏效，毕竟唤醒了他的人民，并最终统治了两千年来的中国文化。

孔丘出生于一个破落的贵族家庭，早年父母双亡。在接受传统的贵族骑射和礼乐教育后，他开始时谋得一管理牛羊畜牧的小吏的职务。当他在其祖国鲁国的仕途上慢慢升迁时，他赢得了博学的名声。据说他能背诵整部《诗经》——一部三百首古典诗歌的选集。他开始鼓吹改革他那个时代的不公平赋税。他并不要求建立新的政府制度，而是寄厚望于新型的领袖，一位以造福于人民为宗旨的"圣人"。

当他五十三岁时，即公元前498年，孔子的弟子在已瓜分鲁国公室的季氏家族的朝廷中颇为活跃。但在鲁国，由于叛乱的困扰，孔子看不到实施其改革的希望，于是远走他乡。在以后的十几年里他周游列国，摇唇鼓舌，试图说服各国的君主。但他并不是一个政客，而且处处碰壁。

孔子只是当时一个四处游说的新兴策士阶级的一员。他们利用所处时代政治上的动乱，假古代的学说来掩盖自己的抱负。他们中的大多数长于宫廷阴谋而非宫廷智慧。当一位策士发现其祖国被一个外来暴发户所篡夺时，他便为任何愿纳其言的邻国君主出谋划策。这些离乡背井的策士成了一个马基雅维里式的阶级。但孔子并未鼓吹马基雅维里式的论调。对其所遇到的每一位君主，他都进行他千篇一律的说教：为民亲政、轻徭薄赋、广纳贤士。

在多年流离颠沛到处受挫后，孔子又回到家乡鲁国，再领那份闲差。他的最后几年是与弟子们一起度过的。他在哪儿也没有谋得高官，也未能推行他的改革，然而他从未失去他的一小批学生的敬仰。据传当孔子在公元前479年去世时，他的弟子为之整整守墓三年，而他的大弟子子贡则为之守墓六年。子贡称"夫子之不可及也，犹天之不可阶而升也"。

虽然作为政治家，孔子失败了，但作为教师的孔子却异常成功。他简单明了的箴言至今仍教育着我们。他并未制定什么教条，而是提出了一种学习方式，这种方式到今天还与约翰·杜威和我们美国当代大多数实验哲学家所倡导的十分相近。在中国，孔子之前除了教习骑射的学校之外，似乎没有别的学校。史学家们把首次组织一个教育计划以训练青年入仕从政的努力归功于孔子。他的经典性问题是："不能正其身，如正人何？"

他的苏格拉底式的方式从未导致教条式的结论。当他发现弟子子贡神气十足地对其他学生评头品足时，"子曰：'赐也贤乎哉？夫我则不暇。'"智慧就是"知之为知之，不知为不知"。"君子之过也，如日月之食焉。过也，人皆见之；更也，人皆仰之。"① 真理总是可求而不可得。"学如不及，犹恐失之。""三人行，必有我师焉。择其善者而从之，其不善者而改之。"

孔子从未假托神意，自命受神的差遣。解决人类的问题，不是靠超自然的力量，而是靠自己及祖祖辈辈的经验。"天"只不过是孔子给予每个人道德情操相对应的自然宇宙秩序起的一个名称而已。他不会祈求任何在

---

① 此语出自子贡，见《论语·子张篇》。——译者

天之主宰，自然也就对祈祷颇为怀疑。他病重时，诚挚的弟子请求允许为他做祈祷，但孔子反对，称"丘之祷久矣"——不是用言词而是用行动。有德行的人应遵循所有伟大先贤的榜样。"天意"不是通过神学，而是在"祖祖辈辈的集体经验"中被发现的，这"祖祖辈辈的集体经验"也是历史的另一个名称。在孔子的世界里人人都必须为自己找出一条正路。

但是，没有一种思想方式如此讲求实际，没有一个哲学家如此实证，以致他的种种主张竟不能被那些自投其门下的弟子冻结为教条，这方面孔子也不例外。在西方，他简洁的哲理通过易记的只言片语式的箴言而得以流传。孔子的实用智慧变得尽人皆知，以致孔子的"格言"常常见之于报端，尽管对其读者而言孔子仍是一个谜。亚历山大·蒲柏在其诗"名贤祠"（1714）中曾这样描述在西方孔子的这种通俗形象：

孔子卓尔不群，茕茕孑立，
传授有用的学问——教大家做好人。

孔子的学说通过《论语》（谈话录）传给了我们，这是一部有二十章四百九十七节格言、警句和各种小故事的文集。这部文集也许是由孔子弟子的弟子所编纂的，直到汉朝（公元前202—公元220）才冠以《论语》之名。汉末所辑的一个刻本取代了早先的刻本，在大约公元175年《论语》的原文被刻于石碑。这些石碑的残片保存下来，被刻成无数不同刊本。理学大师朱熹在1190年编定包括《论语》在内的四部权威性儒教经典。《论语》和《孟子》、《大学》、《中庸》一起并称"四书"，这些汉文典籍直到1905年还是中国科举的题目。《论语》提出了孔子的基本思想，包括仁义作为圣人首要品质的思想（仁）、对一切事物都不偏不倚或持中（中庸）、天意或自然的和谐（天）、孝道或礼仪（礼）及通过给予事物适当的名称来认识事物的性质（正名）等。

随着时代的推移，孔子零散的说教凝结为 Confucianism（儒教或孔子学说）。这个会使孔子本人大为吃惊的英文单词，约在1862年由欧洲的基督教徒发明，并且与他们对非基督教世界的"宗教"的肤浅了解相符。在汉朝的统治下，孔夫子的说教被塑造为一种意识形态，变成国家独尊的教条。在后来的年代里，不计其数的"学派"互争雄长，各领风骚，在孔子身后主导中国文化达二千五百年之久。

但儒教对家庭、伦理道德和仁慈君主作用的重视，并未满足民众对人及其在宇宙中作用的解释这种需要。从解释世界奥秘、人的自发性和大自然奇妙的千姿百态的努力中产生了另一个学派。这一学派被称为道教，该教吸收了民间的宗教思潮，并且是以一位神秘的先师老子（公元前604—前531）的著作为基础的。作为后来儒教信徒严厉的道德主义和儒教独尊地位的解毒剂和补充，道教不仅成为高深的哲学，也成为一种民间宗教。在多年的发展中，道教的教义鼓励了思想家和艺术家的自由意识，最后道教的思想被融入儒教。虽然道家对人与宇宙和自然的关系深为关切，但他们精细的哲学中并没有创造者的地位。正如据称是老子的著作所言：

> 有物混成，
> 先天地生。
> 寂兮寥兮！
> 独立不改。
> 周行而不殆，
> 可以为天下母。
> 吾不知其名，
> 字之曰道。
> ……
> 人法地，
> 地法天，
> 天法道，
> 道法自然。

信仰"太一"、"无为"的道家，在他们富于诗意的想象中更关注体验的和谐，而不是创造者的任何可以想象的创造力。老子的伟大追随者庄子（活跃于公元前4世纪）曾回忆道：

　　昔者庄周梦为蝴蝶，栩栩然蝴蝶也，自喻适志与！不知周
也。俄然觉，则蘧蘧然周也。不知周之梦为蝴蝶与，蝴蝶之梦为
周与？周与蝴蝶，则必有分矣。此之谓物化。

　　这种追求与世界种种变化合而为一的情感给予道家的庄子一种面对个人苦难时的自持力。庄子多年的爱妻死了，一位朋友前来吊丧，他发现庄子并未悲伤哭泣，而是盘膝坐在一张席上唱着歌，并漫无目的地敲着一只瓦盆。庄子在回答对他冷漠无情行为的责备时说：

　　是其始死也，我独何能无概！然察其始而本无生；非徒无生
也，而本无形；非徒无形也，而本无气。杂乎芒芴之间，变而有
气，气变而有形，形变而有生。今又变而之死，是相与为春秋冬
夏四时行也。人且偃然寝于巨室，而我嗷嗷然随而哭之，自以为
不通乎命，故止也。

　　临终之际，他否决了弟子们重棺厚葬的计划。弟子们争辩说，没有坚固外棺的保护，嗜肉的飞禽会撕碎啖尽他的尸身，而庄子的回答又是对自然的和谐与道的合一的近乎病态的提示。他说道："在上为鸟鸢食，在下为蝼蚁食，夺彼与此，何其偏也！"这种对自然的顺服与讲求仁德的儒家是大相径庭的。

　　毫不奇怪后来的道家并未受从无中生有的创造奥秘的困扰。因为尽管道家屡屡提到"虚无"之境，但他们否认"无"的存在，认为混沌的玄冥从一开始就充满气这种物质力量。"谁得先物者乎哉？"郭象（卒于312年）在《庄子注》中问道。"吾以阴阳为先物，而阴阳者即所谓物耳，谁又先阴阳者乎？……然则先物者谁乎哉？而犹有物先已明。物之自然，非有使然也。"他又问道："请问夫造物者有耶？无耶？无也，则胡能造物哉？有也，则不足以物众形。故明众形之自物，而后始可与言造物耳。是以涉有物之域，虽复罔两，未有不独化于玄冥者也。故造物者，无主而物各自造。物各自造而无所待焉，此天地之正也。"这儿没有像《创世记》里的那些造天地的日子，而是事物所有状态不分先后尽在其中的绵延不绝

的过程。这儿也没有一位被一次性创造世界弄得精疲力竭的创造者，因而不需要有一个安息日来打断这一过程。

道教沿两个方面发展：一方面是无为和自然主义哲学；另一方面是通过专门的仪节和方术（很不自然地）谋求长生不老之道的民间宗教。这些仪节和方术包括某种去"三虫"（疾病、年迈和死亡）而养生的食物。这两方面也互为关联。炼气为修炼"胎息"之术，旨在养生延年，而防止精泄的性技术通过吸气还精来安神补脑。道教的炼丹术谋求一种长生不死的灵丹妙药，而沉思凝想则会产生人体中和宇宙天地间有无数神灵的幻象。

如果西方通过人分享创造者上帝所具有的权能来证明人的创造力的话，那么中国人则力求其行为与自然秩序合拍相谐。在孔子之后，一种证实人的行为与整个宇宙互相呼应的"天人感应"之术在董仲舒（公元前179—前104?）那儿得到了经典性的阐述：

> 天地之气，合而为一，分为阴阳，划为四时，列为五行。……此相生而间相胜也。故为治，逆之则乱，顺之则治。

五行分别与当时周制中的五个传统部门相对应。比如木为司农，金为司徒。如果司农为奸，结党营私，退匿贤士，"教民奢侈"，那么民将不勤田事，"博戏斗鸡，走狗弄马，长幼无礼，大小相虏，竝为寇贼，……则命司徒诛其率正者。故曰金胜木。"同样，火为司马，水为司寇，土为司营。

五行在日常生活中的意义在汉初①一本叫《左传》的书中得到了解释：

> 夫礼，天之经也，地之义也，民之行也。天地之经，而民实则之。则天之明，因地之性，生其六气（阴、阳、风、雨、晦、明），用其五行（金、木、水、火、土）。气为五味（酸、咸、

---

① 原文如此。——译者

辛、苦、甘），发为五色（青、黄、赤、白、黑），章为五声
（宫、商、角、徵、羽）。淫则昏乱，民失其性。

这样，无所不在的五行便统一了宇宙万物和社会。

就我们所知，孔子本人对诸如宇宙起源之类的玄学并不太感兴趣，他
的继承者既不信奉创造诸神，也不对一位造物主顶礼膜拜。相反，他们把
创造描述为自然力的一个发展过程。他们的一个重要思想是阴阳说，此观
念反映了他们对无所不在的自然化育和创造力的信仰，至今仍然经常提醒
着人们中国思想对尘世的关注。中国人是不会借男女诸神的嬉戏、爱情和
阴谋来逃避现实的。《淮南子》（公元前 122 年）的下列折中命题是道教
阴阳说的雄辩声明：没有创造者的创造，这是对周于世而合于时的明主的
神秘暗示。

天坠未形，冯冯翼翼，洞洞漏漏，故曰太昭（始）。道始于
虚霩，虚霩生宇宙，宇宙生气，气有涯垠。清阳者，薄靡而为
天；重浊者，凝滞而为地。清妙之合专易，重浊之凝竭难，故天
先成而地后定。

天地之袭精为阴阳，阴阳之专精为四时，四时之散精为万
物。积阳之热气生火，火气之精者为日。积阴之寒气为水，水气
之精者为月。日月之淫为精者为星辰。天受日月星辰。地受水潦
麈埃。
……

洞同天地，浑沌为朴、未造而成物，谓之太一。同出于一，
所为各异，有鸟有鱼有兽，谓之分物。……能反其所生，若未有
形，谓之真人。真人者，未始分于太一者也。

自然力这一简单的阴阳之分的起源则在漫长的历史中隐而不显了。

阴阳学说传及亚洲各地，如日本、越南和韩国，阴阳符号还被韩国国
旗所采用。《淮南子》式的阴阳创造论还被写进日本最早的官修国史《日
本书记》的序言。占星术、宇宙论、医学、政治学和文学艺术都对阴阳之

分及其派生的观念大加发挥。

随着时间的推移，道教关于天人关系的思想被融入集理学之大成者朱熹（公元 1130—1200）更新的儒教理论之中：

> 天地初间，只是阴阳之气，这一个气运行，磨来磨去，磨得急了，便拶许多渣滓里面，无处出，便结成个地在中央。……
>
> 又问：天地会坏否？
>
> 曰：不会坏。只是相将人无道极了，便一齐打合混沌一番，人物都尽，又重新起。
>
> 问：生第一个人时如何？
>
> 曰：以气化二五之精，合而成形。释家谓之化生。如今物之化生者甚多，如虱然。
>
> 问：天地之心，天地之理，理是道理。心是主宰底意否？
>
> 曰：心固是主宰底意，然所谓主宰者，即是理也。不是心外别有个理，理外别有个心。

这种将儒家道德和道教顺应自然融为一体的思维方式，把时间视为一系列终而复始、循环不已的周期。正如朱熹所言，佛教加入儒教体系，也会发生变化。中国人还把历史视为正统王朝的更迭。他们不愿为世界或国家的肇始规定一个时间，而用当朝皇帝的年号来制定六十年为一甲子的历书，从而把人类的活动严格地按年代顺序记载下来。

正如阴阳二气解释了自然的规律和平衡，五行相生相克也成了理解历史演变的关键。木生火，火生土，土生金，金生水，顺次相生。但也可按相反的方向重新排列五行，即水克火，土克水，木克土，金克木，这就是逆次相克。每一个王朝都必须与五行中的一行（德）相连，要取得正统地位又必须遵循天定的五德终始的秩序。各个朝代通常是在事后才宣称它们有权夺取皇位以维护五行的顺次。

通常被称为篡位者的中国皇帝王莽（公元前 45—公元 23），便是用他是五行中尚土德的黄帝的后裔作为篡权的依据，从而结束了西汉的统治。于是，他便有资格来填补五德终始的循环中出现的、须由另一个尚土德的王朝来填补的空缺。此一循环中明显的间隔现象，通过方便地在历书上插入尚水德的王朝（好比闰年）来加以解释。多少世纪以来，关于王朝正统地位的辩论都是以"五行"的语言来进行的。

永恒的和谐及井然有序化育万物之气，使得标新立异之事鲜有所闻。无中生有的创造思想，在阴阳五行周而复始的有序与和顺的宇宙中是没有地位的。与西方世界突发性的创造和人与自然的对立不同，受道释两教改造的儒教世界在变化、生殖和娱乐之中看到了逍遥自在的人生。

东西方对比的一个明显标志，就是两种思维方式关于人在山水风景画中的地位的分歧。风景画在西方艺术中是较晚产生的。古代作家告诉我们，希腊一些壁画是画风景的，其中一些风景题材采自《奥德赛》。古罗马的别墅也装饰有理想化了的风景画，我们在庞贝古城的遗址还可以看到它们。洛伦采蒂（1300？—1348）在锡耶纳市政厅的壁画（作于1338年）是现存最早的向我们展示直接临摹于自然景色的西方绘画作品。这套题为《好政府与坏政府》的系列作品，向我们揭示了西方绘画的侧重点，即它们画的主要是各色人物：政治家或情人，猎手或士兵，圣人或救世主。人所共知的达·芬奇的《蒙娜丽莎》（作于1503年至1505年）中，景色被当作背景来处理。阿尔特多费尔（1480—1538）在16世纪初开始尝试画多瑙河的风景。17世纪时勃鲁盖尔父子三人绘画中的户外景色不光是大自然，而且还是人们在其中嬉戏、饮宴和狩猎的田野，如老勃鲁盖尔的名画《盲人的寓言》。直到17世纪荷兰和佛兰德斯的画家伦勃朗、雷斯达尔和霍贝玛那儿，自然风景才成为独立的题材。最后在19世纪，大自然终于成了画家们的大工作室。

但是在中国，到公元4世纪时自然景物就已成为取之不尽的丰富题材，而且不只是人类活动的陪衬。在最早表现自然景色的西方绘画中，人们所看到的是人类活动的场景：人类的杀伐征战，人类的放浪形骸或人类的宗教活动。在这些绘画中人总是处于突出的地位。而中国的山水画却是和谐而富有诗意的生活场景，人物在其中毫不起眼，甚至隐而难寻。

因此，在中国的山水画中我们必须寻觅画中的人物。即使我们找到，此人物也仅是画中小小的点缀，无论他是渔夫、隐士还是沉思冥想的圣人。即使画中的空白之处也不是西方绘画所忌讳的真空，而是山水间氤氲之元气，照中国人的说法是"通体之龙脉"。元代哲学家汤垕（活跃于 1320—1330 年间）曾对此种天人合一的绘画意境作了如下评论：

> 山水之为物，禀造化之秀。阴阳晦冥，晴雨寒暑，朝昏昼夜，随形改步，有无穷之趣。自非胸中丘壑汪汪洋洋如万顷波，未易摹写。

（选自丹尼尔·J. 布尔斯廷：《创造者》，本篇由徐以骅、田文载译，上海译文出版社 1997 年版）

神话-历史：真理、历史和历史学家

麦克尼尔

威廉·H. 麦克尼尔（William H. McNeill，1917—　），
20 世纪美国历史学家，曾任美国历史协会 1985 年主席。依美
国历史协会准则，每年年底，通常在 12 月 28 日，担任这一
协会的主席，在行将卸任之际，皆要发表一篇"告别演说"，
阐述对历史学的看法。本篇即是麦克尼尔的演说，题名是原
有的。另外应提到的一点是，他还著有《西方的兴起》、《世
界史》等，后书立足于世界历史的全局，显示出考察人类历
史的整体观念，当是第二次世界大战后西方史学界重构世界
史新潮流中涌现出来的一部史学名著。

神话和历史是近亲，因为两者都通过讲述某种故事而说明事情的原委。但我们通常的讲法是，神话是假的而历史是真的，或渴望它是真的。因此，历史学家在驳斥别人的结论时就称其为神话般的，而声称他自己的观点是真实的。但在一位历史学家看来是真的东西，在另一位看来会是假的。这样，这位历史学家的真理甚至就在讲出来的时候就成了另一位历史学家的神话。

一个多世纪前，当历史第一次确立为一门学科，我们的前人就看到了这一困难。但他们相信有补救的办法：对原始资料的科学考证会把事实搞清楚，一个认真细致的历史家只需要把事实排列成使人爱读的记叙文，就算是写出了真正科学的历史。而科学当然如同天上的星星一样，是真实的、永恒的，像牛顿和拉普拉斯论证过的那样，使普天下通情达理者感到满意。

然而实际上，在新形成的历史学专业中，修正既有理论之风依旧盛行，如同自希罗多德时代以来一样。在一两代人中，这种继续不断的修改变动，可归因于学者们在档案馆的辛勤劳作中成功地发现了新的事实。但20世纪初，有创见的历史学家开始认识到，通过排列事实构成的历史包含着主观的判断和运用理智所作出的选择，这与对原始资料的考证（不管科学与否）没有或几乎没有关系。

在反对这种对科学方法近乎机械的想象时，很容易低估其实际成绩。实则这种对科学方法的理想确实使我们的先辈抛弃了某些偏见。特别需要指出的，是19世纪的历史家们几近于摆脱了古老的宗教争论。欧洲宗教改革后新教和天主教的历史不再是分开的、截然不同的学术源流。在英美世界，罗马天主教徒阿克顿勋爵的经历很好地说明了这种转变，他在剑桥大学担任了历史学钦定讲座教授和第一版《剑桥近代史》的主编，这是一项伟大的成就。同样伟大的是通过艰苦的史料考证，积累了巨量确切、可信的资料。这使得西方历史的写作，与以前任何可能存在的史书相比，都具有新的深度、视野、范围和精确性。这种学术传统的任何继承人都不应该嘲笑我们前辈的信念，正是这种信念激励他们在档案馆里那样辛勤地劳作。

然而科学的历史的限度比其献身者所相信的远为狭小。确定无疑的事实在以下意义上仍是不重要的：这些事实本身没有说明关于过去的记载的意义，也不能使这些记载被人理解。一连串真实的、不容置疑的资料，即使按年月顺序排列起来，仍是一串资料。要成为历史，必须把事实排列成一种可理解、可信的模式。一当这样排列起来，所产生的对往事的描述也就可能成为有用的东西——人们在作出决定或采取行动时可以依赖的、有用的智慧源泉。

历史学家所从事的这种模式识别是人类智力的杰作。它是由筛选不断涌入我们意识中来的全部刺激物而取得的。只有丢掉某些事情，把它们视如幕后杂音而不顾，才能把特定情况下最重要的东西识别出来。适宜的行动继之而出。这是人类掌握自然以及掌握人类自己的能力的最大奥秘。模式识别是自然科学家从事的事情，它也是历史学家始终从事的事情，不管他们对此理解与否。

与任何特定模式相关的，只能是一部分事实。否则，无干之事纷纭杂沓，必将模糊我们需要理解的主要事实之间的关系。有所取舍，也唯独有所取舍，才能构成合乎情理的模式，使各个领域具有意义，不管是物理学、化学领域，或是历史学家的特殊领域——人类集团历经时日而发生的相互作用。自然科学家从进入其感知范围内的材料中严峻无情地选出值得注意的部分，余者一律不顾。他们称其模式为学说，大部分学说继承自前人。但现在我们知道，甚至牛顿的真理也需要校正。自然科学既不是永恒的，也不是绝对的。它倒是历史的、演变的，因为仅在新学说比旧学说包罗更广泛的现象，或者对（经过选择和观察的）事实有更好的解释时，科学家们才接受新的学说。

可与自然科学家相比的稳定的一致性在历史学家中却不存在。然而我们不必失望。自然科学家和历史家间重大明显的区别，在于历史学家所寻求理解的人类行为更为复杂。历史复杂性的主要根源在于人类对自然界和在互相之间作出反应都主要以信条这个中介物作为凭借。这首先意味着，任何关于人类生存的学说如果被人广泛接受，就会改变实际的行为，该学说通常引导人们的行动，仿佛它是符合真实的。观念和理想于是在有显著伸缩性的限度内成为可以自我证实的东西。结果产生奇妙的行为的能动性。依靠信条实际上就减弱了外界事实与人类所作出的反应之间的联系，使我们不靠本能作出反应，而把我们置放在易于变化的大海上漂流。由此人类得到了新的能力，它既使你犯错误，但也使你转变、适应、学会办事的新办法。经验改正了无数的错误，最终使我们成为万物的主人，而此前地球上其他的物种从来做不到这一点。

这成就的代价是真理——特别是关于人类行为的真理具有伸缩性和不确切性。一群特定的人们所理解、所相信、所据以行事的想法，即使在局外人看来十分荒唐，仍可能胶合其各种社会联系，使该集团成员一起行动，完成不如此便不能实现的业绩。此外，具有这样一个集团成员的身份以及与它同甘苦、共患难，使个人生命具有意义和价值。其他任何一种生活都不值得去过，因为我们是社会的动物。这样，我们需要互相共享真理，不只是关于原子、星星和分子的真理，而且还有关于人类的关系和我们周围的人们的真理。

共享的真理支持共同的事业，它的存在价值是明显的。没有这种社会的胶合剂，任何集团都不能长期维持。然而对局外者而言，这种真理看来很可能像神话，除非他易于皈依，并在该特定的集团里受到欢迎——这是相当少见的。

我们所知的历史记载，都以各种人类集团无休止的兴衰起落为内容，每个集团都以它自己的信仰、理想和传统为团结的纽带。从古代苏美尔和法老的埃及到近代，派别、宗教、部落、国家的内聚力的基础都是共享的真理，这种真理因时、因地的不同而不同，五花八门，种类繁多。今天，人类社会仍然分裂成极其众多、各个有别的集团，每个集团都信奉它自己的真理，以此真理对待自己以及其成员之外的人。一切都表明这种社会的和意识形态的分裂会无限期延续下去。

在这样一个意见相左的大旋涡中，哪儿，究竟在哪儿，我们可望找出历史的真理？在近代通讯使我们熟悉人类五花八门的思想体系之前，这一问题并不特别尖锐。个人几乎总是在一个相对孤立的共同体中，在大体一律的世界观的影响中长大。重要的问题早就由先知和圣人解决了，因此没有什么理由怀疑或修改传统的智慧结晶。确实有一种强有力的压力，约束着任何想成为革新者的人，这种人有搅乱传统一致性的危险。

固然，舆论是有起伏波动的，但变化是偷偷摸摸来临的，通常披上注解旧有经文的伪装，并声称只是阐明其原有的含义。近代美国最高法院的实践使我们确信，变通性是很大的。但不具有通行的正统观念的外来人，如不皈依，仍会被这个传统的社会意识撇在一边，受到漠视。我们先辈史学家相信科学的方法会使历史写得绝对、全面的真实，这不过是上述信仰方式的一个晚近的例子。那些抱着这种想法的人感到没有必要注意尚未接受"近代科学"真理的无知者。于是他们像其他真诚的信仰者一样，不去认真考虑其他人的观点，也不想知道他们自己的历史真理观的合理限度。

但我们却得不到这种褊狭所带来的安逸。我们必须考虑在我们中间传播的多重的、互相竞争的信仰——既有现世的又有超凡的，既有革命的又有传统的。此外，能够部分地自行独立存在的各专业的思想体系在近一个世纪来也增多了。对历史学家来说最重要的是那些所谓的社会科学——人类学、社会学、政治学、心理学、经济学，和晚近的生态学、符号学等学科。但法律、神学和哲学也遍及历史学家可望涉足的知识领域。除此之外，无数位各怀异志的作者互相竞争，以期得到人们的注意。可选择的东西到处都有。持异议者变得嘈杂混乱。我的真理甚至在我能把它写下来以前就消融在你的神话中了。

自由主义的信仰当然地认为，在自由的思想市场上，真理终将取胜。我不想轻易放弃这种信仰，不管当前的混乱状态如何令人沮丧。然而自由主义的实验毕竟只有约二百五十年的历史，以世界历史的时间尺度看，这太短了，还不足以作出可靠的结论。混乱依然存在。很多人在将来的困难时期能否忍受由此产生的动荡，这是值得提出的问题。伊朗的穆斯林、俄国的共产主义者和美国的（宗教的和其他的）宗派主义者，面临由各种真理互相竞争所产生的精神不稳定性，都显示了严重苦恼的征兆。显然，追求信仰的意志今天如同过去任何时期一样强烈，真诚的信仰者几乎总是希望创造一个忠实信徒的共同体，与令人烦恼的持异议者分隔开来，以便能够生活得更为舒适。

日益增长的世界性混乱所引起的普遍反应已加剧了个人附属性，首先是附属于民族的，然后是附属于准民族的集团，每个集团都有自己独特的理想和实践。如人们所意料，历史专业忠实地反映并帮助促进了这种情感的变换。美国历史协会的创始者及其直接继承者于是通过热切地撰写民族史，推进新的美利坚民族的巩固。他们写民族史的模式是：美国是来自英国的盎格鲁-撒克逊人新教徒至上的国家，同时他们也强调美国与西方文明传统的紧密联系，从近代和中世纪的欧洲一直上溯到古希腊和希伯来。20世纪60年代，这种对于我们过去的看法受到十分广泛的否定。但这些攻击传统观念的修正论者，感到没有必要用他们自己想象的任何体系来取代所攻击的东西；而把做学问的精力集中于发掘那些被先前的历史学家所忽略或对待不公的人们的历史，最显著的是妇女、黑人和美国其他少数民族的历史，在世界上则是前殖民地人民的历史。

这种活动符合我们专业的传统角色：在模糊不清的情况下，帮助廓清人类集体的面貌。在廓清"我们是谁"的其他诸途径之外，意识到共同的过去毕竟是一种强有力的补充。在一个稳定的、内部各集团的界线自明的社会里，口头传说就足以满足人们的需要，这种传说与语言本身所包含的实际知识有时几无区别。但随着文明发展，模糊不清的问题成倍地增加，正式的成文历史在廓清"他们"与"我们"中成为有用之物。首先，在统治者与被统治者之间存在着暧昧尴尬的关系。向其臣民征收捐税维持权力的异族统治者，从文明社会的底层来看，充其量只是一种不可免的危害。然而在某些情况下，特别在遭受自然灾害或外部进攻时，甚至在纳税者与捐税享用者之间也可能出现具有共同性的情况。无论如何，历史出现了，其开端是记载国王名单、王室世系、夸耀神恩——这些明显地是巩固统治者的士气，维护他们对其臣民的合法性的办法。

犹太人的历史强调上帝控制人类事务的权力，使每个人都服从于天意，以缩小统治者与被统治者的距离。古希腊人宣布所有的自由人平等，不隶属于任何人，但受共同服从的法律的约束。这两种对人类状况的看法的存在价值是相当明显的。如犹太人的历史所确实证明的，一个民族由对上帝的敬畏而团结起来，在动乱时期就随时都有所倚仗。士气一次又一次地战胜灾难；内部的争吵和分歧在共同服从的上帝的威严下减弱。古希腊人在法制下享有自由的理想同样有效：自愿的合作，不管是战争时期还是和平时期，都有可能产生最大的集体力量。

这两种理想间的相互作用贯穿于整个西方文明史，但这里不宜进行详尽的史料分析。我只能说，我们19世纪的自由主义和民族主义的史学遗产主要是以古希腊的希罗多德的史学为样板，强调有固定领土的国家内的政治自由的最高价值。

第一次世界大战给这种对于人类事务的自由主义和民族主义的看法带来了灾难。容许这种高代价、致命格斗的自由，看来不再是所有人类历史经历的似乎合理的最高成就。繁荣、破产、第二次世界大战，丝毫无助于澄清这个问题。本世纪50年代以来准民族史学的繁衍只是增加了我们专业的混乱。

旧信心在削弱，新题材大量涌现，对外界的感应扩大，在所有这一切当中，真理何在呢？真正要紧的是什么？我们应该注意的是什么？我们应该忽略的是什么？

所有的人类集团都喜欢受到奉承。历史学家于是永远处于迎合某种期望的诱惑之下：按该民族的愿望来描述他们的历史。结果是真实与虚假相混合，主观意识混杂在历史中。历史学家会选择事实来表明，我们——不管"我们"是谁——符合我们坚持的原则：我们如希罗多德所说的那样自由，如奥古斯丁所说的那样被拯救，如马克思所说的那样受压迫，一切都看情况而定。表明一个集团缺乏理想的污秽细节可以一笔带过或完全删去。结果是神话般的虚构，往事像我们希望的样子，被着实简化成好人和坏家伙、"我们"和"他们"之间的争夺。大部分民族史和大部分集团史皆属这一类，虽然明暗对照的程度有很大不同，也有时历史学家由于企图揭露他所研究的那个集团的真面目而成为该集团的叛徒。致力于获取自我意识的集团和其惯常地位似乎受到威胁的集团，大多要求（并得到）生动简明的描写，以表现出他们令人赞赏的美德和不该遭受的苦难。惯常掌权的、自信内部结合更可靠的集团，则可接受修饰较多的描写，以表现出他们实践其原则中的成功与失败。

历史家对这种市场行情作出了反应：对他们所记述的事迹表示了各种不同程度的赞赏或超脱，用特别甄选的词句注入各种不同强度的感情。真实、说服力、可理解性，与其说依据于史料考证，还不如说依据于历史家的艺术水平更为恰当。但如同我开头所说，一个人的真理是另一个人的神话，一群人承认了关于往事的特定看法这一事实，就局外人而言，并未使这一看法显得更真实。

然而我们不能把集体自我奉承斥之为愚蠢卑鄙的罪过。神话毕竟常常是自我生效的。一个民族或任何其他的人类集团，因为继承了历史记载中关于他们祖先怎样成功地抵抗敌人的英雄传统，在危机的情况下就会知道怎么办；与缺乏这种传统的集团相比，他们更可能有效地采取共同行动。大不列颠在 1940 年的行动表明，这样一种传统怎样能使世界政治改变方向。奉承史学可以通过影响互相斗争的人们的力量平衡，帮助一个特定的集团生存下来。但它的作用不止这一点。对往事妥为理想化了的看法，也会使人类集团更接近于符合其高贵理想。只要大家固守自我美化了的形象，现实存在的就可以发展成应该存在的。50 和 60 年代美国的民权运动就说明了这种现象，它是在我们这里发生的。

这些集团的表现具有极大的重要性。相信自己事业的善与义，对个人或集团来说，都是一种必不可免的自我欺骗。在一个特定集团的行动中强调理想和现实间经常发生矛盾，那是一种腐蚀史学，它使该集团成员更难于紧密地结合在一起同心同德地行动。这种史学的代价是十分昂贵的，任何集团都无法长久予以支持。

另一方面，神话会把人带入灾难。天真而无限制地赞美特定集团的理想和实践，而诋毁其他人，这样一种对往事的描述会歪曲一个民族对其他人的形象的认识，致使外交关系充满令人不快的意外事件。人们以自己的高尚原则和善良意图而自恃，可能只会激起其他人抵制这种真正信仰的正宗传播者，而不管这种信仰是什么。从 1917 年威尔逊和列宁宣布了他们各自的救世药方以来，美国和苏联一直经历着失望和上述的意外事件。在更为极端的情况下，对往事神话般的自我吹嘘，可以促使一个民族干出自杀的勾当，希特勒的末日可使我们看到这一点。

较为通常的情况是，敌对集团的神话般自我吹捧其过去的史学明显地只能加强它们之间对抗的潜能。随着近来毁灭性武器数量的剧增，以主权国家为单位的集团内聚力的强化明显地威胁着人类的生存。同时在国界之内，当准民族集团拥有自己的史学并用它来详尽描写压迫者的时候，公民间的秩序便经受着新的严峻考验，因为这些压迫者就在眼前，并可能仍在享受着由过去压榨所得的收益。

伟大的历史学家对这些难题的处理办法，总是把他们的同情扩大到本集团狭隘范围以外的人。希罗多德对希腊人和蛮族人都给予一份适当的光荣。兰克一视同仁地探讨了新教和天主教、拉丁民族和日耳曼民族所发生的事情。我们行业的其他先驱同样扩大了他们的同情和敏感心的范围，使其超过以前的界限，但他们从未完全摆脱——甚至未想摆脱偏颇，这种偏颇是与接受特定时空条件下的一般观念相缠结的。

一个人的忠诚倾注于何处，是人类生活最重要的问题。像我们这种有众多选择的万国相通的世界性时代，这一问题尤其尖锐。归属一个牢固结合的集团使生活有了价值，它给个人某些自我以外的东西使其为之服务，也给了他们一些可以信赖的东西，以便取得对个人的指导、友谊和帮助。但这种结合愈强，与人类其他成员的分裂就愈厉害。把精神摩擦排向边界之外，向外界的敌人投掷仇恨，以此增强集团自身内部的凝聚力——这就是维持集团统一的全部或至少是部分的方法。真的，需要有东西去怕、去恨、去攻击，这对人类情感的充分发泄可能是必要的，自从食人猛兽不再对人类构成威胁以来，人类就一直在相互惧怕、憎恨和战争。

历史学家通过限定"我们"与"他们"，在凝聚爱和恨上起了很大作用。爱和恨是人类所知道的集体行为的两种主要胶结剂。但敌对集团的神话在原子时代已成为危险的游戏。我们完全应该问一下，我们面前是否有其他道路。

在理论上答案是明确的。全人类具有共同性，历史学家可望深刻地理解它，如同他们理解把较小的集团团结起来的东西一样。一部透彻的世界史可望培养个人与整个人类休戚与共的感情，缩小各集团冲突的毁灭性，而不是如狭隘史学那样不可避免地加剧冲突。这作为我们时代历史专业的道德责任，确实深深打动着我。我们需要发展一种世界范围的历史，为人类全部复杂性造成的多样化留有充分的余地。

但明智的历史学家决不诋毁依附于小集团的现象。对个人幸福来说这是必要的。在所有的文明社会中，众多重叠交错的社会集团都要求人们的忠诚。所以任何一个人都可能承担多种义务并具有多种身份，直至并包括他是全体人类成员的身份，和地球这颗行星上的脱氧核糖核酸生命共同体中的成员身份。作为历史学家和人，我们所要做的是承认这种复杂性，使我们的忠诚保持平衡，使任何集团都无法得到完全的服从。只有这样，我们才有希望为所有不同的人类团体——现存的和将来可能存在的——维持一个较为安全的世界。

然而历史专业已经离开了从世界范围来观察人类冒险的观点。职业的组织形式助长了专门化。在所有老的领域，对重大的问题已经取得了普遍的一致，研究和创新必然集中在细节上。以为真理以某种方式存在于原始文献中的残余信念，使这种努力方向更为坚定。说世界史太含糊、太概括，不可能达到真实（即不可能精确地符合史料），这是一种不费力的、通常是未经考察的推论。按这种观点，只有在小规模的基础上才能达到真理，就是说，辛勤的历史学家成功详尽地研究了有关文献，而没有被这些文献所压倒。但我在前面已讲清楚，在我看来这种历史方法论是不正确的。相反，我称之为天真的、错误的。

所有的真理都是概括的。所有的真理都只不过是用语言对可得到的各种各样资料的抽象。这些语言的本质是形成概念，使构成人类意识的不断变动的信息流具有条理。全部经历的再生是不可能的，也是讨厌的，它只能使我们想要避开的混乱永久化。追求越来越接近于文献——所有的文献，文献就是一切的历史学只不过是越来越走向支离破碎、混乱，并毫无意义。这无疑是死胡同。任何社会都不会长久地支持这样一种职业，这种职业生产神秘烦琐的东西，却称之为真理。

对历史专业有幸的是，历史学家的实践比他们的认识论要好。我们不是解释全部有关的、可以得到的文献，来复制混乱，而是用资料来辨识、支持、加强民族的、超民族的和准民族的集团的共同性，间或攻击或分裂某个集团的共同性。对后一点修正派是感到厌恶的。

实践表明，我们在不同的概括程度上，能以同样的精确性认识真理。这是因为不同的模式出现在不同的时空范围内。我们现在如能认识到这一点，那么，对世界史的厌恶可能会减少，地方性的和世界性的历史之间较公正的比例就会开始出现。走向世界性是我们专业的责任，不管在缺乏自信的、保守的头脑看来，这里会有如何实在的风险。

有一种更严密、更能反映客观的认识论，我们的编史工作也可能在终极真理、一般真理和神话之间达到较好的平衡。关于人类行为的永恒的、普遍的终极真理是一个不可企及的目标，不管它作为一种理想是如何讨人喜欢。历史学家尽可能认真细致地致力于叙述公共事务，使那些与他们具有相同观点和看法又能够接受他们说法的读者感到既易懂又可信，此时，这些历史家就是达到了真理。其结果最好称为神话—历史（虽然我不期望这个词在史学界流行），因为对某些人构成真理的同一说法，对其他人就是神话，并且将始终是神话。后一部分人继承或信奉了关于这个世界的不同看法和观念。

这并不意味着一个神话-历史与另一个神话-历史间没有区别。有些神话—历史明显地比其他的更符合事实；有些比其他的涉及的时间更长、空间更广，并说明更广泛、更多样化的人类行为；有些无疑比其他的为集体行动提供了更可靠的基础。我确实相信，历史学家的真理如同科学家的真理一样，是通过一代代人演进而来的，今天对往事的看法，在范围和准确程度上，都比以前的看法高明。但这种演化是缓慢的。由于神话的自我证实的性质，只有在一段长时间内才能观察到这种演变。有效的共同行动可以依赖于相当狂热的信仰。"不理解也要相信"这句话甚至可以成为集团成员资格的标准，它要求新入会者放弃批判的官能作为充分赞成共同事业的标志。许多宗派在这种原则下繁盛起来，并这样在许多世代中为其成员服务得很好。

但信仰，不管荒唐与否，也面临着世界上长期的生存考验。在这个世界上，大家并非任意接受一种信仰；同时，人们既须相互影响，又必须与外部对象和非人类的生命方式互相影响。这种"外交关系"给任何集团的人们的信仰和行动准则都规定了限度，因为未能取得预期的、所希望的后果的行动总是代价昂贵，甚至经常是灾难性的。导致错误行动的信念很可能得到修正。拒绝从经验中吸取教训，顽固地坚持那种鼓励有害行动的信仰，这样的集团很可能会走向瓦解和毁灭。

作为一种信仰，人们可以相信：我们在历史编纂中的神话制造和神话破灭必将历经时日的积累，来宣传神话-历史。这种神话-历史将更为符合经验，并使人类生存机会更多，它用来维护自己集团的方式对自己及邻人的破坏性也比过去和现在更少。如果这样的话，不断演变的神话—历史确实将会变得更真实、更适合于公共生活，更有效地强调人类冲突真正重要的那些方面，省略不相干的幕后争吵，使男人们和女人们知道如何行动得比我们今天更为明智。

这不是毫无根据的希望。将来的历史学家不大可能从任何将来的美国神话-历史中略去黑人和妇女，我们也不会从将来的世界神话-历史中排除亚洲人、非洲人和爱斯基摩人。一百年前情况不是这样。编史的眼光和范围已经扩大了。在我看来，这个变化就如物理学的发展一样是不可逆转的。牛顿不能解释的现象，爱因斯坦的方程证明能够解释了。

仍很不清楚的是，在扩大我们感知的领域，考虑更广泛范围内的现象时，我们对我们所希望理解的事实是否也认识得更为深刻。我们会的。任何阅读16、17世纪历史学家和我们时代历史学家的作品的人，都会注意到我们对社会进程已取得了新的认识。作为享有这种认识的一个人，我觉得不可能不相信这种认识体现了对旧观念的提高。而过去的旧观念只考虑或几乎是只考虑人类的意向和个人的活动，这些意向和活动只受制于上帝或同样不可思议的命运，对于个人行动发生于其中的社会物质条件则予以忽略，因为这个条件被认为是始终如一、不会变化的。

然而，在我看来是明智的、真实的东西，其他人看来仍是不相干的、模糊的。只有时间能解决这个问题，时间可能使我的思想和我的批评者的思想一同过时。不可改变的、永恒的终极真理仍像天国一样，是一种末世学上的希望。我们实际拥有的东西就是神话-历史——在人类集团的相互冲突及其与自然环境的冲突中，指引他们的一种有用的工具。

因此，做一个追求真理的神话-历史的编写者是一种崇高的、严肃的职业。因为一个集团的成员对于过去事情的了解以及从中得出的信念引导着他们的前程，影响着他们的决定，而他们的生命、财产和神圣的荣誉就依赖于这些决定。正式写下来的历史虽不是形成人们对往事看法的唯一因素，但它们时而十分有力，因为甚至最抽象、最学究气的历史思想，只要适合人们的胃口和需要，使他们感到有用，也会慢慢成为人们所熟悉的东西。

历史学家作为社会的成员和历史过程的参与者，在某种程度上来说，他们要想受到欢迎，只能迎合周围人们的胃口；而要成为有用的人，则必须同时也讲些不合人们胃口的东西。在前有暗礁、后有漩涡的困境中航行，这就是严肃的历史学家的艺术，这种艺术帮助我们历史学家所面对的并加以赞美的集团了解更多关于它自身的和其他集团的事情，使之在一个不可靠的、多变的世界上生存繁荣。

历史学家们以非凡的努力追求这种艺术，在过去的世纪里取得了极大的成功。愿我们的后继者坚持不懈，做得更好！

（选自中国美国史研究会编：《现代史学的挑战：美国历史协会主席演说集（1961—1988）》，本篇译者为王加丰，上海人民出版社 1990 年版）

男人与女人：左翼的形象

霍布斯鲍姆

艾瑞克·霍布斯鲍姆（Eric Hobsbawm，1917—　），当代英国历史学家，第二次世界大战后英国马克思主义史学代表人物之一。其史学旨趣聚焦于新社会史，立意建立总体性的社会的历史，把历史研究的整个领域作为新社会史研究的阵地。他的现代历史"四部曲"（即《革命的年代》、《资本的年代》、《帝国的年代》和《极端的年代》）颇能体现上述史学之精义。在新社会史的研究中，他以"自下而上"史观为指引，关注普通民众，留意处于社会最底层的人。本篇所选，即具体反映他的这一史学思想。题名是原有的。

20世纪70年代，我们发现了图像资料在工人运动研究中的重要性。在艺术史专业的朋友以及沃伯格学院图书馆的独特馆藏的帮助下，本篇才有可能涉足于这一领域，并于1978年首次发表在《历史研究会杂志》。本文在当时因为一些可能被误解的图像背景也招致了一些女权主义者的不算太过火的批评。本文提出了两个问题，一个较轻松，另一个较为严肃。在一百年的劳工历史进程中，女性的形象越来越倾向穿上衣服，而男性的形象却逐渐赤裸出了上身，这是怎样形成的？有关劳工运动中男女之间的真正关系，那些不论是真实的还是象征性的图像材料，究竟能告诉我们些什么？

妇女常常指出过去的男性历史学家，包括马克思主义者，都极大地忽视了人类中的女性这一半。这种批评有道理；本文作者承认这一批评也适用于他的作品。然而，如果要弥补这一缺陷，那也不能简单地开辟历史的一个独特的分支来专论妇女，因为在人类社会中，男人和女人是密不可分的。我们还需要研究，在社会现实中，以及男女彼此在对方心目中的形象方面，双方之间的关系是如何演变的。本文即是这样做的一个初步尝试，探讨的对象是19世纪至20世纪初的革命运动和社会主义运动，方式则是分析与这些运动有关的形象和标志所表达的意识形态上的意义。由于这些形象和标志绝大部分都是男人设计的，我们自然不可能认定它们所呈现的性别角色是表达了多数妇女的观点。然而我们有可能把这些表现性别角色和关系的形象跟那一时期的社会现实，以及跟当时的革命运动和社会主义运动表现得较明确的意识形态，加以对比。

本文的依据，就在于我认为这一对比是可能的。这并不是说，本文所分析的形象是直接反映了现实。例外的只是那些专门为反映现实而设计的形象，如那些特意为具有文献价值而制作的图片，而即便是这些图片也显然不只是反映现实。我不过是认为，在那些供广大公众（比如说广大工人群众）观看而且旨在对公众产生影响的形象中，公众对现实的经历限制了那些形象所能偏离现实的程度。在1871年普法战争结束到1914年第一次世界大战爆发之前的这一"美好时期"中，社会主义者的漫画中所表现的资本家形象照例都是一个头戴高礼帽、嘴吮雪茄烟的肥胖男人，可是如果把这一形象换成一个肥胖的女人，那就会超出了上述的可允许的限度，漫画的效果就会打折扣，因为大部分的老板不仅是被设想为男性，而且事实上也就是男性。这并不是说所有的资本家都是戴礼帽抽雪茄的胖子，然而这些特性很易于理解为资产阶级社会中的财富的象征，而且应该理解为一种特定的财富和特权，它有别于贵族等其他阶级的财富和特权。这样一种与现实的吻合，在纯粹象征性和寓言式的形象中显然不是那么有必要，可是即使在那种形象中，也不是完全可以置公众的习惯见解于不顾。假如把战神画成一个女人，那只能是有意让公众大吃一惊。像这样解释图像，自然不是想要对形象和象征作一严肃分析。我的用意是比较平常的。

让我们首先谈一幅油画，它在表现革命主题的绘画中也许是最著名的，尽管那画家本人不是革命者。这就是法国画家德拉克洛瓦 1830 年创作的《街垒上的自由》（又称《自由引导人民》）。许多人都熟悉这幅画：一位头戴弗里吉亚式女帽、袒露着胸脯的女郎，手举一面旗帜，脚踏牺牲者的尸体奋勇前进，在她身后是一些服装各异、手持武器的男人。对于这一幅画的由来，人们已作过许多考察。不论它的由来如何，画家同时代的人对它的解释却是没有异议的。在画中，自由的形象不是一个寓言式的人物，而是一位活生生的妇女（这无疑是受到了女英雄玛丽·德尚的启发，她的事迹为作品提供了素材）。她被看作是来自人民，属于人民，与人民血肉相连：

> 一个坚强的妇女，挺起胸膛，
> 嗓音嘶哑，神采飞扬……
> 她阔步向前，充满自信，
> 与人民一起呐喊，慷慨激昂……
>
> ——巴比埃：《猎物》

在巴尔扎克看来，她具有农民的血统："她有黑色的肌肤而且热情洋溢，正是人民的形象。"她自豪，甚至傲慢（巴尔扎克的话），和资产阶级社会公众眼里的妇女的形象针锋相对。而且正如当代人所强调的，她是在性的方面得到解放的妇女。巴比埃的长诗《猎物》肯定是德拉克洛瓦的创作源泉之一，诗中描写了这位妇女性解放的完整的故事：

> 她只在人民大众中寻找她的情人，
> 只有像她一样强壮的男人才能得到她强健的身体……

在产下"巴士底狱之子"，在她的周围散发着普遍的性兴奋以后，她厌倦了往日的情人，开始追随拿破仑的旗帜并爱上了一位二十岁的上尉。现在她回来了，

> 依然美丽赤裸戴着三色的腰带
> 为她的人民去赢得七月革命的胜利。

海涅评论过德拉克洛瓦的这幅画，他进一步想象这一女性形象属于那种独立的、性解放的身份难以确定的类型，是"官妓、卖鱼妇和自由女神的奇怪混合体"。这一主题是人们所能辩论的：福楼拜在《情感教育》中又谈到了它，那背景是 1848 年的法国，他的自由女神形象则是在洗劫一空的杜伊勒里宫内出现的一位普通的妓女（尽管她也经历着资产阶级社会惯常的过渡，从"自由 = 好"这一公式过渡到"许可证 = 坏"这一公式）："在前厅内，在一堆衣服上面，笔笔直直站着一位妓女，摆出一尊自由女神雕像的姿势。"比利时画家费利西安·罗普斯也发出了同样的声调，他"把（巴黎）公社人格化为一裸体妇女，头戴军帽，手持宝剑"。这一形象并不只是他一个人想出来的。他的一幅很有影响的作品《人民》画的是一个裸体年轻妇女，摆出妓女的姿势，只穿着一双长筒袜子和戴一顶睡帽，也许在暗示那弗里吉亚式女帽，双腿叉开露出阴部。

因此，德拉克洛瓦的《自由》那幅画的新颖之处就在于将裸体女性形象认同于一位来自人民的活生生的妇女，一位解放的妇女，她在男人的运动中起着积极的——的确是领导的——作用。这一革命形象的起源能追溯到多远，必须留待美术史学家来回答。在这里，我们只能指出两点。第一，这画中的形象很具体，不同于通常的寓言式女性模样，尽管她仍保持

了这类形象的裸体特征，这一特征还确实被画家和观察家所强调。她不是在搔首弄姿，她是在行动。第二，她显然不同于传统的女自由战士的形象。最著名的女自由战士形象是古犹太女英雄犹滴，她杀死敌将大卫，表现出弱者成功反抗强者的斗争。德拉克洛瓦这幅画中的形象却与此不同，她并不是孤身一人，她也不代表弱者。相反，她代表着不可战胜的人民集合起来的力量。既然"人民"包括各个不同的阶级和职业，画中也正是这样表现出来的，那就需要有一个不同于其中任何一人的形象，来作为总的象征。由于传统的图像学上的缘故，这一形象很可能是女性。但画家所选择的妇女形象代表了"人民"。

1830年的革命似乎代表了这一自由女神形象的高峰期，男人接受这一活跃的、解放的妇女形象作为他们的引路人，但这一形象在1848年依然十分流行，毫无疑问这是因为其他的画家也受到了德拉克洛瓦的影响。在米勒的《街垒上的自由女神》中，她依然裸体，戴着弗里吉亚式的女帽，但是她所处的环境却是模糊不清的。在杜米埃的《起义》的草图上她依然是一个领导者的形象，但背景也同样是模糊的。另外，尽管在1871年没有太多的关于巴黎公社和自由女神的画像，她们仍然倾向于裸体（正如上文所提到的罗普斯的设计）或者露出胸膛。妇女在巴黎公社中起了引人注目的积极的作用，这也许说明了为什么至少在一幅国外的画中，作为这一革命象征的形象是一位非寓言式的（即穿着衣服的）而且明显富有斗争性的妇女。

因此，共和或自由的理念仍然往往表达为裸体的或者更可能是裸露胸膛的女性形象。拥护巴黎公社的雕塑家达卢那座著名的、竖立在巴黎民族广场的《共和胜利》青铜雕像仍至少露出一侧的乳房。只有通过研究才能看出这种裸露乳房的手法在那些表现造反或至少是论战性主题的艺术作品中保持了多久。在法国犹太族军官德雷福斯受诬陷而引起全国长达十来年的论战期间，1898年1月的一幅漫画展现的年轻纯洁少女玛丽安的形象，就露出了一侧乳房，一位威武雄壮的正义之神则在保护她，防范一个妖魔的袭击，下方有一行字："正义：别怕妖魔！我在这里。"另一方面，玛丽安这一象征共和的形象尽管起源于革命年代，到这时已通常身着单衣。体面的观念重新占了上风。重新占上风的，也许还有谎言，因为人们仍然认为象征真理的寓言式女性形象应当是裸体的，这种形象依然频繁出现，在德雷福斯事件时期的漫画中尤其如此。事实上，即使是在维多利亚时代的英国工人运动的画像中，真理女神也仍是裸体的，例如在木匠和细木工人联合会1860年的会标上即是如此。直到维多利亚时代晚期，道德观念才占了上风。

总的说来，随着19世纪的民主平民革命转变为20世纪的无产阶级和社会主义运动，裸体或者穿着衣服的女性形象的作用急剧下降。从一定意义上来说，本文所探讨的主要问题就在于工人和社会主义运动的这一形象男性化的过程。

由于显而易见的原因，除了少数以女工为主的产业以外，无产阶级女工的形象在美术作品中没有得到很多的表现。这肯定不是出于偏见。使男工形象典型理想化的先驱是比利时的雕刻家和画家康斯坦丁·默尼耶，他既乐意画男工，也同样乐意画女工，他的雕刻作品中也有女工形象，虽然少一些。有时，他的画中还有女工与男工一起干活的场景，《矿工下班归来》（1905）即是一例——当时比利时仍有女矿工。然而，很可能，妇女作为挣工资的工人以及和男人一起的政治活动热心参与者的形象，主要是受到了社会主义运动的影响。在英国，直到这一影响发挥效果之后，这一趋势才在工会中的图像中变得引人注目。在那些没有受到知识分子影响的前社会主义时期英国行业公会的会标中，工会通过那些主要出现在小巧图案上的真实妇女形象来宣传他们对于处于危难之中的会员的无私帮助：比如发放医疗费、事故补偿金和抚恤金。例如，丈夫生病，佩戴工会饰带的同事们来看望他，妻子则站在丈夫病床旁边。或者，在一家之主死后，工会代表送来抚恤金，遗孀跟他们握手道谢，她周围还画有几个孩子。

当然，妇女仍然是以象征和比喻的形式出现，尽管在19世纪末的时候英国工会的会标中已经找不到任何女性的形象，特别是在采矿、炼钢之类的纯粹男性化的产业中。尽管如此，自由派的自助的比喻形象依然多为女性，因为历来如此。谨慎、勤劳、坚韧、节制，以及真理和正义，是1868年石匠协会的主导思想；工艺、勤劳、真理和正义则主导了木匠和细木工人联合会。从19世纪80年代以后，在我们的印象中，只有正义和真理，也许还要加上信念和希望，还存在于传统的形象中。但是随着社会主义影响的发展，其他的女性进入了左翼的图像，尽管她们绝不代表真实的妇女。她们是女神或者缪斯。

例如，在1898—1929年间的（左翼）工人联盟的旗帜上，画着一位年轻甜美、身着白色绸缎穿着软鞋的女士，为了一群以写实手法描绘的身穿工作服的工人的利益，给他们指出一轮标有"更好的生活"字样的初升的太阳。图像下的文字清楚地表明了她是信念的象征。另一幅画上，一位斗志昂扬的女性形象也是同样的装束，但是她的发型纹丝不乱，握着宝剑和一面刻有"正义和平等"字样的圆盾，站在一位强壮有力、衬衫敞开的工人面前，显然他刚刚击败了一头躺在他的面前已经死去的名为"资本主义"的野兽。这面旗帜上写有"工人的胜利"，它代表了另一个社会主义工会"大众工人全国联盟"的滨海绍森德分会。在同一工会的托特纳姆分会的旗帜上，有着同样的一位年轻女性，只不过是头发飞扬，衣服上写着"光明，教育，工业组织，政治行动和真正的国际化"，她为一群普通的工人指明一片希望的土地，其形状类似孩子们的游乐场。这片希望的土地被称作"赢得合作共同体"，而标在整个旗帜上的口号是"国家财富的生产者，团结起来！一齐走向世界。"

这些形象显得更为重要，因为它们明显地和新的社会主义运动相关联，这一运动发展出自己图像学，而且还因为这种新的图像学（不像是旧的比喻式词汇）部分地受到了法国革命形象的传统的启发，德拉克洛瓦的《自由》也同样是源于这一传统。从风格上看，至少在英国，它是属于进步的工艺美术运动及其分支，即新艺术运动，这一运动为英国社会主义提供了主要的艺术家和插图画家威廉·莫里斯和沃尔特·克兰。但是沃尔特·克兰进入社会主义时期的广受欢迎的人性形象——一对穿着松软的夏季服装的夫妇，其中男的把孩子放在肩头——画面上出现了佛里吉亚式的女帽，就像他的许多作品一样，依旧反映出1789年法国革命遗留下的影响。奥地利社会民主党的最早的五一劳动节徽章使得这一联系变得更为显著。它表现为一个带有"博爱，平等，自由和八小时工作制"格言字样的女性图像。

但是在这种新的社会主义图像中，妇女究竟扮演了什么角色呢？她们扮演的是激励和鼓舞的角色。从1895年开始出版的《劳工年刊》，其徽章是 T. A. 韦斯特的作品《光明与生活》，在它的画面上，一位女士穿着飘动的长裙，半遮半掩地躲在一面盾牌之后，为一位年轻英俊、穿着开领衬衫、将袖口卷到肘上的小伙子吹响一支礼仪用的小号，小伙子拿着篮子，他从篮子里往外播撒社会主义宣传的种子：光线、星辰和波浪，它们形成了这幅画的背景。社会主义图像中出现了人类的女性，无论有没有孩子，她们都是理想夫妇的组成部分。图像中的男女各自象征了某种活动，男性就代表着工业劳动。在克兰的夫妇形象中，男性的身边是一把镐和一把铁锹，而女性则提着一篮谷子，身边有一个耙子，这代表了自然或者最多意味着农业。有意思的是，同样的分工也出现在穆欣娜于 1937 年在巴黎国际博览会的苏联展馆中展出的著名雕塑作品《工人和集体农庄农民》当中：他拿着锤子，而她拿着镰刀。

当然，真正的工人阶级妇女也出现在新型的社会主义图像中，而且至少通过暗示体现了一种象征性的含义。但是她们和巴黎公社时期好斗的年轻姑娘形象截然不同。她们是受苦和忍耐的形象。无产阶级艺术和社会主义现实主义——同时作为现实主义和理想主义——的伟大先驱默尼耶和往常一样最先使用了这一形象。他的《人民的妇女》是年老、瘦削的，她的头发紧紧地缚在后面，使头部看起来不过是一个光秃的头颅，她那赤裸的（而且不太典型的）肩膀显示出她枯萎平坦的胸部。他的更有名的作品《沼气》中也有一个女性形象，她裹着一条披肩，哀悼死去的矿工。这些都是人们在高尔基的小说或者珂勒惠支的悲剧性画作中所熟知的受苦受难的无产阶级母亲。她们的身体隐藏在披肩和头巾之下，这一点也许并非毫无意义。无产阶级妇女的典型形象已经非女性化了，而且隐藏在贫穷的衣服之下。她们是精神，而不是肉体。在现实生活中，这种受苦的妻子和母亲的形象变得富有斗争性，西班牙内战时期伊巴露丽那身着黑衣的雄辩家"热情之花"的形象也许即是一例。

然而当女性的身体在社会主义的图像中逐渐穿起衣服（如果说还没有隐藏起来的话）的时候，男性的身体却发生了有趣的变化。出于象征性的目的，他们裸露得越来越多。日益用来象征工人阶级的形象，是和德拉克洛瓦的自由女神适成对称的男性画像，也就是一位赤裸上身的年轻男子：一个具有男子气概的劳动者的强有力的形象，他们光着上身挥舞着锤子或镐头。这一形象有两点不现实之处。首先，想要在那些工人运动强大的国家里找到许多赤裸上身工作的 19 世纪式男性工人，绝非易事。正如凡·高意识到的，这是艺术现实主义时期的困难之一。他想画农民裸露的身体，但是在现实生活中，他们并非是赤裸的。即使在今天看来似乎有理由脱去衬衫的条件下，比如在炼铁厂或煤气厂光热四溢的工作环境中，许多反映工业劳动的图像，几乎普遍地把他们表现为穿着衣服（尽管是单薄衣衫）的工人。这不仅包括那些可以称为广泛唤醒工人世界的作品，比如说马多克斯·布朗的《工作》，或者阿尔弗雷德·罗尔的《艰辛》——一幅户外建筑工地的场面——而且还包括了那些现实主义的画作或者绘图报告。自然我们也可以见到光着上身的工人——比如说在某些（但决不是全部）英国矿工当中。在这种情况下，工人能够以写实的手法被表现为半裸体，比如在 G. 凯波特的《打磨地板的人》，或者是铸铁工人联盟（1857）会标上那个采煤工人的形象。然而在现实生活中，这些都是特例。其次，裸体形象的不现实之处还在于它几乎没有包括技术熟练工和工厂工人的广大群体，他们在任何时候都不会想到脱去衬衫工作，而且他们恰好大致构成了有组织的工人运动的主体。

赤裸身躯的工人形象首次出现在艺术中的时间已经无法确定。可以肯定的是最早的无产阶级雕像之一，即韦斯特马科特 1821 年在北爱尔兰班戈的彭林纪念碑上雕刻的工人，是穿着衣服的，而他身旁的农村女孩却是具有半比喻意味的袒胸露背的女人。不管怎样，从 19 世纪 80 年代开始，裸露上身的男工形象已经时常出现在比利时艺术家默尼耶的雕塑作品中，他也许是第一个全身心表现体力劳动者的艺术家；巴黎公社支持者达卢的雕塑作品中也包含了这样的形象，他的未完成的劳工纪念碑包含了相同的主题。显然，裸体的形象在雕塑方面更为突出，这种艺术手法比起绘画具有更悠久更强烈的表现人体裸体的倾向。实际上，默尼耶的素描和绘画中更为常见的是现实地穿着衣服的人物，而且，正如至少在他的"码头工人为一艘船卸货"这一经常出现的主题之一中所显示的，仅仅在一个劳工纪念碑的三维设计中才出现没有穿衣服的人。这也许就是当社会主义运动尚无力建造许多公共纪念碑的时候，半裸体的形象在第二国际时期不多的原因之一。这种形象于 1917 年后在苏俄才流行了起来，因为苏俄有条件大建纪念碑。然而，直接比较绘画和雕塑的形象也许会产生误导的效果，事实上，甚至在 19 世纪的工人运动的会标、旗帜和其他的二维图像中，男性裸露的躯干已经随处可见。尽管如此，这种形象 1917 年以后在苏俄的《工人》、《无产阶级武器》和《1905 年流血星期天纪念碑》等等雕塑作品中取得了成功。这一主题到现在依然不时出现，一尊 70 年代的名为《各族人民友谊》的雕像仍然表现为一个挥舞着锤子的健壮赤膊男性的形象。

绘画和图形依然更难打破它们和现实主义的联系。在英雄的俄国革命时期招贴画上很难找到任何光着上身的工人。甚至象征性的绘画作品《劳动》也表现为一个理想化的穿着工作服的年轻人，周围是熟练工匠使用的工具，而不是我们更为熟悉的四肢发达但基本上属于非技术工人的巨人形象。有一个形象是一个强有力的挥舞锤子的人正在打碎缚住地球的锁链，它自从 1920 年起开始出现在共产国际的杂志封面上并象征着共产国际，尽管是以素描的形式，但看得出来他的身上穿了衣服。这一刊物早期的象征性的装饰都是无生命的物体：比如五角星、光线、锤子、镰刀、麦穗、蜂房、象征丰饶的羊角、玫瑰、荆棘、相互交叉的火炬和链条等。尽管在欧美新艺术运动的潮流中有一些更为现代的形象，比如说风格化的冒烟的工厂烟囱，或者传送带，但是却没有袒露胸膛的工人。这种工人的宣传摄影即使在苏俄第一个五年计划之前曾经出现过的话，也并不常见。不管怎么样，尽管赤裸的身躯在二维平面上的进步比想象的要慢，但是这种形象还是人们所熟悉的。例如它就作为装饰而出现在共产国际第五次代表大会法文版的《会议纪要》的封面上。

为什么要使用赤裸的身体形象？这一问题只能简单谈谈，但是我们却需要同时考虑两个问题，即理想化和象征性的表现语言，以及把这种语言发展成为社会主义革命运动的工具的需要。毫无疑问，18 世纪的美学理论把裸体和人类的理想状态相联系，在温克尔曼的著作中，这一点就时常刻意流露了出来。一个理想化的人（和寓言式的人不同）不能够穿日常生活中的服装，而且——正如在拿破仑裸体塑像上所见到的——应该尽可能地不用服装来表现。现实主义在这样的表现中就毫无地位。当法国作家司汤达批评画家大卫时，说大卫所画的古代武士赤身裸体地加入战斗，只带着头盔、剑和盾牌，这几乎就等于自杀，司汤达不过是作为一贯的挑衅者的角色，引起人们注意艺术中象征性和现实性表述的互不相容。尽管社会主义运动和艺术中的现实主义原则有着极为深刻的联系——这种联系可以追溯到圣西门主义者——但是社会主义运动仍需要一种象征性的语言来表达它的理想。正如我们所看到的，英国行业公会的会标与旗帜——克林根德尔把它们正确地描述为"19世纪英国的真正的民间艺术"——是现实主义、比喻和象征的组合。它们可能是公共纪念碑雕刻之外的最后一种有活力的比喻和象征语言的形式。要理想化地表现正在进行斗争的工人阶级自身这一主题，就迟早会涉及到裸体形象的运用——正如我们看到，在19世纪90年代码头工人工会的出口分会的旗帜上，有一个裸体的强壮男性，他的腰部盖了几块布片，正跪在一块石头上和一条巨大的绿蛇搏斗，在他的四周围绕着一些适当的格言。简而言之，尽管现实主义和象征主义之间的紧张关系依然存在，但缺少裸体形象，却很难设计出一套完整的象征和理想的词汇。另一方面，我们也许可以说人们已经无法接受全裸的形象了。我们也很难忽视1927年的一幅作品《群体：十月》的荒诞不经，这幅画上有三个强壮有力的全裸男子，其中只有一个人戴了红军的军帽，他们拿着锤子和其他一些适当的附属用品。我们可以推测说，上身赤膊的形象表达了象征主义和现实主义之间的一种妥协。毕竟存在着那些可以用这种方式来表现的真正的工人。

我们还剩下最后一个但又是关键的一个问题。为什么唯独用男性的躯干来象征斗争中的工人阶级呢？这里我们只能推断一番。也许我们可以从两个方面来作推断。

第一是有关资本主义时期实际的性别劳动分工的变化，这里同时有生产体制上的变化和政治意义上的变化。19世纪的工业化谜团在于它倾向于通过剥夺劳动者对生产工具的控制，来加剧并锐化这种女性从事没有酬劳的家务劳动和男性从事有报酬的外部工作之间的性别分工。在工业化之前和原始工业经济中（农业耕种，工匠生产，小型的店铺管理，庭院工业，发包制等等），家务和生产基本上是一个单一的或者组合的单元，尽管这一般都意味着妇女们工作负荷严重过量——因为她们除了大部分家务活之外还要参与其他的一些生产——但是她们并没有局限于单一的工作。

事实上，在最近人们已经研究过的"原始工业主义"（庭院工业）的大扩张中，实际的生产过程减轻甚至消除了男女之间在工作上的差异，这一点在社会角色、性别角色以及两性传统上具有深远意义。

但另一方面，工人在雇主所拥有的工厂里为雇主工作，已日益普遍，家庭和工作就分开了。通常每天由男子外出工作赚工资，而妇女留在家里。妇女通常只是在婚前或婚后成为寡妇或者和丈夫分居，或者丈夫无法赚取足够的钱来维持妻子以及家庭的生活开销时，才会外出工作（她们就是这样做的），而且一当丈夫能挣足够多的钱时，妻子很可能就不再出去了。相反，一个成年男人所从事的职业如果通常得不到为维持一个家庭所需要的工资，那么人们就有理由认为这个职业的报酬过低。因此，工人运动就十分自然地倾向于按照一个养家糊口的人（也就是说，实际上是男性）是否能做到养家糊口来计算可以接受的最低工资，而且把妻子不得不为挣工资而工作看作是一个不理想的经济状况的征兆。实际上情况往往是不理想，被迫为工资或其等价物而工作的已婚妇女的数目十分庞大，尽管其中有很大一部分人是在家里工作——这也就是说，是在工人运动的有效范畴之外。另外，即使是那些传统上已经为已婚妇女提供工作的产业——比如说在兰开夏的纺织业地区——受雇参加工作的妇女数目可能被夸大了。1938 年在布莱克本有 38% 的已婚妇女和寡妇受雇工作，但是在博尔顿只有 15%。

简而言之，按照传统，妇女一旦结婚就该停止外出为工资而工作。1911 年在英国，只有 11% 的为工资工作的妇女有丈夫，而且只有 10% 的已婚妇女工作。这也许是一个极端的例子。但是即使在 30% 的挣工资的妇女有丈夫的德国（1907），性别的差异也十分显著。年龄在 25～40 岁的挣工资的已婚妇女与挣工资的已婚男人的比例为一比四。在 1900 年以后出现了较多妇女受雇于工业的明显趋势，未婚姑娘可以选择的就业门类和休闲活动也逐渐增多，然而已婚妇女的状况尚无重大变化。"在 19 世纪和 20 世纪之交时，已婚妇女有一定职业的趋势尚未确立。"这一点值得强调，因为一些女权主义历史学家出于难以理解的原因，试图否认这一点。19 世纪的工业化不同于 20 世纪的工业化，当时的趋势是婚姻和家庭成为工人阶级妇女的主要出路，除非她们为贫困所迫而不得不出外工作。至于她们在婚前就业挣工资，她们认为那只是自己生活中的一个暂时性的阶段（尽管那无疑也是一个可取的阶段）。一旦结婚了，她们就不再是以工人的身份，而是以工人的妻子、母亲和家庭主妇的身份，而属于无产阶级的行列。

从政治上说，工业化前那一时期的穷人的斗争不仅为妇女和男人一样参与斗争提供了广阔的空间——当时无论男女穷人都没有选举权之类的政治权利——而且从某些方面看，还为她们提供了一个特定的和带头的角色。斗争的最普遍的形式就是争取社会正义，也就是通过争取稳定物价的直接行动来保持 E. P. 汤普森所说的"公众的道德经济"。在行动的模式上，这可以在政治上具有决定性的意义——我们不妨回忆一下 1789 年妇女向凡尔赛宫的游行——妇女不仅带头，而且人们通常也期待她们这么做。正如路易莎·阿卡蒂说得好："大量的例子（我几乎可以说实际上是所有的例子）表明妇女起关键的作用，无论是因为她们首先提出了动议，或者还是因为她们形成了人群中的极大部分。"这里我们已不必再考虑众所周知的工业化之前时期的事例，例如在所谓的威尔士丽贝卡起义（1843）中，那些造反的男人化装成妇女采取行动。

此外，具有工业化之前时期特点的城市革命并不是无产阶级革命而是平民的革命。在"小小老百姓"这样一个同质的社会联合体中，团结的因素是共同的"小"和贫穷，而不是职业和阶级的标准，只要妇女能够走上街头，她们也可以扮演一种政治角色。她们能够而且的确也做到了帮助建起街垒。她们还能够支援那些利用街垒战斗的人。她们甚至也可以参加战斗或者拿起武器。甚至现代的非工业化大都市的"人民革命"的图像也包含着妇女的身影，每一个能回忆起卡斯特罗胜利之后的哈瓦那街景的人都能够证实这一点。

但另一方面，无产阶级的特定斗争形式，即工会和罢工，大多不包括妇女，或者在很大程度上降低了她们作为明显积极参与者的作用，只有妇女非常集中的少数产业除外。举例来说，1896 年，妇女在英国工会（不包括教师）中的总人数是十四万二千人，或者说大概占 8%；但是这些人中有 60% 是集中在组织极为严密的棉纺织业。到了 1910 年，妇女的比例超过了 10%，尽管妇女工会会员在白领工作者和店员之中有所增长，但是人数扩张的重头戏还是在纺织工业。在别的一些地方，她们的作用确实很重要，但仍与男工有所不同，即使是在那些工作场所与社区密不可分的小工矿中心，情况仍是如此。在这样的地方，她们在罢工中的作用会是公开的、明显的和重要的，但那毕竟不是罢工者自身所起的作用。

此外，有些地方的男工和女工的工作并不是截然分开，彼此没有多大的区别，因而不会产生什么性别交叉的问题，然而男性工会会员对于挤进他们行业的妇女通常不抱欢迎态度，用韦布夫妇的话来说，是感到"恼恨和厌恶"。原因很简单：她们的工资要低得多，因而她们代表了一种对男性的工资和工作条件的威胁。她们——这里再次引用韦布夫妇的话——"作为一个阶级，是工匠的生活标准的最危险的敌人。"尽管左翼思潮的影响在不断增加，但男性的态度也同样受到了那些以今天的话来说是"大男子主义"的影响："受人尊敬的工匠对于男女在日常交往中厮混在一起的情况有一种本能的反感，无论交往的地点在工厂里还是在社会俱乐部里。"结果，那些能够把女性排出在外的工会的政策就是不让女性从事他们的工作，甚至那些无法做到这一点的工会（例如，棉纺工会）也采取政策让男女分开，或者至少避免让女性"和男性一起工作，特别是当她们已经脱离了和其他女性工人的经常联系的情况下。"因此，对女性工人经济竞争的恐惧和保持"道德"的需要两者结合在一起，就将妇女置于工人运动之外或者只居于边缘的地位——只有她们在家庭中的传统角色除外。

工人运动的令人不解之处在于：它鼓励两性平等和解放的思想，然而在实践中却反对男女作为工人共同参加劳动。对各个阶级（包括工人）中已经解放的少数妇女来说，男女共同工作为她们提供了发展成为真正的人甚或成为领导人和公众人物的最佳机会。在19世纪，也许只有这样一个环境能够给她们创造如此的机会。我们同样也不能够低估工人运动这个充满激情寻求妇女解放的运动对普通的，甚至是已婚的工人阶级妇女的影响。法国的激进社会主义者所倡导的小资产阶级"渐进"运动，事实上不过是炫耀了他们的大男子主义；和这种运动不同，社会主义工人运动试图克服无产阶级和其他阶级中保存的男女不平等的倾向，尽管它并没有完全取得它所希望的成功。并非毫无意义的是，德国社会主义者的富有魅力的领袖奥古斯特·倍倍尔的主要作品——而且也是那个时期德国社会主义宣传中的最有名的作品——就是他的《妇女与社会主义》。然而与此同时，工人运动却又不经意地收紧了镣铐，将大多数（不挣工资）工人阶级已婚妇女束缚在一种既定的社会从属地位。它越是成为一种强有力的大众运动，这些对其自身的解放理论和实践的削弱作用就变得越是有效，至少直到经济的变化摧毁了 19 世纪性别分工的工业阶段为止，情况都是如此。在某种意义上，工人运动的图像反映出这种对性别分工的无意识强化。尽管工人运动想要倡导男女平等，运动的图像却以 1914 年以前的工会斗争这种基本形式表达了无产阶级斗争中的最基本的"男性化"特点。

现在应该很清楚，为什么从一个平民民主时期到无产阶级社会主义运动时期的历史变化会自相矛盾地导致妇女的角色在图像上的衰落。然而，也许还有另外一种因素强化了运动的男性化特点：工业化之前时期流行过的相信革命将创造理想社会的理论已趋衰落。这是一个更加有待推敲的问题，而我只打算谨慎地谈一点看法。

正如上文所述，左翼图像中的女性形象保持得最好的是一种乌托邦的形象：比如自由女神，胜利的象征，一个指引未来完美社会的女性形象。实际上，社会主义乌托邦的意象基本上是一个象征着大自然、繁衍成长以及开花结果的意象，这自然和女性所代表的隐喻相吻合。请看欧仁·鲍狄埃的一些诗句：

> 崭露头角的新人一代接着一代，
> 将会看到他们的婴儿欢笑，
> 恰似春风轻拂石南花开放。
> 那将是玫瑰的季节……
> 那就是人民的未来。

欧仁·鲍狄埃，这位傅立叶空想社会主义的信徒，《国际歌》的词作者，写了许多这样充满女性柔情的形象，甚至直接写到母亲的乳房：

> 为了你的孩子们，尽管他们早已断奶，
> 请再一次把你的乳房向他们敞开。
>
> ——《黄金时代》

> 在金色的草地上母亲向我们走来，
> 她充盈的双乳将哺育大群的儿女。
>
> ——《热月的女儿》

> 从乳母的乳房中流出了美丽的一天，
> 一股生命和爱的源泉。
> 所有的一切都果实累累，每件事物都在生息繁衍。
>
> ——《富足》

> 大自然——你的乳房已经膨胀
> 将哺育你的所有儿女幸福成长……
>
> ——《庆祝》

正如我们所见，英国画家沃尔特·克兰也是如此，只不过他采取了一种不太直接的方式，创作了 19 世纪 80 年代以后的英国社会主义图像的主题。这种意象包括了春天与花朵，丰收的景象（比如那幅有名的为 1891年的五一劳动节游行而设计的名为《劳工的胜利》的海报），或者是戴着弗里吉亚式女帽穿着轻柔飘逸服装的姑娘。而谷物女神刻瑞斯则是共产主义的女神。

并不令人奇怪的是，在社会主义意识形态历史上，最深浸透女性形象同时也最倾向于赋予妇女一种关键的、实际上往往还是一种主导作用的时期，是 1848 年以前的浪漫主义乌托邦时期。当然，在这一时期我们几乎还谈不上什么社会主义"运动"，只能找到一些小的不典型的组织。另外，妇女在这类组织中居领导地位的实际人数和名望均远远低于后来的非乌托邦的第二国际时期。以英国为例，在前一时期的欧文空想社会主义和宪章运动中，妇女的作用有限，而到了 19 世纪 80 年代和 90 年代，妇女作为作家、公共演说家和运动领导人所发挥的作用之突出，已是前一时期根本无法比拟，这一点不仅表现在充满中产阶级气氛的费边社，而且还表现在工人阶级氛围浓得多的独立工党之中，更不用说还有像埃莉诺·马克思那样的工会运动人物。还有一些妇女，像贝阿特丽斯·韦布和罗莎·卢森堡成为名人，并不是因为其性别而名声大噪，而是因为她们自身跟性别无关的杰出表现。然而，社会主义意识形态中，女性解放的角色表现得最明显和最突出，仍然是在乌托邦社会主义时期。

之所以如此，部分原因在于那一时期的社会主义被赋予了一种摧毁传统家庭的重要角色，在《共产党宣言》中这一角色依然讲得十分明显。家庭不仅仅被看作是妇女的监狱——从整体上看，妇女在政治上并不很活跃，或者实际上作为一个群体来说也不热衷于废除婚姻——而且也被看做是年轻人的牢房，而革命的意识形态对年轻人更有吸引力。此外，J. F. C. 哈里森正确地指出，新兴的无产阶级甚至凭自己的经验也能够得出这样的结论："他们窄小简陋的家是一个充满限制和约束力的地方，然而在团体中他们就会拥有打破禁锢的手段：'我们和富人一样也住得起宫殿……只要我们采取结合起来的原则，像老祖宗亚伯拉罕那样的大家庭原则'。"然而，消费社会加上由国家福利来代替互助，正是这种奇怪的结合，削弱了上述的反对私有化核心家庭的论调。

但是，乌托邦社会主义还赋予妇女另外一种角色，这基本上类似于女性在千禧年宗教运动中所扮演的角色，而乌托邦社会主义者与这种宗教运动有不少相同之处。在这一运动中，女性不仅仅是——也许甚至不主要是——与男性平等，而是处于优越的地位。她们特定的角色是像乔安娜·索斯科特那样的预言家——她是英国19世纪早期一个具有影响的千禧年运动的创始人——或者是圣西门宗教中的女性-母亲-弥赛亚（救世主）的角色。这种角色碰巧为一小部分女子提供了在男人占主导地位的世界中从事公共职业的机会。我们会想到基督教科学派和神智学的女性创始人。然而，社会主义运动和工人运动的发展趋势却是脱离千禧年主义而转向理性主义的理论和组织（科学社会主义），这使得妇女在运动中的社会角色变得日渐边缘化。那些能干的具有能满足这种角色的要求的妇女，被排除在运动的中心之外，并被推向能够给她们提供更多空间的外围宗教团体。例如，著名的英国社会改革家安妮·贝赞特本是世俗论者和社会主义者，在1890年以后发现自己所满足的（和主要的）政治角色是神智学的高级牧师，而且她通过神智学，成为了印度民族解放运动的一位鼓动者。

女人的乌托邦式的、弥赛亚式的角色在社会主义中只留下了女性作为更美好的世界的象征和感召的形象。但奇怪的是这一形象本身很难和歌德所说的"永恒的女性引导我们升向天堂"的格言区分开来。它实际上和女性在理论上的资本主义男性理想化没有什么区别，这种理想化恰恰易于和女性在实践中的低下地位相吻合。女性的鼓动者形象最多也就是圣女贞德式的形象，这一点在沃尔特·克兰的画中很容易辨认。实际上贞德是女性战斗力的偶像，但她并不代表政治上的或个人的解放，甚至也不代表激进主义，在任何意义上来说也不能成为真实女性的典范。即使我们忘记她并不代表大部分不再是处女的女性，以历史学的概念来说，在世界上任何特定的时刻都只能存在为数不多的贞德。而且，碰巧的是，正如法国右翼日渐热衷于采用贞德的形象这一点所表明的那样，她的形象在意识形态上和政治上都变得不确定了。她也许代表着自由，也许并不代表着自由。她也许会出现在街垒一边，但和德拉克洛瓦的自由女神不同，她的位置并不一定属于那里。

不幸的是，现在我们已经不可能对如今已经十分遥远的历史时刻之后的社会主义运动进行图像学上的分析。我们已经不再理解或者不大用得到传统的象征和比喻式的语言，而且随着这种语言的衰落，女性作为女神和缪斯，作为道德和理想的化身，甚至是作为贞德，已经在政治图像中失去了她们特定的位置。甚至20世纪50年代国际著名的和平象征已经不复是一位妇女（而在19世纪这象征几乎肯定是妇女），而是毕加索的和平鸽。这一点可能同样也适用于男性形象，尽管挥舞锤子的普罗米修斯式的男人作为这一运动和斗争的化身，存在的时间久一些。自从第二次世界大战以来，这一运动的图像不再是传统的模式。目前我们还没有能够解释它的分析工具，比如说对那些表面具有自然主义风格的主要的现代图像媒介，如照片或影片，作一个象征性的解释。

所以图像学现今无法像它在19世纪那样，对于理解20世纪中期社会主义运动中的男女之间的关系给出重要的启示。尽管如此，它能够对男性的形象作出最后的提示。这一点（正如已经提到的）从某种意义上来说令人费解，因为其中的工人的形象并不代表男性的力量；也不代表智慧、技巧和经验，而是呈现蛮力——甚至是像默尼耶著名的炼铁工人的形象那样，表现出一种实际上排除脑力和耗尽脑力的体力付出。人们可以在艺术上找到原因。正如勃兰特所指出的，在默尼耶的画中"无产阶级变成了一个古希腊运动员"，而且对于这种理想化的形式来说，表达智力就显得毫不相关了。人们也能够找到历史的原因。1870—1914 年期间的工业比起其他的时期更为依靠大批没有技术但体力强壮的工人，来从事大量劳动密集型的、相对来说不需要技术的工作，而且那种昏暗、火焰和烟雾的场面代表了人类依靠以蒸汽为动力的工业来进行生产的生产力革命。

但是，正如我们所知，如果我们把具有无可否认的重要性的矿工队伍放在一边的话，这一时期有组织的工人队伍中，大部分战斗力强的分子基本上是由技术工人组成的。那么，一个省略了他们那种劳动的所有特点的工人阶级形象是怎样建立起来的呢？我们也许可以提出三点解释。首先——也许在心理学上这是最可信的解释——对大部分工人来说，无论他们技巧怎样，判断他们是否属于工人阶级的标准，明确地说，还是手工和体力劳动。真正的工人运动的本能在于"工人干活"：也就是说对那些双手洁净的人的不信任。而这一形象就体现了这一点。第二点在于这一运动想要确切地强调它的包容性。工人运动包括了所有的无产阶级，而不仅仅是印刷工、技工这类人。第三点——也许这一点在第三国际时期十分盛行——在于，从某种意义上来说，那些相对缺少技术的、纯粹的体工劳动者，如矿工或者码头工人，被认为更具有革命性，不属于那种带有改良主义和社会民主倾向的工人贵族。他们代表了"群众"，对于这些"群众"，革命派比社会民主党人更有号召力。这一形象就是现实，因为它代表了体力劳动和非体力劳动的基本区别；这一形象也是一种激励，因为它暗示了一种纲领或者策略。后者的真实性如何，并不属于本文的讨论范畴。但是作为一种形象，它省略了工人阶级和工人运动的许多最重要的特征，无论如何这一点并不是毫无意义的。

（选自艾瑞克·霍布斯鲍姆：《非凡的小人物》，王翔译，新华出版社2001 年版）

山 村 夜 谈

勒华拉杜里

　　勒华拉杜里（Emmanuel Le Roy Ladurie，1929—　），当代法国历史学家。法国年鉴学派第三代代表人物之一。年鉴学派行之有年，也暴露出种种弊端，20世纪70年代末正当年鉴学派第三代执史坛牛耳之际，也开始对昔日史学进行反思，勒华拉杜里以其作《蒙塔尤》来纠偏。作者以法国中世纪时代默默无闻的一个小山村为考察对象，生动而又细腻地描述了普通民众的日常生活和思想感情，显示了这部微观史学代表作的独特魅力，学界评论它无论在历史研究方面还是写作技艺方面，都是一个里程碑。本篇即选自《蒙塔尤》一书，题名为编者另拟。

蒙塔尤的文化借助当地社会交往中的等级结构产生和传播，很少依靠书籍和文字。莫里斯·阿居隆在他的如今已成为经典的一系列著作中，对法国南方的这种社会关系作了描述，从 17 世纪到 19 世纪，这种社会关系构成了奥克-普罗旺斯地区村庄的宗教、民俗传播和政治化过程中的主要因素。据莫里斯·阿居隆这位原籍埃克斯的历史学家的叙述，在文艺复兴时期，已经出现了类似后来的苦行僧修会那种团体；1550—1700 年间，这些团体一直活动在从土伦到图卢兹这个具有巴洛克情结的广阔地区；埋葬穷人的遗体，特别是为蒙面长袍僧侣和孤儿送葬，都是它们特有的活动，在那些有上百个钟楼的城市里，每逢出殡就到处钟声大作。到了 18 世纪，洛可可文化的地位有了改善，死亡也不那么让人恐惧了，这些苦行僧团体于是面貌大变，有时竟然大吃大喝，寻欢作乐；后来它们甚至发展成共济会，倾向无神论。

不言而喻，在 1300 年代，法国南方特有的社会交往或者干脆就是一般的社会交往，在蒙塔尤具有很大的活力。但是，当时的社会交往尚不具有后来蒙面僧侣大行其道时出现在奥克西坦尼社会交往中的那种或喜或悲的形式。在图卢兹和奥克西坦尼的主要城市中，从 14 世纪起，就有许多围绕着社会救助、各种行业和圣人崇拜组织起来的宗教团体。城市中托钵僧修会的好斗精神进一步促成了这些苦行僧团体的社会化。可是在蒙塔尤，小兄弟会的影响几乎看不到，这种影响局限于北边的山脚地区，离佩戴黄十字标志的村庄相当远，或是在它南面的加泰罗尼亚的一些镇子里，例如普伊格塞尔达。这种影响只是偶尔才进入到阿利昂地区。当然，应该说本堂神甫克莱格在完成他的神职人员的主要任务时，还是比较尽心的；他还开了一个出售圣物的小铺子；可是他把太多的精力花费在讨好那些漂亮的女教徒身上，因而没有足够的时间或心思去考虑如何让宗教团体的社交活动在当地扎根了。在上阿列日的其他村子里，也没有任何迹象表明附近堂区激起了人们对那些宗教团体的崇敬，尽管那里的本堂神甫们品行比克莱格规矩，不像他那样风流。何况，本堂神甫们与那些在山里见不到的托钵僧不一样，他们对于此类活动很不在行。由于不存在此类组织（这个空白后来由阿尔比教派填补了），所以最佳的（并非唯一的）社会结构只能是家。在家里，最佳的社交活动时间则是夜晚聊天。

我们先介绍一个这种夜晚聊天的具体实例，它发生在阿克斯累太姆附近的阿斯库。这是一个充满典型的农民气息并且秘而不宣地信仰纯洁派的村子，这就使这里的夜晚聊天完全可以与蒙塔尤相比，而我们对蒙塔尤的夜晚聊天却所知甚少。一天晚上，阿斯库村的西克尔跟老婆吵架时占了便宜，他无缘无故地把老婆叫作"老母猪"。火气消了之后，他出门去瞧一瞧牲口，经过了让·皮埃尔·阿米埃尔（此人也许是家长）的屋子，阿米埃尔同他的母亲里克桑德·阿米埃尔住在这所屋子里（六年之前，这位里克桑德与她丈夫一起离开村子，据嘴碎的人说，他们出走的原因是皮埃尔得了麻风病，也有人说是因为夫妻两人成了异端信徒。不管事实如何，过了一些日子，里克桑德独自一人回来了，从此就在儿子屋子里独居，而皮埃尔·阿米埃尔此后就再也没有露面，谁也不知道他到那里去了）。

雷蒙·西克尔走到阿米埃尔家门口时，见到里面有亮光，这说明里面有人在聊天；很显然，并没有人请西克尔来参加聊天。西克尔有些好奇，便推开门看一眼，可是一点也看不清阿米埃尔请来的客人是哪些人，因为他们挂着一块粗布当帘子，从屋顶一直拖到门脚下。西克尔不管三七二十一，还是走了进去，站在别人看不见的地方，竖起耳朵听着。这时聊的是吃饭问题，特别是面包。里克桑德·阿米埃尔假装谦虚地对她的客人们说："我担心你们不喜欢我为你们做的面包，我们山里女人没有细筛，做不出好面包来。"

一个不认识的客人说："不，不，你做的面包又好吃，又好看。"

里克桑德听了这话很开心："你喜欢我做的面包，我真高兴。"

雷蒙·西克尔越发好奇起来，非要弄清楚到阿米埃尔家来聊天的究竟是谁不可。他接下去做的事让我们看到了农民居住的窝棚简陋到何等地步，这比长篇描述更为准确而又形象。西克尔说：

"我走到屋门口边上的一个角落里，用脑袋掀起屋顶的一个角，我很小心，怕把屋顶给碰破了。这时我看见（在厨房里）板凳上坐着两个人，面对炉火，背朝着我，他们头上都戴着风帽，我看不清他们的脸。其中一个人说（话题已经从面包转到奶酪了）：'这块奶酪不错，挺好。'

让-皮埃尔·阿米埃尔说：'我们山里的奶酪确实很好。'

那人多少有点不客气地说：'不，奥尔陆和梅朗斯山区的奶酪比这儿的好。'

奶酪不可能聊个没完没了，另一个戴着绿风帽的陌生人把话题拉到了鱼上头，他说：'你给我们吃的鱼好极了，一点不比你们的奶酪差，真是好鱼。'

第一个戴绿风帽的人接着话茬说：'是，一点不错，这鱼比我平常在阿斯库山口和奥尔陆山口吃到的更好更新鲜。'

里克桑德是个手艺高明的厨师，当晚招待来客的食品都是她亲手烹调的，她说：'给我送这些鱼来的人真是做了一件好事。阿斯库的加亚尔德对我也特别好，她为我准备了烧鱼用的油，而且是提心吊胆地偷偷为我准备的。她真是个好人，比村子里哪个女人都好，只不过，她怕丈夫怕得厉害。'

两个戴绿风帽人中的一位表示同意：'加亚尔德确实是个好女人，不过他的男人不是个好东西，长着一头癣，总想假装好人，还受过割耳朵的刑。'

里克桑德听了这话很尴尬，在她儿子的支持下，她要替邻居的丈夫说几句好话，尽管几分钟之前她还把这个男人说成是让女人害怕的家伙，她说：'加亚尔德的丈夫是个蛮不错的男子汉，跟他说话时，他很和气；他还是个好邻居，他从来不糟蹋别人家地里的庄稼，当然他也不愿意人家糟蹋他地里的庄稼。'

一时间谁也不作声，气氛显得有些尴尬；为了打破僵局，女主人请大家拿起酒杯喝酒。话题于是又上一个等级，转到当地的教堂和教区问题上来了。从这时起，就只听两位戴绿风帽的人说了，他们慢慢地把话头引到传教上去。第一位戴绿风帽的说：'阿斯库和索尔嘉两个地方的人要是合起来有一个教堂，那就好了，那样的话，他们就不必到山下阿克斯累太姆教堂去了。'

另一个戴绿风帽的说：'不，我不这样想。还不如让阿斯库人只有阿克斯教堂呢。要不然就会多出好些花销来，不管怎么说，阿克斯和别处的神甫本来应该照管阿斯库人，可他们根本不管。就跟拿着羊铲把羊赶到一

起的放羊人那样，只要大家有饭吃，这些神甫就不管别的了。'

第一个戴绿风帽的又说了：

'本堂神甫也不大给老百姓宣道，去听他们宣道的人还到不了全村的一半，听得懂他们说什么的人大概也就这些。'"

事情过去了十五年，西克尔记不清阿米埃尔家的两个人和那两个绿风帽接着还讲了些什么，我们当然也就无从知道了。不过，西克尔当时很快就离开了他旁听别人聊天的那个角落，去看他的羊群了。我在上面几乎一字不落地转述了那天夜晚聊天的全部内容，原因是这些对话让我们非常清楚地看到，蒙塔尤和阿斯库的农民在夜晚聊天中，喜欢谈吃的问题，说女邻居好话，有分寸地说另外一些邻居坏话，又说当地缺少一个做礼拜的场所，接着就说附近堂区的神甫怎么不负责任。两个戴绿风帽的人是阿米埃尔家请来的客人，也许大家已经猜到了，他们都是纯洁派传教士，其中之一便是公证人皮埃尔·奥蒂埃，他十分熟悉阿克斯累太姆的人和他们的风俗习惯。他本人多少也算是个农民，因为他有一群牛，若不是自己在放养，便是请人放养着，既然是个放牛人，他当然不用费力就能参加到夜晚聊天里去，而且能够把它引到反天主教话题上去。在他看来，谈到这种地步，离说明本意，劝他们宣誓皈依纯洁派也就不远了。

这种传教方式在蒙塔尤和在外地居住的蒙塔尤人群中，常常可以在夜晚聊天中看到，有时甚至还可见到比较正式的仪式。加泰罗尼亚的蒙塔尤人居住区等于是搬到比利牛斯山南麓来的蒙塔尤居比埃尔，农民和手工艺人可以毫无拘束地在这个居住区里开展社交活动，正餐和早晨、中午的便餐通常是进行社交活动的时间，在有十几个客人的饭桌上，往往会谈到信仰之类的思想问题。说不了几句话，就会马上取下挂在钩子上的火腿，并且还会到市场去搞点鱼来，因为教长不吃肉。好吃的东西弄齐之后，主妇刮鱼鳞，客人们转过身来朝贝利巴斯特喊：

"给我们讲一讲，好好讲讲!"

教长只好老老实实地按大家的要求做，把亚当因堕落而犯下原罪的故事当作纯洁派的神话再讲一遍，尽管在场的人已经听过无数遍了。

蒙塔尤的社交活动形式多样，但是，乌尔泽夫人在她那部尚未出版的关于加泰罗尼亚的阿列日人的著作中正确地指出，作为在男人不断成长过程中的一个细节，晚餐和夜晚聊天在社交活动中具有特殊的重要作用。晚餐是最重要的一幕，与此有关的优秀篇章流传下来的极多。耶稣在迦拿的婚礼上，曾把好酒放在一边，留着最后喝。据阿尔诺·西克尔说，他们模仿耶稣当年的做法："我们先吃最小的鱼。异端信徒（贝利巴斯特）对皮埃尔·莫里和纪耶迈特·莫里说：

'把大鱼留着，纪耶迈特的两个儿子阿尔诺·莫里、让·莫里和另外一个皮埃尔·莫里，也就是纪耶迈特的兄弟一会儿也要来，等他们来了再吃大鱼吧……'"

又一个晚上，那位好心的牧羊人的兄弟让·莫里背回来一只死羊（偷来的），到纪耶迈特·莫里家里去聚餐……

（在原为蒙塔尤人的老板娘家里）吃过晚饭后，农民们围着炉火长时间的聊天就在圣马多开始了。女主人的亲朋好友皮埃尔·莫里等等参加聊天，她的两个大儿子若是不去看守牲畜，也参加聊天。参加聊天的人还有过路的纯洁派教士、眉开眼笑的本堂神甫和他们的老婆、穷要饭的，还有纪耶迈特雇来在她新开的铺子里梳理羊毛的女工。头一次来参加聊天的人都带着酒，不然就会让人瞧不起。

在这种人数不定的夜晚聊天中，话题多种多样。要是彼此都信得过，那就会谈论异端问题；要是心思不在那上头，或是有可能把谈话内容传出去的外人在场，那就聊别的话题。纯洁派的老斗士，某个机灵的女信徒对宗教裁判所的戏弄，谋杀叛教者或者让娜·贝费那样的坏女人的计划，儿子的婚姻大事，畜群的健康状况，为畜群驱魔等等，诸如此类的话题胡乱穿插在一起。夜晚聊天一直持续到压灭炉火的时候；要是有特别能聊和爱聊的人在场，那就可以一直聊到鸡叫。可是在这种场合，劲头没那么大的人估摸着非得耗到天亮之前才能去照管畜群，于是便瞅准时机悄悄地两三个人挤在一张木床上睡去了。

然而，在蒙塔尤和奥德、上阿列日的其他村子里，最具地区色彩的夜晚聊天还是自家人之间的聊天。奥蒂埃一家人经常在贝洛家过夜，他们能说会道，所以他们一来，总要聊上一阵。主人陪着他们坐在各种各样的凳子上，围着炉火说话。皮埃尔·莫里的父母家里也常有欢快的夜晚聊天。

1303 年或 1304 年的圣诞之夜，一大群孩子围着父母一起过节。蒙塔尤人结束在奥德的转场放牧后，阿尔克的雷蒙·皮埃尔在厨房里请人吃饭，皮埃尔·莫里是主人家的座上宾；饭后接着聊天，一位纯洁派教长也一起聊。在居比埃尔的贝利巴斯特家里，纳尔榜主教的财务助理皮埃尔·吉拉尔师傅也来了，与许多富裕的农民一起吃饭，跟自家人一样；准确地说，他来吃饭是完全正常的，因为这里的男女老少全是同一个地区里操同一种方言的人，况且我已经说过，那时城乡之间的社会差别远不如今天这样明显。贝利巴斯特家的这顿饭吃完后，照例要大聊一场，而且还有一位异端信徒参加。吉拉尔师傅身上的异端气息不那么重，主人不大放心，于是一下饭桌，他就被有礼貌地请进去睡觉了。

对蒙塔尤农民的夜晚聊天描述得最为精彩的人，要数好心的牧人的兄弟让·莫里。夜晚聊天时往往要请一位纯洁派教士参加，他可以为大家提供一些关于宗教裁判所的消息；这种夜晚聊天具有常见的一些特征，因而也就具有典型性。夜晚聊天时没有丰盛的食品。1323 年，让·莫里在某个场合叙述了两次饭后进行的夜晚聊天，时间大约在 1307—1308 年间，地点就在那个佩戴黄十字标志的村子中他自己的屋里。参加第一次聊天的人当中，有他的父母，他的四个兄弟皮埃尔、阿尔诺、贝尔纳和纪尧姆（这四兄弟和让本人后来或早或迟地都坐过大牢），还有让·莫里的两个姊妹纪耶迈特和雷蒙德，她俩年纪轻轻，却已经定亲，不久就要出嫁，一个嫁到拉罗克多尔姆，另一个就嫁在蒙塔尤；在场的还有两位纯洁派教长：阿莱拉克的菲利普和鲁西荣的雷蒙·佛尔。两位教长在聊天开始时才到。（由此可以看出纯洁派教士的作风，他们喜欢在小范围内传教，在人家的家里，顶多在一两个家庭的成员面前。）

让·莫里那时十二岁，给他父亲放羊，他来到厨房时，别人已经坐在那里了。上桌吃饭的只有男性大人，也就是让的父亲和哥哥纪尧姆，他俩坐在两位教长旁边，母亲和两个女儿忙着上菜端盆。年幼的男孩子坐在炉火边上，毕恭毕敬地吃着父亲不时地让人递过来的面包（也许已经由异端信徒祝过圣了）。有人给两位教长递圆形大面包和油煎白菜，这些应该说都是好东西了。吃完饭之后，男人坐在一条板凳上，母亲（女人是不干净的人）则坐在另一条板凳上，免得弄脏了两位教长。孩子们早早就去睡了，留下的是要进行严肃的讨论的大人。（我在这里顺便提一下，从这种做法便可看出，蒙塔尤人在教育方面有缺陷，比不上耶稣会学校对青少年进行的教育。夜晚聊天时要谈论到青少年的教育问题，却不让孩子参加讨论。就像如今的大学一样，教育似乎只与已经成年的年轻人和大人有关。这些人被允许与家庭主人和主妇以及白天就已到来的客人一起，从头到尾参加夜晚聊天。）让·莫里进去睡觉之前旁听了一会儿，先是父亲一个人说，接着是阿莱拉克的菲利普教士一个人说。教士们都算得上是个人物，他们总是自己说的时候多，听农民们说的时候少。

年轻的让·莫里没等夜晚聊天达到高潮就上床睡觉了，天不亮他就得起来。第二天一大早他就起床去放羊了。

另外一次夜晚聊天也在蒙塔尤的老莫里家里，情况与刚才介绍的那次差不多。时间是在1月份，那年的1月下了很多雪。主要人物也还是那几个人，阿莱拉克的菲利普再次路过蒙塔尤，自然就参加了，还有跟每天一样放羊回来的让·莫里。座位分配也跟上次一样：教长菲利普、莫里家的父亲和大儿子，还有冒雪把这位纯洁派教长送来的邻居纪尧姆·贝洛，统统上桌吃饭，年轻的男孩子、母亲和女儿围着火，一边烤火一边吃。由菲利普祝过圣的面包块从桌子上传到炉火边上的年轻人手里。

这种围着炉火把男女和老少分开的夜晚聚会，在蒙塔尤司空见惯。有炉火就不需要再点灯，所以不存在照明问题。只有那些不是厨房的房间，有时候需要靠月光、火把或蜡烛照明，比如在夜间做临终慰藉时就是如此。至于取暖，中央那间屋才有这个问题，夜晚聊天的人靠厨房里的炉火取暖，必要时炉火一直生到圣灵降临节。

从火到酒，只差一步；这一步很快就跨过去了，至少那些住在离山下葡萄园不远的山民是这样。就此而言，蒙塔尤是个极端例子，因为这个村子坐落在海拔较高的地方。当地人喝的主要是水，不过由于小酒店老板娘法布利斯·里夫的缘故，他们也知道喝葡萄酒。所以，夜晚聊天时也喝几口酒。逢年过节，蒙塔尤人的饭桌上也有酒，不过他们从不喝过头；对于一个蒙塔尤人来说，绝不会每天喝"一公斤红葡萄酒"；可是，这个酒量对于文艺复兴时期的平原葡萄种植区的农民来说，实在太普通了。葡萄酒基本上是男人的饮料，妇女特别是年轻姑娘喝起酒来总是扭扭捏捏。通常不给她们上酒……然而在城市里，在葡萄产区，在加泰罗尼亚人聚居区，葡萄酒比较多，所以遇上要与熟人聊天或是结交朋友时，男人们往往到小酒店去买一瓶酒回来，或是在那里"喝一气"。蒙塔尤的夜晚聊天从来不会如同在诺曼底和佛兰德那样变成狂饮者的聚会。雅克·富尼埃宗教裁判记录簿上记载的几例酒醉事件，都是发生在城里的个别事件，或者干脆是假醉。

在夜晚聊天中，喝酒是次要的，最主要的是看谁能说会道；谁都想显示一下自己滔滔不绝的口才。阿列日的农民那时就对法兰西南方人的口才颇有领教，不过他们更多地是以内行人的眼光欣赏这种口才，自己却并不付诸实践。当一群围着炉火的人要求"说一段，说一段"时，贝利巴斯特几乎总要老三老四地说上一段，或是讲一个神话故事，至少当他在加泰罗尼亚是这样。可是，皮埃尔·莫里却不客气地声称，与皮埃尔·奥蒂埃和雅克·奥蒂埃相比，贝利巴斯特简直就是个不会说话的人，他说："听皮埃尔·奥蒂埃和雅克·奥蒂埃讲话，让人感到光荣，而莫莱拉（贝利巴斯特）却根本没有口才。"这就是说，皮埃尔·莫里认为，在夜晚聊天中最能说会道的是奥蒂埃兄弟，堪称一流，纪尧姆·贝利巴斯特远不如他们俩，算是二流，而他把自己则以一贯的谦虚态度排在最末一位，不入流。有的时候教长没来，吃完有鱼的晚饭后，纪耶迈特·莫里和客人们就对皮埃尔·莫里这位蒙塔尤的牧人满腔热情地说："皮埃尔，来一段，来一段！"可是，皮埃尔·莫里每次总要客气一番，因为他觉得不应该由他来讲，于是他说：

"你们都知道我说不好，我不会布道。"

*   *   *

由家庭成员加上客人总共五六个人或十来个人进行的夜晚聊天，对参加者会产生深层的文化作用，不过，夜晚聊天并非只是手工艺人和农民的特权，乡村里的本堂神甫们也利用他们自己的，也就是神职人员的夜晚聊天，来解决一些很严肃的思想认识问题。各个村庄的在俗教士和神甫们，来到朱纳克的终身副本堂神甫、里夫的阿米埃尔住处，围着火聊天。他们什么都聊，并没有一个确定的话题，有时候聊着聊着就聊到某一本"宣道书"里所说的有关肉体复活的问题上去了。神甫们各执一词,有的认为最后审判之后肉体会复活,有的认为不会。朱纳克的本堂神甫的女佣阿拉扎依也不请自来,听神甫们争得面红耳赤。尽管人们的社会和经济地位存在着不容否认的差异,但是在夜晚聊天时,主人与仆人之间的这种距离却明显地缩短了。我们不应忘记,那是在同一间屋子既做饭、吃饭,还要接待客人和夜晚聊天的时代。

(选自埃马纽埃尔·勒华拉杜里:《蒙塔尤》,许明龙、马胜利译,商务印书馆1997年版)

尽头正是突破时

汤普森

E. P. 汤普森（Edward Palmer Thompson，1924—1993），当代英国历史学家，第二次世界大战后英国马克思主义史学代表人物之一。代表作为《英国工人阶级的形成》，这是一部开创史学新流派，颇具世界影响的名著。作为一个西方马克思主义学家，他的史学观在许多方面与"正统的"马克思主义相悖，汤氏意在为人们提供一幅更为完整的历史图景。1992年3月4日，他沉疴缠身，抱病接受了中国学者刘为的访谈，畅述了他的马克思主义史学观，声言："新史学"走到了尽头，就需要有新的突破。本篇题名"尽头正是突破时"，由汤普森口述识见引发而成。

刘为（以下简称刘）　汤普森先生，您的名字对于中国史学界，甚至在史学界之外，都是很熟悉的。我想我的同行会很高兴知道您在这次访问中国以后都进行过什么研究工作。

汤普森（以下简称汤）　主要是编辑《约定俗成》一书。这本书已于去年10月在英国出版，美国版也将于今年4月发行。书的内容是对18世纪大众文化的研究，诸如食品骚乱、公地使用权、对违反道德习俗者的惩戒，等等。

刘　我记得您访问中国时曾以"对违反道德习俗者的惩戒"为题讲过一课。

汤　是的。目前我的研究对象是英国诗人和艺术家威廉·布莱克。

刘　前几年您曾写过一本科幻小说叫《萨考斯文件》，以后还有这方面的作品吗？

汤　没有了。

刘　您曾是六七十年代"新史学"潮流的旗手之一，您的社会史和文化史研究影响了不止一代的史学家，并且现在还受到广泛的重视。回顾"新史学"的历程，您认为它的价值何在？

汤　它是对当时两种僵化的模式的突破。这两种模式一是传统政治经济学，即资本主义政治经济学模式，这在当时的英国学术界，在经济史领域中非常盛行。当然今天它也还存在，但不像以前那么有影响了；另一个模式刚好是它的对立面，即所谓"马克思主义经济主义"。这一模式同样包含了一种简单化的对人类行为动机的解释，它完全从经济原因出发，而把人类行为的其他各个方面都忽视了，譬如民族主义、性别、文化因素等等就都不在视野之内。在《英国工人阶级的形成》一书中，我在这两个方面上都进行了探索，并且表明了我对两者都不赞同。我认为，人们感兴趣的是，我对人类行为动机的解释提供了一幅更为完整的图景。但这本身并不能为未来的研究工作提供足够的课题和目标。很显然，研究当中永远会有创新和突破，永远会有新发展，"新史学"走到了尽头，就需要有新的突破。我想现在是树立新目标的时候了。

刘　您认为《英国工人阶级的形成》中的论点现在还有效吗？

汤　仍然有效，特别是关于英国社会阶级的不寻常的形成过程的论点。急进的中产阶级在18世纪90年代有过几年极其激进的表现，但很快就被打垮，并随即与统治阶级联合起来反对法国革命，正因如此，不合法的工会组织和地下激进组织实际上成了改革的领导力量。于是就出现这样一种不寻常的现象：下层民众、工匠，从某种意义上说即工人阶级，在中产阶级改革运动中走在了中产阶级的前头。只是到了1832年议会改革法案以后，中产阶级才又重起带头作用，他们这样做的目的是要保证他们自己得到议会改革后的选举权而不是让工人阶级得到。

刘　您认为"新史学"还有发展前途吗？或者换句话说，它会以某种别的形式重新出现吗？

汤　我想会的。已经出现的一种趋势是人类学对历史学的影响逐渐增长。这并不是指整个人类学，因为某种形式的人类学在理论上是与史学研究格格不入的。当然人类学本身也在变化，逐渐趋向于历史学，而历史学也逐渐趋向于人类学。因此，在对人类行为和动机的探索中，在文化研究中，人类学的思维方式是非常有用的。这就是未来发展模式的一部分。

刘　您总是被称为马克思主义的历史学家，您自己怎么看？

汤　我深受马克思主义理论影响，极大地得益于马克思主义史学传统，我的理论语汇相当大的一部分来自这一传统，比方说"阶级觉悟"；另一方面，我并不称自己为完全的马克思主义者。在我看来，把马克思主义当作一种已完成的、包容一切的、自证自明的思想体系这样一种观念已被证明是无益的。这样的马克思主义在本世纪实际上并没有作出很大贡献，并未能预见或解释一些重大的历史现象，如纳粹主义、法西斯主义、民族主义等等。它也完全不能解释在苏联出现的一些现象如斯大林主义、"大清洗"等等，当然还有近年来在苏联和东欧发生的巨大变化。对这些现象，我们无法用这样的马克思主义语汇来解释。过去在苏联存在的那种自称的马克思主义实际上是一种完全死亡的语言，一种实利主义（career-ism）。

刘　您能进一步解释一下那种教条式的马克思主义和您自己的历史观之间的不同点吗？

汤　主要的是，我反对经济主义和简单化的经济决定论，反对那种认为历史必然经过某些前定的发展阶段的目的论观念，我希望把更为丰富的文化范畴引进历史学。还有其他一些问题，主要反映在我的《理论的贫困》一书当中。教条式的马克思主义完全不能从道德方面来解释或讨论那种所谓的苏联社会主义的动摇，这一事实暗示了这种马克思主义理论机制的某种缺陷。但是，我仍然坚持历史唯物主义，这就是说我并不认为事物的发展是随心所欲的。历史的发展要受物质因素的限定，尽管这些限定并不是绝对的，人的媒介会起作用，这种作用时大时小。我所反对的是绝对的决定论。

刘　您认为马克思主义研究在最近的将来会有所发展吗？

汤　除非他们向别的流派敞开大门，真正敞开，否则不会有发展。只是向别人灌输、自给自足、包罗万象，这样一种马克思主义是可悲的，是对人类智慧的阻塞。苏联的例子就是足够的教训。

刘　您认为欧洲马克思主义有何成就？

汤　它肯定替教授们成就了大笔的工资收入！（笑）当然，我认为有一定成就，但局限性很大，完全不像它的头面人物所宣称的那样广泛，危险在于它可能成为经院哲学。我的马克思主义总是跟实践相联系的，但这个欧洲马克思主义以及美国的学院马克思主义却可以说跟实践没有一点关系，可以成为完全的理论思维练习。谈到这一点我并不是在开玩笑。说到经院哲学，我是指中世纪式的或儒家式的经院哲学，它可以围绕某些完全无用的前提永远转下去。

刘　您认为在当今的世界上还有重要的马克思主义历史学家吗？

汤　当然有。马克思主义最丰富的遗产之一就是历史学。在美国有大卫·蒙哥马利，一位重要的劳工运动史学家，他无疑继承了马克思主义的传统；还有赫伯特·嘎特曼，但他已在几年前去世了，而且他更多地是受马克思主义影响，接近马克思主义，而不能被称为马克思主义者。在英国当然有整整一代现在已渐入老境的马克思主义史学家，还有相当数量的较年轻的。这是一个非常有影响的学派。我对法国和德国的情况不太熟悉，但马克思主义在那里同样很有影响。

刘　您提到年轻一代的历史学家，他们是在什么样的年龄阶段？

汤　三十多岁。

刘　他们是受您的影响吗？

汤　是的。但我们影响并不完全在马克思主义方面。相当一部分并不自认为是马克思主义者的人对我的学说的反映也是积极的。你可能已经注意到了，在我的史学著作当中并没有很大的理论篇幅。我有意避免这一点。一方面这是个怎样与你的读者对话的问题，另一方面也表明了我的整个立足点和思维方式。

刘 您能提几个受马克思主义影响，或多少接受了马克思主义传统的年轻历史学家的名字吗？

汤 在曼彻斯特有一个非常不错的青年史学家团体，他们自称为"新马克思主义史学"。其中有大卫·豪厄尔、尼维尔·科克，等等。他们能力很强，是很不错的历史学家。事实上你到处都能碰到他们，几乎每一个大学都有。

刘 现在我们转一下话题。您是欧洲核裁军运动的创始人之一，并在长期内是它的核心人物，现在冷战结束了，您认为和平运动的未来何在？我们有希望获得持久和平吗？

汤 我想说两点。一是冷战的结束在很大程度上是单方面的，主要让步都是来自苏联和东欧，西方没有作出任何重大的让步。西方的冷战旧结构依然存在，譬如北约，还有卡特及以前的艾森豪威尔协会，宣称地中海和波斯湾为美国势力范围，等等。这些东西一点也没有更动。一个在很大程度上由西方和美国主宰的世界——特别是西半球——的危险必须引起注意。很显然，和平运动必须对此有些作为。当然，这在今天相当困难，因为过去驱使人们加入和平运动的动力之一是一种恐惧感，人们觉得我们正在陷入一场核战争。正是这一点把成千上万的人驱向街头。现在的情形似乎轻松多了，所以对和平运动的注意力会减少。第二点我想说的是西方和平运动的下一步目标很清楚，就是要在西方国家和苏联及东欧国家之间建立非官方的渠道，以便进行正常的讨论和交换意见。现在有个计划叫"赫尔辛基计划"，举行不定期的会议，这些会议很有成效。我希望这个计划能在将来某个时候扩展到亚洲，扩展到中国。和平运动的另一个作用是促使西方国家与第三世界之间进行更多的对话。这也有助于消除这样一种印象，即和平运动的目标只是让富裕国家好好照顾它们自己。当然这是一个大计划，而我们则实在财力有限。比方说下个月在布拉格要召开一次会议，旅费和其他费用的筹措就很成问题，因此，与会者只好都是些中产阶级而很少包括工人阶级的代表。这就很难成为一次平等的会议。

刘　说到第三世界，您把中国也包括在内吗？

汤　不。中国两个半世界！（笑）

刘　和平运动与中国有正式联系吗？

汤　没有。中国和平委员会的一个代表团要在下月访问英国，届时他们将会见核裁军运动和其他一些和平组织的代表。但我们和中国之间并没有正式联系，因为中国和平委员会是一个官方认可的团体，这与一个尖锐批评政府的自发团体的性质大不相同。但在核武器问题上中国的态度却比其他核国家更为开明。四五年前中国提出过一相当积极的建议，最近倒没有听说很多。

刘　谢谢。

（选自《史学理论研究》1992 年第 3 期）

圣路易与海（二则）

勒高夫

雅克·勒高夫（Jacques Le Goff, 1924—　），当代法国历史学家。法国年鉴学派第三代代表人物之一。20 世纪 70 年代，时值法国新史学的转型时期，他曾主编《研究历史》和《新史学》以作反思，成了引领当时史学潮流的主要推动者。他以研究欧洲中世纪史见长，《圣路易》是其中的一部重要著作。作者以详尽的史料和生动的文笔，把这个在位四十四年并被封圣的国王路易九世写活了。在史学思想上，他从一部个人传记立意向着整体史方向努力，这也从一个侧面让我们看出叙事史回归的足印，本篇即选自该书，题名另拟，二则小标题则是原有的。

一、圣路易与地中海

这场复杂的政治游戏并未分散路易对自己宏伟计划的关注。他作出的率领十字军出征的决定，在法国与地中海关系史上写下了新的一页。法兰西的前身高卢和东法兰西亚王国，从未把地中海置于自己的政治视野之内。普罗旺斯自从6世纪被墨洛温王朝从东哥特人手中夺来之后，从未停止反叛，直到730—740年间方被铁锤查理粗暴地征服。但是，加洛林王朝随后把帝国的重心从地中海迁往北方，根据三分王国的凡尔登条约，普罗旺斯划归罗泰尔王国；直到15世纪，位于罗纳河和阿尔卑斯山脉之间的地中海依然是帝国的沿海地区。反之，位于罗纳河和比利牛斯山脉之间的地中海沿岸，在理论上却是东法兰西亚王国的一部分，因而从987年起就是卡佩王国的一部分；但是，在13世纪之前，朗格多克贵族老爷们对于卡佩王朝宗主权的承认仅限于口头，直至13世纪，阿拉贡的影响在从鲁西永到蒙彼利埃的广大地区里始终很大。地中海归入法国领土并进入法兰西王国的政治视野，那是在剿灭阿尔比派的十字军行动之后和路易九世在位末期。1229年，蒙福尔的阿摩利把他在南方的一切权利转让给法国国王，王室领地因卡尔卡松和博凯尔（路易已于1226年从阿维尼翁公社手中买下了博凯尔城）两个邑督区的归入而扩大。法国王室领地首次及于地中海，鉴于圣吉勒这个在12世纪十分繁忙的港口从此不再处于自由水域中，路易九世着手建造新港艾格莫尔特。

路易七世和菲力普·奥古斯特的十字军远征，并未伴以任何地中海政策。这两位国王依仗马赛特别是热那亚运送军队。两位国王虽然在地中海无所作为，但法国在东地中海的存在却随处可见，后来它成为圣路易的十字军行动背景中的重要成分之一。

法国贵族和骑士在头几次十字军中发挥了决定性的作用，其中尤以第一次十字军为最，对于耶路撒冷拉丁王国和圣地诸公国的建立，他们同样起到了决定性的作用。编年史中有关攻陷耶路撒冷章节的标题便是明证，例如，一位无名教士记述了"耶路撒冷的法国征服者的赫赫战功"，其实真正的英雄是诺曼人博埃蒙；教士吉贝尔·德·诺让的名著《上帝经由法兰克人完成的赫赫战功》也是如此。人们一开始就确信，"法兰克人是依据末世论被选中的"十字军；圣路易接受了这一信念，并使之成为活生生的现实。

事实上，法兰克人（法国人中的大多数）曾是近东地中海沿岸的主要占领者和殖民者。有人曾将12世纪的叙利亚比作"新法国"，叙利亚的城乡均有大批殖民者涌入，相当于法国小镇的"新城市"遍布各地；"新法国"则与17、18世纪的加拿大或19世纪的阿尔及利亚相似。

法国人在地中海地区握有的诸多王牌中，语言是不应忽视的一张。时当13世纪，各种地方语言不仅汹涌地侵入文学，而且被广泛地用来书写法律和行政文件，法语在这些领域中的位置仅次于拉丁语，它以其生动而被视为基督教世界新的国际语言，地中海四周的居民越来越多地使用法语。在意大利南部和西西里岛上，诺曼人使用法语也许日益减少，但塞浦路斯的情况却大不相同，狮心王理查于1191年征服塞浦路斯，1192年建立了吕希尼昂王朝，统治阶级使用法语，大多数民众则使用一种由法语、意大利语和希腊语混合而成的"法兰克语"。尤其在海外的拉丁邦国中，法语与法国人的习俗已深深扎下了根，出生在地中海东岸地区的第二代"法兰克人"，生活在一个名副其实的"海外法国"中。法语不仅是日常使用的语言，而且如同在欧洲基督教世界中一样，也是13世纪编纂习惯法的语言，这些习惯法包括《国王书》、《市民刑事审判法》、《约翰和伊伯林书》等。

路易九世即将面对的地中海，在13世纪是三大文化和政治势力的会合、交换和交锋点，其一是拉丁基督教势力，其二是拜占庭希腊基督教势力，其三是穆斯林世界；地中海南岸从埃及到摩洛哥全是穆斯林国家，西班牙南部也是穆斯林的势力范围。路易九世在位的大部分时间中，拜占庭帝国的欧洲部分君士坦丁堡和安纳托利亚的西北部都处于拉丁人的统治之下，这些拉丁人在1204年的第四次十字军东征时组建的君士坦丁堡拉丁王国，1261年被希腊人再度征服。与此同时，基督教徒从穆斯林手中夺回土地的"复地运动"在西班牙进展神速。

地中海首先是一个技术上和心理上都很难控制的"物质"空间。13世纪的西方在航海领域中取得了长足的进步，但我们不知道这种进步在地中海达到了何种程度。装置在北海船只中轴线上的艉柱活动舵，似乎迟至

14 世纪初才出现在地中海，圣路易租用的威尼斯和热那亚船只照旧使用侧置双舵。罗盘于 1190 年前后传到西欧，但推广缓慢。不过，热那亚和威尼斯建造的大型商船可以方便地改作军用，前甲板和后甲板能装运大量人员，船舱可以装载大量马匹、食品和饮用水。儒安维尔在马赛目睹这些名副其实的登陆艇装载马匹时，既惊异又感慨："我们上船那天，有人打开舱门，把我们要带到海外去的所有马匹都装进船舱，然后关上舱门，把缝隙堵得严严实实，就像给酒桶加塞一样，因为船一旦驶入远洋，整个舱门都在水中。"

圣路易租用的威尼斯船"要塞"号全长 38.19 米，最大宽度 14.22 米，船身中部高 9.35 米，舱面建筑檐下的高度为 13.70 米；载重量约为六百吨，排水量约为一千二百吨。此类船只的最大缺陷是偏航严重。当时的海图进步缓慢，据圣路易的编年史作者南吉的纪尧姆记述，圣路易于 1270 年前往突尼斯城时搭乘的船所使用的海图，是我们迄今所知的最古老的中世纪海图。

风暴和海险并没有放过圣路易。只有在适宜的季节里才能航行。圣路易于 1248 年 8 月 25 日在艾格莫尔特上船，9 月 17—18 日夜间抵达塞浦路斯岛上的利马索尔港。但因担心气象条件不好，登陆埃及的时间推迟到翌年春季。可是，法国船队于 1249 年 5 月驶抵埃及近海时还是遇上了风暴，部分船只迷失航向，国王率领的二千八百名骑士大多被风暴吹散，国王身边仅剩七百人，失散的人员很久以后才归队。

1254 年春季返航时，国王搭乘的船因浓雾而迷航，在离塞浦路斯不远处搁浅在沙滩上；接着，强风暴猛烈袭击整个船队，王后出于无奈只得答应儒安维尔，向圣尼古拉德瓦朗热维尔（即洛林的圣尼古拉迪波尔）许愿，奉献一条价值五马克的银质小舟。

地中海显然是充满风险的大海，对于大部分是旱鸭子的法国人来说尤其如此。红胡子腓特烈也害怕大海，因而在第三次十字军东征时改走陆路，结果惨遭灭顶之灾。在第三次十字军东征中，菲力普·奥古斯特在海上晕船，而且似乎以后一直因此而惧怕大海。儒安维尔为圣路易的英勇无畏提供了不少重要的证据，这位国王经受住大海的考验便是其中之一，无论在搁浅时或是在随后的风暴中，他都镇定自若。儒安维尔写下他的回忆时，深为国王勇闯大海的果敢精神所感动，他写道："他的胆子大得吓人，竟敢不顾别人和自己的生死存亡勇闯大海，晚上上床时不知道次日清晨是否已经葬身海底。"

在 13 世纪的十字军赎罪朝圣中，惧怕大海是个普遍现象，圣路易战胜大海恐惧症一事，在他后来被追封为圣徒时，被列举为他经得起考验的证据之一。

13 世纪的地中海也是一个经济空间。在基督教方面，控制这个空间的是意大利的一些城市。阿马尔菲时代已经结束，比萨、热那亚和威尼斯时代已经到来。路易九世之所以在新近归入王室领地的沿海地区建设艾格莫尔特港口，首先是因为他看到，那里在经济上有利可图。他想在那里发展经济，吸引意大利（那时是热那亚）商人；为此，他把艾格莫尔特的一片土地拿了过来，这片土地位于环礁湖南面的沿海条状地段，原为普萨摩蒂修道院所有。到了 1239 年，香槟伯爵蒂博四世、纳瓦尔国王和勃艮第的于格公爵所率领的"贵族十字军"，有一部分就是在十分简陋的艾格莫尔特港登船出发的，其余大部分则从马赛出发。有了艾格莫尔特，路易九世就把地中海变成了法国的新国界和新天地。

对于路易来说，地中海归根结底是一个宗教空间。各种宗教随着人群来到这里。从 11 世纪末开始，十字军征战已经把地中海变成了拉丁基督教徒征服异教徒的前线，征服的手段有两种：依仗武力的十字军和凭借说教的传教团。从此以后，这些基督教徒的活动空间包括拉丁欧洲和尚未全部收复的伊比利亚半岛，此外还有圣地巴勒斯坦和耶路撒冷。地中海既在很大程度上关系到经济发展，也再度在很大程度上关系到宗教扩张。作为传统的虔敬活动，前往耶路撒冷朝圣从 13 世纪起采取了暴烈的军事形式，即十字军。然而，正如我们所见到的，在一系列原因的推动下，西方基督教徒的想法有所改变，虽然没有以和平传教全部取代十字军，却至少在借助十字军的同时，辅以布道和作出表率来传播福音。在地中海东岸和圣地带头传教的是方济各会士，圣方济各本人和他的"副手"都曾赴圣地传教。在叙利亚和巴勒斯坦的拉丁邦国中，在昂蒂奥什、的黎波里、贝鲁特、蒂尔、西顿、阿卡、雅法和塞浦路斯等地，建立了许多方济各会的修道院。方济各会的传教士在非洲也作出了类似的尝试，例如，吉勒教士曾于 1219 年走访突尼斯城；可是，他们的努力全都以失败告终，有时甚至酿成流血事件，例如，分别于 1220 年、1227 年发生在马拉喀什和休达的屠杀教徒事件便是如此。圣路易死后（1270），托钵僧修会作出新的努力，为传教进行了更为系统的准备，他们如同赖蒙·鲁尔一样，怀抱着劝说阿拉伯人皈依基督教的热望。到了 14 世纪，十字军的征战终于偃旗息鼓，但是，海外朝圣活动依然照旧进行。

由此可见，对于拉丁基督教徒，尤其对于圣路易来说，地中海是一个带来梦幻的空间；劝说穆斯林和蒙古人皈依基督教，希腊正教徒回归罗马天主教，从而实现东正教与天主教的统一，这些都是圣路易等人梦寐以求的目标。

二、圣路易与大海

从 1248 年到 1254 年，大海几乎天天出现在圣路易的活动中和脑海里，他在海上航行了好几个星期，他的许多重要决定都是在海上作出的，在一次新的海上旅行之后，他于 1270 年死在海边。这个大海当然就是地中海。

前面已经提到，圣路易在海上可没有少遇到风暴和"海上奇遇"。那时人们所说的"海上奇遇"，就是后来人们所说的"海上运气"，这种表述后来被普遍接受。从"海上奇遇"到"海上运气"的变化中，我们不难看到人们心态的转变，前一种表述显示了到海上去冒险的骑士精神，后一种表述则说明，人们已经对海上贸易能够带来的盈利和"运气"中所包含的风险有了更加清晰的认识。

对于中世纪人来说，海上的种种磨难是对圣徒们的宗教热情特有的考验，圣徒列传作者们依据他们的"拓扑"，也就是格式化写作套路，总要让十字军饱尝海上风险，因为他们是为了拯救而踏上最艰险的朝圣之路的英雄，这条朝圣之路经由海上"通道"，把人们带到"海外"这两个字表达得十分确切的那些地方去。1297 年 8 月 6 日在奥尔维耶托举行了圣路易的封圣典礼，教皇卜尼法斯八世在封圣典礼上发表的布道词中，把海上的种种艰险视为对圣路易圣徒品德的考验之一，他说："为了上帝，他不惜将自己的躯体和生命置于海上风险之中。"

其次，大海是圣路易获得个人经验和集体经验的场所。在海上，他是一个四处漂泊的流浪者，由此而可能给一个规规矩矩的基督教徒带来的种种骚扰，他都遇到了，而且竭尽全力加以补救。他征得教会方面的同意，在他的船上设置了一个祝过圣的祭台，安放了一些圣饼，船上的人可以在那里望弥撒和领圣体。在船上，做祷告的时间一般都能得到保证，如同往常那样，国王做祷告时有许多教会人士和儒安维尔这样的在会平信徒贵族老爷陪同。对国王的另一种骚扰来自水手，这是一些蛮横无理的家伙和什么都敢干的败类。大多数人在中世纪生活在陆地上，水手是令他们担忧的一个陌生人群；水手犹如海上游民，时而弃舟登陆，在航行途中经过的港口住上一段时间，他们是外来者，通常都是行为不端的人。据博利厄的若弗鲁瓦记述，圣路易在船上见到水手们不敬上帝的行为后，深感惊诧和悲哀。他命令水手们参加圣事，与大家一起祷告，让旅行生活变得有条不紊，这些尚未完全开化的野人虽然嘟嘟囔囔，却也只得遵命。圣路易对这些水手作出的反应，原因不仅是他少见多怪，这些社会边缘人物在教会心目中的负面形象也起了作用。圣路易年轻时的一个同时代人雅克·德·维特利是一位著名的布道师，他也去了圣地。他的一份专门以水手和海员为对象的布道词（确切地说是一份布道词范本），选取《圣经·诗篇》第一百零六篇为主题，其中谈到了大海的危险，也谈到了大海的奇妙。大海是这个"世纪"的大海，也就是说是人类社会的大海，是整个人世的大海。大海是黑暗和危险的，是多重的、多样的和多通道的。

雅克·德·维特利熟悉海员的语言，有时也使用一些粗俗的言辞。他列举了海员和水手们的劣迹和犯罪行为。夸大其词是他那些布道词的共有特征，不过他让人看到的景象确实一片漆黑。圣路易对水手们的看法就是在这类文字的影响下形成的。

水手们干些什么？他们把朝圣者扔在孤岛上，劫走他们的财产，让他们活活饿死；更有甚者，他们把朝圣者出卖给萨拉森人当奴隶，或是把朝圣者和商人乘坐的船弄翻，让这些毫无海上经验的人自寻活路，他们自己则爬上小艇，带着财物和商品扬长而去。此外还有一些坏人故意制造翻船事故，乘机抢劫落水者；这里指的是一件真实的圣保罗翻船事故，此事在中世纪的基督教世界里几乎变成了一个具有传奇色彩的故事。水手们在港口的恶劣行径同样让人惴惴不安；他们整天泡在酒店和妓院里，把在海上挣到的钱全都花在这些肮脏的寻欢作乐的场所。由此可见，国王在海上既面临物质危险，也面临精神危险。

对于圣路易来说，大海归根结底是一个具有宗教性和象征性的空间。大海多次出现在《圣经》中，那是一幅可怖的图景，它来自最初的混沌深渊。在《圣经·创世纪》中，上帝创造了世界之后，就出现了犹如混沌世界的大海，魔鬼、恶魔和死人居住在大海里，并在大海里活动，他们将要打碎羁绊，与上帝作对，与人作对。大地渐渐开化了，大海依旧停留在野蛮状态。《圣经·约伯记》也讲述了创世纪的故事，只是与《圣经·创世纪》略有不同。《圣经·约伯记》也提到了生活在大海里的恶魔，它们有时冒出海面，把人吓得半死。列维坦就是这样的一个恶魔。与许多怪兽对峙的但以理所看到的大多是海兽。这些海兽在《圣经·启示录》中再次出现："我又看见一个兽从海中上来，有十角七头，在十角上戴着十个冠冕，七头上有亵渎的名号。"大海的可怕形象还出现在《圣经·新约》的另一处，太巴列湖在那里被视为大海，湖上的风暴被认为与海上的风暴相似，因而是海上风暴的象征。

圣路易在别人向他讲述或诵读的圣徒列传中，常常听到对大海的恐惧、无处不在的风暴和翻船事故，在著名的《金色传说》中也讲到过这些，此书的编者是一位与圣路易几乎同时代的热那亚人，名叫雅各布·达·瓦拉采。马德莱娜、圣莫里斯、圣克莱芒等人都是拯救过翻船的圣徒。

这是充满恐惧的世界，但是在中世纪，这更是动荡不安的世界；在这个世界上，用以象征教会的习用图像就是圣彼得的大船。有权有势的人如果没有卷入"运气轮"，也将被大海颠来倒去。圣路易实际乘坐的那条大船是同一象征的另一种体现，它被巨浪抛上抛下，饱尝大海的艰险。

然而，这也是耶稣制伏巨浪并在水上行走的世界，而圣彼得则因没有信仰而险些淹死。大海归根结底是不必害怕的，因为世界末日到来之时，上帝会首先把它摧毁，以便在末日审判前把安宁带给人们。"海也不再有了"（《圣经·启示录》第二十一章第一节），"不再有死亡"（《圣经·启示录》第二十一章第四节）。因为，大海就是死亡。"到那日，耶和华必杀住在大海的龙"(《圣经·以赛亚书》第二十七章第一节)。

然而，大海同时也是十字军的空间，是苦行赎罪和经受考验的空间，它同时还是愿望和希冀的空间，人们希冀在迢迢水路的尽头找到准备改宗的穆斯林君王，这正是圣路易挥之不去的期待。对于穆斯林君王改宗的幻想是以埃及为目标的那次十字军的起因，也是以突尼斯为目标的那次十字军的起因。

圣经和基督教传说中有不少关于大海的正面形象，圣路易对此并非全然无知。依据基督教承袭自古代的传说，大海的第一个美好形象是一个美轮美奂的世界，尤其是那些小岛和黄金时代遗存下来的充满幸福的孤岛，以及富庶的岛屿等等，不论它们是圣布兰丹曾航行过的北海中的岛屿，或是大西洋中的岛屿，或是地中海上的岛屿。儒安维尔记述了圣路易海上航行中有关岛屿的两个有趣的小故事。第一个故事说，圣路易的船在一个小岛停靠时，一群下船去摘水果的年轻人迟迟不回；另一个故事更有意思，说的是圣路易、儒安维尔以及几个贵族老爷一起下船登上一个小岛，岛上遍地是鲜花、绿草和树木，还有一个埋葬着一些遗骸的古老的隐修院，这所隐修院的景象并未让这几位基督教徒觉得身处异教徒的黄金时代，他们倒是觉得看到了深藏在大自然之中、隐匿在与世隔绝的孤岛上令人神往的最古老的隐修院，这也许就是原始基督教的形象。大海还是出现奇迹的空间，儒安维尔曾经讲述过一件奇迹，那就是圣路易的一位不慎落水的同伴被救的故事。

但是，对于圣路易来说，大海主要是他选定的道路，是他为了到东方去而想要控制的道路。

（选自雅克·勒高夫：《圣路易》，许明龙译，商务印书馆 2002 年版）

兰 克 三 品

伊格尔斯

　　格奥尔格·伊格尔斯（Georg G. Iggers，1926— ），当代德裔美国历史学家。编者在为索布尔篇的注文中说到，本书入选的三十八位史家，多无缘识别，唯索布尔与伊格尔斯是两个例外。事实上，仅为编纂本书，我与这位老而弥坚、乐于助人且至今仍活跃在国际史坛上的长者，有过频繁的联系，获益匪浅。本篇选自伊格尔斯在当今中国学界颇为流行的两本书《欧洲史学新方向》和《二十世纪的历史学》，及一篇流行于汉语界近半个世纪的佳文：《美国与德国历史思想中的兰克形象》，题名及小标题均为编者另拟。

一、"历史科学之父"

新式的大学就体现了 Wissenschaft［科学］和 Bildung［教养］的结合。与旧制度时期的大学主要任务是教学相对比，柏林大学就成为一个以研究来充实教学的中心。利奥波尔德·兰克就怀着这种思想于 1825 年受聘于柏林大学。兰克原是奥德河上法兰克福 Gymmasium［高中］的一位青年教师，刚刚出版了一部书，书中他力图在文献考订的基础上重建一幅宏伟的欧洲政治改造的画面：即，作为国际政治主要因素的近代国家体系的诞生和 15 世纪末至 16 世纪初一系列意大利战争过程中所形成的列强之间的势力均衡。在该书方法论的附录中，他排斥了任何以原来材料为基础之外的写作历史的企图，他多少有点不公正地谴责此前一切有关意大利战争的叙述（包括奎齐亚狄尼［Guicciardini］的经典著作在内）全然未能批判地考订史料。兰克的目的是要把历史学转化为由在专业上训练有素的历史学家们进行操作的一门严谨的科学。也像作为他那篇论文题目的修昔底德一样，兰克力图写一部以对于过去可信的重建与文辞的优美相结合的历史著作。历史著作需要专家来写，但不仅是（哪怕主要地是）为了他们，而且也是为了广大受过教育的公众。历史学既要成为一种科学规范，又要成为一种文化资源。

兰克把历史学看作是一种严格的科学这一概念是以一种紧张的对立关系为其特征的，即一方面是显然要求严格排斥一切价值判断和形而上学的思辨的客观研究，另一方面又有实际上在左右着他的研究工作的隐然的哲学上和政治上的前提设定。在兰克，学术研究是和批判的方法密切相联系着的。而在语言学批判方法上的一番彻底的训练便是必不可少的前提。兰克引用了讨论班的办法，未来的历史学家们便在其中受到考订中世纪文献的训练。讨论班本身并非是全新的事物。约翰·克里斯多夫·加特雷尔（Johann Christoph Gatterer）于 18 世纪的 70 年代在哥廷根大学就引入了某种类似的东西，但只是兰克才使它成为了训练历史学家的一个组成部分。到 1848 年左右，所有讲德语的大学都已采用了它。兰克所理解的严谨的学术性，是预先设定了严格禁绝一切价值判断的。正如他在为他博得了应聘柏林大学的那第一部论意大利战争一书中有名的序言所说的，历史学家应该要避免"评判过去"而把自己仅限于"表明事情实际上是怎样发生的"。然而同时他又摒弃了任何一种要把确定史实当做是历史学家的根本大事的实证主义。虽则到了19、20世纪之交，对马克斯·韦伯来说，严格的历史研究方法已揭示了人生在伦理上是毫无意义的；然而对兰克来说，它却反映了一个有意义和有价值的世界。因此，他写道："哲学家是从他那制高点上观看历史的，一味只在进步、发展和整体之中追求无限；而历史学却在每一桩存在之中都识别出某种无限的东西，在每种状况中、在每种生存中都有着某种出自上帝的永恒的东西。"因此，历史学就取代了哲学而成为对人文世界的意义能够提供洞见的科学。

兰克所辩护的那种"不偏不倚"（unpartheyisch）的观察事物的方式，远未表明一切价值的相对性（因而一切价值便毫无意义），事实上反倒是显示出了各种社会体制在历史发展中的伦理性质。尽管以一种历史的思路取代了黑格尔的哲学思路，兰克却和黑格尔一致认为现存的政治状态就其作为历史成长的结果而言，就构成了"道德的能量"、"上帝的思想"。兰克就这样达到了一种与艾德蒙·柏克（Edmtmd Burke）非常之接近的立场，他论证任何以革命手段或广泛的改革对既定的政治社会体制的挑战都构成为一场对历史精神的破坏。因而对于过去"不偏不倚"的研究方式，力求仅只表明"确实曾经发生过什么事"，事实上就对兰克显示了上帝所愿望的现存秩序。对于兰克也非常有似对于黑格尔一样，近代世界的历史便显示了复辟时代的普鲁士政治社会体制的坚固性，在那里在一个强而有力的君主制和一种开明的文官制度的庇护之下有着公民自由与私有财产制的存在和繁荣。从而便有了兰克历史观里的国家中心论。不提到产生它的那种政治的和宗教的语境，我们便不可能理解兰克所理解的那种新的历史科学。乍看起来像是一种悖论的东西，——即，学术的专业化一方面要求严格的客观性，另一方面又要求历史学家起到政治的和文化的作用，——就这样变得一点也不成其为一个悖论了。

兰克最终成为了19世纪专业化的史学研究的典范。然而在1848年以前，他一点都不是德国的、更加不是国际的历史学的典型。启蒙运动的文化史传统依然非常活跃在赫仑（Heeren）、史洛泽（Schlosser）、格维努斯（Gervimls）和其他一些人的著作里，他们更公开地拥护种种政治理想并且意识到需要有批判的语言学方法，但却不肯使之成为一种拜物教。在欧洲，强烈的历史学兴趣形成为发起大规模的编辑与出版民族的历史资料。早在 18 世纪穆拉托里（Muratori）就在意大利着手 Reruin Italicarum Seriptores ［《意大利铭文汇编》］这样一桩大业。在德国，19 世纪 20 年代就开始编 Monumenta Germaniae Historica ［《德国史料集成》］这部德国中世纪史料的庞大的类书。Collection de documents inédits sur l'histoie de France ［《法国史未刊文献集成》］和《中世纪大不列颠与爱尔兰编年史与资料集》则是法国和英国所从事的同类工作。1821 年巴黎创办了 Ecole de Chartes ［文献学校］来训练史料考订定向的历史学家和档案工作者。它虽则只表示一种相当狭隘的学问，但法国、英国和美国的历史著作的主流——像是于勒·米胥勒（Jules Michelet）、汤玛斯·巴宾顿·麦考莱（Thomas Babington Macaulay）和乔治·班克罗夫特（George Bancroft）这些名家所提示的——却是为广大的读众而写作的。

以历史学家在公共生活中的作用来衡量，或许历史学在法国比在德国受到更高度的评价。因而法兰梭瓦·基佐（Francois Guizot）、于勒·米胥勒、路易·勃朗（Louis Blanc）、阿尔丰斯·拉马丁（Alphonse Lamartine）、亚力克赛·托克维尔（Alexis de Tocqueville）、希波里特·泰纳（Hippolyte Taine）和阿道尔夫·梯也尔（Adolphe Thiers）等人都在法国政坛上有着在德国所无法比拟的地位。或许其所以如此是因为历史学在法国不如在德国那么专业化，因而就并不那么与一般有教育的公民相脱离，而在德国则历史学家们却越来越栖身于大学之中并且要服从特殊的学术要求。德法两国不同的政治文化就可以部分地解释法国历史学家们像是基佐、蒂耶里（Thierry）、勃朗和托克维尔等人对社会问题的开放性，而相形之下德国就更多地是把焦点放在政治史和外交史上。

1848 年以后在德国、而 1870 年以后则在大多数欧洲国家以及美国和日本，——稍后也在英国和荷兰，——历史研究就经历了一番专业化。一般都是遵循德国的模式，美国是 1872 年约翰·霍普金斯大学推行了博士学位规划，法国则已于 1866 年在巴黎创建了 Ecole Pratique des Hautes Etudes ［高等研究实践学院］，重点放在研究上。讨论班就开始取代了，或者至少是补充了课堂讲授。各种宣扬新的科学研究方法的刊物纷纷创立。于是 Historische Zeitschrift［《历史杂志》］创立于（1859）之后，继之就有 Revue Historique［《历史评论》］（1896），Rivista Storica Italiana［《意大利历史评论》］（1884），《英国历史评论》（1886），《美国历史评论》（1895）和其他各国类似的杂志。值得注意的是《英国历史评论》第一期开宗明义就是阿克顿爵士（Lord Acton）的一篇文章论《德国历史学派》。"美国历史学会"创立于 1884 年，选出了"历史科学之父"的兰克作为它的第一位荣誉会员。一般说来，向德国模式转移也就意味着从较为广泛的文化史倒退到一种较为狭隘的、以政治为焦点的历史学。我们在兰克身上所看到的那种既要求严格的学术应该避免价值判断又要求历史学实际上投身于政治社会价值双方之间的紧张对立，也出现在新的专业化的历史学之中。事实上，19 世纪历史学研究的巨大增长是与政治和社会的背景密切相关的。不仅在德国而且也在法国，各个大学和研究所里所进行的历史学研究都是由国家资助的。尽管是学术自由，但国家在授予教授职称和选择人员的过程中所起的作用就保证了双方之间有高度的一致。

（选自伊格尔斯：《二十世纪的历史学——从科学的客观性到后现代的挑战》，何兆武译，辽宁教育出版社 2003 年版）

二、阐释学方法

历史研究的变化反映了迅速变化的政治环境。柏林大学就是在 1810 年普鲁士改革时期、在威廉·冯·洪堡的领导下建立起来的。其目的是以坚实地建立在研究基础上的教育取代那种狭窄的技术训练。比起其他官僚组织不那么健全的国家来，普鲁士的大学为有教养的文官阶层提供了更多的训练场所，当不存在政治上强大的中产阶级时，这些人具有特殊影响，占据特殊地位。这所大学早期聘请的许多人，诸如教授罗马史的格奥尔格·巴特霍尔德·尼布尔、教授神学的弗里德里希·恩斯特·施莱尔马赫、教授法律的弗里德里希·卡尔·冯·萨维尼和卡尔·弗里德里希·艾希霍恩以及 1825 年聘请的利奥波德·兰克，在认识论上和政治上具有某些共同之处。他们强调研究一切有关的问题时，需要阐释学和历史学的方法，他们拒绝法国革命的遗产，但又反对向封建主义倒退，并承认他们忠于君主制普鲁士国家，这个国家由一个开明的官僚阶层统治，这一阶层表示赞成一种既有利于近代资本主义经济发展而又不对中产阶级作出重大政治让步的政策。1832年到1836年间，兰克应普鲁士政府之邀，编辑了《政治历史评论》，捍卫政府的政策，反对来自封建方面和自由派方面的批评者。在杂志的字里行间，兰克表达了这些观点，并认为历史科学的职能在一定程度上是政治性的。他在历史中发现了反对革命变化、赞成在现存结构中循序渐进的有力论据，这使人联想到埃德蒙·伯克。

兰克所设想的阐释学方法与某些基本哲学假设密不可分。正如对于由威廉·冯·洪堡、弗里德里希·施莱尔马赫直到 J. G. 德罗伊森、威廉·狄尔泰和弗里德里希·迈纳克所代表的，历时一个世纪以上的德国阐释学传统那样，对于兰克来说，这样一种概念使历史知识可能存在，即历史是"精神"王国，但这是一个用与黑格尔哲学中存在的极其不同的方式设想出来的精神王国。如果黑格尔强调了世界历史的统一性，并在历史中看到这样一个过程，即精神通过连续不断的自我否定把自己变为日益合理的制度，我们所谈及的阐释学传统则强调精神以个体化的形式表现自己。历史由"个体"组成，每一个体都有其内部结构和独有的意义及目的。不仅人们具有个性，而且在一种甚至更为深远的意义上，历史进程中发展起来的巨大集合体——国家、民族、文化、人类也具有个性，这些个体并非仅仅是昙花一现，而是"体现出一种扎根于现实的思想"。可以不通过抽象的或归纳的推理，而仅仅通过阐释学方法，通过对它们在感官世界里的表现加以说明，从而掌握它们。因此，需要以对材料的严格分析作为每一历史研究的起点。但是"在感观世界里，事件的意义仅仅部分是可见的，其余部分得由直觉、推理和揣测得到补充"。因此，历史学家总是从致力于历史事件的特殊表现着手，正如兰克所坚持的，他的目的不是搜集事实，而是靠一种"纪实的、深入的研究"进行工作，这一研究"致力于现象本身……致力于现象的本质和内容"。

一种深深的信念防止历史变成一堆支离破碎的个体：尽管"历史绝不具有哲学体系所具有的那种统一性"，它却"并非不存在内部联系"。这里存在一个历史个体的梯队，它从单个的个人排列到巨大的集合体、民族、时代、人类本身，在一定程度上以莱布尼茨的方式完全和谐地结合起来，在这和谐之中，每一个体都能保持它们各自的完整性。这一和谐并不是静止的，巨大的"趋势"在历史中发挥作用，使历史具有持续感和方向感。埋头于文献考订，以便在这些巨大趋势显现出来时重新把握它们，这就是历史学家的工作。但是，尽管为了批判地检验原始材料而具有一种众人都可接受的、严格的方法论程序，历史个体的本质却不承认这种了解历史进程的准则。不能将历史个体简化为不同于其自身内在发展原则的术语，这种不可约性便排除了任何对因果关系的分析（或社会性的、政治性的批判）。兰克写道，"不能"为在历史上起作用的"力量""下定义并用抽象的词语表述它们，但人们可以看到并观察它们，并且对它们产生一种同情。"因此，历史表述的唯一形式是叙述体。兰克学派没有面对哥廷根历史学家们至少已经注意到的、关于选择及预见性方面的问题。这样，尽管德国科学学派强调对文献进行批判性考察，但它并没有大大削弱历史学所具有的意识形态职能，反而有助于使历史为民族和国内政治服务，使之日益发挥政治效用，就不足为奇了。

对人类一切本质都可依其发展加以考虑，从而得到充分了解，与历史主义的上述观点相联系的阐释学方法可以应用于人类文化活动的所有领域。正如研究古代的历史学家——温克尔曼、尼布尔、鲍克——所声称，历史材料也不一定仅限于书面文献。正如德罗伊森所主张的，"所有能打动人的精神和通过五官加以表达的东西都是可以理解的。"如果历史的范围被兰克及其科学学派缩小到研究国家的行动和基督教会的事务，这无疑反映了一些科学的、同时也是超科学的考虑。

坚持对书面材料进行批判性考查的主张摈弃了哥廷根学派对包罗万象的历史所进行的科学论述，它把历史学家引向档案，而19世纪30年代以后档案的开放又推动了对欧洲国家政治史的研究。但正像阿列克希·德·托克维尔对行政集中化的研究所表明的，档案材料可以用于研究极其不同的问题。兰克对外交和军事事务的关注反映了一种政治哲学，这种哲学将国家视为"精神实体"，视为"上帝的思想"由不能简化为外部因素的内部发展原则所控制。国家的"特别趋势"首先表现为在与其他国家的冲突中追求自己的独立，那些国家迫使其"为了自我保护而组织起所有外部资源"，因此，就存在对外政策高于国内政策的观念，这一观念很好地论证了普鲁士官僚君主制的合理性。

从这一角度出发，代表整体利益的官僚政治国家对兰克来说也像对黑格尔那样，超乎于特殊集团的争斗之上。如果将民众支配因素引入政治决策过程，将会使国家偏离它所追求的伟大目标。由于这样看问题，社会史的广阔领域就与政治史研究毫不相干了。政治领域，特别是外交事务这一关键领域，遵循其自身的内在规律，与社会领域和经济领域毫无关系，后者深受政治干预的影响，并且只能在国家的范围内加以了解。由于政治事件的发展过程在国家文件中显而易见，它就为历史连续性提供了线索。兰克派学者的国家概念显示出一种类似于黑格尔历史哲学中所表达的、关于国家的乐观主义。兰克写道，"在历史强国的斗争中仅仅寻求野蛮力量的作用将是大错特错"，"强国自身显示出一种精神实质。"他在"政治学对话"中借弗里德里希之口评论道，"但认真地说，你举不出多少次重要的战争不能用来证明真正的道义力量取得了最后胜利。"如果说兰克号召历史学家要公正无私，不进行道德评判，那么对于他来说，历史学家的"公正无私"就是观察那些为了在历史舞台上占据统治地位而奋斗的客观"道德"力量。兰克的主张："每一时代在上帝面前都是平等的"，"每一时代必须被视为自身合理的东西"，因而不必按照字面意思来接受，因为，兰克将历史学家感兴趣的国家，比如说欧洲国家间诸如印度和中国这类亚洲国家截然分开，这些国家的"古代是传奇般的，但是它们的状况不过是自然史的内容"对于兰克来说，而且的确对于大多数具有"科学"历史传统的德国历史学家来说，近代的发展方向似乎一目了然：新教大国，即德国和英国，所具有的政治和文化重要性在稳步上升，其君主制度仍为中产阶级的经济和文化发展留有余地，而天主教和天主教世界、即法国却如日落西山。法国大革命的传统最终遭到失败。

直到已然进入20世纪之后，兰克关于历史科学的概念在许多方面仍是德国史学的典范。这无疑部分地是由于这样的事实，即尽管在19世纪发生了深刻的社会变化和精神变化，德国仍然存在抵制这些变化的强大势力。兰克派学者关于史学的概念满足了对职业化和专门化的要求，满足了对科学客观性的追求，同时又集中注意政界名流，"不把运动的原则"视为"革命"，而是视为向近代国家的进化，这一国家提供了法律面前人人平等的保障，提供了高效率的政府，执行一种力图使资本主义经济摆脱陈旧的社团限制的政策。的确，在德国统一之前，大多数拥护普鲁士的自由派历史学家——其中有许多在兰克的研究班里受过教育——拒绝兰克关于客观性的思想，他们把温和的自由主义与一种激烈的民族主义结合起来，而兰克从未具有上述思想，因为他始终希望建立一种由保守君主制进行统治的旧欧洲秩序。但是，即使逐渐抛弃了兰克学派唯心主义哲学设想，基本的方法论前提仍旧岿然不动。在许多方面，兰克学派关于国家高居于经济和社会利益之上的观念依然保持不变。如果说各派历史学家 19 世纪 60 年代在早期普鲁士宪法斗争中曾反对过俾斯麦，德国历史学界在 1866 年以后反对社会主义者的斗争中，却聚集在俾斯麦的身后了。在德国，"科学"学派的政治含义比在其他任何地方都更加显而易见，而且这肯定与议会化的失败不无关系。历史主义（historicism）的阐释学模式很适合于对社会主义进行批判，因为它不承认社会分析是编年记叙性历史研究的合法职能。

（选自伊格尔斯：《欧洲史学新方向》，赵世玲、赵世瑜译，华夏出版社 1989 年版）

三、两种形象

在德国和美国的历史思想中，兰克的作用之大是我们无论怎样强调都不会过分的。从 1824 年出版他的《拉丁和日耳曼民族史》（其中包括一篇著名的附录：《对于近代史作家的批评》）到现在，兰克对德国史学是一直大有影响的。同样，自从 19 世纪末专门历史学家兴起以来，兰克显然对美国历史思想也产生了影响。不仅许许多多 19 世纪的历史大家，如魏（Waitz）、吉塞布累赫特（Giesebrecht）、达尔曼（Dahlmann）、班克罗夫特（Bancroft），都是兰克的弟子；而且其他许多人，如美国把历史当一门专门学科的创立者赫伯特·亚当斯（H. B. Adams）、布恩（E. G. Bourne）、柏哲斯（J. W. Burgess）和奥斯古德（H. L. Osgooa）以及德国学者像迈纳克（Meineke）和特罗什（Trodtsch），也都受过兰克的教育。的确，差不多每一种有关历史研究的性质和方法的德国历史思想或美国历史思想的重大讨论，都集中在、或至少牵涉到是接受还是拒绝兰克的历史方法论和历史哲学的问题。因此，兰克的形象在 19 世纪末德国的实证主义者和唯心主义者的论战中就成为一个中心问题，兰克变成了 20 世纪历史主义（historicism）的重要的思想鼻祖。到了纳粹以后的时期，迈纳克号召通过重新检查兰克的办法来重新检查一下德国历史著作的传统。自从第二次世界大战以来，在这种重新检查的过程中，德国历史学家出版了自从这位伟大的历史学家死后的最大量的有关兰克的书籍和文章。同样在美国，历史学家也认为必需确定兰克的位置。19 世纪末的"科学派"（scientific school）企图把它对于兰克方法的概念作为历史工作的基础。"新史学"（New History）和相对主义者的反抗，开始于鲁滨逊（Robinson）和贝克尔（Becker）大肆宣传反对 Wie es eigentlich gewesen（"按事情本来的样子"）这条金科玉律。所以，研究德国和美国历史思想对兰克的解释，其意义就不仅只是理解兰克的思想而已。基本上说来，德国和美国历史思想的历史不仅能够、而且应该由历史理论家针对着是接受还是拒绝兰克这个问题而制订出来。

此外，兰克本人的思想在某种意义上对史学的发展还比不上历史学家心中兰克的形象那么重要。兰克作为一个伟大的历史学家，比起他作为一个是被人接受还是被人拒绝的标准的化身来说，影响要小些。这里所说的标准，包含历史方法论的基本理论和对历史研究范围的基本态度。但是，令人困惑的是，在美国占优势的兰克形象和在德国流行的兰克形象根本不同。大约在兰克去世的时候，在美国发展出了他的一幅图像，而在德国又发展出了他的另一幅图像，——后者大体上差不多是所有的历史学家、兰克的弟子和评论家都接受的形象，也是几十年来相当稳定而没有变动的形象。美国历史学家因为不能够理解兰克的历史思想的哲学意义，就把兰克对文献的分析批判（这是他们所理解的，也是适合于他们赋予历史以科学尊严所需要的）和兰克的唯心主义哲学（这是他们所不熟悉的）分裂开来了。然后他们把这种批判的方法和研究班的组织移植到 19 世纪末美国的思想园地。这样一来，兰克就被几乎所有的美国历史学家（包括"科学派"历史学家、"新史学家"以及相对主义者）尊为"科学派"历史学之父，被认作是只注意于确认事实、特别是在政治和制度领域中的事实的一位非哲学的历史学家。但是在德国，兰普雷希特（Karl Lamprecht）却在实证主义的旗帜之下大肆攻击兰克，说他是德国唯心主义传统的继承人；

这是一种根本正确的解释，这个解释得到了兰克的卫护者（如迈纳克）的完全同意。因为德国历史学家和他们的美国同行不同，是了解兰克思想的唯心主义根源的：对于德国历史学家来说，兰克变成了非哲学的经验主义的反面。他们深深知道兰克通过对于独特的和个别的东西的静观（An-schauung）极力要直觉地掌握历史中的"一般的"观念、"趋势"，即"客观的"观念。因此之故，说来像是讽刺，兰克起了两种完全相反的作用：在美国，他只是部分地被人理解，却被当作是一种本质上是实证主义路线的思想始祖；在德国，他却被当做是新唯心主义历史学家的一种灵感的源泉，新唯心主义历史学家是反对西欧历史学家所提倡的理性主义和实证主义的历史研究的。只是在过去十五年间，美国历史学家——其中包括一些德国流亡的学者——才开始认真地重新检查在美国历史思想中已经成为了传统的兰克形象的问题，并且得到了更加和德国历史学家相同的对于兰克的见解。

（选自伊格尔斯：《二十世纪的历史学——从科学的客观性到后现代的挑战》一书的附录：《美国与德国历史思想中的兰克形象》，何兆武译，辽宁教育出版社 2003 年版）

夜 间 之 旅

金斯伯格

卡洛·金斯伯格（Carlo Ginzburg，一译金兹伯格，1939—　），当代意大利历史学家。20 世纪 70 年代以降，微观史学研究成了当代意大利史学的显著特点，金斯伯格不愧为是这一史学思潮的领军人物，从理论与实践上均作出了诸多贡献，他以其《奶酪与蛆虫——一个十六世纪磨坊主的精神世界》享誉西方学界，另一代表作为《夜间的战斗——16、17 世纪的巫术和农业崇拜》，他所考察与关注的对象无一不是处于社会底层的下层民众。其实历史学家倘遗忘了他们，不管是生命的呐喊，还是歇斯底里的呻吟，历史不也变得寂寞和冷清？本篇选自后书之一章"亡灵的游行"（节选），借此显示微观史学的见微知著、以小见大之精义。就文体言，这些文字可读性强，无愧被誉为像"读小说一般"。现题名出自文中之词语。

一

由此可见，妇女们在四旬斋夜晚的神秘出游是一个古老的主题，并不限于弗留利地区。另外，它似乎总是与由盖勒·冯·凯塞斯伯格所概括的、在阿文迪亚、萨蒂亚、狄安娜、佩基塔率领下妇女成群结队在夜间巡游的传说，有着紧密的联系，因而也与"野蛮猎队"和"疯狂人群"的外出有联系。16世纪伊始，盖勒·冯·凯塞斯伯格在斯特拉斯堡的训诫汇编成册，题为《艾美斯》，其中又出现了完全相同的联系。在此，盖勒讨论了女巫和其他一些诉说自己夜里出去看见"女神弗努斯"（维纳斯）的人，他提到了在四旬斋里陷入昏厥、对刺痛和灼烧都失去知觉的女人。醒来时，他们说自己去了天堂，看到这样那样的东西，还说出被偷走或丢失的物件。盖勒评论说，这是邪恶的幻想——事实上这是对上述尼德观点的重复。而且，他的训诫的主旨因为以下两点显得既通俗又结构紧凑：采用回答各种提问和答疑的形式来说理，加上坚持忠诚的信仰。其脍炙人口、应时之需的特点，更使认为此书仅为文学典故、无关乎当时实际民间信仰的见解不攻自破。尼德的兴趣转向及有关四旬斋的迷信主题也对这一见解起了推波助澜的作用。在这些时刻，特别是圣诞节的四旬斋里，民间信仰中最圣洁的人，即"疯狂人群"出现了，他们由死于非命的人组成，例如牺牲在战斗中的士兵，他们被迫等着在世时日消磨殆尽的时刻到来。这个事实能让我们回忆起本南丹蒂和他们的故事。我们记起加斯帕鲁托说的话："如果碰巧灵魂出去了，又有人掌着灯在躯壳边久久张望，那么灵魂就会一直等着，直到夜里没有人能在外面看到它时，才会回到躯壳里去。如果躯体眼看快死了，就会被埋掉，灵魂则不得不满世界游荡，直到生命的真正死亡。"如果我们不尝试去把佩基塔或霍尔达这类民间神灵描绘成我们讨论过的上述作品中大家相对熟悉的狄安娜或维纳斯，那么能够真正概括这类习俗和传说核心特点的则是它与受教育阶层的世界完全隔绝。盖勒在斯特拉斯堡训诫的文本，是这一隔阂的显著例证。我们知道，这部作品仅有两个版本。在第一个版本中，训诫论及"疯狂人群"时配有一幅木刻版画，乍一看，木刻仿佛是经过一种令人惊讶的筛选：在一片迷人的森林中，巴屈斯的马车驰来，由吹着风笛的森林之神和骑着毛驴、喝醉了的西伦乌斯导引着，他的头向后仰起，头上戴着葡萄枝编的花环。很难理解这幅取自经典神话集的图画为何能被用来暗示读者所熟知的阴森恐怖的"疯狂人群"。这幅插图取自由塞巴斯蒂安·勃兰特刊印的维吉尔著作的一个1502年版本，作者有意识地去掉了图画左边诗人坐在桌边的形象。这样做本身倒是没有什么异常，但在这个特定的图画中，图像上的评论文字和图像本身形成如此巨大的鸿沟，以至《艾美斯》的插图作者甚至没有特意去删掉"巴屈斯"、"西伦乌斯"、"萨蒂努斯"等名字标识，尽管在别处他是那么做的。诚然，对于"疯狂人群"来说，没有可以回溯的图像的传统，但巴屈斯平静前行的人马却不能满足盖勒的读者。《艾美斯》在斯特拉斯堡再版时，对插图作了一些调整，这次出现了木版画的替代品，还附有对"疯狂人群"的训诫。巴屈斯的车队被换掉了，不再是最初的木刻版，而是在勃兰特《怪兽星座》（巴塞尔，1497年8月1日）中的一幅插图的形象的基础上作了几处修改（例如，左上角的天宫图隐去了）。很明显，勃兰特那载有小丑的四轮马车似乎比一队巴屈斯的追随者更适合表达笼里在"疯狂人群"传说中的神秘、恐怖气氛，只不过替代物仍然告诉我们，对照知识阶层中关于巫术的理论，这种民间信仰实在缺乏参照物，试把它转换成视觉意象，那是非常困难的。

二

这么说来，根据在中欧广泛流传的风俗，受尼德和盖勒批判的妇女（以及弗留利的女性本南丹蒂）出游的四旬斋夜晚，也是"疯狂人群"出游的夜晚。不用说，这种病态的幻想，完全不同于我们在对女性本南丹蒂的审判中看到的亡灵游行。"疯狂人群"或"野蛮猎队"的习俗，表达了一种古老的、前基督教的、对貌似恐怖的死亡的恐惧，似乎具有不可宽恕的邪恶性质，因而没有任何赎罪的可能，尽管事实上在很早以前它就开始了基督教化的尝试。对此，第一个证据是奥德里克·维塔利斯《教会史》中的一个段落。在1091年这一编年下，作者插叙了发生在"一个叫邦内瓦尔的小村庄"（即今天的圣欧班-德·邦内瓦尔）的一桩奇特事件。有天夜晚，一个神甫在小路上散步，突然听见一阵喧嚣，好像是一支行军部队发出的。不一会儿，一个手持棍棒的彪形大汉出现在他面前，他后面跟着一大群男女，有些是徒步行走，另外一些则骑在马上，所有人都露出被恶魔残酷折磨的愁容。神甫当即认出了一些刚死不久的人，他甚至能听到他们的痛哭。他看见刺客、荡妇、教士和僧侣（甚至许多通常是被认为将得到救赎的人），他这才明白自己正与"家庭保护神"希莱奇尼直面相对，在此之前，他总是怀疑其是否真实存在，即使在面临这种最能触知的迹象的时候他也还是半信半疑。亡灵和他说话，倾诉他们所遭受的苦难，求他帮忙给在世的亲人传递消息。很明显，亡灵在这里不再显得黑暗、可怕，不再像旋风般地从村庄的街道中呼啸而过，他们被引入基督教徒死后的体系，承载了教导和警戒生者的传统功能。古老信仰的迹象在这最初的、实验性的基督教化尝试中还依稀可见，亡灵的集团由富有传奇性质的野蛮人率领，具有一些邪恶的希莱奇尼（逐渐地，他将换掉棍棒这一野蛮的象征，改换为广为人知的具有丑角特点的棒子）的特点，而在其他地方，希莱奇尼作为"野蛮猎队"的首领出现。颇有意味的是，这个首次给古老传说加上新颖、虔诚内容但又有些畏首畏尾的努力，在圣欧班-德·邦内瓦尔周围地区的民间传统中被改变了，在那个版本里，神甫遇上的是一大群穿红衣的人，他们把他带到田野里，在那儿要求他放弃对上帝的信仰。

上面两个因素——"野蛮猎队"首领的神性和亡灵的游行——都仍然存在，但在1489年曼图亚的一次审判中却经过了一番改头换面。主要的被告是因信仰问题被人揭发的朱利亚诺·韦尔德纳，一名织工，前来作证的证人也是织工——他的老板和两个同事。他们的证词提供了这样的事实：朱利亚诺通常把水（有时是圣水）灌满花瓶，把灯挪到旁边，然后找一个小男孩或小女孩观察瓶子里的水，教他们小声念那些众所周知的符咒（"纯洁的天使，神圣的天使"等等）——他就用这种方法预言未来。整个过程平淡无奇，但咒语的效果却非同一般，因为只有朱利亚诺才能在花瓶里的水面上使偷窃者的影像显现。通常，他按照书里说的，让孩子们集中注意力观察水面上将出现什么，孩子们会说他们看见了"许多似乎是穆斯林的人"，或是"一大批或徒步、或骑马的人，他们中有些人没有手，可怕极了"，有时他们看见"一个彪形大汉被随从簇拥着"。朱利亚诺对孩子们说，这些"穆斯林"都是幽灵，那个神秘的首领是恶魔撒旦、"威力之王"。撒旦手中紧握着一本合上的书，书中记载了很多隐藏的财宝。朱利亚诺又说，他愿不惜一切代价抄下那本书，"为了基督教信仰，为了继续抵抗并消灭土耳其人"。另外几次，孩子们在瓶中的水里辨认出了一个影像，朱利亚诺认出这就是"出游的女主人"（狄安娜和希罗狄亚斯交替使用的名称），她"穿着黑衣，下巴一直拖到肚皮"，在朱利亚诺面前出现，说她准备向他透露"植物的归属和动物的特性"。但是这些在朱利亚诺看来是许多幽灵的影像中，我们察觉到亡灵游行的残余，一些人徒步行走，另一些人骑在马上，这正是奥德里克·维塔利斯所描绘的。有时，朱利亚诺会让女孩观察同一个花瓶里的水，看看"他自己是否会下地狱"。女孩看到他明明"在一口大汽锅里，撒旦在上面用鹤嘴锄折磨他"，但就是闭口不说，"以免朱利亚诺打她"。接着，朱利亚诺让女孩看见了她父亲，女孩热泪盈眶，说她看见爸爸"在炼狱中受罪然后升上了天堂"。又有一次，朱利亚诺"超乎想象地"让一个在咒语上给他帮忙的教士模糊地看见了"著名的君主罗伯特……在地狱里受苦，在如火的大汽锅里，上面是撒旦、巴尔巴利扎……扎内汀和其他魔鬼"。所有这些都证明了一个事实，即亡灵出游的古老主题在时间的推移中被赋予了一种新的情感内容。它不再用描绘死后面临惩罚这种方式来教导生者。通过占卜术，它演变成了有关个人的忏悔和救赎与思念死去的亲人这两种既强烈又痛苦的焦虑的发泄途径。

三

在对朱利亚诺·韦尔德纳的审判中，我们似乎已找不到本南丹蒂的踪影，他们之间唯一的关联点似乎就是都提到亡灵的游行及其死后的命运。实际上，即使只限于边缘性质，我们在这儿讨论的仍是一系列类似的信仰。如果我们把1525年12月27日因迷信受审的蒂罗尔地区比尔瑟贝格的妇女韦普拉特·穆辛的供状同韦尔德纳的供状相对照，这一点就越发清晰了。她证实，两年前的某个四旬斋的夜晚，一大群人出现在她面前，为首的女人说她叫塞尔加，是女神维纳斯的姊妹。女神命令穆辛于星期四和星期六夜晚在教区内不同地方举行的游行中跟随她，否则她将会死去。不管愿不愿意，穆辛都必须参加。这着实把她吓坏了。女神塞尔加断言，穆辛一出生就注定是游行队伍中的一员。游行的队伍由炼狱中的幽灵——就是那些遭受各种惩罚、在地狱里受罪的灵魂——组成；这些幽灵安慰穆辛，对她说参加这些游行的人的品德必须受到磨砺，他们不仅不许作奸犯科，还必须博施广济。在四旬斋举行的聚会上，他们盯着一个盆子往里看，看见里面有团火（穆辛没法解释得更好，从一些口述的证据来看似乎更清晰，她的意思是一个盆子里出现了地狱之火），火中能看见这一年注定死去的教区成员的影像。另外，塞尔加告诉穆辛说，她知道一些地方埋藏了许多财宝，是为供奉祷祝上帝的信徒而准备的。

这个故事和韦尔德纳的故事有着很明显的相似之处：女神（在一个案例里被简单描述为女神塞尔加，在另一个案例里是"出游的女主人"），埋藏的财宝，游行的亡灵，对另一个世界命运的提及，甚至还有一个装满水可以反射出将死之人影像的盆子这样的细节。但是在这第二个例子中，这个命中注定被迫参加亡灵游行的女人，在四旬斋的夜里四处奔走——而且，我们能确定，如果她住在阿尔卑斯山的另一侧，即弗留利，她就应该称自己为本南丹蒂。抛开这些不谈，她的供词确实证明那些被我们称为"送葬的"本南丹蒂的信仰和可以归结到"狂暴人群"的信仰之间的那种深层的联系。

四

我们不知道韦普拉特·穆辛是否被指控为一个女巫，不管怎样，她的陈词中并不存在明显的残暴或所谓巫术的因素。而在其他地方，声言自己在夜间游行中见过亡灵的人们，则直接被指控为巫师。下面我们来考察一个屈斯纳赫特女人的案例，我们只知道她有一个非常有暗示性的名字泽伦穆特（Seelenmutter），意为幽灵之母。1573 年她在施维茨法庭受到起诉，被控告存有"非基督教的幻想"，几年以后她被当作女巫处以火刑。就像弗留利的女本南丹蒂一样，她吹嘘自己掌握神力；为了换几个小钱，她用这种神力提供了一些死去或失踪了很久的人在另一个世界里命运的消息。一个偶然的机会，她的谎话被揭穿了，令人十分惊讶。一次，她宣布一个信路德教的鞋匠已经死去，因此必须在艾恩西德伦的圣母教堂为他的亡灵祈祷，进行布施。六个月后那个鞋匠却出现在人们面前，而且活得好好的。没有证据表明泽伦穆特曾宣称她能在四旬斋的夜晚看见亡灵的游行队伍。然而，我们知道，在卢塞恩，在施维茨郡，某种程度上在整个瑞士，对早夭亡灵夜游的信仰流传得非常广泛。这一版本中，即使是活着的人也能参加游行，他们的灵魂游离了身体，躯壳留在自家床上，这都被认为是受到恩泽和表示虔敬的活动。另外，泽伦穆特曾告诉一个向她学习招魂术的占卜者说，如果他是在四旬斋出生的，他就一定能够看到许多亡灵。这里再一次出现了我们已经在弗留利女本南丹蒂所讲故事中遇到的特点，但是这些特点比较模糊，可能是因为证据本身的粗略，或者是因为我们处在这些信仰流传的边缘地带。

也许后一种推测是真正的原因。与弗留利的证据最相似的，事实上是巴伐利亚的案例。这涉及 1586 年（甚至连时间都很一致）在奥伯斯多夫对一名叫做琼那德特·施托克林的三十七岁牧羊人的审判。他告诉奥伯斯多夫法官，八年前在去森林砍杉树的路上，一个刚死去八天的同乡、牛贩子雅各布·瓦尔希，突然出现在他的面前。他向施托克林吐露，自己在到地狱受苦之前还要被迫游荡三年，还劝施托克林要诚实、虔敬地生活，时时记取上帝的教诲。这样的相遇又反复出现过几次；一年以后，死去的牛贩子又出现在他面前，一身素净的衣衫，胸前垂着一个红色十字架，这一次他邀施托克林同行。突然，施托克林失去了知觉，醒来后发现自己到了一个陌生的地方，看见有人受苦、有人欢乐——他想这就是地狱和天堂吧——住在那里的人他都不认识。在那儿他被告知要频繁地祈祷（在四旬斋里要说三万遍"万福玛丽亚"），要带妻儿去望弥撒，弃绝罪过，尊崇圣礼。作为对法官提问的回答，施托克林说，还有一次，死去的牛贩子瓦尔希告诉他，全能的上帝已经把他升为天使，他的游荡再也没有罪责的意味。实际上，施托克林在审判中解释说，一个人想要夜间游行有三条途径：第一，是成为"夜间队列"中的一员，他自己必须属于这一队列；第二，作为一个死者，等待他们命定的时日；第三，参加巫师的半夜拜鬼仪式。但是关于这最后一种，他一点儿也不知道，因为他从来没有参加过。"夜间队列"的巡游在四旬斋的星期五和星期六举行，通常是在夜里。出发之前人会陷入昏厥，保持一种沉睡的状态，灵魂（至少他是这么设想的）游离出去，躯体没有了生命，不能动弹。这样的状态要么持续一小时，要么只是一会儿。然而，如果这时躯体被翻转，那么灵魂向躯体的回归就十分痛苦、艰难。对于法官的提问，施托克林回答说他只认识一个"夜间游行"的成员，而且还不知道他的名字。但是他却能够提供许多奥伯斯多夫女巫的名字和她们的恶行，这都是他从神秘的夜间之旅中得知的；他声称能够治愈被女巫伤害的人畜，并能通过祷告和斋戒获得上帝的恩宠，他已经这么做了很多次了。

法官对施托克林令人吃惊的叙述中哪怕最小的细节都提出了质疑，但是并没有成功；他们怎么也不能逼他供认他是一名巫师，参加过半夜拜鬼仪式或把自己出卖给了恶魔。他非常固执，坚持自己与恶魔和巫术毫无瓜葛。但是当施托克林于 1586 年 12 月 23 日重新受审时，他开始犹疑不决：首先，他承认十六岁时从他母亲那儿得到一种药膏，他就是用这种药膏来治疗着魔的人和牲口的；在法官强大的压力下，他又承认曾经多次去半夜拜鬼仪式，而且他曾在恶魔首领面前发誓弃绝上帝和圣徒。法官并没有完全满足，他们折磨施托克林，直到获得更多的供词和一长串同谋名单。最后，施托克林与他控诉的那些女人一起被判处了火刑。

（选自卡洛·金斯伯格：《夜间的战斗——16、17 世纪的巫术和农业崇拜》，朱歌姝译，上海人民出版社 2005 年版）

编 后 记

当我为最后一位史家金斯伯格写完注文，看着案头厚厚的一堆文稿，摩挲良久，兴奋不已，蓦然历史学家们一个个鲜活起来，犹在眼前。不是吗？他们正超越时空，朝我们迎面走来：

近代文明开启，首先迎来了马基雅维里；继而在理性之光的照耀下，孟德斯鸠、伏尔泰和携着《罗马帝国衰亡史》的吉本先后走来；"历史学世纪"，人才辈出，兰克、卡莱尔、米什莱、蒙森、布克哈特，摩肩接踵地朝我们走来；现当代，群雄纷争，朝我们走来的有文化形态史观的集大成者汤因比，有年鉴学派第二代代表人物布罗代尔，有文化史研究的佼佼者赫伊津哈，有"全球史观"的倡导者与实践者巴勒克拉夫，有左翼史学精英汤普森，映入我们眼帘的还有风行一时的《宽容》和畅销不衰的《八月炮火》；在复旦园，我更直接聆听到了索布尔那激昂的声音，看到了伊格尔斯那伟岸高大的背影……

像化学中不同的元素，一经组合，就会发生奇异的变化，生成了万事万物，构建了大千世界；同样的是，在这里，或浓墨重彩的历史叙事，或轻松活泼的小品札记，或意境深远的思辨析论，或描述生动的自然风物，这种不同时代史家的碰撞与交汇，不同题材与风格的融通与关联，一经组合，也会产生令人惊异的变化，不由让人感悟到追寻历史的诱惑力，感叹岁月的流逝与时代的流变，但有一点却始终不变，那就是历史学家们通过他们的作品，对世人发出了一次又一次的共同的人文召唤。

《历史学家的人文情怀——近现代西方史家散文选》一书编纂之旨趣，在编者撰写的"代前言"中已作了阐述，在此不赘。在这里，需要提到的一点是，坊间行销的《中外散文三百篇》主编林非先生在总"序言"中，有一段话说到散文的功能，精辟之至，特征引如下：

"经过了一番津津有味的鉴赏之后，就有可能潜移默化地提高自己对于人生的认识，陶冶自己对于情感的净化，升华自己对于哲思的揣摩。"①

对于这样崇高的任务，本书编者是不敢奢望的，我的祈望只是在读者们随兴所至、信手翻阅这些篇章后，能像孟德斯鸠在《论趣味》一文中所说的获得一种"惊讶的快乐"，吾愿足矣。不过，对于林非先生所说的理想主义目标，吾侪虽不能至，但却心向往之。

以下就本书编纂中的一些技术细节，略作交代如下：

本书选收三十八位近现代西方历史学家的散文，始于文艺复兴，迄于当今。从史家言，略近详现；从篇幅言，长短不一；从风格言，百花齐放。本书篇目按史家生年为序，依次排列。至于篇名，多采原题，或采原文中之词语构成，只有一部分，由编者另拟，这在每篇注文中皆已作了说明。总之，撷英咀华，萃为一集，这或许是国内首部全面展示西方历史学家散文写作艺术的一个选本。

本书编者特别要强调的是，本书所选是西方历史学家的散文，也许在文学家的眼光里，有些篇章不太像文学体例的散文。对此，不由让我想起前辈散文大家柯灵先生的"散文观"，他说散文也应当"四海百家，兼收并蓄""给读者提供多维的欣赏空间"，这也就为散文写作开辟了新天地。因此，在本书编者看来，本书所选的西方史家散文，透过义理或辞章，散发出特有的历史韵味，且韵外有致，弦外有音，当为散文另开一境也。

本书选目之来源，大多采自史家之著作，也见之于他们所写的论文、

---

① 林非："总序言"，《中外散文三百篇》，北京，中国社会科学出版社，2003。

序跋、札记、演讲、回忆录、书信、访谈等。原文中倘有烦琐的注释，大多作了省略，其目的是为了不致影响阅读时的"快乐"。另须说明的是，因本书是诸家文选汇纂，为了尊重原译著，故没有对人名、地名、概念、术语等作硬性的统一，只在个别处作了技术性的编辑处理。

本书选目，不管是专著或散论，多选自国内翻译名家已出之"善本"，少数篇目是新译的。每篇文末均一一注明原书译者及出处。在此，本书编者对入选篇目的翻译家们，深致敬意：对诸位译者慨然应允选录他们的译作，表示由衷的感谢。感谢他们的辛劳与才华，惟其如此，才有可能使两种不同语言之间的隔膜变为畅达。

本书为每篇原作者都写了注文，字数大体在两三百字间。有别于学界其他选本的作者简介，这些文字除点明该篇作者的身份（出生年月与国别）外，更多地是用来说明选篇本身的。编者为此作过反复推敲，而绝不是率尔操觚的。

接下当然要对帮助编者的各方致谢了：

首先，我要感谢北京师范大学瞿林东教授与该校出版社的编辑们，他们是这书的策划者与发起者。农历庚寅春节刚过，当北国大地还处于冰封的时候，出版社的编辑就给我捎来了春天的信息：邀我编纂一本西方史家散文选，书名已定：《历史学家的人文情怀》，与林东先生主编的《历史学家的河山之恋》合为一辑。说真的，我很乐意做这件事，不只是这类选本国内还未有先例，是个开创性的工作；更在于我可借此在书海中遨游，人生之乐，莫此为甚。为了使我编的《历史学家的人文情怀——近现代西方史家散文选》与瞿教授主编的《历史学家的河山之恋——中国近现代史家散文选》相匹配，我与他作了深入透彻的交流与沟通。瞿教授把他的想法和盘托出，毫无保留，给我的不仅仅是学长的智慧与才情，更留下了一份沉甸甸的学术情谊。于是，我开始了命题作文，以汤因比为例，写了一篇自认为"散文式"的论文《论历史学家的人文情怀》（见本书"代前言"），待到此文告竣，编纂宗旨已定，然后找书，开始了"拉网式"的搜寻，然后……当本书即将付梓之际，我自然要把谢忱献给这几位"北师大人"。

国际友人德裔美国历史学家伊格尔斯、华裔历史学家王晴佳对本书的编纂给予了多方面的帮助，伊格尔斯先生曾多次寄来文稿，供我选择，令人感怀。我对这两位国际学术界同行的鼎力支持深表谢意。

我常常这样说，我的事业在于我的学生。要进行上述这种"拉网式"的检索，个人的能力是十分有限的。好在我的弟子们，分布在西方史学的各个时段与各个不同领域，各有研究所长。在他们当中，有古典史学的专才，有文艺复兴史学的内行，有兰克史学的行家，有新文化史的里手，有"西马"史学的时彦，有历史哲学的先进，当我在选家选目遇到困惑的时候，他们都给我一一释疑，助我及时完成了编纂任务。他们是：陈恒、李勇、吴晓群、陈新、易兰、梁民愫、周兵、陆启宏、乔琴生等已毕业的学生；张井梅、黄蕾、王伟、肖超等在读博士研究生也为此书出版做了许多有益的工作。在此，我对诸位弟子们的帮助与辛劳，表示一位老师真挚的感激之情。

舍弟张广勇熟谙西方史学，又长期在出版界工作，他的意见往往成了我编书时的"方向标"，在此特别提出以表达我的同胞之亲与手足之情。

吾妻蔡幼纹老师，为编此书，甚为辛劳。进言之，我所取得的任何学术成果，都有她的一半功劳。

《历史学家的人文情怀》一书的编竣，实际上是集体智慧的结晶，本书编者不过尽了"总纂"之责而已。有道是，选家是一种遗憾的事业，要在人才济济的西方史家中选人，要在汗牛充栋的西方名作中择目，爬梳剔抉，谈何容易，因篇幅容量有限，常常使编者处于取舍两难之境，从而难以避免遗珠之憾。比如当今琳琅满目的西方新文化史作品，终因它们的中译本广泛流行于坊间，而未能入选。

作为首次尝试编纂西方史家散文选的我，限于学识，也限于经验，使本书不足之处难以避免。在此，我真诚地希望能得到广大读者的帮助和赐教。

张广智

2010 年 6 月于复旦书馨公寓